Pascale/Millemann/Gioja/Herrmann
Chaos ist die Regel

Richard T. Pascale, Mark Millemann
Linda Gioja, Martin Herrmann

CHAOS
IST DIE REGEL

Wie Unternehmen
Naturgesetze erfolgreich
anwenden

Aus dem Amerikanischen
von Nikolas Bertheau

Econ

Die amerikanische Originalausgabe erschien 2000 unter dem Titel
Surfing the Edge of Chaos. The Laws of Nature and the New Laws of Business bei
Crown Publishers, New York.
Published by Arrangement with Linda Michaels Limited, International Literary
Agents.

Der Econ Verlag ist ein Unternehmen der
Econ Ullstein List Verlag GmbH & Co. KG, München

1. Auflage 2002
ISBN 3-430-17428-7

Gesetzt aus der Optima bei Franzis print & media, München
Druck und Bindearbeiten: Bercker, Kevelaer
Printed in Germany

Inhalt

Vorwort

Im Lauf der letzten Jahre habe ich viel mit Management- und Projektteams an komplexen Veränderungsvorhaben gearbeitet. Zu Anfang stellte ich häufig vier Fragen.

Erstens: Wie hoch schätzen Sie die Erfolgsrate von komplexen Veränderungen wie zum Beispiel Firmenzusammenschlüssen ein?

In der Diskussion waren sich die Befragten in der Regel einig: die Hälfte geht schief (Ziele werden nicht erreicht, Firmenwert wird zerstört), ein Viertel dümpelt gerade so dahin (Werte werden nicht zerstört, aber auch keine Ziele erreicht), ein Viertel geht erfolgreich hervor. Interessant ist, dass diese Einschätzung auch mit den wissenschaftlichen Untersuchungen zum Thema übereinstimmt.

Ebenso einig war man sich über die Antwort auf die zweite Frage, die lautet: Woran liegt das?

Machtkämpfe in der Führungsebene, ungenügende Bearbeitung der kulturellen Themen und Schwächen im Projektmanagement, hießen die Antworten nach kurzem Austausch.

Das führte uns zu Frage drei: Was wird getan, um diese Themen anzugehen?

Das Ergebnis war stets fast einstimmig: Die Themen werden, gemessen an ihrer Bedeutung, nur wenig berücksichtigt. Und wenn sie berücksichtigt werden, dann in Lehrbuchmanier oder kosmetisch.

Folgerichtig heißt die vierte Frage: Warum werden diese Themen nicht angegangen?

Obwohl das Vorangegangene mit so hohem Konsens richtig eingestuft wurde, herrscht hier meist Ratlosigkeit. Erst durch längere Diskussion schält sich heraus: Sich auf diese Themen wirklich einzulassen bedeutet, sich auf die damit verbundene Unsicherheit einzulassen. Die einwirkenden Faktoren sind zu einem großen Teil nichtlinearer Natur und das bedeutet, dass die mit dem Selbstbild von Managern so eng verbundene Fähigkeit zur Kontrollierbarkeit äußerer Umstände an ihre Grenzen stößt. Gefragt wäre die gemeinsame Erfindung von situationsbezogenen Vorgehensweisen, die diesen Themen den entsprechenden Platz einräumen, und das bedeutet: Kooperation statt Kontrolle, Durchlässigkeit statt Rigidität, Kommunikation statt Befehlsübermittlung.

Das Denkmodell, das solchen adaptiv-flexiblen Veränderungsstrategien zugrunde liegt, steht im Widerspruch zum »Maschinenmodell«, einem Relikt aus dem technikgläubigen 19. Jahrhundert, das in Form der Systemtheorie nach wie vor das bestimmende Paradigma in Ausbildung und Praxis darstellt. Es erhoffte sich sein Heil von der völligen Automatisierung, quasi der Abschaffung des Menschen im Betrieb. Heute wissen wir, dass das nicht funktioniert, dass man den Menschen nicht eliminieren, sondern im Gegenteil motivieren, seine Bereitschaft und sein Potenzial zu Kreativität, Einsatz und Fantasie nutzen muss, um erfolgreich zu operieren.

Das sagt sich so leicht. Wie aber packt man es an? Genau das ist die große Herausforderung, der sich dieses Buch stellt. Es gibt uns Gesetze aus der Komplexitätsforschung an die Hand, die sich als Anwendungsansätze nutzen lassen. Das Faszinierende an dieser Forschung ist die Erkenntnis, dass alles zusammenhängt. »Wie oben, so auch unten«, hatte der große Mystiker Hermes Trismegistos gesagt. Was im Großen gilt, gilt auch im Kleinen, am Sternenhimmel wirken dieselben Kräfte wie unter den Atomen.

Das grundlegende Postulat alles Lebendigen besagt, dass im Überlebenskampf jeder Organismus »fit« sein muss, um zu bestehen. Egal ob es sich um einen Steppenkojoten oder einen Mineralölkonzern handelt. Die Biologen definieren den Begriff als erfolgreiches Verhalten, für die Unternehmensstrategen bedeutet er Wettbewerbsfähigkeit. Wie oben, so auch unten.

Richard Pascale vergleicht ein modernes Großunternehmen mit einem Termitenhügel. Beide sind komplexe adaptive Systeme, also Formationen von unabhängigen, parallel agierenden Akteuren, die ihre Verhaltensweisen ändern können. Wenn sie es tun, haben sie die Chance, sich erfolgreich in der Welt durchzusetzen, halten sie aber an linearen Direktiven fest, werden sie scheitern.

Und da kommen wir zu einem anderen weisen Satz eines anderen weisen Alten: »Panta rei« – alles fließt, sagte der griechische Philosoph Heraklit. Wenn alles in ständiger Bewegung und Veränderung begriffen ist, führt folgerichtig jedes starre Verhalten, das an einer Strategie festhält, in den Untergang. Bestehen kann nur, was fähig ist, sich zu verändern, was sensibel auf seine Umwelt achtet. Mit den Worten Richard Pascales: »Gleichgewicht ist die Vorstufe zum Tod.«

Indem er der Natur auf die Finger schaut, führt er uns in diese signifikanten Parallelen ein. Die von ihm beschriebenen Gesetzmäßigkeiten sind konsistent, nicht von Kulturkreisen abhängig. Im Interesse einer besseren Illustrierung und zum besseren Verständnis haben wir dennoch beschlossen, auch eine Fallbeschreibung aus unserer deutschen Realität hinzuzufügen.

Dieses Buch ist eine Anregung, eine Einladung, kein fertiges Rezept. Es liefert Ansätze zu Lösungsstrategien, über die man sich ins Metier einarbeiten kann; die letzte Konsequenz jedoch, der jeweils passende Zuschnitt, muss individuell und projektorientiert erarbeitet werden. Das Buch wäre optimal genutzt, wenn Sie als Leser die hier beschriebenen Ideen weiterdenken, fortführen und daraus durch einen eigenen kreativen Beitrag die in ihrem Bereich wirksamsten Methoden herausdestillieren.

Wir glauben, dass es nur so funktionieren kann.

München, im September 2002
Dr. Martin Herrmann

1

Management und die Rückkehr
der Wissenschaft

Eine wissenschaftliche Renaissance bahnt sich an. Sie wird neue Branchen entstehen lassen, die Wettbewerbssituation umkrempeln und das Unternehmensmanagement verändern. *Chaos ist die Regel* erforscht die Implikationen dieser neuen Entwicklung.

Der wissenschaftliche Fortschritt hat Einfluss auf das Managementdenken. Gesetzmäßigkeiten, die vor mehr als 200 Jahren während einer vorausgegangenen wissenschaftlichen Renaissance entdeckt wurden, haben das Denken der heutigen Manager entscheidend geprägt. Von Newtons Bewegungsgesetzen und seinen frühen Arbeiten zur Thermodynamik der Gase abgeleitete Ideen wurden Formel für Formel auf das neue Gebiet der Wirtschaftswissenschaften übertragen.[1] Hier hatten sie entscheidenden Einfluss auf die Praxis des Managements und standen Pate für viele unserer heutigen Überzeugungen zum Thema Veränderung.

Jetzt treten wir in ein neues Zeitalter des wissenschaftlichen Aufbruchs ein. Den Schwerpunkt dieses Forschungsunternehmens bilden so genannte *komplexe adaptive Systeme*. Diese auch unter dem Namen »Komplexitätswissenschaft« bekannte Disziplin beschäftigt sich mit den Geheimnissen des Lebens und bezieht ihre Dynamik aus dem Zusammenfließen von drei Forschungssträngen: (1) bahnbrechende Entdeckungen in den so genannten Lebenswissenschaften (Biologie, Medizin und Ökologie), (2) Erkenntnisse aus den Sozialwissenschaften (Soziologie, Psychologie und Ökonomie) und (3) neue Entwicklungen in den »harten« Wissenschaften (Physik, Mathematik und Informatik). Dabei ergeben sich spannende Einsichten in das Leben, und es eröffnen sich neue Wege der Unternehmensführung.[2]

Der Versuch, das Leben zu verstehen, ist so alt wie die Menschheit selbst. Während ungezählter Jahrtausende konzentrierte man sich auf das Züchten von Tieren und Pflanzen, um Erträge zu verbessern und die Krankheitsanfälligkeit zu verringern. Als die erste wissenschaftliche Renaissance in den 80er Jahren des 19. Jahrhunderts zu Ende ging, hatte Gregor Mendel die Geheimnisse der

Vererbung entschlüsselt.[3] Die Tier- und Pflanzenzucht war auf dem Weg, von einer Kunst zu einer Wissenschaft zu werden.

Ein zweiter Meilenstein mit weit reichenden Konsequenzen war die Entdeckung der DNS-Doppelhelix durch James Watson und Francis Crick.[4] Gegen Ende des 20. Jahrhunderts mündete der von ihnen eingeschlagene Weg in dem Verstehen und der Manipulation der Biochemie des Lebens.

Während vieler Jahrzehnte nach Watsons und Cricks Entdeckung scheiterten alle Anstrengungen, DNS-Sequenzen und andere Aspekte lebender Systeme zu entziffern, an deren enormer Komplexität. Leistungsfähige Computer und eine ausgefeilte Technologie zur Beobachtung mikroskopischer Organismen und genetischer Veränderungen führten dann aber zu beachtlichen Fortschritten. Ein Durchbruch folgte auf den anderen. So wurde es beispielsweise möglich, einzelne Gene zu identifizieren, die eine Pflanze oder ein Tier gegen Krankheiten resistent machten oder bestimmte erwünschte Eigenschaften verstärkten. In den 90er Jahren hatten Genenech, Amgen, Immunex, Monsanto und zahlreiche andere Unternehmen die Biotechnologie so weit entwickelt, dass patentierte Medikamente und patentiertes Saatgut in die kommerzielle Wirklichkeit Einzug hielten. Diese neuen Fähigkeiten brachten auch neue Probleme unternehmerischer, ethischer und sozialer Natur mit sich.

Lebende Systeme und Veränderung in Organisationen

Viele unterschwellige Strömungen haben zu dem gegenwärtig starken Interesse an lebenden Systemen beigetragen. Die größte Aufmerksamkeit richtet sich auf das enorme ökonomische Potenzial der Biotechnologie und die Konsequenzen für unsere Gesellschaft, die sich aus dem Verschwinden der Regenwälder sowie der globalen Erwärmung ergeben. Ein weiterer Teilbereich wird sich jedoch als ebenso wichtig wie die übrigen erweisen: Das Verständnis der Geheimnisse des Lebens wird unser Denken hinsichtlich Organisationen, Management und gesellschaftlichem Wandel verändern.

Dabei zeigt sich, dass die Unternehmen sehr viel von der Natur lernen können. Dieses Buch wird nicht nur bahnbrechende Anwendungen der Theorie der lebenden Systeme auf das Management vorstellen, sondern auch zeigen, wie sich zentrale Prinzipien der Lebenswissenschaften in die Praxis übertragen lassen, um die Erfolgswahrscheinlichkeit diskontinuierlichen Wandels beträchtlich zu steigern.

Der neue »Lebenszyklus«

Die Industrielle Revolution ging auf die vorhergehende wissenschaftliche Renaissance zurück. Die Basis dazu bildete das Maschinenmodell von Herstellung und Zerstörung: Aus Rohstoffen werden Produkte gefertigt, ein Prozess, der letztlich in doppeltem Sinn in Zerstörung mündet: Zerstörung des ökologischen und gesellschaftlichen Gleichgewichts durch aggressive Rohstoffgewinnungs- und Herstellungsmethoden und Erzeugung einer Konsumspirale, bei der die Produkte nach Gebrauch schließlich im Abfall landen. Abgeholzte Wälder, veraltete Maschinenparks und verlassene Grundstücke voller Müllhalden bilden die Überbleibsel dieser Ära.

Das entstehende lebenswissenschaftliche Modell entfaltet sich wie eine Spezies in einer neuen ökologischen Nische: Innovation, Verbreitung, Vorherrschaft. Die Natur bevorzugt Anpassung und Schnelligkeit. Die meisten Arten verteidigen sich im Bedarfsfall, aber wenn möglich versuchen Organismen, sich schneller als ihre Rivalen zu vermehren und eine zahlenmäßige Dominanz zu erreichen. Ökonomen bezeichnen dies als zunehmende Erträge. Wer eine neue Nische entdeckt und sich rasch vermehrt, erlangt unter Umständen Omnipräsenz. Wir können dies in der Wirtschaft beobachten, wenn Microsoft Windows, eine Marke wie Amazon.com oder die Buchstabenfolge QWERTY auf der Tastatur zur *lingua franca* einer Branche oder Technologie werden. Größere Artenfamilien können ihre Kräfte zusammenlegen, um Strukturen zu schaffen, die sich selbst verstärken. In der Natur beispielsweise dient beim gutartigen Austausch zwischen Insekten und Pflanzen der Nektartransport gleichzeitig der Pflanzenbestäubung. Im Bereich der Wirtschaft stellt die Fusion von AOL und Time Warner den Versuch dar, durch ein gemeinsames Vorgehen beim E-Business und in den Kommunikationsbranchen eine Vorherrschaft zu begründen.

Von Kolonien und Unternehmen

Schnelle Veränderungsraten, eine explosionsartige Zunahme neuer Erkenntnisse in den Lebenswissenschaften und die Unzulänglichkeiten des Maschinenmodells sind die Auslöser für eine Revolution im Managementdenken. Die neue wissenschaftliche Renaissance erzeugt Unsicherheit und ein zunehmendes Hinterfragen der bestehenden Werte.[5] Executives fragen: Wie können wir darauf in der Praxis sinnvoll reagieren? Wie erreichen wir die notwendigen Veränderungen und Leistungsverbesserungen? Wie wir sehen werden, lassen sich viele Anhaltspunkte aus der Welt der Termiten ableiten.

Folgen Sie uns zu einer bemerkenswerten Struktur: dem vier Meter hohen afrikanischen Termitenhügel, dem Zuhause von Millionen von Bewohnern.[6]

Der Hügel ist ein architektonisches Wunderwerk. Der Naturforscher Richard Conniff hat dessen perfekte Gewölbe, spiralförmige Treppen, Kinderzimmer, Lagerräume und die verschiedenen Wohnbereiche beschrieben, die mit dem Status der einzelnen Termiten variieren. 50 Meter lange Tunnel gehen von dem Hügel strahlenförmig in alle Richtungen aus. Mithilfe dieser Strukturen sind die Termiten in der Lage, in einem Umkreis von einem Dreiviertelhektar gefahrlos Gras, Holz und Wasser zu sammeln.[7]

Innerhalb des Hügels sorgt ein Belüftungssystem mit sich öffnenden und schließenden Ventilen für eine der Atmung vergleichbare Luftzirkulation. Sauerstoff wird in den vier Meter hohen Schlammturm »eingeatmet«, und Kohlendioxid wird »ausgeatmet«. Das System hält zudem die Temperatur im Innern konstant (mit einer maximalen Schwankung von einem Kelvin), selbst wenn das äußere Klima von Winterfrost bis zu sommerlichen 40 Grad Celsius und mehr reicht. Die Feuchtigkeit beträgt konstante 90 Prozent.[8]

Dieses Organisationswunder, das sich über circa 100 Millionen Jahre herausgebildet hat, ist einer komplizierten Sozialstruktur zu verdanken. Jeder Bewohner gehorcht einer Reihe genetisch vorprogrammierter *Regeln*, wie beispielsweise: »Platziere dich zwischen die Termite vor dir und die Termite hinter dir und reiche alles weiter, was deines Weges kommt.« Zusammen bilden die Mitglieder des Hügels eine komplizierte Gesellschaft, die es möglich macht, auf die ständig wechselnden Anforderungen der Kolonie zu reagieren.[9]

Entomologen kennen die Errungenschaften der Termiten seit Jahrhunderten. In den letzten zwei Jahrzehnten hat jedoch eine Gruppe führender Wissenschaftler eine andere faszinierende Sichtweise entwickelt. Sie sehen in dem Hügel ein spektakuläres Beispiel für ein *komplexes adaptives System*.

Ein komplexes adaptives System ist formal definiert als ein System unabhängiger Akteure, die in der Lage sind, parallel zu agieren, »Modelle« von den Abläufen in ihrem Umfeld zu entwickeln und diese Modelle in Lern- und Anpassungsprozessen zu verändern.[10] Das menschliche Immunsystem ist ein komplexes adaptives System, ebenso der Regenwald, die Termitenkolonie oder das Wirtschaftsunternehmen.

In den letzten Jahren ist eine umfangreiche Literatur zur neuen Wissenschaft der *Komplexität* erschienen. Dabei handelt es sich um eine breit angelegte Erforschung der Eigenschaften, die allen lebenden Dingen – Bienenschwärmen und Rentenhändlern, Ameisenkolonien und Unternehmen, ökologischen und ökonomischen Systemen, Ihnen und mir – gemeinsam sind. Die Beschäftigung mit diesem Thema hat bis heute im Wesentlichen zweierlei bewirkt:

1. Sie hat Verwunderung und Begeisterung für die lebendige Welt um uns herum erzeugt – wie Leben entsteht und vergeht, wie die Natur sich behauptet, kooperiert und vom Wandel profitiert.
2. Sie hat den Managern Appetit gemacht auf einen neuen Ansatz, der ihnen helfen kann, das Potenzial ihrer Mitarbeiter und Unternehmen auszuschöpfen, und sie stellt die Eignung des Maschinenmodells als passende Grundlage für die Unternehmensführung im Informationszeitalter zunehmend infrage.

Wir möchten noch einen Schritt weiter gehen. Dieses Buch beschreibt ein neues Managementmodell, das sich an der Natur orientiert, aber es leistet darüber hinaus etwas, was kein anderes Buch jemals geleistet hat. Es destilliert aus der Komplexitätswissenschaft vier fundamentale Prinzipien heraus, die sich auf inhärente und wirkungsvolle Weise auf das lebende System namens Unternehmen übertragen lassen.

Bei diesen Prinzipien handelt es sich kurz gesagt um die folgenden:

1. *Gleichgewicht* ist ein Vorbote des *Todes*. Ein lebendes System, das sich in einem Gleichgewichtszustand befindet, reagiert nur begrenzt auf Veränderungen in seinem Umfeld. Dadurch erhöhen sich seine Risiken enorm.
2. In Momenten der Bedrohung oder angesichts außergewöhnlicher Chancen streben lebende Systeme einem Zustand am *Rand des Chaos* zu. Die Folge ist ein höherer Mutations- und Experimentiergrad, der die Entdeckung neuer Lösungen wahrscheinlicher macht.
3. In diesem angeregten Zustand beginnen die Komponenten von lebenden Systemen, sich *selbst zu organisieren*; dabei kommt es zur *Entstehung (Emergenz)* neuer Formen und Verhaltensweisen.
4. Lebende Systeme können nicht entlang eines geraden Weges geführt werden. Unvorhergesehene Auswirkungen sind unvermeidbar. Es geht vielmehr darum, sie so zu *stören*, dass man sich dem gewünschten Ergebnis annähert.

Bei richtiger Anwendung lassen diese Prinzipien die Unternehmen gedeihen und sich erneuern. Demgegenüber fördern die altvertrauten Prinzipien des Maschinenzeitalters nur allzu häufig die Stagnation und den Niedergang traditioneller Unternehmen, sobald diese sich mit diskontinuierlichen Veränderungen konfrontiert sehen.

So einfach und simpel ist die Alternative.

Wenngleich *Komplexität* und *Chaos* häufig synonym verwendet werden, haben sie doch kaum etwas gemeinsam. Die Welt ist nicht chaotisch; sie ist komplex.

Die Menschen neigen dazu, dasjenige als chaotisch zu empfinden, was sie nicht kontrollieren können. Das erklärt die Verwirrung hinsichtlich der Bedeutung des Begriffs *Chaos.* Vom wissenschaftlichen Standpunkt aus betrachtet ist Chaos jene seltene Situation, in der sich keine Muster finden lassen und die Zusammenhänge nicht erklärbar sind.[11] Ein Bienenschwarm oder die Ameisen, die eine Picknickdecke erobern, mögen zwar chaotisch erscheinen, aber sie bilden in Wirklichkeit lediglich ein komplexes adaptives System. E-Commerce und die Zerstörung traditioneller Wirtschaftsformen mögen »chaotisch« erscheinen, technisch gesehen handelt es sich aber um komplexe Innovationen.

Pioniere in lebenden Systemen

Damit wir uns klar auszudrücken: »Lebende Systeme« sind nicht bloß eine Metapher für die Funktionsweise von menschlichen Institutionen. Letztere sind vielmehr realiter lebende Systeme.[12] Die wegweisenden Initiativen der im Folgenden beschriebenen Unternehmen haben gezeigt, dass Ideen sich konkret auf die Bilanzen auswirken und tief greifende Unternehmensveränderungen hervorrufen können. Einige der größten und erfolgreichsten Unternehmenstransformationen der letzten Jahre wurden nach den Prinzipien lebender Systeme durchgeführt. Dieses Buch verdankt seine Inspiration in erster Linie Führungspersönlichkeiten, die diese Prinzipien nicht nur zur Richtschnur für Veränderungsprozesse machten, sondern zudem durch fortgesetztes Probieren herausfanden, wie sie sich in konkrete Managementinstrumente übersetzen lassen.

Dieses Buch verbindet Theorie und Praxis anhand von sechs detaillierten Beispielen von lebenden Systemen: British Petroleum, Hewlett-Packard, Monsanto, Royal Dutch/Shell, Sears und US Army. Wir sind Führungspersönlichkeiten begegnet, die ihre Unternehmen explizit oder implizit als lebende Systeme betrachteten und die vier oben beschriebenen Prinzipien als Managementplattform verwendeten, um ihren Unternehmen neues Leben einzuhauchen. Wir haben Executives gesehen, die diese Erkenntnisse tatkräftig in die Praxis umsetzten und dabei beachtliche Erfolge erzielten, die vermutlich auf anderem Weg nicht erreichbar gewesen wären. Die meisten Bücher greifen auf Beispiele zurück, aber nur wenige verwenden ein Weitwinkelobjektiv und zeichnen das Auf und Ab nach. Wir diskutieren sowohl die Erfolge als auch die Misserfolge.

An der Funktionsweise des Modells der lebenden Systeme ist nichts Mysteriöses – keine Geheimformel und kein Zaubertrank. Die Beispiele illustrieren Erkenntnisse zu komplexen adaptiven Systemen – wie diese in der Natur funktionieren – und übersetzen sie in die Welt der Unternehmen. Das Studium der Fehler und Triumphe jener Unternehmen, die das neue Modell bereits umgesetzt haben, liefert aufschlussreiches Anschauungsmaterial.

Aufgrund unserer persönlichen Beraterbeziehungen zu den CEOs und anderen Executives der meisten der sechs Organisationen können wir authentische Berichte liefern und müssen nicht mit Anekdoten oder journalistischen Schilderungen vorlieb nehmen. Diese Berichte weisen auf praktische Gestaltungsprinzipien und -prozesse sowie auf Methoden hin, die dazu dienen können, das Potenzial eines Unternehmens freizulegen. Ein frischer und unorthodoxer Führungsstil ist Voraussetzung für den Beginn und die Durchführung einer adaptiven Reise. Abschließend identifizieren wir die Disziplinen, die ein Unternehmen benötigt, um seine Vitalität zu *erhalten*, nachdem sie einmal geweckt wurde.

Das sind unsere Vorhaben für dieses Buch.

Wir behaupten nicht, dass die oben formulierten vier Prinzipien ein Allheilmittel darstellen. Die von ihnen abgeleiteten Methoden sind nicht narrensicher; sie sind nicht einmal in jedem Fall den traditionellen Ansätzen überlegen. Wie wir in Kürze sehen werden, hängt viel von der konkreten Situation und dem gewünschten Veränderungsgrad ab.

»Konkrete Beispiele«

In Mexiko lenkt Cemex, der drittgrößte (und einzige globale) Zementlieferant der Welt, seine Zementmischerflotte nach denselben einfachen Regeln, nach denen eine Ameisenkolonie ihr Territorium mit gnadenloser Effizienz nach Nahrung absucht. Cemex berücksichtigt, was Hausbesitzer nur allzu gut wissen: Bauprojekte verlaufen *niemals* nach Plan. Wenn Sie eine Zementlieferung im Voraus planen, können Sie darauf wetten, dass die vorbereitenden Arbeiten früher fertig werden (kostspielige Arbeitskräfte warten untätig auf die Lieferung) oder dem Plan hinterherhinken (der Zement wird im Wagen hart).

Zulieferer und Kunden haben sich jahrelang mit diesem Zustand zufrieden gegeben. Wie könnte es denn auch anders sein, so lange der Fortgang der Bauarbeiten von so vielen unvorhersehbaren Faktoren abhängt? Aber Cemex trotzt dieser Logik. Das Unternehmen verspricht, jederzeit und an jeden Ort binnen zwei Stunden nach Benachrichtigung Zement zu liefern. Cemex verkauft Versprechungen – nicht nur Zement – und verwendet sie, um sich auf dem Markt wirkungsvoll hervorzuheben. Und das Unternehmen hält seine Versprechungen ein.

Wie ist das möglich?

Das Unternehmen belädt jeden Morgen seine Zementwagenflotte und schickt sie ohne festes Ziel los. Der Trick liegt darin, wie diese Wagen ihre

Runden drehen. Wie Ameisen, die ihr Territorium absuchen, lassen sie sich durch einfache Regeln zu ihren Zielen führen. Ameisen verwenden chemische Botenstoffe (so genannte Pheromone), um diese Instruktionen zu übermitteln; Cemex verwendet einen Algorithmus auf der Basis von *Anziehung* (liefere möglichst schnell möglichst viel Zement an möglichst viele Kunden) und *Abstoßung* (halte zur Vermeidung von Redundanz eine möglichst große Entfernung zu anderen Zementwagen ein). Die Vorstellung von einer Wagenflotte, die ausgerechnet mit flüssigem Zement beladen ist, der unter Umständen hart wird, bevor er ausgeliefert wurde, erscheint beängstigend. Und dennoch arbeitet das Ameisenmodell mit einer erstaunlichen Effizienz. In den acht Ländern, in denen Cemex vertreten ist (darunter der Westen und Südwesten der Vereinigten Staaten), wurde die Konkurrenz praktisch ausgeschaltet. Die Entscheidung, ein lebendes System zu kopieren, bringt dem Unternehmen jährlich zusätzliche Erträge in Höhe von 388 Millionen US-Dollar ein.[13]

Ein glücklicher Zufall? Wohl kaum. Im Jahr 1998 führte British Telecom ein ähnliches System zur Verteilung seiner 80 000 Fahrzeuge zählenden Serviceflotte ein. Die Einsparungen beliefen sich im ersten Jahr auf 250 Millionen Pfund.[14] Die US Army verwendete das Ameisenmodell zur Steuerung ihrer bei der Bodenüberwachung in Bosnien und Serbien eingesetzten Drohnen (und um die Drohnen neu auszurichten, sobald eine abgeschossen wurde). Die Abdeckungseffizienz erhöhte sich von 60 Prozent (auf Basis traditioneller großrechnergestützter Optimierungsmodelle) auf 87 Prozent (nachdem ein kampfgepanzerter PC mit einem Ameisenalgorithmus gefüttert worden war).[15]

Cemex hat eine der einfachsten Anwendungen der Komplexitätswissenschaft implementiert. Die im Folgenden beschriebenen Beispiele aus der Unternehmenswelt gehen weit darüber hinaus. Bei Monsanto (heute mit Upjohn zu Pharmacia verschmolzen) verwendete CEO Robert Shapiro das Konzept des lebenden Systems als zentrales Element für seine Bemühungen, den einst farblosen Hersteller niedrigmargiger Petrochemikalien als führendes Unternehmen im Bereich Lebenswissenschaften neu zu erfinden.

Übrigens hatte Shapiro, ein langjähriger McKinsey-Kunde, einige Mühe, die Partner der angesehenen Beraterfirma zu überzeugen, statt der von ihnen vorgeschlagenen hierarchisch-strategischen Neuerfindung eine Moderatorenrolle zu übernehmen.

Über 10 000 Monsanto-Mitarbeiter wurden in 300 bereichs- und funktionsübergreifende Teams aufgeteilt. In diesem Kontext identifizierten die von der hierarchischen Kommandostruktur befreiten Beschäftigten neue Geschäftsmöglichkeiten. Die Umsetzung dieser Initiativen erzeugte Spannungen, die das Unternehmen an den Rand des Chaos brachten. Den sich selbst organisierenden Gruppen verdankt das Unternehmen dutzende bahnbrechender Innovationen und eine gewaltige Kostenreduktion. Der Aktienkurs kletterte von 15 auf 49 US-Dollar. Gleichzeitig bewerkstelligte Shapiro eine radikale Veränderung der Strategie und der Unternehmenskultur von Monsanto.[16]

Monsantos Transformation von einem Mitläufer in einen Pionier für genetisch verändertes Saatgut hatte unvorhergesehene Auswirkungen auf die Weltgemeinschaft. Der Widerstand gegen die Gentechnik nahm zu und veränderte die Zukunft der Unternehmen.[17] Monsanto sah sich mit einer anderen Art von disruptiver Veränderung konfrontiert – eine, die sich im Scheinwerferlicht des Medieninteresses und einer sich wandelnden Weltmeinung abspielte.

Management: Vergangenheit und Zukunft

Wir erwähnten bereits, dass die heutigen Geschäftspraktiken ihr Managementerbe auf die wissenschaftlichen Arbeiten Newtons (irreduzible und mathematische Gesetze, die die Mechanik der Natur erklären) und Daltons (die Zerlegung komplexer Moleküle in einzelne Atome und die Beobachtung der Interaktion zwischen Molekülen unter Druck als Vorläufer der Thermodynamik) zurückverfolgen können. Wie Thomas Petzinger vom *Wall Street Journal* schrieb:[18]

»[Seit dem späten 17. Jahrhundert] war Isaac Newton der neue Moses, der einige wenige Gleichungen präsentierte – die Naturgesetze –, die fehlerlos die Gezeiten vorhersagten, die Bahnen und Bewegungen jeglicher sichtbarer oder fühlbarer Objekte. Der Output war genau proportional zum Input. Alles entsprach der Summe seiner Teile. Newtons Mechanik erschien so perfekt, so universell, dass sie zum Organisationsprinzip der postfeudalen Gesellschaft samt Militär, Kirche und jeglichen ökonomischen Institutionen wurde. ... Die Gleichungen der Ökonomie, von denen viele bis heute in Gebrauch sind, wurden ausdrücklich nach den Prinzipien der Mechanik und Thermodynamik gebildet, bis hin zu den verwendeten Begriffen und Symbolen. Von der Wirtschaft hieß es, sie habe ›Schwung‹, laufe wie ›geschmiert‹ oder gewinne an ›Fahrt‹.

Als allgemeines Modell hatte der Newtonianismus, wie sich herausstellte, seine Grenzen. Er funktionierte lediglich innerhalb des engen Spektrums der Newtonschen Instrumente. Die ›Naturgesetze‹ verloren im Weltraum ihre Gültigkeit, wie Einsteins Relativitätstheorie bewies, und ebenso auf der subatomaren Ebene, wie die Quantenphysik zeigte. Die Wissenschaftler erkannten, dass Newtons Regelwerk, mochte es noch so nützlich sein, um einfache mechanische Probleme zu lösen, für das Verständnis der meisten Naturerscheinungen bedeutungslos war: Strömungsphänomene, Pflanzenwachstum oder Aufstieg und Niedergang von Zivilisationen.«

Einsteins Erkenntnisse zur Relativität – die die geordnete Welt der klassischen Physik auf den Kopf stellten – übten auf viele andere Disziplinen einen großen Einfluss aus. Im frühen 20. Jahrhundert spiegelte sich der Relativismus in der Kunst (Picasso und Pollack), der Poesie (T. S. Eliot), der Musik (Strawinsky), der Literatur (James Joyce) und der interpretativen Religion wider. Objekt und Betrachter ließen sich nicht länger voneinander trennen. Die Struktur war mit dem Prozess, das Medium mit der Botschaft, das Tun mit dem Sein verknüpft. Das rationale und analytische Element verschmolz mit dem emotionalen und intuitiven.[19]

Mit Ausnahme des Managements. Der Grund ist simpel genug: Repariere nur, was kaputt ist. Während des größten Teils des Jahrhunderts, besonders seit den 50er Jahren, eröffneten neue verführerische Technologien (Elektronik, künstliche Werkstoffe, Computer und Biotechnik, um nur einige zu nennen) weite Wirtschaftsfelder, in denen traditionelle Managementmodelle dominierten. 55 Jahre ohne vernichtenden globalen Konflikt trugen ihren Teil zu der Entstehung industrialisierter Wirtschaftsräume mit weit verbreitetem Wohlstand, starker Kaufkraft und großer Konsumentennachfrage bei. Der Großteil des 20. Jahrhunderts, mit Ausnahme der Großen Depression und der Kriegsjahre, kann als eine Ära der tief hängenden Früchte bezeichnet werden. Kurz gesagt, das Management hat sich nicht verändert, weil es sich nicht verändern *musste*. Getreu Woody Allens Bonmot, dem zufolge das Leben zu 90 Prozent daraus besteht, sich irgendwo blicken zu lassen, gediehen unsere großen und schwerfälligen Unternehmen allein deshalb, weil es sie gab; ihr Mangel an Beweglichkeit stellte keinen wesentlichen Nachteil dar gegenüber den Größenvorteilen und angesichts der Fülle der ökonomischen Möglichkeiten, die sich ihnen boten.

Dann waren da plötzlich irgendwelche Start-ups mit neuen Geschäftsmodellen und verdarben das Fest. Die Neulinge – Unternehmen wie Amazon.com, Southwest Airlines, Home Depot und Nokia – waren den in ihrem komfortablen Gleichgewicht gefangenen Unternehmen haushoch überlegen.

Allmählich begann sich in den Reihen der Managementexperten ein neuer Konsens herauszubilden. Danach können Unternehmen mit dem nötigen Talent und den Instinkten, um sich zu erneuern und zu kooperieren, Ideen kommerzialisieren und eine Vorteilsposition erklimmen, bevor langsamere, lang etablierte Rivalen die Gelegenheit überhaupt zur Kenntnis nehmen. Indem die Beschäftigten animiert werden, die Rolle unabhängiger Akteure einzunehmen und mit minimaler zentraler Kontrolle ihre eigenen Lösungsansätze zu verfolgen, können bemerkenswerte Unternehmensformen und gesellschaftliche Bewegungen entstehen.

Aber seien Sie vorsichtig: Auch wenn diese neue agile Unternehmensspezies von einigen Elementen der Komplexitätstheorie profitieren kann, produziert ein nur unvollständiges Verständnis der Vorgänge in der Regel mehr Risiken als Helden. Mit anderen Worten, wenn Sie Ihre Hoffnungen darauf setzen, dass Sie mit einer flüchtigen Durchsicht dieses Buches aus den Beispielen ein paar neue Tricks lernen, um anschließend wieder in die Bequemlichkeit des alten Denkens zurückzufallen, dann sollten Sie es sich zweimal überlegen. Das wäre vergleichbar damit, ein bewährtes Vehikel wie die propellergetriebene Spitfire aus dem Zweiten Weltkrieg gegen eine F-18 auszutauschen, aber nach wie vor ungenaue Karten und ein fehlerhaftes Navigationssystem zu verwenden. Damit kommen Sie nur schneller ans falsche Ziel.

Weltweit geben die Unternehmen heute jedes Jahr mehr als 50 Milliarden US-Dollar an Honoraren für »Change Consulting« aus.[20] Und diese Rechnung macht nur ein Drittel der gesamten Veränderungskosten aus, wenn wir Abfindungen, Abschreibungen und den Einkauf von Informationstechnologie mitberücksichtigen. Dennoch zeigen Beratererfahrungen, wissenschaftliche Studien und eine direkte Betrachtung der »veränderten« Unternehmen, dass nicht weniger als 70 Prozent dieser Anstrengungen scheitern.[21] Der Grund? Wir nennen es *Social Engineering*, eine zeitgemäße Variante des Ursache-Wirkung-Denkens aus dem Maschinenmodell. *Social* wird hier mit *Engineering* gepaart, um anzudeuten, dass die meisten Manager heute anders als ihre Vorgänger aus dem 19. Jahrhundert anerkennen, dass die Mitarbeiter beteiligt werden müssen. Aber sie verfahren immer noch nach festgelegten Mustern. Das Problem liegt darin, dass die »weichen« Aspekte in Wirklichkeit die *harten* sind, die niemand vollständig »regeln« kann.

Wir werden *Social Engineering* wiederholt als Stichwort verwenden, um auf diese Managementtradition hinzuweisen. Deren zentrale Prämissen lauten:

- *Die Intelligenz sitzt in der Unternehmensspitze*, bei deren direkten Mitarbeitern oder Beratern.
- *Veränderung ist vorhersehbar*. Implementierungspläne basieren auf der Annahme eines ausreichenden Maßes an Vorhersehbarkeit und Kontrollierbarkeit während des Zeitraums der Veränderungen.
- *Die Vorstellung von der kaskadierenden Intention*. Sobald eine Vorgehensweise beschlossen ist, fließt die Initiative von der Unternehmensspitze abwärts. Sobald ein Programm definiert ist, wird es *bekannt gegeben* und über die Hierarchieebenen *ausgeführt*. Häufig dient ein Anschein von Mitarbeiterbeteiligung dazu, die Zustimmung zu erhöhen.

Dass diese vertrauten Prinzipien des Social Engineering mit der Funktionsweise lebender Systeme unvereinbar sind, scheint auf der Hand zu liegen. Aber wie wir bereits erwähnten, hat auch der traditionelle Ansatz seine Berechtigung. Die mit dem Social Engineering assoziierten Instrumente funktionieren gut, sobald die Lösung im Voraus bekannt ist und ein erprobtes Repertoire zu ihrer Implementierung existiert. Diese Bedingungen treffen in vielen Situationen zu, und wir beabsichtigen nicht, sie kleinzureden. Aber mag der Fall noch so klar liegen, so lässt sich dennoch, wenn die aktive Beteiligung der Mitarbeiter Voraussetzung für eine Initiative wie beispielsweise SAP ist, die Implementierung in der Regel noch einmal verbessern, wenn jeder Beteiligte als ein intelligenter »Knoten« in einem lebenden System gesehen und in diese Rolle eingebunden wird. Es ist nicht unsere Absicht, alle *Instrumente* des Social Engineering in allen Fällen zu verwerfen; vielmehr plädieren wir dafür, es als bestimmenden *Kontext* abzulösen. Kontrollinstrumente sind nicht gleichbedeutend mit Social Engineering. Wir befürworten die zweckmäßige Verwendung der Instrumente des alten Paradigmas im Rahmen eines neuen Managementrepertoires. Als Kontext hat Social Engineering ausgedient. – Punkt.

Aber das ist nicht das zentrale Thema dieses Buches. Schwerer zu handhaben sind jene nicht routinemäßigen Problemstellungen, die nur durch diskontinuierliche Veränderungen angegangen werden können. Dafür braucht es eine schnelle Erweiterung unseres Repertoires an Fähigkeiten, ohne dass es bekannte Lösungsansätze gibt. In diesen Situationen sind Geschicklichkeit und Flexibilität entscheidend, und es kommt darauf an, das volle Potenzial des Unternehmens als lebendes System auszuschöpfen. Hier geht es nicht um »vielleicht« oder »möglicherweise«. Wir haben es vielmehr mit einem Wendepunkt zu tun. Wenn wir vor einer Adaptionsaufgabe dieser Größenordnung stehen, müssen wir die alten Vorstellungen von der Führung, der Organisation und dem Betrieb von Unternehmen verwerfen. Wir müssen die vertrauten Organisationsprinzipien und Prozesse ablegen und andere, unvertraute übernehmen. Die Lektionen von lebenden Systemen bieten den besten Orientierungsplan für dieses neue Gelände: einen theoretischen Rahmen, um in der Unordnung eine Ordnung zu erkennen; klare Unterscheidungen, die die Veränderung beschleunigen; mentale Haltegriffe, an denen wir die Klippen des veralteten Geschäftsmodells überwinden können, um zu dem Modell der Zukunft zu gelangen. Als Leitvorstellung dient uns dabei die Tätigkeit des Gärtners und nicht die des Mechanikers.

In der Regel tun wir Erwachsene uns viel leichter damit, durch das Handeln zu einer neuen Art des Denkens zu gelangen als umgekehrt. Viele neue – und einige etablierte – Unternehmen, darunter die in diesem Buch besprochenen, veranschaulichen diese Regel. Ungeachtet so mancher Fehlentscheidungen haben sie Organisationsformen und Managementansätze entwickelt, die eher an einen Bienenschwarm als an eine Bürokratie erinnern. Und über die Verwirklichung dieser neuen Vorgehensweisen hat sich bei ihnen auch ein anderes Denken eingestellt.

Jenseits von Dilbert

Ist die Komplexitätswissenschaft der Beginn eines neuen Zeitalters oder lediglich Nahrung für »Dilbert«? Werden die traditionellen »Social Engineers« lediglich einige Schaukastenerkenntnisse der Lebenswissenschaften in ihre überlieferten Systeme einbauen, ungefähr in derselben Weise, wie sie Total Quality Management und Gruppenarbeit zweckentfremdeten? Das vorliegende Buch ist bestrebt, dieser Gefahr entgegenzuwirken. Selbstverständlich besteht die alte Ordnung fort. Petzinger bemerkt jedoch zu Recht:

> »Die neue Ordnung wird die alte ersetzen – zögerlich in einigen Bereichen, unsystematisch in anderen – aber letztlich in jedem Winkel der Wirtschaft und der gesamten Gesellschaft. Wie können wir so sicher sein, dass das Newtonsche Modell dem natürlichen weichen wird? Zwei Gründe: Erstens lässt der Markt den Unternehmen keine andere Wahl. In einer Zeit, in der Veränderungen ohne Vorwarnung eintreten und ganze Unternehmen und Branchen über Nacht auszulöschen drohen, können die Unternehmen nur überleben, wenn sie alle Individuen mit ihren Wahrnehmungen, Gefühlen und Gedanken beteiligen und diese ermuntern, sich in ihrem Verhalten an ihren eigenen Kenntnissen und Überzeugungen zu orientieren. Zweitens jedoch wird das neue Modell vom lebenden System deswegen gedeihen und überdauern, weil es uns als Menschen entspricht.«[22]

Um es noch einmal zu wiederholen: Lebende Systeme stellen keine Metapher dar. Sie *sind* Wirklichkeit.

Dieses Buch will sicherstellen, dass eine Verwässerung dieser Ideen nicht stattfindet. Die Lektionen der Komplexitätswissenschaft sind zu wichtig, um sie zu verlieren oder zu vergeuden. Wir konnten beobachten, wie sie noch das bleiernste Unternehmen in das Gold eines flexiblen, beweglichen und innovativen Unternehmens verwandelten. Wir denken, dass die Geschichte dieser Errungenschaften erzählt und ihre Bedeutung herausgearbeitet werden sollte.

Wir haben mit anderen Worten die Zukunft gesehen und sie zwischen die Umschlagsseiten dieses Buches gepackt.

TEIL I

2

Gleichgewicht ist Tod

Yellowstone, der erste Nationalpark der Vereinigten Staaten, gilt seit langem als nationaler Schatz. Seine knapp 9000 Quadratkilometer vielseitigen Geländes und reichhaltiger Natur erinnern uns an die weite Wildnis, die einst das Bild Nordamerikas bestimmte.

Aber während der 70er und 80er Jahre, als der Park jährlich über 10 Millionen Besucher anzog, stand der National Park Service vor einem Dilemma: Sollte er Yellowstone als eine Art natürlichen Themenpark erhalten und den Besucherdurchsatz maximieren? Oder sollte dem Ökosystem des Parks die Priorität eingeräumt werden? Letztere Möglichkeit hätte bedeutet, die Besucherzahlen zu begrenzen und die Entscheidungen hinsichtlich der Nutzung des Parks an den Interessen der Natur auszurichten.

Aufgrund massiven Drucks entschied sich die Parkleitung für den Ansatz des Themenparks und bemühte sich um eine optimale Nutzung der Reichtümer der Natur, indem sie gewissermaßen eine »Wildniserfahrung« programmierte. Komplexe adaptive Systeme haben jedoch einen eigentümlichen Charakter, der sich dem menschlichen Versuch einer Zähmung entzieht. Im Jahr 1988 lieferte das Ökosystem des Parks dafür einen deutlichen Beweis, als Blitzschlag das größte Feuer in der dokumentierten Geschichte Nordamerikas auslöste. Feuer sind in Wäldern eine häufige Erscheinung. Aber die Größe und Intensität des Brandes im Yellowstone Park gehörte zu den unvorhergesehenen Folgen der rigorosen Nutzungsmethoden. Wir wollen im Folgenden die Gründe darlegen.

Seit mehr als einem Jahrhundert hatte die Parkleitung den Wald in einem künstlichen Gleichgewicht gehalten, indem sie ausbrechende Feuer rasch löschte und auf diese Weise den natürlichen Rhythmus von Feuer und Regeneration unterband, mit dem sich die Wälder für gewöhnlich reinigen und erneuern.

Der Theorie nach ließ die Parkleitung Brände immer dann zu, wenn keine Menschen auf Campingplätzen oder in Hotels bedroht waren. Weil aber Feuer leicht außer Kontrolle geraten können (und stets für schlechte Schlagzeilen sorgen), wurden sie ausnahmslos so schnell wie möglich gelöscht.

Die Folge davon war, dass sich auf dem Waldboden eine übermäßige Schicht an totem Holz und Geäst angesammelt hatte. Die Blitzschläge von 1988 entfachten viele Feuer gleichzeitig. Die lange Trockenzeit der vorangegangenen Monate sowie ungünstige Winde bewirkten, dass der Wald mit einer Intensität und Geschwindigkeit brannte, wie dies in Nordamerika kaum jemals beobachtet worden war. Die Hitze zerstörte auch große Bäume und verkohlte die lebenden Schichten des Bodens, die andernfalls überlebt hätten. Yellowstone trägt noch immer die Narben.[1]

Was für Wälder gilt, trifft auch für die Geschäftswelt zu. Eine ausgedehnte Gleichgewichtsperiode ist ein Vorbote der Katastrophe, ob dieses Gleichgewicht nun zufällig entstand oder, wie in Yellowstone, absichtlich herbeigeführt wurde. In diesem Kapitel erkunden wir sowohl die zufälligen als auch die intendierten Gleichgewichtsquellen. Wir zeigen die verheerenden Auswirkungen des Gleichgewichts auf Unternehmen wie Sears und International Business Machines Corporation (IBM).

Alle Dinge des Universums – ob belebt oder unbelebt – verlieren mit der Zeit Energie. Stahl rostet, wie die Anstreicher der Golden Gate Bridge von San Franzisco bezeugen können. Wenn der rostende Stahl unbehandelt bleibt, verwandelt er sich in Eisenoxydstaub. Lebende Dinge, die nicht durch Nahrung oder Sonnenschein neuen Nachschub erhalten, vergehen und verfallen. »Asche zu Asche, Staub zu Staub« ist ein poetischer Ausdruck für das Zweite Gesetz der Thermodynamik.

Das Gesetz von der erforderlichen Vielfalt, ein verwirrendes, aber wichtiges Gesetz der Kybernetik, besagt, dass das Überleben eines jeden Systems von seiner Fähigkeit abhängt, Vielfalt in seiner internen Struktur nicht nur zu tolerieren, sondern zu *kultivieren*. Andernfalls ist es nicht imstande, sich zu behaupten, sobald es mit einer Vielfalt konfrontiert wird, die aus einer äußeren Quelle stammt. Beispielsweise können Fische in einem Bassin schwimmen, sich fortpflanzen und sich mit minimalem Aufwand ernähren, ohne einer Gefahr ausgesetzt zu sein. Aber wie jeder Aquariumsbesitzer weiß, sind solche Fische äußerst empfindlich gegenüber den geringsten Störungen. Seefische haben es viel schwerer, sich zu behaupten, und sind vielen Gefahren ausgesetzt. Aber weil sie gelernt haben, mit einer größeren Vielfalt zurechtzukommen, sind sie auch gegenüber Veränderungen widerstandsfähiger.[2]

Die Lektion von Yellowstone und die Folgerungen aus dem Gesetz von der erforderlichen Vielfalt bereiten uns Unbehagen. Gleichgewicht hängt mit Balance zusammen – sicherlich ein positiver Aspekt. Ungleichgewicht ist gestörte Balance.

Balance oder Gleichgewicht stellen sich in der Natur ein, wenn zwischen den Komponenten eines Ökosystems Harmonie besteht. Auf der individuellen Ebene bedeutet Gleichgewicht, dass ein Organismus den Anforderungen seiner Umwelt genügt, während seine eigenen Bedürfnisse von den verfügbaren Ressourcen gedeckt werden. Aber sobald ein Feuer in Yellowstone (oder E-Commerce im Einzelhandel) das stabile Gleichgewicht abrupt außer Kraft setzt, kann das, was latent vorhanden war (das tote Holz auf dem Waldboden oder die ungestillten Verbraucherwünsche) plötzlich offenbar werden. Die während der langen Periode des Gleichgewichts verkümmerten Abwehrmechanismen erweisen sich häufig als ungenügend, um gegenüber der neuen Gefahr Schutz zu bieten. Ein Überleben setzt einen erhöhten Adrenalinspiegel, Wachsamkeit und Experimentierfreude voraus. Alfred North Whitehead fand die richtige Formulierung: »Ohne Abenteuer [welches wir als durch den Bruch mit dem Althergebrachten verursachtes Ungleichgewicht definieren können] ist die Zivilisation dem Verfall ausgeliefert.«[3]

Eine Relativierung ist jedoch angebracht. Inwieweit ein anhaltendes Gleichgewicht in einer Katastrophe münden wird, entscheidet sich nur im Kontext von Größenordnung und Zeit. Bei bestimmten (beispielsweise kleinen) Dimensionen und bei bestimmten (beispielsweise kurzen) Zeiträumen kann Gleichgewicht ein erstrebenswerter Zustand sein. Aber über lange Zeiträume und bei sehr großen Dimensionen wird Gleichgewicht gefährlich. Warum? Weil das Umfeld, in dem der Organismus (oder das Unternehmen) lebt, sich ständig verändert. Bisweilen wird es turbulent. Ein anhaltendes Gleichgewicht trübt die Sinne des Organismus und mindert seine Fähigkeit, sich gegen die Gefahr ausreichend zu wappnen.

Zufälliges Gleichgewicht

Denken Sie an den heute ausgestorbenen Dodo. In seinen angestammten südpazifischen Gefilden genoss der Vogel ein stabiles und ihm gemäßes Umfeld, von dem ihm keine Gefahren drohten. Nachdem dieser zahme und wehrlose, 50 Pfund schwere Vogel lange Zeit in einem bequemen Gleichgewichtszustand lebte, verlor er die Fähigkeit des Fliegens. Und auf einmal war er Matrosen und Siedlern mit Feuerwaffen hilflos ausgeliefert.

Der Dodo ist kein Einzelfall. Der seit 40 Millionen Jahren isolierte Inselkontinent wurde zum Lebensraum für eine enorme Vielfalt von Beuteltieren, Nagetieren und Eidechsen. Viele starben aus, nachdem die Europäer Füchse, Katzen, Ziegen und andere Säugetiere samt Parasiten eingeschleppt hatten. In nur 200 Jahren verschwanden 80 Prozent der einzigartigen australischen Lebensvielfalt.[4] Auf Hawaii brachte die lange Isolierung Pflanzen- und Vogelarten hervor, denen die Verteidigungsmöglichkeiten fehlten, die in vielfältigeren Umgebungen Standard sind. Es bestand keine Gefährdung durch einheimisches Weidevieh, sodass die Pflanzen keine Gifte oder Dornen benötigten. Viele Vogelarten zogen es vor, auf dem Boden zu brüten. Nach der Einführung von Ratten, Schweinen, Ziegen und Mungos verschwanden 88 Prozent der angestammten Vogelarten und zehn Prozent der Pflanzen Hawaiis.[5]

Die kommerzielle Parallele dazu bilden die bankrotten Fabriken im Rust Belt, eine industrielle Spezies, die den modernen Elektrostahlwerken (den so genannten Minimills) und der agilen asiatischen Konkurrenz zum Opfer fiel. Es handelt sich um die Relikte eines überlebten Gleichgewichts mit ungenügender Vielfalt.

In den Lebenswissenschaften bezeichnet man diese Eigenschaft isolierter Populationen als *genetische Drift*, sie stellt eine universale Eigenschaft lebender Systeme dar.[6] Solange die Veränderungen des Umfelds real und definierbar sind, neigt jede Art dazu, sich zu spezialisieren oder ihre Erfolgsformel zu verfeinern. Auf den Galapagosinseln entwickelten Finken speziell geformte Schnäbel, um damit die Samen einer lokalen Pflanze zu ernten. In Unternehmen äußert sich genetische Drift darin, dass immer mehr Energie für die Entwicklung einer Strategie zur Wahrung des Status quo verwendet wird.

Bewusst herbeigeführtes Gleichgewicht

Für jemanden, der sich im Zustand des Gleichgewichts befindet, ist es nicht leicht, darin eine Bedrohung zu erkennen, weil sich dieses Gleichgewicht häufig als Vorteil ausgibt. Es manifestiert sich in festen Werten, einem kohärenten, dicht geknüpften Sozialsystem oder einem harmonisch abgestimmten Unternehmensbetrieb.

In ihrem Bestseller *Auf der Suche nach Spitzenleistungen* zählten Tom Peters und Bob Waterman diejenigen Qualitäten auf, die aus ihrer Sicht zum Erfolg von 43 Spitzenunternehmen beigetragen hatten.[7] Seit Erscheinen des Buches waren Manager bestrebt, diese wünschenswerten Eigenschaften zu imitieren. Zu den wichtigsten zählten: eine klare Unternehmensvision, feste Werte und ein gutes Maß an interner Konsistenz zwischen den verschiedenen Elementen – wozu auch der Ausdruck *Organizational Fit* gebraucht wird. Angesichts der Betonung, die die Autoren auf diesen letzten Punkt legten, hätte das Buch zutreffender *Auf der Suche nach Gleichgewicht* heißen müssen.

Fünf Jahre nach Erscheinen des Buches befand sich bereits die Hälfte der 43 Unternehmen in wirtschaftlichen Schwierigkeiten. Gegenwärtig haben alle bis auf fünf den Erfolgspfad verlassen.[8] Einer der Autoren des vorliegenden Buches, Richard Pascale, war an der Entwicklung des Sieben-S-Modells beteiligt – ein Managementinstrument, auf das Peters und Waterman in ihrem Buch ausführlich eingingen. Das Sieben-S-Modell beleuchtet die sieben entscheidenden Faktoren, die für den Unternehmenserfolg verantwortlich sind. Wir können zwischen harten Faktoren – Strategie *(strategy)*, Struktur *(structure)* und

Systemen *(systems)* – und weicheren Aspekten – Führungsstil *(style)*, Beleg-schaft *(staff)* und Werten *(shared values)* – unterscheiden. Das siebte »S« steht für Fähigkeiten *(skills)*. Das Modell war als Beschreibungsinstrument gedacht, mit dessen Hilfe Executives ergründen konnten, wie die einzelnen Kompo-nenten ihres Unternehmens miteinander harmonierten.

Die Botschaft enthielt implizit eine Aufforderung zur Stärkung der internen Stimmigkeit des Unternehmens. Später jedoch wurde uns klar, dass ein Über-maß an »Stimmigkeit« bedeutete, dass es unmöglich war, ein einzelnes Ele-ment des Systems zu verändern, ohne alle übrigen Element ebenfalls zu ver-ändern. Versehentlich hatten wir die Manager also dazu angehalten, jenes Gleichgewicht anzustreben, das ihnen später zum Verhängnis wurde.

Nehmen Sie IBM, eines der in *Auf der Suche nach Spitzenleistungen* vor-gestellten 43 Unternehmen. 1993 bat der kurz zuvor zum CEO ernannte Louis V. Gerstner, Jr., einen hochrangigen Mitarbeiter, James Cannavino, den stra-tegischen Planungsprozess einer strengen Prüfung zu unterziehen. Warum war IBM so weit hinter der Zielmarke zurückgeblieben? Cannavino arbeitete sich fleißig durch lange Reihen von Ordnern mit Voraussagen, Trends und strate-gischen Analysen aus 20 Jahren.

»Es lässt sich in einem Satz zusammenfassen«, berichtete er Gerstner. »Wir sahen es kommen. ... Unsere strategischen Planer sahen die Folgen von PC, offener Architektur, intelligenten Netzwerken und Mikroprozessoren und sogar die höheren Margen im Softwarebereich und die schrumpfenden Margen im Hardwarebereich voraus.« Anschließend nahm sich Cannavino die Betriebs-pläne von IBM vor. Spiegelten sie die Veränderungen wider, die die Strategie-experten vorausgesagt hatten? Diese blauen Ordner [dreimal so umfangreich wie die Strategiepläne] ließen sich ebenfalls in einem Satz zusammenfassen: ›*Nichts Neues.*‹«

Cannavino fügte hinzu:

»Aber das wichtigste Puzzleteil war ein Geheimnis, das nur Eingeweih-te kannten, eine Prise Arsen in unserer Zyaniddiät, die während des finan-ziellen Abstimmungsprozesses zum Jahresende verabreicht wurde. Wenn wir die von den einzelnen Sparten gelieferten Zahlen für das Gesamt-unternehmen aufsummierten, deckte das Wachstum bei den neuen Pro-dukten die Erosion der Margen im Großrechnerbereich niemals ab. Die-se Differenz war freilich nur die Spitze eines Eisbergs, der eines Tages die Rolle des IBM 360 als Herzstück unserer Geschäftsplattform beenden wür-de. Die klare Anerkennung dieser Situation hätte jedoch viel Aufruhr und Instabilität verursacht. Stattdessen zogen sich Jahr für Jahr zwei unserer ranghöchsten Leute hinter verschlossenen Türen zurück, um den Fehl-betrag zu quantifizieren und die Preise entsprechend anzuheben.«[9]

Chris Langton, einer der Pioniere der Komplexitätswissenschaft, hat unser Verständnis für die Entstehung von Gleichgewicht geschärft. Er programmierte eine Reihe von Simulationen in Analogie zu einem Bienenschwarm, wobei die einzelnen virtuellen »Bienen« bestimmte Regeln befolgen mussten. Wenn die Regeln zu steif oder zu zahlreich waren, erstarrte der Schwarm in Untätigkeit. Ein wenig Elastizität in den Regeln erzeugte ein wiederkehrendes Muster im Schwarm; kleinere Veränderungen übertrugen sich wellenförmig auf das ganze System, aber anschließend kehrte der Schwarm in seinen Originalzustand zurück, und es entstand jedes Mal dasselbe Muster. In beiden Fällen erzeugten die Regeln Ordnung und Gleichgewicht.

Fehlten sämtliche Regeln, so war das entgegengesetzte Phänomen zu beobachten. Der Schwarm löste sich auf. Aber es gab noch eine andere, von geheimnisvollen, schwer einzuordnenden Algorithmen beschriebene Gruppe von Regeln, die sich als der interessanteste Fall erwiesen. Abgesehen von einigen regelmäßigen Merkmalen dominierte ein Fluss immer wechselnder Muster. Der Algorithmus war so definiert, dass er seine eigene Regelmäßigkeit durchkreuzte. Die Muster setzten sich in der Bienenwabe fort, zerfielen und setzten sich in ständig neuen Formen neu zusammen. Der »Schwarm« hatte stets genügend innere Vielfalt, um sich nicht selbst zu blockieren.[10]

Betrachten wir unter diesem Aspekt das Beispiel Japans. Im Jahr 1998 erlebte das japanische Bankgewerbe Verluste in Höhe von 60 Prozent des Bruttoinlandprodukts.[11] Aber die japanische Kultur und die Institutionen ließen ähnlich Langtons steifen Regeln eine Veränderung der Parameter nicht zu, die das erforderliche Ungleichgewicht hätten erzeugen können, um die Wirtschaft wieder in Schwung zu bringen. Langtons Regeln lauteten in der Version des stark vernetzten Landes folgendermaßen:

1. Überzählige Beschäftigte durften nicht entlassen werden.
2. Die Regierung sollte in Schwierigkeiten geratenen Unternehmen mit öffentlichen Aufträgen unter die Arme greifen.
3. Die Banken sollten eher ihren Kreditrahmen überspannen, als Abschreibungen vorzunehmen.
4. Die Banken sollten niemals zum Scheitern eines Unternehmens beitragen, indem sie zahlungsunfähige Kreditnehmer in die Insolvenz zwingen und die Verluste an die Investoren weitergeben.

Die Regeln begrenzten die Flexibilität des Netzwerks. Wenn die Kultur eines Landes (wie Japan) oder eines Unternehmens (wie IBM) »so steif ist, dass man sie mit dem Messer schneiden kann«, dann gleichen diese dichten Verbindungen weniger einem flexiblen Netzwerk als vielmehr einer starren chemischen Struktur.

In beiden Fällen, Japan und IBM, waren es nicht Gleichgültigkeit, Faulheit oder Ineffizienz, die eine effektive Antwort auf die Gleichgewichtsgefahr verhinderten. Vielmehr versäumten es beide Systeme, die Gefahr des Gleichgewichts zu erkennen. Wer mitten im Gleichgewicht steckt, tut sich schwer, dieses Gefahrenpotenzial wahrzunehmen, und noch schwerer fällt es, sich auf eine angemessene Reaktion einzustellen. Ein Fisch hält das Wasser, in dem er schwimmt, für selbstverständlich; wenn er mit dem Land Bekanntschaft macht, ist es meistens zu spät. Wenn sich ein Unternehmen nach einer lange Periode der Stabilität im Gleichgewicht wiegt, kommt dieser Zustand einem Todesurteil gleich.

Warum verfangen sich also nicht alle lebenden Systeme im Gleichgewicht, um schließlich darin zugrunde zu gehen? Weil zwei Gegenkräfte existieren, die die Instabilität fördern und das Gleichgewicht stören. Die eine ist die Todesdrohung im unendlichen Darwinschen Überlebenskampf; die andere ist die geschlechtliche Fortpflanzung, bei der durch immer neue Kombinationen genetische Vielfalt erzeugt wird. Wir wollen auf beide einen Blick werfen.

Die Todesdrohung

Als sich Charles Darwin 1839 an Bord der Beagle auf die Reise begab, um das Ökosystem der Galapagosinseln vor der Küste Ecuadors zu studieren, erwartete er, eine stabile, natürliche Gemeinschaft vorzufinden, die in ihrem abgeschotteten Lebensraum ein zufriedenes Dasein führte. Stattdessen stellte er fest, dass sich die Arten in ihrer Konfrontation miteinander in ständiger Unruhe und Instabilität befanden.[12] Darwin fasste diese überraschenden Entdeckungen im letzten Kapitel seines Buches *Über die Entstehung der Arten durch natürliche Selektion* folgendermaßen zusammen:

> »Bei der Betrachtung der Natur darf man niemals vergessen, dass jedes Lebewesen um uns herum in höchstem Maße bestrebt ist, sich zu vermehren; dass jedes von ihnen in bestimmten Perioden um sein Leben kämpfen muss; und dass dabei viele unvermeidlich der Zerstörung anheim fallen. Wir können uns die Natur wie eine nachgebende Oberfläche vorstellen, die dicht an dicht mit Zehntausenden spitzen Keilen bepackt ist, von denen mal der eine, mal der andere mit unterschiedlich starker Wucht vorgetrieben wird.«[13]

Zu Darwins wichtigsten Beiträgen gehört seine Beobachtung, dass sich die Arten (unter denen wir lebende Systeme verstehen) nicht aus eigenem Antrieb weiterentwickeln. Sie verändern sich vielmehr aufgrund der Kräfte – genauer gesagt, der Bedrohungen –, denen sie in ihrem Umfeld ausgesetzt sind. Viele Arten suchen ihren Überlebensweg jedoch nicht im zugespitzten, auf Leben und Tod geführten Kampf mit anderen Arten. Die meisten versuchen vielmehr zu kooperieren, sich gemeinsam zu entwickeln und Koexistenzen zu begründen. Selbst innerhalb der Arten lassen sich viele Beispiele altruistischen Verhaltens finden. Unter den Säugetieren und Insekten opfern sich regelmäßig Einzelne für das Wohl der Gesamtheit.[14]

Die Lebenswissenschaftler bezeichnen diese Dynamik als »Überlebensdruck«. Der Überlebensdruck verstärkt sich in Zeiten radikaler Umwälzungen. Die meisten Arten sind nicht in der Lage, eine allzu große Anpassung vorzunehmen, mit der Folge, dass sie, wenn eine solche Anpassung unumgänglich wird, von der Bildfläche verschwinden. Aber die Natur ist eine fruchtbare und gleichgültige Mutter, der es mehr um die Vermehrung des Lebens im Allgemeinen als um die Fortsetzung einer bestimmten Spezies geht. Vom Standpunkt des übergreifenden komplexen adaptiven Systems aus gesehen zwingt der Selektionsdruck zur ständigen ökologischen Verbesserung. Es überleben diejenigen Mutationen, die sich besser in das neue Umfeld einfügen.

Wenn wir uns die wirtschaftliche Wettbewerbssituation der letzten zwei Jahrzehnte vor Augen führen, können wir Darwins Keilmodell darin leicht wiedererkennen. Ständig drängen neue Wettbewerber auf dieselben Marktsegmente und trampeln unaufhörlich aufeinander herum, um eine bessere Position in der ökonomischen Nahrungskette zu erringen. Ganze Sektoren brechen ein oder verschwinden von der Bildfläche. Büroausstatter werden von Staples hinweggefegt, und der größte und alteingesessenste Buchhändler, Barnes & Noble, gerät durch Amazon.com stark unter Druck. Die Beispiele zeugen von der Allgegenwärtigkeit des Selektionsdrucks in der Unternehmenslandschaft. Es gibt keine Schutzzonen. Von Mobiltelefonen bis zu Baumwollsamen, von Medikamenten bis zu Lohnabrechnungssoftware, von Herbiziden bis zu Gewürzsaucen herrscht ein einziger Darwinscher Dschungel, und das Überleben darin wird keineswegs einfacher.

Wie alle komplexen adaptiven Systeme müssen sich die Unternehmen auf eine plötzliche Konfrontation mit den unerbittlichen Fährnissen der natürlichen Selektion vorbereiten. Allgemein bewunderte Führungspersönlichkeiten wie Jack Welch von General Electric haben geniale Techniken entwickelt, um ihre Leute auf den Darwinschen Kampf einzustimmen. Es ist aufschlussreich, die gut dokumentierten Methoden von General Electric unter dem Gesichtspunkt der Störung des Gleichgewichts zu analysieren. Als Welch 1980 die Nachfolge des geschätzten und geachteten CEOs Reginald Jones antrat, stellte er fest, dass sich viele Unternehmensbereiche allzu bequem in ihren oligopolistischen Märkten eingerichtet hatten. »Ich wünschte, ich hätte andere Karten in der Hand«, bekannte er Richard Pascale gegenüber, der in den frühen 80er Jahren intensiv mit ihm zusammenarbeitete. »Gewiss, diese Geschäftsbereiche erzeugen zuverlässige Erträge«, sagte er, »aber ihnen fehlt die für den Wettbewerb erforderliche Vitalität.«[15] Um dieser Selbstzufriedenheit ein Ende zu bereiten, verkündete Welch, dass jeder Geschäftsbereich in seiner Branche zur Nummer eins oder zwei werden müsste, andernfalls werde er aufgelöst. Und Welch hielt Wort. Flaggschiffsparten wie beispielsweise Kleingeräte, Mobilkommunikation und Fabrikautomatisierung wurden geopfert. Quer durch das weit verzweigte Unternehmen war ein Adrenalinstoß zu spüren.

Das nächste Instrument in Welchs Arsenal zur Störung des Gleichgewichts war das »Workout«. Indem er GE als »übergewichtigen Schläger gegenüber wendigen Straßenkämpfern«[16] charakterisierte, initiierte er einen Prozess, bei dem Beschäftigte der unteren Ebenen die Scheinwerfer der Öffentlichkeit auf die krassesten Fälle von bürokratischem Überbau und überflüssigen Arbeitspraktiken richten konnten. Im Rahmen des Workouts (das wir uns als »Theater des Ungleichgewichts« vorstellen können) fanden zahlreiche öffentliche Veranstaltungen statt, bei denen sich höhere Führungskräfte der ungeschminkten Kritik der Mannschaftsränge stellen mussten. Anschließend wurde von ihnen erwartet, dass sie unter der fortgesetzten Beobachtung durch die Beschäftigten zur Tat schritten und die identifizierten Hindernisse ausräumten. Nach dem Workout richtete Welch seine Aufmerksamkeit auf das Veränderungstempo. 1992 startete er den Change Acceleration Process, im Rahmen dessen aus allen Geschäftsbereichen jeweils die 100 obersten Führungskräfte in der Kunst des Veränderungsmanagements trainiert wurden und anschließend ein wichtiges Geschäftsprojekt übertragen bekamen, das ihnen Gelegenheit bot, das Gelernte zu verinnerlichen und zu demonstrieren. »Wenn die Veränderung innerhalb eines Unternehmens langsamer vonstatten geht als außerhalb«, bemerkte Welch, »dann gibt es ein Problem. Wir können die Zukunft nicht voraussagen, aber wir können lernen, sehr viel schneller zu reagieren als die Konkurrenz.«[17] Vertraute Töne? Welch lieferte uns eine praxisnahe Formulierung des Gesetzes von der erforderlichen Vielfalt.

Zuletzt lag Welchs Betonung auf der Qualität – eine Idee, die sicherlich nicht allzu neu ist, aber in der Hälfte der üblicherweise für ein unternehmensweites Programm benötigten Zeit umgesetzt wurde und anspruchsvolle Ergebnisse anstrebt. Alle GE-Initiativen verfolgen ein wiederkehrendes Muster: Überlebensrisiko und Unsicherheit werden erhöht, um die Entstehung frischer Ideen und innovativer Lösungen zu fördern.

Das Prinzip der geschlechtlichen Fortpflanzung

Komplexe adaptive Systeme sind umso verwundbarer, je homogener sie sind. Um die Homogenität zu vermindern, bedient sich die Natur des durch die geschlechtliche Fortpflanzung gewährleisteten Kombinationsreichtums. Die geschlechtliche Fortpflanzung ist der zweiten evolutionsgeschichtlichen Fortpflanzungsmethode, der Parthenogenese, bei weitem überlegen.

Die Parthenogenese (der Prozess, über den einige Pflanzen und Würmer ihre Nachkommen durch Kombination des eigenen, identischen Genmaterials erzeugen) liefert Nachwuchs, der mit einem einzigen Vorfahren identisch ist. Dieser Prozess hilft wenig, wenn eine Art verzweifelt auf neue Mutationen angewiesen ist, um eine Katastrophe abzuwenden.[18]

Die geschlechtliche Reproduktion hingegen garantiert maximale Vielfalt. Die Chromosomenkombinationen entstehen zufällig und erzeugen dadurch mehr Permutationen und Varianten beim Nachwuchs. Der Evolutionstheoretiker William Hamilton von der University of Oxford lieferte eine simple Erklärung, warum ein lebendes System davon profitiert.[19] Die vielfältigen Verteidigungsmechanismen einer durch geschlechtliche Fortpflanzung erzeugten Population sind für Feinde (wie beispielsweise schädliche Krankheiten und Parasiten) schwerer zu durchbrechen als die vergleichsweise homogenen, durch Parthenogenese entstandenen Mechanismen. Durch die Vermischung ihrer Gene wappnen Männlein und Weiblein ihre Nachkommen mit neuen DNS-Kombinationen. Mikroben, die gelernt haben, die Schutzmechanismen der einen Generation einer bestimmten Art zu knacken, müssen feststellen, dass der Zellcode der nächsten Generation verändert ist. Als im 14. Jahrhundert die Beulenpest Europa heimsuchte, dezimierte sie 30 Prozent der Bevölkerung. Nachfolgenden Wellen dieser tödlichen Ansteckungskrankheit fiel nur noch ein Bruchteil dieser Menge zum Opfer.[20] Die geschlechtliche Fortpflanzung hatte dafür gesorgt, dass die meisten Nachkommen der Überlebenden der ersten Welle mit schützenden Antikörpern ausgestattet waren. Die Mehrheit der nächsten Generation konnte den wiederkehrenden Bakterien widerstehen.

Alex Trisoglio untersuchte an der London School of Economics den Zusammenhang zwischen Krankheit und genetischer Vielfalt. Er stellte fest:

»Neuere Studien zur Evolution, sowohl in der Natur als auch in computergestützten komplexen Systemen, haben das überraschende Ergebnis geliefert, dass die Anwesenheit von Parasiten in einem System die Evolution dramatisch beschleunigt. Ein Parasit findet eine Möglichkeit, wie er vom Gastorganismus profitieren kann; dieser entwickelt sich daraufhin weiter, um sich zu schützen. Der Parasit wiederum findet neue Möglichkeiten des Angriffs. In einem solchen »evolutionären Wettrüsten« ist die Fähigkeit, sich schneller als der andere Organismus zu verändern, der einzige dauerhafte Wettbewerbsvorteil. Neuere Untersuchungen lassen darauf schließen, dass dieser Red-Queen-Effekt – benannt nach der Figur in Alice im Wunderland, die so schnell rennt, wie sie kann, um dennoch stets am selben Ort zu bleiben – möglicherweise sogar für die Evolution der geschlechtlichen Fortpflanzung selbst verantwortlich ist!«[21]

Wenn Jack Welch den Leitern seiner Unternehmensbereiche aufträgt, (1) 30 bis 60 Mitarbeiter mit Erfahrung im E-Commerce und anderen nicht traditionellen Bereichen einzustellen, (2) sie vor der Immunabwehr des Unternehmens zu schützen und (3) innerhalb von sechs bis neun Monaten eine praktikable »Selbstzerstörungsstrategie« für ihren jeweiligen Geschäftsbereich zu entwickeln, dann fördert er genau dieses von Trisoglio beschriebene Wettrüsten zwischen einem Parasiten und seinem Wirtsorganismus.[22]

Neben ihren einzigartigen Vorteilen hat die geschlechtliche Fortpflanzung jedoch auch einen gewaltigen Nachteil: Sie verwässert die Erfolgsformel. Weil die genetischen Karten ständig neu gemischt werden, können erfolgreiche Eltern nicht sicher sein, dass sich ihre Talente auf ihre Nachkommen übertragen. Wie die Züchter von Rennpferden nur allzu gut wissen, garantiert die Paarung der Stute, die das Preakness-Rennen gewann, mit dem Hengst, der im Kentucky-Derby siegte, noch keinen Nachwuchs, der die Triple Crown gewinnen wird.

Intention und Veränderung

In der Natur ist die Entscheidung zwischen der genetischen Homogenität, die für die Weitergabe der Erfolgsformel sorgt, und der genetischen Vielfalt, die die Formel verwässert, eine Sache von Evolution und Zufall. In der Geschäftswelt muss sie bewusst getroffen werden.

Dabei handelt es sich um ein echtes Dilemma. Die Unternehmen müssen die Vorteile der Einführung neuen genetischen Materials – etwa in Form von Neueinstellungen – gegen die störenden Auswirkungen auf den eingefahrenen Unternehmensbetrieb abwägen.

Es ist wichtig, den verlässlichen Kern der unternehmensspezifischen Geschäftsplattform zu schützen und gleichzeitig die Saat für revolutionäre Veränderungen auszubringen und zu pflegen. Das kann beispielsweise durch Kultivierung der Ränder geschehen. Hier wollen wir der Natur einen anderen Prozess abschauen. Grenzbereiche wie der »Saum« zwischen Wald und

Savanne oder die Gezeitenzone entlang der Meeresküste, wo keine einzelne Art dominiert, weisen bekanntermaßen die höchsten Mutationsraten auf. Bei Alex Trisoglio lesen wir:

> »In allen Kulturen, Volkswirtschaften und Unternehmen sind die Ränder die Quelle der innovativsten Ideen. Indem ein Unternehmen aktive Ränder unterhält, die unter Umständen unwirtschaftlich oder sogar systemfremd erscheinen mögen, kann es sicherstellen, dass ein ständiges Ausprobieren neuer Ideen und Möglichkeiten stattfindet. Das Problem für das Management besteht darin, dass ein Großteil der Aktivitäten dieser Ränder keinerlei Wert erzeugt. Eine einzige Idee aber kann das Unternehmen revolutionieren. Folglich fällt es im Allgemeinen schwer, die Kosteneffektivität der Randaktivitäten zu bestimmen. Eine zweite Schwierigkeit besteht darin zu erkennen, wann der Rand etwas so Wichtiges hervorgebracht hat, dass ihm nicht länger die Rolle des Randes beschieden sein sollte.«[23]

Ein gutes Beispiel ist das Palo Alto Research Center (PARC) von Xerox. Dieses Forschungs- und Entwicklungslabor erfand ALTO (den ersten Personal Computer), die erste kommerzielle Maus, das Ethernet (den Vorläufer des Internets), viele der grundlegenden Internetprotokolle, die Client-Server-Architektur, den Laserdrucker und den Flachbildschirm, um nur einige der zahlreichen Beiträge zu nennen.[24] Aber weil die Stammbereiche des Unternehmens die Revolutionen am Rand nicht zur Kenntnis nahmen, geschweige denn für sich nutzten, verlor Xerox den Anschluss an die neuen Erfolg versprechenden Entwicklungen der vergangenen 30 Jahre. Dieses »Verdienst« wird dem Unternehmen dereinst einen Ehrenplatz in der »Hall of Shame« einbringen.

Jedes Molekül im Körper des Menschen wird alle sieben Jahre ersetzt.[25] Was Bestand hat, sind die genetischen Instruktionen, die die neuen Zellen so lenken, dass die physische Präsenz erhalten bleibt. Wie ständig neue Moleküle in den Körper eintreten und ihn verlassen, so muss sich auch ein Unternehmen mittels neuer Mitglieder und vielfältiger Ideen erneuern. Sowohl der menschliche Körper als auch das Unternehmen halten sich durch frisches und genetisch variiertes Material jung.

Der Austausch von DNS funktioniert in sozialen Systemen leider nicht annähernd so verlässlich wie in biologischen Reproduktionssystemen. Zwar können die Unternehmen neue Mitarbeiter anwerben, Führungskräfte regelmäßig mit Ikonoklasten aus den unteren Rängen zusammenbringen oder Ingenieure und Designer mit aufgebrachten Kunden konfrontieren, damit sie von diesen lernen können. Aber diesen Mechanismen eines Austauschs metaphorischer DNS steht die bestehende soziale Ordnung entgegen. Wie das Immunsystem des Körpers, erkennt die soziale Ordnung äußere Einflüsse und versucht sie zu neutralisieren.

Gleichgewichtsverstärker – bestehende soziale Normen, Unternehmens-werte und orthodoxe Überzeugungen hinsichtlich der Geschäftstätigkeit – machen die ersehnten Vorteile einer Vielfalt häufig zunichte. Ein Führungs-team stellt beispielsweise zur Förderung der Vielfalt eine neue Kraft ein und fällt anschließend in die von stereotypen Reaktionen (»da ist wieder unser Technikfreak«, »ah – der feministische Standpunkt«) geprägten Verhaltens-weisen zurück. Das neue »genetische Material« – der neue Mitarbeiter – fin-det sich häufig von wichtigen informellen Diskussionen ausgeschlossen, in denen die eigentlichen Geschäftsentscheidungen getroffen werden.

Von den sechs Unternehmen, die wir in diesem Buch vorrangig betrachten, illustriert Sears diese Gefahren am eindrücklichsten. Fast alle Beschäftigten von Sears begannen ihre Karrieren als Teenager in der Lagerhaltung oder im Verkauf. Später pausierten sie, um das College zu besuchen oder Militärdienst zu leisten, und kehrten anschließend zum Unternehmen zurück, wo sie die Managementleiter erklommen. Die durchschnittliche Unternehmenszugehö-rigkeit der 5000 obersten Manager beträgt 20 Jahre – der Inbegriff einer be-wussten Politik, neue Leute auf der untersten Ebene anzuheuern und aus-schließlich intern zu befördern. Als Arthur Martinez im Jahr 1992 das Ruder übernahm, war er der erste Chairman in 110 Jahren, der von außerhalb kam, und nur ein einziger unter seinen 100 obersten Executives hatte sich nicht im Unternehmen hochgedient.[26]

In deutlichem Kontrast zu Sears steht die Form von Vielfalt, wie wir sie in Silicon Valley vorfinden. Jobwechsel sind die Regel, nicht die Ausnahme. (Es ist vielleicht die einzige Gegend der Erde, wo man das Unternehmen wech-seln und den Parkplatz behalten kann.) Das gesamte Valley gleicht einem ein-zigen »Unternehmen« und die tatsächlichen Unternehmen sind fast schon wie »Abteilungen«. Es handelt sich um einen großen Superorganismus; Ideen, Beschäftigte, Kapital und Technologie fließen innerhalb des Systems hin und her. Diese Aktivität hat ihren Preis, aber die Unruhe verstärkt die intellektuelle und ökonomische Vitalität der Region.

Als der Management-Vordenker Gary Hamel gefragt wurde, ob er eine Chan-ce sieht, dass IBM die nächste Phase der Revolution in der Informationstech-nologie anführen könne, antwortete er: »Dazu müsste ich wissen, wie viele unter den obersten 100 Executives von IBM ihr Handwerk an der amerikani-schen Westküste gelernt haben, wo die Zukunft der Computerbranche geformt wird, und wie viele weniger als 40 Jahre alt sind. Wenn ein Viertel oder Drit-tel der Führungsriege unter 40 ist und die Mentalität der Westküste verinner-licht hat, dann hat IBM eine Chance.«[27]

Zufall oder bewusste Entscheidung?

Bewusstes Lernen und Intention definieren eine Wasserscheide in der Bedeutung der Komplexitätswissenschaft für die Geschäftswelt – eine Divergenzlinie zwischen den Menschen und der übrigen Natur. Die Natur stört das Gleichgewicht durch die Todesdrohung und die geschlechtliche Fortpflanzung; sie lenkt die Arten in eine Arena, in der Mutationen gedeihen können. Klare Parallelen existieren zwischen menschlichen Systemen im Allgemeinen und Wirtschaftsunternehmen im Besonderen. Aber die Menschen haben einen klaren Vorteil. Als reflektierende, denkende und intelligente Einheiten sind die Unternehmen, zumindest theoretisch, in der Lage, Gefahren (oder Chancen) im Voraus zu erkennen und die nötigen Maßnahmen zu ergreifen. Sie können von der Macht der menschlichen Intention profitieren.

Die Rolle des menschlichen Lernens und der Intention für die Evolution lässt eine Debatte wieder aufleben, die mit Charles Darwin weitgehend beendet zu sein schien. Im frühen 19. Jahrhundert studierte der französische Zoologe Jean Baptiste Lamarck die biologische Anpassungsfähigkeit. In seinen Arbeiten, die denen Darwins vorausgingen, vertrat er die These, dass die Arten ihre eigene *genetische* Evolution aktiv betreiben. Lamarck schrieb den Arten die inhärente Tendenz zu, mit der Zeit immer komplexere Überlebensstrategien zu entwickeln. (Das erwies sich später auch als zutreffend.) Lamarcks kontroversere Behauptung lautete, dass die Arten dies durch *genetische* Weitergabe sowohl von physischen Eigenschaften als auch von *Lerninhalten* an ihre Nachkommen täten[28] – eine Aussage, die durch Darwins Entdeckungen widerlegt wurde. Hoch entwickelte Säugetiere zeigen Intentionalität und geben Erfahrungen an ihre Nachkommen weiter, aber dies findet keinen genetischen Niederschlag und geschieht auch nicht automatisch. »Evolution durch Lernen« ist die menschliche Projektion eines Vorgangs, der sich durch zufällige Mutation und natürliche Selektion besser erklären lässt.

Die Menschen sind in besonderem Maß mit Bewusstsein und der Fähigkeit zur Vorausschau ausgestattet. Mehr als andere Arten können sie auf die antizipierte Zukunft reagieren. Der größte Unterschied, der insbesondere für die Wirtschaft von Bedeutung ist, liegt jedoch in der Fähigkeit des Menschen, das Erlernte zu kodifizieren und über das soziale System an künftige Generationen weiterzugeben. In diesem Sinn wird das Erlernte Teil der »genetischen« Struktur. Lamarck irrte sich möglicherweise, was die Individuen der einzelnen Arten und nicht zuletzt die Menschen betrifft, aber er hatte insofern Recht, als menschliche soziale Systeme Verhaltensweisen nicht nur erlernen, sondern auch in ihre kulturelle DNS integrieren.

All dies kann ebenso Segen wie Fluch sein. Menschliche Systeme sind zu plötzlichen Lernsprüngen in der Lage, die unter dem früheren institutionellen

Koordinatensystem als unvorstellbar galten. Das traf sicherlich auf Monsanto und die Transformation der US Army zu. In diesen Institutionen wurde das Erlernte in die Wissensbasis zukünftiger Generationen integriert. Sears ist ein Beispiel dafür, wie widerstandsfähig die alte DNS gegenüber der Infusion neuen genetischen Materials sein kann.

Die obige Diskussion könnte uns insgesamt zu einer optimistischen Prognose für die Menschheit im Allgemeinen und die Unternehmen im Besonderen führen. Theoretisch besitzt der Mensch die Fähigkeit zur bewussten Wahrnehmung. Er kann eine Bedrohung mit dem Verstand erkennen, bevor sie sich bewahrheitet, und er kann absichtsgesteuert darauf reagieren, bevor es zu spät ist. Schließlich können menschliche Systeme, wie bereits erwähnt, diese wertvollen Erfahrungen in die DNS ihrer Unternehmenskultur integrieren – zumindest theoretisch. Die Praxis hingegen sieht in vielen Unternehmen ganz anders aus. Die Erfahrung scheint Winston Churchills scharfsinnige Beobachtung zu bestätigen, wonach »die Menschheit zwar gelegentlich über die Wahrheit stolpert, sich aber fast immer aufrappelt und so weitermacht wie bisher.«[29]

Unser aller Unvermögen, die bewusste Wahrnehmung in effektive unternehmerische Maßnahmen zu übersetzen, spiegelt sich in der sinkenden Überlebensrate unter den *Fortune 500* während der vergangenen 25 Jahre wider. Während der relativ ruhigen Periode von 1976 bis 1985 schieden nur zehn Prozent der aufgelisteten Unternehmen aus (weil sie nicht so schnell wuchsen wie vergleichbare Unternehmen, weil sie fusionierten oder geschluckt wurden, oder weil sie – in wenigen Fällen – in Konkurs gingen). In der turbulenten Periode von 1986 bis 1990 stieg die Ausfallrate auf 30 Prozent. In den nächsten fünf Jahren, 1991 bis 1996, stieg sie erneut, diesmal auf 36 Prozent.[30] Man darf getrost annehmen, dass die meisten Unternehmen unter den *Fortune 500* es (1) vorgezogen hätten, auf der Liste zu bleiben (aufgekaufte Unternehmen beispielsweise hätten lieber selbst andere geschluckt), und sich (2) der Wettbewerbsgefahren rechtzeitig bewusst waren, um Gegenmaßnahmen ergreifen zu können. Die Frage lautet: Warum unterließen sie es? Den Theorien Darwins getreuer, als wir es uns wünschen würden, blieben Lernprozess und aktive Reaktion aus. Ein beträchtlicher Teil der Unternehmen versäumte es, die nötigen Kräfte zu mobilisieren, um sich zu behaupten.

Beachten Sie diesen deutlichen Kontrast. Während der letzten 100 Jahre haben die Lebenswissenschaften die Lebenserwartung des Menschen fast verdoppelt, während gleichzeitig die Lebensdauer der Unternehmen zurückging. Selbst wenn wir den großen Anteil derjenigen Unternehmen außer Betracht lassen, die ihre ersten fünf Jahre nicht überleben, beträgt die durchschnittliche Lebensdauer der Unternehmen nur die Hälfte der durchschnittlichen Lebenserwartung des Menschen![31]

Die Beispiele aus der Natur und die spezifischen Prinzipien der lebenden

Systeme stellen kein Wundermittel zur Heilung dieser Krankheiten dar. Aber wenn ein Unternehmen einer grundlegenden Neuerfindung und eines hohen Maßes an Flexibilität und Vitalität bedarf, können uns Kenntnisse über lebende Systeme helfen, die Probleme gründlicher zu verstehen und erfolgversprechendere Lösungen zu finden.

Wie wir an Hewlett-Packard, Monsanto, Shell und der US Army demonstrieren werden, lassen sich die Prinzipien der Komplexität in praktische Verfahrensweisen zur Revitalisierung der Unternehmen übersetzen. Bei dieser Aussage handelt es sich um keine Metapher und weder um Spekulation noch um Astrophysik. Einige der verwendeten Techniken mögen den Lesern sogar vertraut sein, in den genannten Unternehmen hatten sie jedenfalls äußerst ermutigende Ergebnisse. Auf einem anderen Feld finden zunehmend Jahrhunderte alte Kräuterrezepte Eingang in die moderne Arzneimittelherstellung. Die aktiven Komponenten bleiben konstant, aber die Formen und die Wirksamkeiten wurden stark verbessert. Aber nur ein systematisches Wissen über Bakterien, Viren, Körperchemie und genetische Struktur (welches die Wissenschaftler in die Lage versetzt, Wirkstoffe zu identifizieren und ihre Wirksamkeit zu verstärken) machte es möglich, Krankheiten in dem Maß einzudämmen, wie uns das heute gelingt. Die Prinzipien der Komplexität liefern ein ähnliches Instrumentarium, um die eigentlichen »Wirkstoffe« in den vertrauten Managementmethoden zu identifizieren und effektiver zur Anwendung zu bringen.

Die praktischen Methoden zur Umsetzung der Komplexitätsprinzipien stehen bereits zur Verfügung. Widerstand gegen die Implementierung ist weniger in der Belegschaft als vielmehr unter Executives und Managern zu beobachten. Er beruft sich auf die Grundannahmen des Social Engineering und auf die Maschinenmetapher, die, wie in Kapitel 1 dargelegt, den Unternehmen ihre Eigenschaft als lebende Systeme absprechen und ihnen einige der wirksamsten Instrumente zur Mobilisierung ihrer Ressourcen und zur Förderung ihrer Vitalität vorenthalten.

Wenn eine Straße existiert und eine Ladung transportiert werden soll, macht es durchaus Sinn, ein Pferd vor einen Wagen zu spannen. Unter Bedingungen mit größeren Unwägbarkeiten, wie beispielsweise einem Pferderennen, pflegen Jockeys ihren Pferden mehr Initiative zu überlassen. Und wenn sich der geübte Reiter auf einer unbekannten Gebirgsroute im Dunkeln verliert, lässt er sein Pferd ganz allein entscheiden. In allen Fällen ist das Pferd eine lebende Einheit. Wie viel Freiheit dieser lebenden Einheit optimalerweise zugestanden werden sollte, hängt von den Umständen und davon ab, wie ausgeprägt der Wunsch ist, von der angeborenen Intelligenz des Pferdes zu profitieren.

Unternehmen sind in jedem Fall lebendige Wesen, ganz gleich, wie wir sie managen. Ob wir sie im Sinne des Social Engineering (das heißt, entsprechend dem traditionellen Maschinenmodell) lenken oder sie als lebende Systeme betrachten, hängt von den jeweiligen Umständen ab. Konkrete Kriterien werden uns helfen, die Situation zu erfassen und den erforderlichen Führungsstil zu bestimmen.

Menschliche Intention und adaptiver Führungsstil

Die sechs Unternehmen, die den Mittelpunkt dieser Arbeit bilden – British Petroleum, Hewlett-Packard, Monsanto, Sears, Shell und die US Army – sahen sich Gefahren ganz unterschiedlicher Brisanz gegenüber, aber sie alle wurden von einem entschiedenen Ausdruck menschlicher Intention vorangetrieben. Üblicherweise verwenden wir dafür den Begriff »Führung«. Aber seltsamerweise wiesen die sechs Unternehmensführer kaum gemeinsame Züge auf:

John Browne, (damaliger) Managing Director der Oil Exploration Unit von British Petroleum (intellektuell und wirkungsorientiert);

Joel Birnbaum, Senior Vice President und Director von Hewlett-Packard Laboratories (visionärer Kämpfer);

Robert Shapiro, CEO von Monsanto (professoral und konfliktscheu);

Arthur Martinez, CEO von Sears (analytisch und eigenwillig);

Steve Miller, Managing Director von Oil Products bei Shell (verbindlich und konsensorientiert);

General Gordon Sullivan von der US Army (charismatisch und wissbegierig).

Keiner dieser Männer führte sein Unternehmen auf konventionelle Weise. Jeder setzte die *verteilte* Intelligenz seines Unternehmens frei. Alle bis auf Martinez und Browne führten ihre Unternehmen erfolgreich als lebende Systeme.

Ronald Heifetz, der Leiter des Leadership Education Project an der John F. Kennedy School of Government in Harvard, behauptet, Führung werde häufig mit Autorität gleichgesetzt.[32] Das ist irreführend. Viele Menschen mit formeller Autorität bieten keinerlei Führung; andere, die über sehr wenig formelle Autorität verfügen, haben die Welt mittels ihrer informellen Führungskraft entscheidend verändert. Christus, Buddha, Mohammed, Mahatma Gandhi, Martin Luther King, Mohammad Yunas, Nelson Mandela und Susan B. Anthony kommen einem in den Sinn.

Heifetz unterscheidet zwischen »technischer (das heißt operativer) Führung« und »adaptiver Führung«.[33] Erstere bezeichnet die Ausübung von Autorität und ist immer dann eine geeignete Reaktion, wenn die Situation von relativem Gleichgewicht bestimmt ist. Operative Führung funktioniert am besten, solange die anstehenden Probleme mittels eines bestehenden Repertoires an Instrumenten gelöst werden können und es lediglich darum geht, eine optimale Geschwindigkeit, Qualität oder Größenordnung zu erreichen. Operative Führung hängt eng mit den Grundsätzen des Social Engineering zusammen. Lösungen werden von oben entworfen und die Unternehmensränge hinab implementiert. Wenn ein Unternehmen in eine Krise gerät, wenn Downsizing, Restrukturierung oder Kostenreduzierung gefragt sind oder wenn der Schlüssel zum Erfolg in einer verbesserten Ausführung liegt, dann ist operative Führung der beste Ansatz.

Natürlich sind die wenigsten Geschäftssituationen eindeutig von der einen oder anderen Natur. Häufig müssen die Unternehmen gleichzeitig operative und adaptive Herausforderungen bestehen. Selbst wenn sich das Gesamtunternehmen mitten in einem einschneidenden Transformationsprozess befindet, gibt es in der Regel Aktivitätsbereiche, in denen die konventionellen Managementpraktiken am besten geeignet sind. Bei Sears war es erforderlich, den Service in den Verkaufsfilialen zu transformieren. Die hoch profitable Sears-Kreditkartenabteilung benötigte hingegen keine vergleichbar umfassende Transformierung und wurde dementsprechend auf traditionelle Weise geführt. Die US Army strebte eine Transformation ihrer Kampfmethoden (flexiblere Kampfführung mittels Informationstechnologie) an. Der Großteil der übrigen zentralen Aktivitäten – Beschaffung, Logistik (US Army Matériel Command) und die Rekrutenausbildung – erfolgte jedoch weiterhin nach konventioneller Manier, unbeschadet aller Turbulenzen an anderer Stelle.

Entscheidend ist: Im Lauf der Zeit (und manchmal gleichzeitig) brauchen die Unternehmen Evolution *und* Revolution. Wenn sie auf die restriktiven Rezepte des Social Engineering beschränkt sind, sind sie bei der Durchführung von tatsächlich revolutionären Veränderungen erfolglos und gehandicapt. Die Prinzipien der lebenden Systeme bieten beträchtliche neue Möglichkeiten. Der Trick besteht darin, das Wesen der Herausforderung klar zu erkennen, um darauf das angemessene Instrumentarium anwenden zu können.

Dinge geschehen lassen,
die sonst nicht geschehen wären

Wie bereits erwähnt, reagieren lebende Systeme auf drohende Erschütterungen in der Regel mit dem Versuch, die Stabilität wiederherzustellen. Im Unternehmenskontext vertrauen die Beschäftigten darauf, dass die Führungspersonen eine Reaktion orchestrieren (die in der Regel auf Routinemaßnahmen zurückgreift, die sich bereits zuvor als erfolgreich erwiesen haben). Wenn sich das traditionelle Repertoire für die gegenwärtige Herausforderung eignet, kann das Unternehmen damit erfolgreich umgehen. Das System lehnt sich in der Gewissheit zurück, dass es auf Maßnahmen zurückgreifen kann, die es bereits beherrscht.

Die Schwierigkeiten beginnen damit, dass eine Spezies (oder ein Unternehmen) eine traditionelle Lösung auf ein *adaptives* Problem anwendet. In einer solchen Situation ist das gegenwärtige Repertoire an Lösungen entweder ungenügend oder schlicht falsch. In der Natur zieht das Alpha-Männchen der Berggorillas seine »Mannen« in einem engen Kreis zusammen und zeigt ein aggressives Verhalten gegenüber rivalisierenden Männchen oder natürlichen Bedrohungen. Diese traditionelle Lösung funktioniert wunderbar – solange es sich bei der Bedrohung nicht um Wilderer mit Gewehren, Narkosepfeilen und Fangnetzen handelt.

Adaptive Führung »lässt Dinge geschehen, die anders nicht geschehen wären«. Das ist ein sicheres Rezept, um das Gleichgewicht zu stören. Stellen Sie sich ein Problem vor, für das traditionelle Lösungen ungeeignet sind und eine neue Lösung gefunden werden muss. Als Beispiele können die Bedrohung von Barnes & Noble durch Amazon.com oder der Verlust von Jagdgründen der amerikanischen Ureinwohner aufgrund des Eindringens der kaukasischen Siedler dienen. Was ist in diesen Situationen vorhersehbar? Die betroffenen Individuen werden nach Autoritätsfiguren Ausschau halten. In den meisten Fällen werden die Führungskräfte diese Rolle übernehmen und versuchen, Antworten (nach dem Muster der traditionellen Erfolgsroutinen) zu liefern, die Aufmerksamkeit auf einfachere Probleme zu lenken und Schaum zu schlagen – während die ursprüngliche Bedrohung weiter zunimmt. In den 30er Jahren blickte eine schläfrige, noch immer vom Ersten Weltkrieg erschöpfte britische Öffentlichkeit auf Premierminister Neville Chamberlain und wartete darauf, dass dieser eine Möglichkeit finde, Hitler zu stoppen, ohne England in einen neuen Krieg zu verwickeln. Großbritannien hatte keinen Appetit auf Aufrüstung.

Chamberlain erfüllte seine Rolle und war bestrebt, durch seine Appeasement-Politik das Gleichgewicht im europäischen Kräftegleichgewicht zu wahren. Er unterzeichnete das Münchener Abkommen und willigte somit in die deutsche

Okkupation der Tschechoslowakei ein. Die lange Periode der Appeasement-Politik endete erst mit Hitlers Einmarsch in Polen. Bis dahin war die deutsche Kriegsmaschinerie bereits für die Eroberung der Welt gerüstet. Anfangs gewann Chamberlain an Autorität, indem er den Briten das Problem von den Schultern nahm und es an ihrer statt trug. Sein plötzlicher Autoritätsverlust in dem Augenblick, als diese Lösung fehlschlug, ist die andere Seite der Medaille.[34]

Führungspersönlichkeiten sind für ein soziales System, was eine geeignet geformte Linse für das Licht ist. Sie fokussieren die Aufmerksamkeit, mag dies von Vorteil oder von Nachteil sein. Wenn adaptive *Intention* erforderlich ist, muss das soziale System gründlich und nachhaltig gestört werden. Die Vergrößerung der Bedrohung und die Verwendung von OE-Methoden zur Förderung einer »genetischen Vielfalt« sind dann besonders wichtig. Adaptive Führer suchen keine schnellen Lösungen. Mit Maßnahmen, die so ziemlich das Gegenteil von Social Engineering darstellen, sind sie vielmehr bestrebt, auf allen Ebenen des Unternehmens Mitstreiter zu mobilisieren, um gemeinsam einen Ausweg zu suchen. Das erreichen sie, wie Heifetz beschreibt, indem sie (1) die Unmittelbarkeit der adaptiven Herausforderung (das heißt, der Todesdrohung) kommunizieren, (2) die Ursachen des Problems verständlich machen, um klarzustellen, warum traditionelle Lösungen (der Erhalt des Gleichgewichts) nicht funktionieren können, und (3) den Stressfaktor aufrechterhalten, bis die Guerillaführer Lösungen präsentieren (der genetischen Vielfalt Raum geben). Diese Maßnahmen erzeugen Ängste und Spannungen.[35]

Adaptive Führer können ausgegrenzt werden, wenn ihre Gefolgsleute die schlechten Nachrichten nicht wahrhaben wollen (beispielsweise, als Churchill die britische Öffentlichkeit bereits vor dem Zweiten Weltkrieg vor Hitler warnte). Churchill wurde fünf Jahre als Falke und Exzentriker missachtet, während Hitler Deutschland aufrüstete, die Flugzeug- und U-Boottechnik weiterentwickelte und sein zunehmend militantes Volk in jeder Weise mobilisierte.[36]

Die Geführten sehen in den Autoritätsinstanzen häufig ein Bollwerk gegen das Gefühl der Unsicherheit und des Risikos. »Die wichtigste Aufgabe einer adaptiven Führung ist es, diesem Erwartungsdruck standzuhalten«, sagt Ronald Heifetz. »Stattdessen muss sie (1) ihre Gefolgschaft spüren lassen, wo es brennt, (2) den Stress so regulieren, dass das System aus der Komfortzone gezogen wird (ohne jedoch funktionsuntüchtig zu werden), und (3) Abwehrmechanismen (wie beispielsweise die Suche nach Sündenböcken, naive Autoritätsgläubigkeit und so weiter) unterbinden.«[37]

Das adaptive Führungskonzept, das immer dann unentbehrlich ist, wenn ein Unternehmen Dinge tun muss, die es nie zuvor getan hat, wirft ein aufschlussreiches Licht auf die in diesem Buch diskutierten Unternehmen. In unseren weiteren Ausführungen wird der Gegensatz zwischen *adaptiver* und *operativer* Führung ein wiederkehrendes Thema sein.

Die Störung des Gleichgewichts durch die Mobilisierung adaptiver Intention ist ein ungewohnter Vorgang, besonders für Executives, die sich in den Unternehmen hochgedient haben und stets für ihre Fähigkeit belohnt wurden, Autorität auszuüben. Der große Vorteil des Konzepts von den lebenden Systemen ist, dass das, was innerhalb des traditionellen Koordinatensystems als abwegig und unnatürlich erscheint, im Kontext der Komplexitätstheorie vernünftig und praktikabel wird. Im nächsten Kapitel werden wir anhand der Ereignisse von Sears beschreiben, wie zwei CEOs auf unterschiedliche Weise versuchten, Intention zu mobilisieren, und welche Konsequenzen ihre Schritte hatten.

3

Gestörtes Gleichgewicht bei Sears

Im Jahr 1995 erzielte das 110 Jahre alte Unternehmen Sears, Roebuck & Company unter allen Kandidaten auf der Liste der *Fortune 500* die größte Steigerung im Shareholder-Value. Im selben Jahr wählte *Business Week* den Chairman des Unternehmens, Arthur Martinez, unter die 25 besten Manager des Jahres. 1997 setzte die Zeitschrift *Fortune* Sears auf ihre Liste der meistbewunderten Unternehmen und bezeichnete es als »den innovativsten Warenhauskonzern«. 1998 verlieh die National Research Federation Martinez eine Goldmedaille für seinen spektakulären Turnaround des ehrwürdigen Handelsunternehmens.[1]

All diese Aufmerksamkeit war gerechtfertigt; es gibt echten Grund zum Feiern. Nach vier Jahrzehnten ungebrochenen Rückzugs, in denen Sears Marktanteil durch aggressive Rivalen wie Wal-Mart, Circuit City und The Limited halbiert worden war, wurde die Einzelhandelssparte des Unternehmens wieder profitabel. Dabei konnte es zwei Prozentpunkte Marktanteil zurückerobern, was einem Ertragszuwachs von rund zwei Milliarden US-Dollar entspricht.[2]

Aber wenn wir etwas genauer hinsehen, stoßen wir auf einen seltsamen Widerspruch: Tatsächlich fügte Martinez der von seinem Vorgänger Ed Brennan implementierten Mischung aus strategischen Initiativen und Merchandisingmethoden nämlich sehr wenig hinzu.

Das Paradox lässt sich leicht erklären: Brennan hatte unbewusst das Gleichgewicht seines Unternehmens aufrechterhalten. Martinez verstand, dass nur die Störung dieses Gleichgewichts das Unternehmen neu beleben konnte. Unglücklicherweise führten Unachtsamkeit und Untätigkeit am Ende seiner Amtszeit in den späten 90er Jahren erneut zur Verfestigung des Gleichgewichts, und es ging wieder bergab mit Sears.

Von seiner Gründung im Jahr 1880 an wurde das Unternehmen über sieben Jahrzehnte nacheinander von drei sehr starken und verbindlichen CEOs geführt. Sein Geschäftsmodell war von einer lebendigen Spannung zwischen der Zentrale und den Verkaufsregionen bestimmt, die von den CEOs bewusst gepflegt und gefördert wurde. Ein Kontrollsystem sorgte zusätzlich dafür, dass das Einkaufspersonal und die starken regionalen Manager ständig auf der Hut sein mussten. Wie eine stehende Welle beim White Water Rafting gedieh Sears als dynamisches, aufsteigendes Unternehmen. Seine inneren »Moleküle« wurden ständig verschoben und ausgetauscht.[3] Unter einer Reihe von geschäftsführenden CEOs ging diese präzise Spannung in der Folge verloren. Die regionalen Manager führten ihre Geschäfte wie Lokalfürsten und zeigten sich gegen strategische Vorgaben aus der Zentrale immun. Diese kurzsichtige Perspektive verhinderte, dass Sears rechtzeitig auf die ersten Bedrohungen durch Wal-Mart und Toys »Я« Us reagieren konnte. Viele Manager des Unternehmens ignorierten die Wettbewerber als »zu klein« oder als »nicht relevant für meine Region«.[4]

Das Auf und Ab von Sears verdeutlicht im Detail, wie ein Unternehmen sich selbst im Weg stehen kann. Brennan ist nur ein Beispiel unter vielen für den Irrtum, dem viele wohlmeinende Autoritätspersonen aufsitzen, obwohl sie doch eigentlich alles richtig machen. Brennan versäumte es, das Gleichgewicht zu stören und die Energien und Ideen sämtlicher Mitarbeiter freizusetzen. Folglich gelang es ihm nicht, das Wesen von Sears zu ändern: das eines schwerfälligen, konventionellen Einzelhändlers.

Ed Brennans Amtsführung entbehrte nicht der Initiativen. Er verkaufte den Sears Tower in Chicago, verschlankte die Zentrale und verlegte das Stammhaus auf ein freies Gelände in den Außenbezirken Chicagos. Er startete Brand Central, wo neben Sears-Marken auch Elektrogeräte von Herstellern wie General Electric, Maytag und Panasonic angeboten werden. Er stieg mit der Übernahme von Dean Witter (für 609 Millionen US-Dollar) und Coldwell Banker (für 202 Millionen) in die Finanzdienstleistungssparte ein und investierte eine Milliarde in die Discover Card. Als er diese Teile 1993 verkaufte, waren sie über 15 Milliarden US-Dollar wert; ihr gemeinsamer Gewinn machte 70 Prozent von Sears' Gesamtergebnis während der vorausgegangenen fünf Jahre aus.[5] Brennan verschlankte die Einkaufsabteilung, reduzierte während seiner Amtszeit die Belegschaft sukzessive um 48 000 Menschen, vereinfachte die Logistik, gab der Damenbekleidung einen wichtigeren Stellenwert und experimentierte mit neuen Formaten wie beispielsweise eigenständigen Autofilialen, Einrichtungshäusern und Baumärkten.[6]

Was hingegen fehlte, war eine tief greifende Revitalisierung der traditionsbestimmten Kultur von Sears. Brennan war der ideale Social Engineer. Aber er versäumte es, einem lebenden System Odem einzuhauchen, das seinen vielen Initiativen Sinn verliehen hätte.

Als ein komplexes adaptives System ist Sears weit abgekommen von der Lebendigkeit, die das Unternehmen von seiner Gründung 1880 bis zu seiner Blütezeit 1956 (als General Robert Wood vom Posten des CEO zurücktrat) kennzeichnete. Das Unternehmen verlor in der Folge seine Attraktivität sowohl unter den Mitarbeitern als auch unter den Kunden. Die bereits erwähnte konstruktive Spannung zwischen der Einkaufsabteilung und den starken regionalen Teilorganisationen wich einer feudalen Kirchturmpolitik.

Seit Anfang der 70er Jahre versäumte es Sears, Veränderungen in den Kaufgewohnheiten wahrzunehmen (oder darauf zu reagieren). Zu diesen Trends gehörten die rückläufige Beliebtheit des Unternehmens bei doppelverdienenden Familien und die Zunahme aggressiver Wettbewerber in Teilsparten – wie beispielsweise Discount-Händler und Home Depot. Sears erkannte die von Wal-Mart ausgehende Gefahr nicht vor 1992.[7]

Brennan versuchte, die Auswüchse der Dezentralisierung zu korrigieren. Aber wie bei den meisten Methoden des Maschinenmodells schlug das Pendel zu stark nach der anderen Seite aus. Er schaffte die Position des Regionalmanagers komplett ab und reduzierte fast alle Ränge in der regionalen Hierarchie. Die Zuständigkeit der einst mächtigen Filialleiter reduzierte sich darauf, »das Licht anzuknipsen und die Türen zu öffnen«. »Infolgedessen«, gibt ein Filialleiter zu Protokoll, »war unser Erfahrungswissen für die Katz. Brennans Zentralisierungsmaßnahmen begründeten eine Ära des ›Drive-by-Managements‹: ›Experten‹ aus der Zentrale kamen dreimal im Monat in die Filialen und glaubten, sie hätten mehr Einblick in den lokalen Markt als wir.«[8] Unter dem enormen Druck, ihre Margenziele zu erreichen (und alarmiert von der Aussicht auf weitere Entlassungen), zogen sich sämtliche Filialmanager in ihre Schneckenhäuschen zurück und kümmerten sich nur noch um ihren engsten Zuständigkeitsbereich. Auf allen Ebenen des Unternehmens machte sich Resignation breit. Ein Regionalmanager beschreibt die Atmosphäre als »Salutieren und Gehorchen. Die Direktiven kamen von oben, und wir taten unser Bestes, um sie zu erfüllen.«[9]

Die Folge davon war, dass die Filialen kein funktionierendes Verkaufskonzept mehr verfolgten. Mangelhafter Service und Lagerengpässe vertrieben die Kunden. Viele von Brennans Bemühungen um radikale Veränderungen bei Sears verfingen sich im Gestrüpp lokaler Verteidigungsmechanismen. Ein Regionalmanager erzählt: »Es gab keinen Spielraum für vernünftige Marktentscheidungen. Als in den 70er Jahren die schlechte Presse begann, machte sich eine allgemeine Niedergeschlagenheit breit, und auf Cocktailpartys gab man schließlich nur noch ungern zu, dass man für Sears arbeitete. Das alles schien so groß, so komplex und unkontrollierbar zu sein. Wir fühlten uns niedergeschlagen und machtlos.«[10]

Das ursprüngliche Geschäftsmodell von Sears hatte seine Kraft aus der Spannung zwischen der Zentrale und den Verkaufsfilialen gezogen. Dadurch bewahrte das System seine Ehrlichkeit (das heißt, das Gleichgewicht wurde ständig gestört), und es wurde nacheinander von drei sehr starken und verbindlichen CEOs geführt, deren kombinierte Amtszeit die ersten 68 Jahre der Unternehmensgeschichte umspannte. Sie hatten keine Angst vor der Kontroverse; im Gegenteil, sie förderten und nutzten sie.

Lange bevor Ed Brennan den Posten des Chairmans übernahm, war die einstige Mischung aus Initiative und Kontrolle den Normen der Folgsamkeit und des Kleinmuts gewichen. Die allgemeine Auslegung lautete, dass Widerstand gegen Vorgaben von oben mit fehlender Teamfähigkeit gleichzusetzen war. Sears' äußerst lukrative Pensionsprogramme (mit deutlicher Überbetonung der letzten zwei Dienstjahre) und die alle 18 Monate erfolgenden Beförderungen (sofern natürlich der Vorgesetzte zufrieden war) verstärkten zusätzlich die Bereitschaft zur Pflichterfüllung und unterdrückten wirksam jeden sinnvollen Konflikt und alle weiterführenden Ideen. »Es war ein korruptes System«, sagt ein altgedienter Executive.[11] Martinez musste diese Muster radikal ändern, um Sears' Vitalität wiederherzustellen.

Die entscheidende Eigenschaft eines komplexen adaptiven Systems ist seine Lernfähigkeit. Selbstleugnung und Folgsamkeit waren bei Sears so dominant geworden, dass die Lernfähigkeit des Unternehmens stark beeinträchtigt war. Von 1974 an wurden negative Analystenberichte als »böswilliger Journalismus und einseitige Berichterstattung« abgetan. Als gegen Sears im Jahr 1990 Vorwürfe des systematischen Betrugs erhoben wurden, nachdem eine verdeckte Untersuchung in 85 Prozent ihrer Stichproben bei Autozentren des Unternehmens Betrug festgestellt hatte, reichten 44 amerikanische Bundesstaaten Klage ein. Der schlechte Ruf des Unternehmens wurde durch Leugnung und Obstruktion noch verstärkt.[12]

Arthur Martinez erkannte die Gefahr der Stagnation (das heißt, des Gleichgewichts) und wandte fast alle disruptiven Maßnahmen an, über die wir bereits gesprochen haben. Im Rahmen einer Kampagne für genetische Vielfalt erließ er Richtlinien, denen zufolge 20 Prozent aller freien Managerpositionen in den Filialen ebenso wie im übrigen Unternehmen mit Bewerbern von außerhalb zu besetzen waren. Er stellte die obersten 150 Jobs auf den Prüfstand und veranlasste viele Inhaber, vorzeitig in den Ruhestand zu gehen. An der Spitze der Pyramide wurden fünf der acht obersten Executives ihrer Posten entbunden. Mit diesen und anderen Maßnahmen verschlankte er die aufgeblasene Bürokratie der Unternehmenszentrale.[13]

Wir erwähnten zuvor, dass Brennans Amtszeit durch operative Führung gekennzeichnet war. Innerhalb der Verkaufsfilialen konzentrierte er sich auf Verkaufspolitik und operative Verbesserungen. Er versuchte, Vertrauen wiederherzustellen, indem er Beschäftigten und Investoren suggerierte, dass alles unter Kontrolle sei. Martinez tat das Gegenteil; er setzte den Status quo außer Kraft, indem er das Unternehmen mit seiner chronischen Unfähigkeit konfrontierte, Versprechungen einzuhalten. Er erschütterte das Unternehmen bis ins Mark, indem er die Zuständigkeit für Initiative und Innovation in der Unternehmenshierarchie abwärts verlagerte.

In einem Bilderbuchbeispiel von adaptiver Führung unternahm Martinez einige entscheidende Schritte. Vor seinen obersten 50 Executives verkündete

er mit Bestimmtheit: »Der Pfau von gestern ist der Staubwedel von morgen.«
Er ließ die abnehmende Leistung der vergangenen fünf Jahre Revue passieren,
wobei er die tatsächlichen Quartalszahlen den höchst optimistischen (und
unrealistischen) Voraussagen gegenüberstellte. »Wir werden uns künftig die
Wahrheit sagen«, fuhr er fort. Ich mache niemanden für die Vergangenheit
verantwortlich. Aber von heute an werden wir gemachte Versprechungen verfolgen und entweder einhalten oder aber wissen, warum wir sie nicht eingehalten haben.«[14]

Wenngleich hier die Betonung auf adaptiver Führung liegt, sollten wir nicht
die Tatsache aus den Augen verlieren, dass ein erfolgreicher Führer eine ausreichende Spannung zwischen adaptiver und operativer Führung aufrechterhalten muss. Um auf eine frühere Bemerkung zurückzukommen: Operative
Führung – die Ausübung von Autorität und die geeignete Anwendung exis-
tierender Fähigkeiten – ist stets eine wichtige Führungskomponente. Problematisch hingegen ist die ausschließliche Beschränkung darauf. Martinez
beherrschte beide Führungsvarianten. Mit der Einstellung des Kataloggeschäfts
(die seit langem diskutiert worden war, ohne dass es zu einer Entscheidung
kam), der Entlassung weiterer 50 000 Mitarbeiter (große Einschnitte gab es vor
allem an der Spitze), der *Vorschrift* (nicht Empfehlung), dass die Filialen Visa
und Master Card akzeptierten, und der Verdreifachung des Einkaufsbudgets
für die Sparte Damenbekleidung übte er operative Führung aus. Er drängte
darauf, dass andere größere Unternehmensaktivitäten, wie beispielsweise die
Logistik und das Kreditkartenwesen, auf konventionellem Weg verbessert wurden.[15]

In den Filialen stand Martinez vor einem größeren Problem: einer Armee
von 300 000 wenig motivierten Verkäufern und Lagerangestellten. Viele dieser vorrangig teilzeitbeschäftigten Mitarbeiter hatten keine weiterführende
Ausbildung.[16] Nachdem ihnen seit Jahren zu wenig Aufmerksamkeit gewidmet worden war, waren sie frustriert und demoralisiert. Aber angesichts ihres
täglichen Kontakts zu den Kunden konnten diese Menschen am schnellsten
und effektivsten etwas gegen den Niedergang des Unternehmens tun. Diesen
Mitarbeitern neue Energie einzuflößen, stellte eine adaptive Herausforderung
dar. Das Management konnte die neuen Verhaltensweisen nicht per Dekret
erzwingen. Es musste Überzeugungsarbeit leisten, damit diese Mitarbeiter
bereit waren, im täglichen Verkaufsgeschehen jede Gelegenheit zu nutzen,
um die Kundenbindung zu verstärken.

Martinez machte Druck. Er forderte eine Vervierfachung der Verkaufsmargen (und damit ihre Angleichung an den Branchendurchschnitt) innerhalb von
zwei Jahren und eine 15-prozentige Verbesserung der Kundenzufriedenheit.
Keines dieser Ziele ließ sich allein auf konventionellem Weg erreichen.

Dann kam der schwierige Teil. Wie Brennans Amtszeit beispielhaft demonstrierte, haben die meisten Unternehmen eine Tendenz zur Unbeweglichkeit.

Es war wie der mühsame Prozess des Aufwachens, wenn wir ein seltsames Geräusch im Haus hören. Im Nebel des Halbbewusstseins versuchen wir uns zu konzentrieren: Handelt es sich um einen Einbrecher oder eine Katze? Unternehmen erweisen sich als mehr oder weniger resistent gegenüber Maßnahmen, die sie um ihre gewohnte Ruhe bringen könnten. Wenn die Unternehmensführung ein Problem ins Scheinwerferlicht rückt und versucht, ein Gefühl der Dringlichkeit zu erzeugen, wird sich das Unternehmen mit Sicherheit zuerst damit schützen, dass es die Zuständigkeit für die Suche nach einer Antwort wiederum der Unternehmensführung zuschiebt. »Wir brauchen einen Plan«, »... klare Anweisungen«, »... mehr Ressourcen«, so lautet der Refrain.

Viele Unternehmensführer von einst hätten sich diesen Schuh angezogen. Nicht so Martinez. Er versammelte stattdessen sein *Phoenix-Team* (in Anlehnung an den Phönix aus der Asche): Seine obersten 100 Manager kamen über ein Jahr lang monatlich für ein oder zwei Tage zusammen. Bei diesen Treffen wurden spezielle Einsatzgruppen gebildet. Diese trieben in der Zwischenzeit die Erneuerung voran und versorgten das Unternehmen mit Energie und Ideen. Von Anfang an stellte Martinez klar, dass er keine Antworten mitbrachte, aber dass er überzeugt war, dass man sie gemeinsam finden werde.[17]

Ein Team erhielt die Aufgabe, sich über die lange vernachlässigte weibliche Kundschaft Gedanken zu machen. Das Ergebnis dieser Bemühungen war die außerordentlich erfolgreiche Kampagne unter dem Slogan »Softer Side of Sears«. Ein anderes Team erforschte innovative Möglichkeiten, um die verborgenen Ideen und Stärken des Verkaufspersonals aufzuspüren und nutzbar zu machen. Diese Spur führte zu Tausenden von »Town Hall Meetings«, die von sämtlichen fest angestellten voll- und teilzeitbeschäftigten Mitarbeitern besucht wurden. Ein oder mehrere Town Hall Meetings wurden in jeder der 800 Filialen des Unternehmens abgehalten.

Auf diesen ganztägigen Veranstaltungen wurde ein innovatives visuelles Hilfsmittel (die so genannte »Lernkarte«) verwendet, um den Wettbewerbskontext zu vermitteln und einen Dialog über Sears' Kundenprobleme zu initiieren. Fast zwei Drittel der 300 000 Beschäftigten des Unternehmens nahmen an diesen Veranstaltungen teil.[18]

Eine Lernkarte dient der grafischen Darstellung der Geschäftssituation. (Eine visuelle Wiedergabe eignet sich erfahrungsgemäß besser als nur Worte, um eine gemeinsame Gesprächsbasis zu schaffen.) Die Erörterung des Dargestellten setzt einen Dialog in Gang, der wiederum die Basis für ein unternehmerisches Grundverständnis legt. Über die gemeinsame Perspektive und die Beschäftigung mit gemeinsamen Zielen trägt eine grafische Darstellung entscheidend dazu bei, in einer unzusammenhängenden oder heterogenen Gruppe ein Gespräch entstehen zu lassen.

Typischerweise ist eine Lernkarte zwei Meter breit und einen guten Meter hoch. Skizzierte Abbildungen der realen Welt – Kunden, Wettbewerber, Fabriken und Läden – erzeugen ein strategisches Szenario. Hier und da sind Diagramme und Statistiken – wichtige Details, die die gegenwärtige Situation charakterisieren – eingebettet.[19]

Kleine Gruppen betrachten jeweils eine der vielen Kopien der Lernkarte, die überall im Raum aufgehängt sind. »A New Day on Retail Street«, so der Titel der Karte, die in der ersten Runde der Town Hall Meetings bei Sears verwendet wurde, gibt eine typische Einkaufsstraße in den USA wieder. Die Betrachter der Karte erblicken zunächst in der unteren linken Ecke eine Main Street im Stil der 50er Jahre mit einer traditionellen amerikanischen Kleinfamilie. Der klar erkennbare Weg führt dann an einer Tafel vorbei, auf der die rückläufigen Besucherzahlen der Kaufhäuser verzeichnet sind, passiert einen Friedhof aus den 70er Jahren mit den Namen ehemaliger Wettbewerber und biegt in eine Main Street aus den 80er Jahren ein, die von Einzelhändlern wie The Gap, The Limited und Wal-Mart gesäumt ist. Die Teilnehmer besprachen der Reihe nach alle wichtigen Symbole und setzten sie mit ihren eigenen Erfahrungen in Beziehung. Innerhalb weniger Stunden studierten und verinnerlichten sie die Wettbewerbssituation in einer Gründlichkeit, wie sie es aus dem Vortrag eines Beraters oder der Präsentation eines Managers niemals vermocht hätten.

Eine Lernkarte erzeugt ein perspektivisches Verständnis und bietet einen Überblick über den strategischen Kontext. Dadurch werden die Beschäftigten in die Lage versetzt, die direkte Verbindung zwischen ihrer Tätigkeit und dem Gesamtergebnis des Unternehmens zu erkennen. Diese Verbindung ist die Grundvoraussetzung für jeden adaptiven Ansatz. Bei Sears schuf die Lernkarte die Möglichkeit, gemeinsam neue Lösungen und Innovationen zu entdecken, die sich wohl kaum von der Unternehmensspitze aus hätten identifizieren und propagieren lassen.

Martinez und seine Einsatzteams führten die Town Hall Meetings und die Verwendung der Lernkarten nicht aus irgendeiner besonderen Vorliebe für Demokratie am Arbeitsplatz oder Mitarbeiterbeteiligung ein. Sie bezogen ihre Anregungen vielmehr aus mehreren Arbeiten, die wichtige Faktoren des Kundenverhaltens zutage gefördert hatten. Eines der Phoenix-Teams hatte bei einem Forschungsableger der University of Michigan, der sich mit Fragen der Verbraucherstatistik beschäftigte, eine Studie in Auftrag gegeben. Daraus ging hervor, dass eine fünfprozentige Verbesserung der Mitarbeiterzufriedenheit eine 1,3-prozentige Verbesserung der Kundenzufriedenheit nach sich zog. Letztere wiederum hing stark mit der Kundenbindung und dem Kaufvolumen zusammen und führte zu einer 0,5-prozentigen Zunahme des Umsatzes. Die Studie zeigte ferner, dass sich dieser Nutzen vergleichsweise schnell einstellte. Nur drei Geschäftsquartale waren erforderlich, bis eine höhere Motivation der Mitarbeiter auf Umsatz und Margen durchschlug.[20]

Statistisch verifizierbare Resultate (die später an der Harvard Business School noch einmal reproduziert wurden) neutralisierten oder überwanden die Skepsis innerhalb der Managerreihen von Sears. Interessanterweise hatte die Eindeutigkeit der Befunde jedoch einen Nachteil. Gerade ihre Überzeugungskraft enthob das Unternehmen der Notwendigkeit, einen entsprechenden Paradigmenwechsel in Bezug auf das Wesen der adaptiven Arbeit durchzuführen. Das Management sah sich nicht gezwungen, die 300 000 Mitarbeiter der Filialen als ein lebendes System zu begreifen. Die Bedeutung einer breit gestreuten Intelligenz und die Wichtigkeit, diese ausreichend zu kultivieren, fand keine große Anhängerschaft. Dieses Versäumnis erwies sich auf lange Sicht als folgenschwer. Die Vernachlässigung dieses Potenzials war ursächlich dafür, dass Sears' Leistung erneut nachließ.

Ungeachtet der Probleme, die die Zukunft noch bringen mag, war der Einsatz der Lernkarten äußerst erfolgreich. Das Ziel hatte darin bestanden, die 300 000 zumeist teilzeitbeschäftigten Mitarbeiter wachzurütteln und zu mobilisieren. Sears erkannte, dass das Verkaufspersonal eine entscheidende Rolle spielte, wenn es darum ging, den Kunden ein besseres Einkaufserlebnis zu bieten. Aber wie konnte diese gewaltige Armee nach Jahren der Vernachlässigung und der Gleichgültigkeit seitens des Managements mobilisiert werden? Eine Anweisung wie »Seien Sie freundlich zu den Kunden« hätte nur Spott geerntet. Außerdem leugnete niemand, dass die Defizite im Kundenservice größtenteils auf die zahlreichen grundsätzlichen Probleme in Vertrieb, Lagerhaltung und Management zurückzuführen waren. Wie konnten diese Schwachstellen identifiziert und korrigiert werden?

Stellen Sie sich eine 50-jährige Verkäuferin vor, die zehn Jahre lang bei Sears in der Abteilung für Kinderkleidung gearbeitet hat. Sie steht jeden Morgen um sieben Uhr auf, fährt eine Stunde mit dem Bus und verrichtet in ihrer Abteilung schließlich eine Vielzahl von verkaufsrelevanten Tätigkeiten. Sie weiß nicht, wie viel Sears an jeder Transaktion verdient, wie die Wettbewerbssituation aussieht oder welchen Einkaufstrends und demografischen Verschiebungen ihre Kunden unterworfen sind. Aber nachdem sie einen Samstag lang zusammen mit ihrer Abteilung und ihrer gesamten Filiale ein Town Hall Meeting besucht hat, wissen sie und ihre Kollegen:

- Das Wettbewerbsumfeld hat sich radikal verändert.
- Die Kunden kaufen weniger, erwarten besseren Service und haben mehr Wahlfreiheit.
- Sears verdient an jedem Dollar zwei Cent – nicht 45 Cent, wie viele Mitarbeiter geglaubt hatten.
- Jeder Verkäufer kann seinen Beitrag leisten.

Während sich die Beschäftigten durch die Lernkarte arbeiten, eignen sie sich ein solides Grundwissen hinsichtlich des geschäftlichen Umfelds an. Im weiteren Verlauf der Town Hall Meetings erhält jedes Team die Aufgabe herauszufinden, was es in seiner jeweiligen Filialabteilung tun kann, um die Kundenbindung zu erhöhen.

Während eines Zeitraums von zwölf Monaten wurden ähnliche Treffen in allen 800 Sears-Filialen durchgeführt. Mehr als eine halbe Million Vorschläge wurden gemacht. In ihrer Gesamtheit bewirkten diese Ideen und Rezepte eine dramatische Imageverbesserung von Sears bei den Kunden. Diesen Ideen ist es größtenteils zu verdanken, dass sich die Umsätze von Sears in einem Jahr um neun Prozent erhöhten und die Gewinne verdoppelten.[21]

Sears erlebte einen starken Aufschwung; er erreichte und übertraf schließlich die anfangs gesteckten Ziele. Martinez' anfängliche Maßnahmen beendeten die Selbstgenügsamkeit und das Gleichgewicht, die Sears' Leistungsfähigkeit beeinträchtigt hatten. Als das Unternehmen begann, die althergebrachten Instrumentarien nicht mehr als sakrosankt, sondern vielmehr als suspekt zu betrachten, war es bereit für die Herausforderung einer tief greifenden Transformation und Erneuerung.

Die Reflexionen eines Senior Executives über die Folgen dieses neuen Mitarbeiterbewusstseins machen die Einschnitte in Sears' konservative Managementstruktur deutlich:

»Früher war es bei Sears ebenso wie in den meisten anderen Unternehmen üblich, dass obere Führungskräfte den Filialen von Zeit zu Zeit Besuche abstatteten. Dazu gehörten auch Begegnungen der von ihrem Stab begleiteten Führungskräfte mit Beschäftigten. Diese Treffen waren ganz auf die besuchende Führungskraft ausgerichtet. Die Beschäftigten wurden rituell zu Wortmeldungen aufgefordert, worauf auch die eine oder andere zahme Reaktion kam. Es war alles »innerhalb« der vorherrschenden hierarchiebasierten Kultur choreografiert. Die informelle Regel lautete: ›Ihr (Führungskräfte) stellt Fragen, wir (Beschäftigte) antworten, und wenig passiert.‹

Nach vier Monaten Town Hall Meetings, in denen die Faktoren von Profitabilität und Kundenzufriedenheit erörtert worden waren, besuchte ich erneut die Filialen. Noch bevor das Treffen eröffnet wurde, erhob sich eine Beschäftigte und stellte mich zur Rede. Dabei ging es nicht um traditionelle Mitarbeitersorgen (wie beispielsweise Arbeitsbedingungen), sondern um unternehmerische Fragen: ›Ich [Beschäftigte] habe in meiner Abteilung das Problem, dass ich für ein Kleidungsstück, das reißenden Absatz findet, keinen Nachschub bekomme. Ich habe drei Leute in der Einkaufsabteilung um Hilfe gebeten, aber bis heute nichts erreicht. Ich bin ebenso frustriert wie meine Kunden! Wie können Sie uns helfen?‹ Die Beschäftigten führten auch während der übrigen Unterredung Regie, und wir sprachen in diesem Stil weiter, bis die Zeit um war.«[22]

Martinez' Anstrengungen, insbesondere die Initiativen des Phoenix-Teams und die Town Hall Meetings, störten Sears' Gleichgewicht wirkungsvoll. Und dadurch wurden die Beschäftigten des Unternehmens angeregt, sich der adaptiven Herausforderung aktiv zu stellen.

Die Sears-Story ist noch nicht zu Ende. Während seiner ersten vier Jahre erreichte Martinez große Fortschritte. Die Beschäftigten übernahmen mehr Verantwortung für das Kundengeschäft, bekamen mehr Zuständigkeiten und identifizierten sich enger mit den Zielen und Herausforderungen des Gesamtunternehmens. Beschäftigte auf allen Ebenen merkten, dass es auf ihren Beitrag ankam, und dass dieser Beitrag gewürdigt wurde. Martinez förderte den konstruktiven Diskurs, der früher bei Sears unterdrückt worden war. Er forderte das Unternehmen auf, von Kunden, Zulieferern und Wettbewerbern zu lernen.

Als Martinez bei Sears anfing, genoss er das Privileg einer Schonfrist. Wer neu auf seinem Posten ist, hat es leichter, radikale Schritte im Sinn adaptiver Führung zu predigen; jede frühzeitige Verbesserung wird von den an Enttäuschungen gewöhnten Aktionären mit freudiger Überraschung begrüßt. Aber dieser Status hat eine Halbwertszeit. Als Martinez das Ruder endgültig übernommen hatte, ließen sich Fehler nicht mehr dem alten Regime anlasten. Eine Reihe von Schwierigkeiten und Rückschlägen aus den Jahren 1997 und 1998 nahm dem Unternehmen gerade in dem Augenblick den Wind aus den Segeln, als die Filialen Fortschritte in Richtung adaptiver Veränderung machten.

Es kam heraus, dass Sears Automotive (unwissentlich) kaum genutzte und einmal wieder aufgeladene Batterien als neu verkauft hatte; die Kreditkartenabteilung verstieß gegen das Insolvenzrecht; das Unternehmen wurde beschuldigt, seinen Versicherungsverpflichtungen nicht nachzukommen (Sears erhielt später vor Gericht Recht), und ehemalige Beschäftigte demonstrierten vor den Filialen. In allen diesen Fällen sah Martinez den Problemen geradewegs ins Auge, gab gegebenenfalls Fehler zu und einigte sich mit den Geschädigten.[23]

Wie bereits erwähnt, war Martinez davon überzeugt, dass eine »Verbesserung der Mitarbeiterzufriedenheit« über eine verbesserte Kundenzufriedenheit (und somit verbesserte Erträge und Margen in den Filialgeschäften) zu einer Wiedererstarkung des Gesamtunternehmens auf dem Markt führen würde. Aber er und sein Managementteam verfielen dem Irrtum, die richtigen Dinge zu tun, ohne die notwendige Vorstellung vom lebenden System verinnerlicht zu haben. Martinez führte eine Reihe von Maßnahmen durch, die der Theorie von den lebenden Systemen entsprachen, aber am Ende fehlte ihm offenbar die klare Überzeugung, dass der nachhaltige Erfolg wesentlich von der Einbeziehung der Urteilskraft der Belegschaft abhing. Weil er das Gesamtunternehmen nicht als lebendes System begriff, das stets in Gefahr war, in Richtung Gleichgewicht abzudriften, gelang es ihm zwar, einen einmaligen

Kurswechsel durchzusetzen, aber er erzeugte keine dauerhafte adaptive Kapazität.

Es gilt einige mildernde Umstände zu berücksichtigen. Martinez war durch mehrere schwierige Situationen und Gerichtsverfahren abgelenkt. Er kümmerte sich persönlich um die Marktpositionierung neuer Unternehmensbereiche – Parts America, Orchard Supply und Sears HomeLife Furniture (die gegen starke Rivalen wie Auto Zone, Home Depot und Crate & Barrel anzukämpfen haben). Die Filialen unterstanden offiziell einem Bereichsleiter, dem Martinez die Gesamtzuständigkeit für den Turnaround übertragen hatte. Aber dennoch besteht die Herausforderung der adaptiven Führung gerade darin, die Ungemütlichkeit auf einem Niveau zu halten, das dem gesamten Unternehmen ständig bewusst macht, dass besondere Erfolge nur mit besonderen Maßnahmen zu erreichen sind. Martinez schaffte es nicht, dieses Bewusstsein wach zu halten. Seine Kompromisse, besonders gegenüber dem Command and Control Executive, der für das Warenprogramm der Filialen zuständig war, und dem President des Filialbetriebs (der weiter im alten Sears-Stil verfuhr), sandten gemischte Signale an das Management und suggerierten, dass es zulässig sei, sich in die Komfortzone zurückzuziehen.

Ein Beispiel für ein gemischtes Signal, das die späteren Schwierigkeiten erahnen ließ, war die ungenügende Vorbereitung der Filialmanager, die für die Durchführung der ersten Runde der Town Hall Meetings in den 800 Filialgeschäften zuständig waren. Auf den höheren Unternehmensebenen wurde ein sorgfältig entworfenes Programm für diese Sitzungen durchgeführt. Nach dem Prinzip »see one, do one, teach one« erhielten alle sieben Vice Presidents sowie die Teams von je sieben Distriktmanagern, die diesen Vice Presidents unterstanden, ein zweitägiges Intensivtraining. Die zweitägigen Sitzungen für die Distriktmanager wurden von Mitarbeitern der Zentrale in den verschiedenen Landesregionen durchgeführt. Aber dabei blieb es dann auch. Die Filialmanager selbst (20 je Distrikt) wurden von den Distriktmanagern uneinheitlich eingewiesen. In einzelnen Fällen wurden gerade einmal zweieinhalb Stunden für die Besprechung des Konzepts der Town Hall Meetings und der Lernkarten angesetzt. Noch deutlicher kam das fehlende Engagement des Managements in der wichtigen Aufgabe der Mobilisierung der Beschäftigten darin zum Ausdruck, dass die Meetings immer spärlicher besucht wurden. Die meisten Filialen nahmen in der ersten Runde der Town Hall Meetings (unter Verwendung der Lernkarte »New Day on Retail Street«) teil, aber nur die Hälfte veranstaltete sechs Monate später die zweite Runde, als die zweite Lernkarte (»Sears Money Map«, ein monopolyähnliches Spiel, aus dem die Herkunft und Verwendung der Geldmittel bei Sears hervorging) vorgestellt wurde. Bis zur dritten Runde war der Anteil der teilnehmenden Filialen auf 30 Prozent gesunken. Steven Kirn, der diese Aktivitäten leitete, erklärt: »Die Lernkarten waren ein mächtiges Werkzeug, das wir nur ungenügend nutzten. Wir haben eine Chance verpasst.«[24]

Hinter den Kulissen hatte Martinez Probleme mit seiner Gefolgschaft. Seine zwei wichtigsten Statthalter, der Executive Vice President of Retail Stores und der Senior Vice President of Merchandising, konnten sich niemals richtig für die von Martinez propagierte Mobilisierung der Beschäftigten erwärmen. In den nachfolgenden Monaten gaben die beiden Senior Executives eine Reihe von Anweisungen heraus, Kosten zu drücken und die Margen zu stützen – alles sinnvolle Maßnahmen, die jedoch in einer Weise angeordnet wurden, die das mühsam gewonnene Vertrauen der Beschäftigten wieder untergrub. War der Kundenservice wirklich wichtig, und war Mitarbeiterengagement wirklich gefragt? Erneut schlichen sich Zweifel ein. Als Martinez von diesen Vorgängen erfuhr, scheute er die Konfrontation. Er versuchte vielmehr zu überzeugen und zu werben und wartete auf einen Konsens, der sich niemals einstellte. Erst mit Verspätung organisierte er die Unternehmensspitze um und entließ die zwei widerspenstigen Executives. In der Zwischenzeit aber waren das Mitarbeiterengagement und die Vitalität der Filialen, die zwei Jahre zuvor so spürbar gewesen waren, bereits weitgehend verflogen.

Die Ära Martinez ging eher unspektakulär zu Ende. Aber so viel ist klar: Wie auch immer die Zukunft des Unternehmens aussieht, Sears ist ein komplexes adaptives System. Es exemplifiziert (1) den ständigen Konflikt zwischen Gleichgewicht und Innovation und (2) die anhaltende Spannung zwischen den bewahrenden Kräften der Tradition und den transformierenden Kräften der Veränderung.

Es gibt keinen dauerhaften Sieg in diesem ewigen Kreislauf von Leben und Tod. Vielmehr bestehen die Arten ebenso wie die Unternehmen diese Herausforderungen so gut sie können – die einen besser, die anderen schlechter. Wer das Prinzip der lebenden Systeme verstanden hat, hat das Spiel noch nicht gewonnen, aber er hat aller Wahrscheinlichkeit nach die besseren Karten.

TEIL II

4

Am Rand des Chaos

Der Rand des Chaos ist ein Zustand und kein Ort. Er ist durchlässig, ein Übergangsstadium, durch das Ordnung und Unordnung fließen, nicht eine definitive Grenzlinie. Die Annäherung an den Rand des Chaos erzeugt Aufruhr, aber nicht Auflösung. Das ist der Grund, warum der *Rand* des Chaos so wichtig ist. Der Rand ist nicht der Abgrund. Er ist der ideale Ort für produktive Veränderung.[1]

Die erste Feuerameise aus Südamerika erreichte die Vereinigten Staaten vor dem Zweiten Weltkrieg. Der Naturforscher Richard Conniff hat den über 50-jährigen Krieg gegen diese Spezies ausführlich dokumentiert – wie sie erst dadurch, dass sie an den Rand des Chaos gedrängt wurde, eine erstaunliche Vielzahl an Überlebensstrategien entwickelte. Bis heute ist die Feuerameise die Gewinnerin; mittlerweile hat sie sich von ihrem ursprünglichen Einfallstor in Miami auf über eine Millionen Quadratkilometer in elf US-Bundesstaaten ausgebreitet. Kurzzeitige Auftritte in Phoenix, Arizona und Santa Barbara, Kalifornien konnten durch Kammerjäger (wenigstens fürs Erste) beendet werden.[2]

Anlass für diese Ausrottungsbemühungen ist der Stich der Ameise, von dem jedes Jahr über fünf Millionen Amerikaner betroffen sind. Das Gift der einzelnen Ameise ist schwächer als das einer Biene. Das Problem ist jedoch, dass die Stiche wie die Eier im Supermarkt für gewöhnlich im Dutzend kommen. Die Ameisen organisieren sich und handeln gemeinsam. (Sie senden tatsächlich ein Signal aus und stechen gleichzeitig!) Es kam bereits vor, dass Kleinkinder, die in einen Feuerameisenhaufen fielen, von den Stichen starben. Die Ameisen töten neugeborene Kälber. »Sie fallen über ruhende Rehkitze her«, lesen wir bei Conniff. »Wenn diese versuchen, sie abzulecken, werden sie im Magen gestochen, wo bei Autopsien bisweilen Hunderte von Ameisen gefunden wurden.« Von Vogelreservoirs auf den Inseln vor Corpus Christi, Texas, wo Feuerameisen Pelikankolonien gefährdeten, indem sie ihre Küken lebendig verspeisten, über Autounfälle, wo sie laut Conniff häufig schneller vor Ort sind als die Ambulanz, bis zur drastischen Reduzierung der Artenvielfalt (Feuerameisen haben den Bestand an Brutvögeln, Reptilien, Säugetieren und anderen Ameisenarten um bis zu 90 Prozent reduziert) – diese Spezies hat sich mit Bravour an ihr Umfeld angepasst, um Risiken zu vermeiden, Chancen zu nutzen und alle Anstrengungen zu unterlaufen, ihre territoriale Ausbreitung einzudämmen.[3]

Als Einzelorganismen verhalten sich die Feuerameisen wie klassische »Akteure« in einem komplexen adaptiven System. Der Entomologe Douglas Hofstadler schreibt: »Die einzelnen Ameisen sind erstaunlich reflexbestimmt. Die meisten ihrer Verhaltensweisen lassen sich auf ein oder zwei Regeln aus einem Katalog von insgesamt vielleicht zwölf zurückführen, die etwa lauten: ›Versuche mit den Oberkiefern etwas zu greifen‹, ›folge einer Pheromonspur‹ (Gerüche, die signalisieren: ›hier geht's zur Nahrung‹, ›hier geht's in die Schlacht‹ und so weiter) ›in der Richtung mit dem höchsten (oder niedrigsten) Gradienten‹, ›teste jedes bewegliche Objekt nach seinem Geruch auf Zugehörigkeit zur Kolonie und steche es andernfalls‹ und so weiter.«[4]

Dieses Repertoire, mag es noch so klein sein, wird ständig aufgerufen, während sich eine Ameise durch ihre Umgebung bewegt. Für die einzelne Ameise bedeutet es ein hohes Risiko, wenn sie Situationen ausgesetzt ist, die von den Regeln nicht abgedeckt werden. Die meisten Ameisen – insbesondere die Arbeiterinnen – überleben maximal einige Wochen, bis sie einer Situation zum Opfer fallen, in der die Regeln versagen.[5]

Wie schafften es Feuerameisenkolonien, sich einer 172 Millionen US-Dollar schweren Vernichtungskampagne zum Trotz zu vermehren und auszubreiten? Wir können es dem Überlebensinstinkt der Ameisen zuschreiben, der scheinbar in dem Verhältnis zunimmt, wie der Mensch versucht, sie auszurotten. Die Feuerameise scheint am Rand des Chaos bestens zu gedeihen.[6]

Der Frontalangriff begann im Jahr 1950, als die US-Landwirtschaftsbehörde zehn Millionen Hektar mit dem Pestizid Heptachlor besprühte. »Sie töteten die Feuerameisen – gemeinsam mit Reptilien, Säugetieren, Vögeln und Fischen, Weidevieh und Haustieren«, erklärt Conniff. Heptachlor spielte eine wichtige Rolle in dem Buch *Der stumme Frühling* von Rachel Carson. Die negative Publicity und die unzweifelhafte Erkenntnis, dass die Feuerameisen sich viel schneller erholten als die übrigen Arten, die von dem Insektizid betroffen waren, veranlassten die Experten, auf ein umweltfreundlicheres Pestizid umzusteigen: Mirex. Das »perfekte Pestizid« wurde von 1970 an aus Bombern auf über 50 Millionen Hektar versprüht. »Diese Sprühaktionen«, berichtet Conniff, »wurden 16 Jahre später eingestellt, nachdem nachgewiesen worden war, dass das Mittel ein wirkungsvoller Vernichter von Krustentieren war und sich zudem als möglicher Krebserzeuger besonders gern im menschlichen Fettgewebe anreicherte.«[7]

All diesen massiven Angriffen im Vietnamstil widerstand die Feuerameise; wie der Vietcong vergrub sie sich und improvisierte. Wie? Die Antwort liegt in den Vorteilen, die alle sozialen Arten genießen, und insbesondere in der bemerkenswerten Fähigkeit der Feuerameise, geniale Verteidigungsstrategien zu entwickeln.

Wenn das Umfeld der Ameise freundlich ist, gibt es genau eine Königin in jeder Kolonie. Conniff weist darauf hin, dass »Königin« eigentlich ein irreführender Ausdruck ist für eine Reproduktionsmaschine, die 60 bis 100 Eier pro Stunde legt (eine Rate, die einer Verdoppelung des Eigengewichts der Königin innerhalb von 24 Stunden entspricht) und dies ungefähr sechs Jahre lang tut! Das wäre vergleichbar mit einer 55-Kilo-Frau, die jedes Jahr eine halbe Million sieben Pfund schwere Babys zur Welt bringt. Wenn die Unwirtlichkeit des Umfelds zunimmt, leben rivalisierende Königinnen in einer Kommune zusammen, bis die Kolonie eine bestimmte Größe erreicht, woraufhin die Arbeiterinnen alle bis auf eine Königin töten.[8]

Wenn das Umfeld feindlich wird (sich dem Chaos nähert), versuchen die überlebenden Kolonien, ihre Arbeiterinnen-Armeen neu zu formieren, was gelegentlich Kämpfe zwischen den Kolonien provoziert. Conniff erzählt, dass einige dieser Konflikte ausarten. Die Arbeiterinnen stehlen den Rivalen Eier und Larven, die sie häufig über ein bis zu 30 Meter breites Schlachtfeld schleppen. Das wäre, wie wenn ein erwachsener Mensch sein eigenes Gewicht in vollem Lauftempo und unter sengender Sonne 25 Meilen weit tragen würde.[9] Die schwächeren Kolonien gehen allmählich in den stärkeren auf. Walter Tschinter, Ameisenforscher an der Florida State University, bemerkt dazu: »Die unterlegene Königin marschiert in der Parade ihrer ehemaligen Arbeiterinnen, die ihre Eier tragen, zu dem Nest der Eroberer. Da ihre Armee die Kriegsbeute darstellt, die ihr den Eintritt in die neue Gemeinschaft verschafft, kann sie mit etwas Glück die Königinnenmorde überleben und ihre Vorherrschaft wiederherstellen, denn die Ameisengemeinschaft scheint die Frage, welche Königin überlebt, nicht nach genetischer Kontinuität, sondern nach Fruchtbarkeit zu entscheiden.«[10]

Das fortgesetzte Leben am Rand des Chaos hat noch erstaunlichere Innovationen hervorgebracht. Als der Krieg der Pestizide eskalierte, entdeckten Forscher *permanente* Kolonien mit mehreren Königinnen, deren Zahl häufig an die 20 oder 30 reichte. Wenn eine Königin starb, kamen diese Kolonien niemals aus dem Rhythmus. Einzelne Kolonien hatten 300 Königinnen, die allesamt Eier legten. In diesen Fällen waren die Kolonien außerordentlich dicht gepackt. Statt der üblichen 100 Hügel je Hektar wiesen diese Superkolonien die zehnfache Dichte auf (56 Millionen Ameisen je Hektar, oder 5600 Ameisen je Quadratmeter). Die Dichte hat große Auswirkungen auf die Effizienz der Nahrungssuche. In Kolonien mit einer einzigen Königin und der üblichen Dichte entdecken die Arbeiterinnen eine Nahrungsmittelquelle in durchschnittlich zwei Minuten. In Kolonien mit mehreren Königinnen brauchen sie dazu nur 20 Sekunden.[11]

Menschen sind keine Ameisen und Unternehmen sind keine Ameisenkolonien. Aber wenn die produktive Hektik zunimmt, kommt es häufig zu mehr Innovationen, unter denen auch bedeutsame Durchbrüche sein können. Dieser schwer zu bestimmende, häufig angestrebte Idealzustand wird gelegentlich als »brennende Plattform« bezeichnet. In den Lebenswissenschaften sprechen wir vom Rand des Chaos.

Andy Grove, Chairman von Intel, ist seit langem mit diesen Gedanken vertraut. Er hat sie in sein ständiges Instrumentarium aufgenommen. Seine Fähigkeiten, am Rand des Chaos zu führen, sind durch einige Ereignisse in der Unternehmensgeschichte geschärft worden: die erzwungene Entwicklung von Halbleitern zu Speicherchips (DRAMS), als Intel sich von einem Klon von Texas Instruments und Fairchild zu einem echten Konkurrenten mit eigenem Wettbewerbsprofil entwickelte; der Rückzug von DRAMS zu Mikroprozessoren (als die asiatischen Kostenreduzierungen und die japanische Qualität Intels Marktnische zerstörten); und, in jüngerer Zeit, die Etablierung von Intel als Marke, womit das Unternehmen seine größten Kunden (die PC-Hersteller) vergraulte, indem es die Endverbrauchernachfrage nach mit Intelprozessoren ausgestatteten PCs ankurbelte.

Mikroprozessoren, das Kernstück der Informationstechnologie, sind nicht nur die teuren Gehirne von PCs und Großrechnern. Sie erlangen zunehmend Bedeutung für die intelligente Autosteuerung, für Mobiltelefone und elektrische Geräte jeglicher Art. Das lukrative Potenzial der Mikroprozessoren wurde zu einem Magnet für Intels Wettbewerber. Jedes neue Intelprodukt löst ein Wettrennen mit anderen Anbietern aus, die eine billigere Alternative zu vermarkten versuchen. Grove erinnert sich:

»Mitte der 90er Jahre drückte der durch die asiatische Wirtschaftskrise verschärfte Preiskampf den Durchschnittspreis eines PCs um 100 US-Dollar. Wir mussten damit rechnen, dass sich die Zeiten, die uns zur Verfügung standen, um einen neuen Mikroprozessor einzuführen (im ersten Jahr Höchstpreise, im folgenden Jahr mittlere Marktpreise), radikal verkürzten. Wir mussten diese Abfolge beschleunigen. Ein neues Produkt, das früher im Lauf von drei Jahren das untere Marktsegment erreicht hatte, musste diesen Weg jetzt in zwölf oder 18 Monaten zurücklegen, wenn wir wettbewerbsfähig bleiben wollten.

Als ich versuchte, aus dieser neuen Situation klug zu werden [die adaptive Herausforderung zu formulieren], wurde mir klar, wie wichtig es ist, möglichst schnell das Unternehmen darauf einzustellen, dass es Veränderungen [die Störung des Gleichgewichts] akzeptiert. Ein solcher Prozess umfasst in der Regel zwei Phasen. Zuerst müssen Sie experimentieren und Chaos zulassen. Das ist deshalb wichtig, weil Sie auf die ersten Anzeichen von Schwierigkeiten hin höchstwahrscheinlich nicht sofort über die richtige Antwort stolpern. Vielmehr müssen Sie die Geschäftseinheiten strampeln lassen, während die Dissonanz im Unternehmen wächst. Allmählich treten Sie in die zweite Phase ein, die ich als das Tal des Todes [Rand des Chaos] bezeichne. Es ist keine erfreuliche Angelegenheit, wenn man sich von langjährigen Gepflogenheiten und Mitarbeitern trennen, wenn man zerreißen muss, was zusammengehört. Man tut gut daran, in der ersten Phase nicht allzu viele Worte darüber zu verlieren, wohin das alles führen wird. Wenn Sie vorzeitig über Veränderungen sprechen, die sich einschneidend auf das Leben der Mitarbeiter auswirken werden, verbauen Sie sich unter Umständen den Weg, bevor Sie selbst genau wissen, wohin dieser Weg führen wird. Aber sobald die Veränderungen wirklich stattfinden [das heißt, wenn die adaptive Herausforderung bewusste Realität geworden ist], ist es wichtig, dass die Unternehmensführung sich klar dazu äußert, was die Veränderungen bedeuten und wie das Unternehmen darauf reagieren wird. An diesem Punkt haben Sie die andere Seite des Tales des Todes erreicht und können die Zukunft in Worte fassen.«[12]

Wie wir in den zurückliegenden Kapiteln gesehen haben, entstehen Innovationen selten in Systemen mit einem hohen Grad an Ordnung und Stabilität. Systeme im Gleichgewicht verlieren an Vielfalt und erzeugen Probleme, wie sie für inzestuöse Gemeinschaften und zentrale Planwirtschaften typisch sind. Ganz und gar chaotische Systeme – Aufstände, der Börsenkrach von 1929 oder die chinesische Kulturrevolution von 1965 bis 1976 – hingegen sind ein »zu heißes Eisen«. Wirkliche Fortschritte müssen warten, bis sich die Verhältnisse etwas normalisiert haben.

Wenn ein komplexes adaptives System an den Rand des Chaos gedrängt wird – wenn Orkane und Taifune die tiefe See aufwühlen oder sich das Feuer durch Wälder und Prärien frisst –, ist das generative Potenzial am größten. Orkane reichern die Ozeane mit Sauerstoff und Nährstoffen an und füllen das Kohlendioxid der Atmosphäre auf.[13] Feuer reinigen Wälder und schaffen Platz für neues Leben, wie wir am Beispiel des Yellowstone Parks gesehen haben. Feuer sind zudem unerlässlich für die Regeneration der hohen Grasprärien der Great Plains. Die Artenvielfalt der Prärien leidet, wenn die Feuer unterdrückt werden.

Norman Packard vom Santa Fe Institute prägte den Begriff »Rand des Chaos«, um damit eine fruchtbare Zone der Neubelebung zu bezeichnen. »Der Geist in der Maschine der Natur«, schrieb er, »scheint das System gewissermaßen absichtlich an den Rand des Chaos zu lenken.«[14] Die Komponenten eines Systems am Rand des Chaos sind weit von einem Zustand der Verfestigung entfernt, aber ihre Unruhe ist nicht so groß, dass sich das System völlig auflöst. Der Nobelpreisträger Herbert Simon begreift Transformation als einen Identitätswandel.[15] Der Rand des Chaos ist die Vorbedingung, damit Transformation möglich ist.

Viele wissenschaftliche Disziplinen – wie beispielsweise Mikrobiologie,

Neurologie, Ökologie, Paläontologie und Ökonomie – haben Beweise für Packards Spekulationen gefunden. Der Rand des Chaos ist Schauplatz für vielerlei innovative Aktivitäten. Der Paläontologe Stephen Jay Gould, dessen Entdeckungen den Begriff der »diskontinuierlichen Evolution« populär gemacht haben, sammelte fossile Belege, die Darwins Theorie der allmählichen Evolution infrage stellten. Gould dokumentierte, dass größere Umwelteinflüsse, wie beispielsweise Asteroideneinschläge oder radikale Wetterveränderungen, die Entstehung neuer Arten und die beschleunigte Anpassung innerhalb bestehender Arten begünstigen können.[16]

Mikrobiologen haben gezeigt, dass sowohl die Frequenz als auch die Dichte zunehmen, wenn die evolutionäre Herausforderung komplexer wird. Genetiker haben eine starke Zunahme der Mutationen genetischer Strukturen beobachtet, sobald die Einflüsse auf die Elterngene eine bestimmte Intensität erreichen (wenn die Grenze zum Chaos erreicht ist).[17] Jenseits dieses Punktes beginnt das Gen rasch zu zerfallen. Zusammenfassend schreibt der Genetiker Stuart Kauffman: »Darwin glaubte, dass Mutation und natürliche Selektion die Flexibilität der biologischen Systeme mittels einer sukzessiven Folge kleinerer Variationen ebenso verbesserten, wie sich ein technisches Gerät durch kleine Eingriffe verbessern lässt. Aber Netzwerke nahe der Grenze zum Chaos besitzen die nötige Flexibilität, um sich beschleunigt anzupassen und ganze Kaskaden von Veränderungen auszulösen.«[18]

Aber warum bis zur »Grenze« gehen? Würde es nicht genügen, das Gleichgewicht zu stören, aber dennoch ausreichend Abstand zum Chaos zu halten?

Grenzen sind wichtig im Leben; sie ziehen uns geradezu an. Sie definieren eine Region, die uns sagt, dass wir dabei sind, uns weiter vorzuwagen als jemals zuvor. »Solange wir in der Mitte der Dinge bleiben«, schreibt Wissenschaftsautor William Thompson, »können wir die Natur der Dinge, in denen wir uns bewegen, niemals richtig erkennen.«[19]

Die Sehrinde unseres Gehirns lässt unsere Augen nach Grenzen suchen, anhand derer wir Figuren vom Hintergrund unterscheiden und uns zurechtfinden können. Lebende Systeme tendieren allgemein zu Grenzen hin, um herauszufinden, welcher Turbulenzgrad optimal ist. Das gelbe Licht der Verkehrsampeln löst bei den Autofahrern eine Reaktion aus. Entweder treten sie auf die Bremse, oder sie beschleunigen auf der Kreuzung. Das gelbe Licht entspricht der »Grenze«. Es fördert die Aufmerksamkeit und erzeugt einen Adrenalinstoß, der unsere geistige Aktivität verstärkt. Die Fahrer können dann vermeiden, auf der Kreuzung im Querverkehr stecken zu bleiben, was so viel wie Chaos bedeuten würde.

Denken Sie daran, wie Sie mit Termindruck umgehen. Viele, wenn nicht gar die meisten von uns verfügen glücklicherweise über die intellektuellen und psychologischen Kräfte, um damit fertig zu werden. Solange die Termine noch weit in der Zukunft liegen, verspüren wir in der Regel keine Eile; wir frönen womöglich der Selbstgenügsamkeit. Aber wenn der Termin unmittelbar bevorsteht und wir wissen, dass wir ihn nicht einhalten können, verspüren wir unproduktiven Stress und eine gedankliche Blockade. Zu viel Stress verleitet uns dazu, die Dinge zu stark zu vereinfachen, voreilige Schlüsse zu ziehen, uns lähmen zu lassen oder in alten Gewohnheiten und früheren Erfolgsmethoden Zuflucht zu suchen.[20] Mit zunehmender Erfahrung lernen wir, ein nahendes Zeitlimit konstruktiv zu nutzen; wir wissen, dass ein unerledigter Termin einen optimalen Grad an Adrenalin, Spannung und Kreativität hervorruft. Viele Menschen erleben ihre produktivsten Momente in der Nähe dieser zeitlichen Grenze zum Chaos.

On Purpose: Szenen des Lebens am Rand des Chaos

Consultants On Purpose, eine Nonprofit-Organisation, stellt die folgenden Szenen aus dem Leben am Rand des Chaos vor:[a]

- Schwärme. Viele Individuen, die emsig durcheinander wirbeln und sowohl gemeinsam als auch unabhängig voneinander aktiv sind. (Bei Intel wandte sich Andy Grove an seine F&E-Community von 650 erstklassigen Ingenieuren und forderte sie auf, innovative Chips in der Hälfte der Zeit zu entwickeln. Teams bildeten sich und lösten sich auf. Die Lösung kam durch die Entwicklung eines Vorgehens, das Funktionalität und Kosten der Chiparchitektur gleichzeitig verringert, statt auf die Lernkurve bei der Herstellung und Verteilung innerhalb des auf zwölf bis 18 Monate verkürzten Zeitlimits zu setzen.)
- Dschungel. Die Verbindungen sind ungeordnet, überlappend, verflochten und redundant. (Intels F&E-Community befasste sich planlos mit Technologie, Herstellung und Verkauf, um den Entdeckungsprozess voranzutreiben. Dieses Kreuz-und-quer erschien auf seinem Höhepunkt chaotisch, entbehrte der Koordination und beinhaltete viel Redundanz.)
- Ein verrücktes Wissenschaftlerlabor. In einer Vielzahl halb fertiger Projekte finden sich zufällige Querverbindungen, viele Sackgassen und gelegentliche Durchbrüche. (Intels Entdeckungsprozess erzeugte zehn Sackgassen für jeden Durchbruch. Es gab kein geordnetes Verfahren, um Ideen zu sieben und die »schlechten« frühzeitig auszusortieren. Vorschläge, die anfangs schwach erschienen, erwiesen sich als stark, und andersherum.)

---

[a] Cleveland u. a., op. cit., S. 26.

71

Navigation am Rand des Chaos

Viele Manager tun sich schwer mit der Idee, ihre Unternehmen aus der Komfortzone zu holen und an jenen Abgrund namens Chaos heranzuführen. Ein paar praktische Empfehlungen und Warnungen können dabei helfen. Die Reise ist in Wirklichkeit weniger abenteuerlich, als sie auf den ersten Blick erscheinen mag.

Die Definitionen und Begriffe, die sich in der Komplexitätswissenschaft herausgebildet haben, dienen uns als Anhaltspunkt, um die Klippen des Chaos zu umschiffen. Diese Instrumente ähneln den Navigationskarten, dem Kompass, Sextant und Antriebssystem, mit denen sich Schiffe lenken lassen. Drei Konzepte aus der Wissenschaft können uns helfen, in der Welt der Wirtschaft sicher am Rand des Chaos zu navigieren:

1. *Attraktoren* richten ein lebendes System gleichsam wie ein Kompass in einer bestimmten Richtung aus und verleihen den Organismen den Impetus, sich aus ihrer Komfortzone herauszubewegen. Kapitel 5 beschreibt anhand der Erfahrungen von Monsanto die praktische Anwendung von Attraktoren.
2. *Verstärkende und dämpfende Rückkoppelung* wirken wie der Steuerhebel eines Antriebssystems; sie beschleunigen oder bremsen den Veränderungsprozess. Die in Kapitel 6 beschriebene Wiederbelebung der Oil Exploration Unit von British Petroleum zeigt, wie die verstärkende Rückkoppelung dazu verwendet werden kann, ein System aus dem Gleichgewicht und an den Rand des Chaos zu bringen. Die Oil Exploration Unit von BP verwendet zudem dämpfende Kontrollmechanismen, um ein Abgleiten des Systems in Ratlosigkeit und Leistungshemmung zu verhindern.
3. *Fitnesslandschaften*, wie sie von Ökologen und anderen Lebenswissenschaftlern verwendet werden, um den relativen Wettbewerbsvorteil der verschiedenen Arten darzustellen, sind ein geeigneteres Visualisierungsinstrument als die traditionellen zweidimensionalen Diagramme von Input/Output und Rückkoppelungsschleifen, denen wir in der Systems-Dynamics-Methode begegnen. Monsanto illustriert, wie ein Unternehmen seine Fitnesslandschaft durchläuft und dabei die Topografie laufend verändert.

Attraktoren: Aufbruch zu neuen Zielen[21]

Attraktoren gibt es in drei Varianten: Punktattraktoren, Grenzzyklen und seltsame Attraktoren. Wir können sie uns als Magneten vorstellen, die ein komplexes adaptives System in eine bestimmte Richtung ziehen.

1. *Punktattraktoren*, die sich vorrangig in der leblosen Welt finden, locken Systeme in eine stabile Ruheposition. Ein Pendel schwingt so lange, bis es an seinem tiefsten Punkt zum Halten kommt. Entropie ist ein Beispiel aus der Natur. Alle lebenden Dinge enden irgendwann an diesem Punkt totaler Ruhe.

Ein Punktattraktor in der Wirtschaft ist ein Monopol oder eine extrem stabile Marktnische. Vulcan Materials beispielsweise verkauft in Alabama Schotter, Kies und Steinasphalt. Vulcan kontrolliert die meisten Kiesabbauhalden des Bundesstaats und hat alleinigen Zugriff auf die für den Straßenbau benötigten Ausgangsmaterialien und Betonzusatzstoffe. Solange die Preise des Unternehmens unter dem bleiben, was es kosten würde, den Kies aus den Nachbarstaaten heranzutransportieren, hat es den Markt in der Hand.[22]

2. *Grenzzyklen* oder *periodische Attraktoren* bewegen ein System in Richtung einer Schleife prognostizierbarer dynamischer Muster. Eine wachsende Kaninchenpopulation in einem bestimmten Gebiet bewirkt eine entsprechende Zunahme des Fuchsbestands, bis die meisten Kaninchen gefressen sind oder sich aus dem Staub gemacht haben. Dies führt zu einem Rückgang der Füchse, wodurch wiederum die Bedingungen für eine Zunahme der Kaninchen gegeben sind.

In der Wirtschaft finden wir periodische Attraktoren in den wechselnden Besucherzahlen bei professionellen Sportveranstaltungen in Abhängigkeit von der Erfolgsbilanz der Teams, oder im Getränkebereich, wo die Konsummuster je nach augenblicklichem Image, Werbekampagnen und Preiskämpfen zwischen den oligopolistischen Rivalen wie Coca-Cola und Pepsi periodisch schwanken.

Die obige Erwähnung von Punkt- und Grenzzyklusattraktoren dient nur der Vollständigkeit. Am meisten interessieren sich die Komplexitätstheoretiker für die seltsamen Attraktoren, die auch für den Bereich der Wirtschaft am wichtigsten sind.

3. *Seltsame Attraktoren* locken Systeme an den Rand des Chaos.[23] Im zuvor behandelten Beispiel der Feuerameisen resultiert der seltsame Attraktor aus dem Zusammenspiel von Überlebensinstinkt und feindlicher Umgebung. Dieser Instinkt existiert in allen Arten, tritt im Ökosystem der Feuerameisen jedoch verstärkt zutage, sobald die Anstrengungen zu ihrer Ausrottung intensiviert werden. Seltsame Attraktoren treten nicht in isolierten Arten auf; sie sind vielmehr das Ergebnis der Interaktion zwischen einem Organismus und seinem

Umfeld. Aus bislang nicht hinreichend geklärter Ursache verstärkt sich dadurch die Intensität des Strebens in ungewöhnlicher Weise. Wenn dies mehr nach Science-Fiction als nach Wissenschaft klingt, dann ist der Argwohn des Lesers nicht ganz unbegründet. Deshalb heißen diese Attraktoren auch »seltsam«!

»Seltsam« ist ein alarmierendes Adjektiv. Aber wie gesagt, es ist nicht ganz unbegründet, da diese Attraktoren Eigenschaften aufweisen, die schwer zu fassen sind. In der Natur finden wir Beispiele in den schwarzen Löchern mit ihrer unendlichen Anziehungs- und Kompressionskraft – wie auch in der Gravitation, die gleichzeitig nirgends und überall ist und sich am Ende im Raum krümmt.

Ein besonderes Geheimnis liegt in der Art, wie Attraktoren entstehen und anschließend die Ereignisse bestimmen. Sie wirken wie Magnete unter Eisenfeilspänen: Vielfältige Knoten in einem System bilden zusammen eine Ordnung und verschmelzen zu einem Muster.

Ein flüchtiger Blick auf die Kette von Ereignissen, die zum internationalen Vertrag zum Verbot von Landminen führten, könnte den oberflächlichen Schluss nahe legen, dass Prinzessin Dianas pressewirksame Besuche bei afghanischen Minenopfern, mit denen sie auf die chronischen Gefahren für die noch viele Jahre nach dem Ende der Feindseligkeiten von Verstümmelung bedrohten Kinder aufmerksam machte, als seltsame Attraktoren fungierten. Falsch. Auch das weltweite Konsortium öffentlicher und privater Einrichtungen, die ihr Bestreben bekundeten, das Verbot dieser Waffen zu erreichen, hat das Zustandekommen des Vertrags nicht wesentlich beschleunigt. Was für die Herausbildung eines Konsenses bezüglich des Minenverbots gilt, gilt für alle seltsamen Attraktoren: Es gibt keine einzige und ausschließliche Ursachenbeziehung. Der seltsame Attraktor für den Landminenvertrag resultierte neben den genannten Umständen aus folgenden Faktoren:

1. der Macht der globalen Kommunikationsmedien, das Leid angolanischer und afghanischer Kinder in die Wohnstuben der industrialisierten Welt zu bringen;
2. menschlichem Mitempfinden für die unschuldig leidenden Minenopfer;
3. neuen Technologien, die das Aufspüren und Unschädlichmachen von Landminen ermöglichen;
4. einem neuen Gemeinschaftsempfinden unter den Nationen, das es den beteiligten Seiten ermöglichte, für ein drängendes humanitäres Problem eine konstruktive Lösung zu suchen.

Fritz Roethlisberger, Professor an der Harvard Business School und Pionier im Bereich Organizational Behavior, sagte einst: »Die meisten Menschen sehen in der Zukunft das Ziel und in der Gegenwart den Weg, obwohl in Wirklichkeit die Gegenwart das Ziel und die Zukunft der Weg ist.« Roethlisberger will uns mit anderen Worten sagen, dass ein seltsamer Attraktor – wie beispielsweise die Kampagne zum Landminenverbot – den Horizont und das Verhalten der Menschen in der Gegenwart verändert. In diesem Sinn ist die Zukunft das *Mittel*, um heutige Verhaltensweisen zu verändern. Das neue Verhalten prägt das Ziel, das wiederum Einfluss auf die Zukunft hat und so weiter.

Eine große Zukunft erreicht man nicht mit vorsichtigen Schritten. Sie wird vielmehr mutig postuliert und dient als Katalysator für alles, was folgt. Als Präsident Kennedy seine Vision von der Mondlandung verkündete, existierten keine Lösungen für die anstehenden Probleme: Zustimmung des Kongresses, Bereitstellung finanzieller Mittel, technologische Anforderungen und die Verjüngung der NASA, die seit Jahren durch die verhängnisvolle Rivalität zwischen den verschiedenen Raketenprogrammen von Armee, Marine und Luftwaffe gelähmt war.

Bei all diesen Problemen war der seltsame Attraktor – in diesem speziellen Fall der Impetus – eine Mischung aus Emotion und Aspiration: Wunsch, Begeisterung, Neugier, Macht, Wissensdurst, das Konkurrenzbestreben, als erstes Land den Mondspaziergang zu verwirklichen, und imperialistische Gier. Führungspersönlichkeiten und gewöhnliche Bürger waren gleichermaßen bestrebt, im Kongress, in den Laboratorien und überall im Land Wunder zu vollbringen. Das Ziel, bis zum Ende des Jahrzehnts einen Menschen auf den Mond zu bringen, wirkte wie ein starker Magnet, der gegensätzliche Parteien in einer Mission vereinte. Die Beteiligten lebten sicherlich am Rand des Chaos. Einige ihrer Erlebnisse entlang dieser Grenze finden sich in Filmen über das Raumfahrtprogramm und in den Autobiografien der Astronauten wieder.

Wenn wir auf Ereignisse zurückblicken, die unser persönliches Leben, unser Land oder sogar die Welt entscheidend verändert haben, sind wir häufig geneigt, diese speziellen Ereignisse als vorherbestimmt wahrzunehmen, als ob sie durch nichts hätten verhindert werden können. Vielleicht denken wir genauso über Christopher Kolumbus' Reise nach Amerika; oder uns erscheint das Raumfahrtprogramm als unausweichlich. Für die »Unausweichlichkeit« eines Ereignisses oder Ergebnisses lassen sich fast immer Gründe anführen, was aber nicht heißt, dass die Situation tatsächlich vorherbestimmt war. Vielmehr analysieren und bewerten wir diese Entwicklungen im Rückblick. *Was wir taten, wie wir es taten, und welche Methoden wir anwendeten*, erscheint uns als das einzig Logische. Aber wir übersehen dabei, dass ein Handeln, das auf ein mächtiges Ziel hin ausgerichtet ist, die Struktur der Realität verändert.

Wenn wir von einem seltsamen Attraktoren angezogen werden, verwandeln wir uns, wenn auch vielleicht nur auf Zeit, in andere und fähigere Menschen, wodurch sich schlagartig die Wahrscheinlichkeit erhöht, dass wir unsere Zukunftsvorstellungen auch verwirklichen können. Das richtige *Sein* macht das richtige *Tun* sehr viel wahrscheinlicher.[24] Und diese Tatsache haben wir den seltsamen Attraktoren zu verdanken, die gelegentlich Unternehmen – und das heißt, uns alle – zu großen Leistungen anspornen.

Die Frage lautet jetzt: Wie lassen sich im Bereich der Unternehmen seltsame Attraktoren erzeugen? Der korrekte Terminus für die Visionen und Werte, die regelmäßig von CEOs erfunden und in Jahresberichten und auf Anschlagstafeln verbreitet werden, wäre »Gefasel« oder »Nonsens«. Derlei Bekundungen stammen von CEOs oder Elitegruppen, die den Kontakt zur Wirklichkeit weitestgehend verloren haben, und zeugen von Modeerscheinungen, Altruismus oder Nabelschau. Die Beschäftigten, denen solche Zukunftsillusionen aufgetischt werden, fragen sich verwundert, wie es möglich ist, dass ihr CEO Videos mit Behauptungen über eine Zukunft verbreitet, von der sie aus kollektiver Erfahrung wissen, dass sie niemals eintreten wird. Die aufgezeichneten Statements rufen bei den Beschäftigten kaum ein Echo hervor. Außerdem stehen diese abgedroschenen Beschwörungen nur allzu häufig im Widerspruch zum Handeln derer, die sie vorbringen. Die Musik passt nicht zum Text.

Vision und Werte, wie sie von David Whitwam, dem CEO der Whirlpool Corporation, proklamiert wurden, sind ein gutes Beispiel für diese Art von Wirklichkeitsferne. Seine Glanzverpackung ruft bei den Beschäftigten genau jene Ungläubigkeit hervor, von der wir gesprochen haben:

> »Vision: Whirlpool wird in den eingeschlagenen Richtungen neue Chancen aktiv nutzen und in einem sich stets verändernden globalen Markt führend sein. Unser erstes Anliegen ist es, die Qualität ständig zu verbessern und die Erwartungen all unserer Kunden zu übertreffen. Dadurch, wie durch den Ausbau unserer bestehenden Stärken und die Entwicklung neuer Fähigkeiten werden wir unsere Wettbewerbsposition festigen. Wir werden marktorientiert, effizient und profitabel sein. Unser Erfolg wird aus Whirlpool ein Unternehmen machen, auf das sich Kunden, Beschäftigte und Partner auf der ganzen Welt verlassen können.
> Ziele: Whirlpool beabsichtigt, eine globale Führungsposition einzunehmen und einen exzellenten Shareholder-Value zu bieten. Unsere Zielmarke für den Total Return to Shareholders ist ein Platz unter den oberen 25 Prozent der großen börsennotierten Unternehmen. Das werden wir mithilfe »sehr zufriedener« Kunden überall auf der Welt erreichen. Um dies zu gewährleisten, lauten unsere globalen Betriebsziele: Kundenzufriedenheit, Total Quality und Wachstum.«

Als Whirlpool die Beschäftigten bat, die Vision zu bewerten, bezeichneten nur 20 Prozent sie als sinnvoll und glaubwürdig. »Eine deutliche Mehrheit«, erklärt Kommunikationsforscher Sander Larkin, »sagte: ›Wir vertrauten euch früher nicht und wir vertrauen euch auch jetzt nicht.‹«[25] Warum? Weil das

Statement von Whirlpool nicht im Einklang stand mit den Erfahrungen der Beschäftigten; es entbehrte der Fantasie und der Inspiration, die nötig sind, um Menschen zu motivieren, über sich hinauszuwachsen. Von oben vorgegeben, wirkten Vision und Werte beinahe wie Satire.

Im Gegensatz zu Whirlpools Statement war die Erklärung der Ford Motor Company an ihre Mitarbeiter und Kunden – »Quality is Job 1« – voller Energie und Motivation. Sie bedeutete einen radikalen Bruch mit Fords Qualitätsproblemen, und diese Losung wurde immerfort von den höchsten Rängen bis zur Fabrikebene in Wort und Tat bestätigt.[26]

Das vollbrachte Wunder.

Ein Vergleich von Fords Erfolg mit Whirlpools Scheitern führt uns auf die seltsamen Attraktoren. Um sie zu erzeugen, braucht es mehr als charismatische Führung und einen attraktiven Slogan.

Die Ford-Chefs Philip Caldwell und Donald Peterson waren beide nicht charismatisch, jedoch hat die Entstehung seltsamer Attraktoren offenbar wenig mit Führungsstil zu tun. Sie hat hingegen sehr viel mit dem latenten Appetit eines Unternehmens zu tun, der bereits existiert, aber auf seine Artikulierung wartet. Die Führungspersönlichkeit, die die schlummernde Energie spürt, kann sie katalysieren – so wie man die Wolkenbildung mit Jodkristallen fördert. Wenn der Regen fällt, waren es dann die Kristalle oder die Wolke, die die Dürre beendeten?

Ein seltsamer Attraktor entsteht niemals aus neuem Material. Er ist bereits in der Substanz angelegt. Das ist es, was ihn gleichzeitig seltsam und wirkungsvoll macht. Er wird nicht von der Führungskraft an ihre Mitarbeiter »gegeben« oder »verabreicht«. Er bildet sich aus sich selbst heraus. Der Attraktor entsteht gewissermaßen als Resonanz auf andere Saitenschwingungen im Umfeld, im Geist der Zeit, in den Mitgliedern des Unternehmens und in einer Führungspersönlichkeit, die es versteht, die Herausforderungen so darzustellen, dass andere sich eingeladen fühlen, in einen Tanz einzustimmen, der, während er stattfindet, laufend neu choreographiert wird.

Zusammenfassend können wir sagen: (1) Seltsame Attraktoren haben viele Eltern – sie entstehen infolge des Zusammenwirkens vieler Faktoren innerhalb und außerhalb des Unternehmens; (2) sie setzen voraus, dass die Wirklichkeit konkret und plastisch wiedergegeben wird; (3) sie gedeihen in einem Umfeld adaptiver Herausforderung und neigen zu verkümmern, wenn sie der harten Hand des Social Engineering unterworfen werden; (4) sie erzeugen unvorhergesehene und unvermutete Resultate und Erfolge.

Um die Wirkungsweise dieses Prinzips in der Praxis nachzuvollziehen, lohnt sich ein genauerer Blick auf Monsanto.

5

Monsanto:
Wie auf einem Trampolin

Wir haben Monsanto als anschauliches Fallbeispiel ausgewählt. Warum, angesichts der zunehmenden Kontroverse um genetisch veränderte Pflanzen und Nahrungsmittel? Monsantos Transformation zwischen 1993 und 1999 ist in vielerlei Hinsicht lehrreich. Sie veranschaulicht vieles von dem, was wir über adaptive Führung und die Fähigkeit der seltsamen Attraktoren, das Gleichgewicht zu stören, gesagt haben. Das Unternehmen steuerte auf den Rand des Chaos zu, um seine Identität zu ändern und seine Kultur zu transformieren.

Im Jahr 1999 hatte der Widerstand der Weltöffentlichkeit sowie wissenschaftlicher Kreise gegen genetisch verändertes Saatgut und daraus erzeugte Nahrungsmittel den Aufschwung des Unternehmens bereits deutlich abgebremst. Wir werden darauf in diesem und in späteren Kapiteln detailliert eingehen.

Um der Reihe nach zu beginnen, müssen wir die ursprüngliche, äußerst erfolgreiche Neuerfindung Monsantos nachzeichnen. Innerhalb von drei Jahren stellte das Unternehmen sein Portfolio radikal um, überholte um ein Vielfaches größere Wettbewerber und vervierfachte seinen Aktienkurs. Heute, nach seiner Verschmelzung mit Upjohn zu Pharmacia, behauptet es sich in den meisten Aspekten weiterhin gut unter seinesgleichen.

Monsantos CEO Robert Shapiro verwendete sowohl operative als auch adaptive Führungsmethoden. Er nutzte operative Methoden, um Personal abzubauen, einige Geschäftseinheiten abzustoßen und strategische Akquisitionen zwecks Neuausrichtung des Unternehmens zu tätigen. Mittels adaptiver Methoden erzeugte er neue Produkte und Fähigkeiten innerhalb des Unternehmens.

Als Robert Shapiro im März 1993 CEO bei Mosanto wurde, erbte er ein wachstumsschwaches, stark konjunkturabhängiges Unternehmen mit den Schwerpunkten Petrochemikalien und landwirtschafliche Rohprodukte. Ähnlich wie seinerzeit Hernando Cortez, der seine Schiffe anzündete, um die Aufmerksamkeit seiner Soldaten auf die Eroberung Mexikos zu konzentrieren, stieß

Shapiro das zentrale, 3,8 Milliarden US-Dollar schwere Chemikaliengeschäft ab, um die Energien des Unternehmens ganz auf die Pioniertätigkeit auf dem Gebiet der Lebenswissenschaften auszurichten. Aufgrund der Liquidität und Kreditwürdigkeit des Unternehmens war es ihm möglich, acht Milliarden US-Dollar in den Erwerb von Patenten, Know-how und Technologie in diesem Bereich zu investieren und einige der größten Saatgutproduzenten der Welt aufzukaufen.[1] Es war ein Weg ohne Zurück.

Als eifriger Anhänger der neuen Komplexitätswissenschaft gehörte Shapiro zu den ersten hohen Führungskräften, die das Santa Fe Institute besuchten. Die dabei gewonnenen Ideen gaben die Richtung für Monsantos Neuerfindung vor. In CEO-Büros gibt es häufig einen Präsentiertisch mit den neuesten Wirtschaftsbüchern. (Ihre Aktualität ist häufig derart frappierend, dass man denken möchte, sie werden vom selben Nachtdienst betreut, der die Pflanzen gießt.) Auf Shapiros Tisch lagen lediglich mehrere Exemplare des Buches *Out of Control* von Kevin Kelly, eines der ersten Werke über die Selbstorganisationseigenschaften der Natur. Selten verließ ein Mitarbeiter Shapiros Büro ohne ein Exemplar. *Out of Control* bot eine Vorlage, die Shapiro dazu inspirierte, Monsanto in einer Weise zu führen, die die im gesamten Unternehmen verteilte Intelligenz zur vollen Entfaltung brachte.[2]

Indem Monsanto zu einem »Unternehmen im Bereich Lebenswissenschaften« mutierte, machte es einen Sprung so groß, wie ihn Sears gemacht hätte, hätte sich Martinez dazu durchringen können, die Filialkette in ein voll gültiges E-Business zu verwandeln. Dass der mittelmäßige Chemikalienproduzent aus dem Mittleren Westen sogar erwog, Unternehmen wie Zeneca, Novartis und Dupont zu übernehmen, spricht für sich.[3]

Keiner von Monsantos anschließenden Erfolgen war im Voraus garantiert. Zu äußeren Gefahren aufgrund der Flaute im Chemikalienmarkt kamen interne kulturelle Hindernisse. Das Unternehmen war konservativ, traditionsgebunden, intrigenbelastet und für seine auf Eigenständigkeit erpichten Abteilungen bekannt. Wie in dieser Branche üblich, hatten die Geschäftsbereiche für Düngemittel, Herbizide und Dämmstoffe jeweils eigene Massenfertigungs- und Auslieferungseinheiten. Und was in anderen Rohstoffbranchen galt, galt auch hier: Die Kosten zählten mehr als die Kunden.[4] Obwohl die technische Innovation Teil der jeweiligen Wertschöpfungskette war, hatte sie nur geringe Priorität. Ebenso wie die Forschung war sie im Jahresbericht sichtbarer als im täglichen Unternehmensbetrieb.

Shapiro kam zu Monsanto über die Akquisition von Searle Pharmaceuticals. In einem umgekehrten Unternehmenserwerb übernahm Monsanto Searle als ein wachstumsstarkes Hightechunternehmen, während Shapiro, der ehemalige CEO von Searle, neuer CEO von Monsanto wurde.

Shapiro hatte mit den strategischen Schwierigkeiten einer Verschmelzung der beiden Unternehmen gerechnet, nicht jedoch mit den kulturellen Unterschieden. »Meine ›Willkommens-E-Mail‹ von Monsanto-Mitarbeitern mit Hinweisen zur bisher üblichen Arbeitsweise ließ Dilbert gut aussehen«, berichtete er kurz nach seiner Ankunft. »Ständig wurde uns gesagt: ›Wir sind bereit, eure Ideen und euer Engagement für eure Folgsamkeit zu opfern.‹«[5]

Shapiro erkannte die dringende Notwendigkeit, diese Einstellung radikal zu ändern, Talent, Einfallsreichtum, geistige Beweglichkeit und technische Fähigkeiten zu kultivieren und mehr wie »Silicon Valley« statt »St. Louis« (wo Monsanto ansässig ist) zu werden. Die Abstoßung des Chemikaliengeschäfts und die Neuausrichtung des Portfolios in Richtung Lebenswissenschaften war der leichtere Teil der Übung. Weil die meisten Akquisitionen fehlschlagen, setzte eine erfolgreiche Zusammenführung von Searle und Monsanto eine tief greifende Wandlung voraus. Dazu musste Shapiro die traditionelle Hierarchie von Monsanto auf den Kopf stellen und das Potenzial der gesamten Belegschaft zur Geltung bringen.

Shapiro war von dem Konzept der »seltsamen Attraktoren« fasziniert. Es versprach unfassbare Möglichkeiten für eine große Zukunft, die Monsanto so bitter nötig hatte. Seltsame Attraktoren entstehen im Zusammenspiel vieler Faktoren. Sie können nicht per Ankündigung von oben herbeigezaubert werden. All dies entsprach Shapiros Vorstellungen und Führungsgewohnheiten.

Shapiro war fest davon überzeugt, dass Monsantos »seltsamer Attraktor« aus der Verbindung neuer biotechnologischer Entwicklungen bei der Nahrungsmittel- und Saatgutherstellung, leistungsfähigerer Computer zur Umsetzung dieser Ergebnisse in der Pflanzenzucht und Monsantos einzigartiger Marktkenntnis entstehen würde. Er entschied sich für das Forum der Town Hall Meetings, um diese Ideen im Unternehmen bekannt zu machen und einen Dialog zu initiieren. Im Lauf von sechs Monaten besuchte der gesamte wissenschaftliche und akademische Mitarbeiterstamm diese Treffen. Sie zeigen beispielhaft, wie die Zutaten eines seltsamen Attraktors durch Gespräche eingeführt, gestaltet und geformt werden. Ein solcher Prozess kann das Unternehmen an den Rand des Chaos bringen.[6]

Nehmen wir beispielsweise eine der ersten dieser Veranstaltungen – einen großen Workshop im Jahr 1995 in Chicago, an dem 300 der wichtigsten Führungskräfte des Unternehmens teilnahmen. Shapiro geht auf einem erhobenen Podest auf und ab und spricht gelassen in ein am Revers befestigtes schnurloses Mikrofon – so, als versuche er, in Ihrem Wohnzimmer ein Problem zu erörtern. Er sagt zu seinem Publikum:[7]

»Folgendes gibt mir zu denken: Auf diesem Planeten gibt es fast sechs Milliarden Menschen, aber die Weltwirtschaft arbeitet nur für eine Milliarde von ihnen. Selbst für die begünstigte Gruppe (und die zwei Milliarden, die auf dem Weg sind, ihr beizutreten) werden die Erwartungen hinsichtlich Menge, Vielfalt, Qualität und Gesundheitswert der Nahrungsmittel in Zukunft noch steigen. Am anderen Ende der Skala gibt es mindestens anderthalb Milliarden Menschen mit echten Problemen. 800 Millionen sind so unterernährt, dass sie am Arbeits- und Familienleben nicht teilnehmen können und vom Hungertod bedroht sind. Zudem werden in den nächsten 30 Jahren die meisten Menschen, die neu auf die Welt kommen, in den ärmeren Gegenden geboren werden.

Das derzeitige System wird sich nicht aufrechterhalten lassen. Wir verbrennen viel Kohlenwasserstoff und treiben viel Verschwendung. Es gibt auf der Erde nicht genug Ackerland, um die Ernährungsbedürfnisse der Menschheit mit herkömmlicher Technologie zu befriedigen. In den entwickelten Ländern haben wir das interessante Problem des zunehmenden Alters. Die älteren Menschen benötigen immer mehr medizinische Betreuung, während die von der Technologie bereitgestellten Behandlungsmöglichkeiten immer kostspieliger werden. Am Ende müssen immer weniger Menschen im arbeitsfähigen Alter die immer höheren Rechnungen des älteren Bevölkerungsteils begleichen. Auch dieser Zustand ist politisch auf Dauer nicht haltbar.

Nahrung ist immer weniger eine Frage von Energie und Kalorien als vielmehr von persönlichen Vorlieben. In dem Maß, wie das Bewusstsein für Ernährungs- und Umweltfragen wächst, ziehen die Nahrungsmittel immer mehr Aufmerksamkeit auf sich.

Diese Menschheitsprobleme lassen sich auch als eine Milliarden-Dollar-Chance auffassen. Es sind lauter ungelöste Probleme. Es geht nicht nur um modulare Erweiterungen dessen, was wir bereits haben (Technologie- und Vertriebsinnovationen). Wir müssen unsere gesamte Vorgehensweise von Grund auf neu erfinden.

Die Biotechnologie für die Landwirtschaft unterscheidet sich stark von derjenigen für die Humanmedizin. Und die Informationstechnologie ermöglicht so feine Differenzierungen, dass daraus gar eine Nanotechnologie wird. Die Biotechnologie ist genau genommen ein Teilbereich der Informationstechnologie. Sie handelt nicht von den Informationen, die elektronisch im Silikon, sondern von denen, die chemisch in den Zellen gespeichert sind; nicht Codierungen von E-Mails oder Tabellen, sondern Informationen, die uns erzählen, welche Proteine wir wann und wie entwickeln sollten. Die Rate der Wissenszunahme auf diesem Gebiet übertrifft Moores Gesetz, das von einer Verdoppelung alle zwölf bis 18 Monate spricht, um ein Vielfaches. Wir werden das gesamte menschliche Genom bis 2005 entschlüsselt haben, und wir werden in derselben Zeit die meisten seiner Funktionen verstehen lernen.

Ich glaube, dass die Kombination von Biotechnologie und Informationstechnologie unsere Landwirtschafts- und Gesundheitssysteme revolutionieren wird. Die Verbindung dieser Technologien mit unserer Marktkenntnis birgt ungeheure Möglichkeiten, und ich will, dass Sie mir helfen, diese zu entdecken.«

Shapiros Worte finden bei den Zuhörern Widerhall und liefern ein Beispiel für einen entstehenden seltsamen Attraktor. Dieses Wechselspiel funktioniert folgendermaßen: Shapiro weist auf einzelne Teile des Puzzles hin (neue Erkenntnisse aus den Lebenswissenschaften, Fakten aus der Landwirtschaft, Informationstechnologie, Marktkoordinaten); die Zuhörer verbinden seine Worte mit ihren eigenen Erfahrungen und füllen die Leerstellen mit ihrem detaillierten Praxiswissen aus; Shapiro konzentriert sich auf die *unhaltbaren* Probleme der Menschheit – riesige Herausforderungen, die nach nichttraditionellen Lösungen schreien.

Viele der Anwesenden sind tief bewegt ob der Aussicht, mithelfen zu können, den Hunger und die chronischen Krankheiten aus der Welt zu verbannen. Die von Searle stammenden Mitarbeiter sehen, wie wichtig ihre Kenntnisse aus Lebenswissenschaften und Biotechnik sind; diejenigen, die ursprünglich bei Monsanto arbeiteten, erkennen die Nützlichkeit ihres Wissens über Nahrungsmittel und die Landwirtschaftsbranche – Einstellung und Methoden der Bauern und die Bedeutung ihrer Zulieferer und Vertriebskanäle. Andere unter den Zuhörern bringen die nötige Expertise in der Informationstechnologie mit, um genetische Permutationen simulieren und pflanzliche Anwendungen identifizieren zu können.

Shapiros Worte sind eine Skizze, die Zeichnung eines Architekten, nicht der fertige Bauplan. Alte und neue Mitarbeiter beginnen sich mit dem Vorhaben zu identifizieren. Shapiro fährt fort:

»Die Zukunft wird davon abhängen, dass wir Netzwerke dieser Disziplinen miteinander verknüpfen. Ciba Geigy versucht dies durch die Verschmelzung mit Sandoz zu Novartis. Novartis ist in Landwirtschaft, Ernährung und Pharmazeutik größer als wir. Hoechst und Zeneca werden ebenfalls dahin kommen. Selbst DuPont erkennt, dass es nicht reicht, groß zu sein.

Ob sie oder wir oder noch andere das Rennen machen werden, hängt von vier zentralen Faktoren ab: Vorausschau, Sachverstand, Geschwindigkeit und Mut. Der erforderliche Einsatz wird außerordentlich sein – viel mehr als die übliche Sturheit und Beharrlichkeit, die uns seit Jahren ethischer Maßstab war. Monsanto braucht eine Verfassung, in der Heldentum möglich ist, und das ist das Ziel, dem wir uns von heute an verschreiben wollen.

In der Pharmazeutik und in der Biotechnologie sind die Produktlebenszyklen kurz. Wenn du zwei Jahre zu spät bist, ist es bereits eine Commodity. Cox II [ein entzündungshemmendes Mittel für Arthrosepatienten] von Searle ist ein Beispiel dafür. Wenn wir sechs Monate Vorsprung vor Merck haben, wartet das große Geld auf uns. Wenn wir hinterherhinken, haben wir ein Problem. Die Kosten für Forschung und Entwicklung sind so hoch, dass wir nur überleben können, wenn wir einen hohen Marktanteil und hohe Preise erzielen. Es genügt nicht länger, am Spiel teilzunehmen. Solange wir dasselbe Spiel wie die Großen spielen, werden wir mit hoher Wahrscheinlichkeit verlieren. Deshalb lautet die Frage: Können wir ein anderes Spiel beginnen oder das alte Spiel anders spielen? Wie müssen wir unser Unternehmen gestalten, um ein anderes Spiel zu spielen? Bessere Voraussicht? Tiefere Einsicht? Größere Geschwindigkeit? Wie können wir deutlich effizientere interne Prozesse einführen, besser zusammenarbeiten und Entscheidungen schneller treffen und umsetzen als alle anderen? Und was ist mit mehr Mut? Ist es möglich, aus Monsanto ein Unternehmen zu machen, das etwas mutiger, etwas ehrlicher und etwas weniger bereichsbezogen ist, damit wir einen echten Wettbewerbsvorteil haben?

Wenn wir die gewöhnlichen Tage in unserem Leben mit denjenigen vergleichen, an denen wir in Höchstform sind, dann scheint es den meisten von uns, dass wir die meiste Zeit über nur 50 Prozent unseres Potenzials nutzen. Aber die Effizienz, die wir zusammen verlieren, ist 50 Prozent mal 50 Prozent mal 50 Prozent, bis nichts mehr übrig ist. Ich bin überzeugt, dass Unternehmen wie Novartis und DuPont – und Monsanto – nur zehn Prozent ihres Potenzials nutzen. Wenn wir lernen könnten, 20 Prozent zu erreichen, sind wir doppelt so gut wie unsere Wettbewerber. Wenn sie es auf 20 Prozent und wir auf 30 Prozent schaffen, sind wir immer noch um die Hälfte besser.

Ich hoffe, dass diese Überlegungen kein Monolog bleiben, sondern in einen Dialog münden werden. Der *Dialog* ist ein strategisches Element, eine Quelle für Wettbewerbsvorteile. Unser Erfolg hängt vermutlich mehr als von allen anderen Faktoren von der Qualität des Dialogs ab, den wir miteinander führen. Lassen Sie uns also gemeinsam ein Gespräch beginnen und sehen, ob wir das Gerüst, das ich heute Morgen vorgestellt habe, mit Leben füllen können. Wo müssen wir jenes Potenzial suchen? Welche Verbindung besteht zwischen Technologie und Marktkenntnis? Wie können wir uns selbst organisieren, um loszulegen?«

»Einen Augenblick«, werden Sie vielleicht denken. »Was unterscheidet dies von einer Vision? Was ist an diesem Attraktor ›seltsam‹?«

Die Antwort liegt nicht in Shapiros Worten, sondern in der Meeting Hall. Stellen Sie sich einen Teilnehmer vor, der an jenem Tag anwesend war – ein langjähriger Monsanto-Mitarbeiter, der Tag für Tag seiner gewöhnlichen Arbeit nachging. Searle hatte einige potenziell aufregende Medikamentenprojekte, aber das übrige Unternehmensportfolio – NutraSweet und Roundup-Herbizide (die großen Ertragsbringer) – lieferten wenig Anlass, um morgens zur Arbeit zu sprinten.

Während Shapiro über die Zukunft spricht, wird die Zukunft zur Gegenwart. Er hält keine Predigten. Er spricht nicht lehrmeisterlich über Kostenminderung oder Shareholder-Value. Er denkt nur laut über die Welt und die Situation der Menschen nach und stellt die Frage, welchen entscheidenden Beitrag die Biotechnologie zur Lösung der drängendsten Probleme der Menschheit leisten kann. Das trifft bei vielen Zuhörern auf Resonanz und ruft möglicherweise vergessene Leidenschaften und Ideale wach, die im langjährigen Unternehmensalltag untergegangen waren. Seine Botschaft ist bedeutungsvoll. Sie definiert anspruchsvolle Herausforderungen. Shapiro vermittelt seinen Mitarbeitern ein Gefühl des Stolzes und der Zielgerichtetheit. Und er hat vermutlich Recht. *Irgendjemand* wird diese Verbindung von Biotechnologie, Informationstechnologie, Agrarwirtschaft und Marktkenntnis gewinnbringend nutzen. Warum nicht Monsanto?

Das Unternehmen ist in all diesen Bereichen gut gerüstet. Die Informationstechnologie muss weiter vertieft werden und die Herausforderung bleibt gewaltig. Aber im Lauf des Tages beginnen die Teilnehmer, praktische Möglichkeiten zu identifizieren. Engagement und Begeisterung sind spürbar.

Diese öffentlichen Ansprachen, stillen Gespräche (in den Köpfen der Beteiligten) und anschließenden Diskussionen in kleinen Gruppen bildeten den Nährboden für Monsantos seltsame Attraktoren. Während sich der bevorstehende Prozess allmählich herausschälte, wurde Shapiro wiederholt von den Beschäftigten gebeten, seine »Vision« konkreter zu beschreiben. Er lehnte dies jedoch ab. »Eine solche Festlegung würde nur hinderlich sein«, entgegnete er. »Die Leute würden sie zu ernst nehmen. Alles muss sich aus uns heraus entwickeln.«

Shapiros Town Hall Meetings bildeten den Ausgangspunkt für Monsantos Wachstumsinitiativen.[8] Nach seiner Eröffnungsansprache kamen Teilnehmer aus den verschiedensten Unternehmensbereichen und Disziplinen, von den unterschiedlichsten geografischen Standorten und mit einem breit gestreuten technologischen Hintergrundwissen zusammen. Teams organisierten sich spontan um Geschäftsideen herum, die genügend Potenzial boten, um Teilnehmer anzuziehen. In den folgenden Monaten bildeten sich diverse potenzielle Tätigkeitsbereiche heraus. In freiwilligem Engagement wurden diese Bereiche anschließend zu konkreten Optionen mit konkreten Businessplänen destilliert.

Pierre Hochuli, Monsantos ehemaliger Director of Research und der »Zar« von Shapiros Wachstumsinitiative, beschrieb diese schwierige Zeit folgendermaßen:

»Shapiro war der Meister des Town-Hall-Prozesses. Die Leute waren Feuer und Flamme. Wir nahmen allein aus dem ersten Treffen in Chicago 3000 Vorschläge mit.[9]

Shapiro war zudem bestrebt, die Executives der größeren Unternehmensbereiche und die wichtigsten Belegschaftsvertreter für seine Initiative zu gewinnen. Shapiro nannte es »unser Bienenschwarm-Modell«: eine Kerngruppe von 32 Executives, die statt der traditionellen Funktionalstruktur in flexiblen SWOT-Teams organisiert waren. Jede Einheit unterstand zwei hohen Managern – einem aus dem technischen und einem aus dem kommerziellen Bereich. Wir trainierten sie in direkter Kommunikation, Mut, Vertrauen und Wahrheitsliebe. [Zuvor war Monsanto ein Hort der Intrigen gewesen.] Das Bienenschwarm-Modell war Shapiros direkte Übersetzung der Ideen Kevin Kellys. Es beeinflusste zunehmend auch unseren Ressourcenverteilungsprozess. Akquisitionen wurden dort getätigt, wo den Untersuchungen zufolge unsere Zukunft liegen würde. Die Menschen brachten sich zu 150 Prozent ein. Sie verrichteten weiterhin ihr Tagewerk, um anschließend eine zweite Schicht in den Wachstumsinitiativen einzulegen, wo sie über traditionelle Funktionsgrenzen und innerbetriebliche Barrieren hinweg zusammenarbeiteten. Wir waren besorgt wegen des Stresses und der Überanstrengungsgefahr. Aber Shapiro war davon überzeugt, dass die Mitarbeiter bereit waren, bei ihrem persönlichen Leben Abstriche zu machen und produktiver für ihren Job zu arbeiten, wenn wir ihre Leidenschaften ansprachen und der Arbeit eine Bedeutung gaben. Es war das totale Durcheinander, das totale Chaos. Es kam zu wirklichen Spannungen, weil all dieses Treiben die traditionellen Autoritätsstrukturen durchkreuzte. Die Chefs hatten das Gefühl, dass ihnen die Kontrolle über das Geschehen entglitt. Es gab Redundanz und Verwirrung. Meist blieb uns keine Wahl, als damit zu leben. Aber wir benannten eine Gruppe von zehn Förderern aus der obersten Führungsetage, so genannte »Turbolader«, die die Teams unterstützten und anleiteten, ihnen halfen, überlappende Themen zu verschmelzen und Blockaden zu durchbrechen, sowie Rückendeckung und Ressourcen bereitstellten. Jeder der Bereiche (beispielsweise Ernährung und Gesundheit) brachte bestimmte Geschäftsideen hervor. 300 dieser Ideen wurden zu Geschäftskonzepten entwickelt und mit einer Anfangsfinanzierung ausgestattet. Sechs Monate später wurden 50 Ideen für eine ernsthaftere Pilotphase ausgewählt. Fünf davon sind mittlerweile zu signifikanten Ertragsquellen gediehen.

Es wurde Energie in beeindruckendem Umfang freigesetzt, und es kam zu beachtlichen Innovationen. Wir wurden Zeugen der ungewöhnlichen, bereichsübergreifenden Kombination aus unserer Teppichherstellung (bei der Nylonfasern verwoben werden) und unserer Führung im Bereich kardiovaskulärer Pharmazeutika. Wir ließen eine Methode zur inerten vaskulären Hauttransplantation patentieren, die heute auf dem Markt führend ist.

Shapiros Artikulierung des seltsamen Attraktors diente dazu, die bei Monsanto bereits vorhandene kollektive Intelligenz zu katalysieren. Wahrscheinliche und unwahrscheinliche Kombinationen von Mitarbeitern des Unternehmens erzeugten innovative Produkte und Dienstleistungen. Beispielsweise entwickelte ein einfacher IT-Mitarbeiter, der an dem Team zur Entwicklung Roundup-resistenten Saatguts beteiligt war, die Idee der *Lizenzierung*. Dieses Konzept ist zwar im Softwarebereich gang und gäbe, in der Landwirtschaft hingegen war es neu. Aber es erwies sich als entscheidend. Roundup-resistente Pflanzen drohten, unseren Herbizidabsatz zu halbieren. Das hätte eine Umsatzeinbuße von 500 Millionen US-Dollar bedeutet – was über das Maß des Vertretbaren hinausging. Wir hatten nach einer Möglichkeit gesucht, unsere Forschungs- und Entwicklungsinvestitionen in genetisch veränderte Pflanzen zu amortisieren, jedoch ohne Erfolg. Es war nicht möglich, den Preis für die erste Lieferung hoch genug anzusetzen (In den Folgejahren würden die Bauern von unserem Saatgut ihr eigenes ziehen!). Aber mit der Lizenzierung konnten wir die Samen immer wieder verkaufen, ohne die Kontrolle über unsere patentierte Technologie zu verlieren. Wir testeten diese Idee bei den großen industriellen Baumwollpflanzern, und sie gingen darauf ein. Unser Geschäft war gerettet.

Im Lauf von 18 Monaten nahmen 10 000 von insgesamt 30 000 Monsanto-Mitarbeitern in der einen oder anderen Form an diesen Initiativen teil. Das Unternehmen wurde wieder lebendig – zum ersten Mal seit undenklichen Zeiten!«[10]

Der anfängliche Erfolg von Monsanto hatte beträchtliche Auswirkungen. Der Aktienkurs schoss von 16 auf 63 US-Dollar, nachdem die Analysten in Monsanto den Vorreiter der neuen Branche der Lebenswissenschaften ausgemacht hatten. Das Beratungsunternehmen McKinsey erklärte Monsantos Neuerfindung zu einer der schnellsten und umfassendsten in der Wirtschaftsgeschichte. Die Erfolge des Unternehmens sind insbesondere deshalb bemerkenswert, weil es seine Transformation durch eine »buchstabengetreue« und nicht nur metaphorische Anwendung der Erkenntnisse der Komplexitätswissenschaft erreichte.

Innerhalb von drei Jahren nach Monsantos Einführung genetisch veränderten Saatguts stammten bereits 50 Prozent der Baumwoll- und 40 Prozent der Sojabohnenernte in den Vereinigten Staaten aus krankheits- und herbizidresistentem Saatgut. Die amerikanischen Baumwollpflanzer allein reduzierten ihren Herbizidverbrauch um eine Milliarde US-Dollar.[11]

Aber der zunehmende Widerstand in Europa gegen genetisch veränderte Pflanzen bremste Monsantos Entwicklung erheblich und machte sie sogar in einigen Fällen rückgängig. Die Vertreter der einen Seite argumentierten, dass die genetische Veränderung den Nährwert der Pflanzen erhöhte, sie mit Antikörpern gegen menschliche Krankheiten versah und sie gegen Pflanzenkrankheiten resistenter machte. Je gezielter sich Herbizide und Insektizide einsetzen ließen, desto weniger wurde davon benötigt. Die Kombination zielgenauer Herbizide mit herbizidresistenten Pflanzen erspart Bodenbearbeitung, was wiederum die Bodenerosion und die Belastung der Wasservorräte verringert. Auf der anderen Seite behaupteten die Kritiker, dass genveränderte Pflanzen die Umwelt vergiften könnten. Die Anwendung der Technologie verstärke die Tendenz zur landwirtschaftlichen Monokultur (das heißt, einer industriell vereinheitlichten Landwirtschaft) anstelle einer Kultur der Vielfalt. Resistenzbildung bei Insekten und andere unvorhergesehene Effekte warnen uns, dass die Natur auf Interventionen unausweichlich mit Gegenentwicklungen antwortet.

Monsanto versuchte diese Einwände anfangs als politische Stimmungsmache abzutun. Dann aber zeigte Shapiro, dass er die Sorgen der Kritiker verstand:

»Wenn wir beginnen, Kombinationen von Eigenschaften in großem Umfang einzuführen, dann haben wir es mit Systemen zu tun, die sich ihrer Kompliziertheit wegen jeder Modellierung entziehen. Wir können mit Testreihen beginnen – genauso, wie wenn wir vor der Einführung eines neuen Medikaments in klinischen Versuchen seine Verträglichkeit testen. Aber da der menschliche Körper ein subtiles und kompliziertes Wesen ist, kann es sein, dass nur in einem von einer Million Fällen eine bestimmte Nebenwirkung auftritt. Und aus unseren Testreihen können wir das nicht erkennen. Es stellt sich erst in der Wirklichkeit heraus. Deshalb müssen wir uns ständig selbst fragen: ›Angenommen, es tritt der schlimmste Fall ein. Auf welche Konsequenzen müssten wir uns gefasst machen?‹«[12]

Im Oktober 1999 wurden die Konsequenzen der ökologischen Bedenken offenbar. Shapiro erklärte in einem Vortrag auf der Jahreskonferenz von Greenpeace:

»Unsere Zuversicht in diese Technologie und unser Enthusiasmus für sie wurden von vielen – und ich denke zu Recht – als Überheblichkeit oder sogar als Arroganz empfunden. Weil wir unsere Aufgabe in der Überzeugungsarbeit sahen, vergaßen wir allzu häufig das Zuhören.«

Wie immer die globale Debatte ausgehen wird, die Neuerfindung des Tätigkeitsportfolios dieses Unternehmens basierte weitgehend auf der Anwendung des Veränderungsmodells der lebenden Systeme und auf der Macht eines seltsamen Attraktors.

Im Rückblick wird sehr viel deutlicher, mit welchen Risiken die vorbehaltlose Verfolgung des seltsamen Attraktors von Monsanto verbunden war. Shapiro setzte alles auf die Karte der lebenswissenschaftlichen Strategie, nahm in großem Umfang Kredite auf und orientierte sich bei seinen Akquisitionen an einem starken Preis-Ertrags-Verhältnis. Aber die globale Kontroverse hatte empfindliche Folgen. Die Erträge gingen zurück und der Aktienkurs brach ein, sodass Shapiro am Ende gezwungen war, mit Upjohn zu fusionieren. In der neuen Einheit unter dem Namen Pharmacia ist Shapiro Nonexecutive Chairman ohne unmittelbare betriebliche Zuständigkeiten. Er sagte dazu:

»Viele von uns haben zwei Gefühle kennen gelernt: Verletztheit und Ärger. Wir waren wirklich stolz auf unsere Erfolge. Im Rückblick erscheint es unglaublich naiv, aber so war es. Wir hatten einen echten Vorsprung. Und wir hatten hart dafür gearbeitet. Wir vertrauten auf diese Wissenschaft, als andere noch zögerten, und alles schien zu klappen. Wir malten uns also ein großes Stierauge auf die Brust und rannten los.«[13]

Viele empfinden den Verlust ähnlich wie Shapiro. Ein bedeutender Wandel war erreicht, aber er hatte nicht lange angehalten. In der Belegschaft herrschte ein Gefühl vor, als ob man, statt auf dem Mond zu landen, in eine geostationäre Umlaufbahn geraten war. Pierre Hochuli bemerkte dazu:

»Unsere Überzeugungen hinsichtlich der Zukunft hatten großen Einfluss auf unser Unternehmen, die Branche und die Landwirtschaft im Allgemeinen. Aber wir sind auch nachdenklicher geworden, was den Preis betrifft, den ein Unternehmen und seine Leute zahlen müssen, wenn sie mit einem großen Knall starten und rasch beschleunigen, ohne über die nötigen Kraftreserven zu verfügen, um dieses Tempo durchzuhalten.«[14]

Ein Fall für die Komplexitätstheorie

Die Geschichte von Monsantos Aufstieg und Niedergang demonstriert eindrücklich die enormen Vorteile, die ein Unternehmen aus den Komplexitätsprinzipien ziehen kann. Sie zeigt aber auch, wie gefährlich es ist, gewisse Implikationen zu ignorieren. Die Geschichte der Biotechnologiebranche beginnt wohl gerade erst, aber der Fall Monsanto ist für diese ebenso wie für andere Branchen bedeutsam. Eine eingehendere Betrachtung aus der Perspektive der komplexen adaptiven Systeme liefert Erkenntnisse, die sich auf viele Bereiche übertragen lassen.

Wie so viele technologische Neuerungen wurden genetisch veränderte Pflanzen als Lösung auf bestimmte Probleme erzeugt – und diese Lösungen wurden in den Augen mancher selbst wieder zu Problemen. Monsantos überschwängliches Vertrauen in das Versprechen der Technologie wurde von einer immer größeren Zahl von Menschen angesichts eines zunehmenden Gefühls der Besorgnis als Arroganz empfunden. Der Eindruck der Arroganz wurde noch verstärkt durch die Reaktionen des Unternehmens, die den Sorgen in keiner Weise gerecht zu werden schienen.

Unter wissenschaftlichen Gesichtspunkten bezog sich die zunehmende Besorgnis auf die ökologischen Folgen der Biotechnologie sowie auf mögliche negative Auswirkungen auf die menschliche Gesundheit. Ein Beispiel dafür sind die Befürchtungen, die schließlich das Aus für Monsantos »Bt«-Produkte bedeuteten.

Der Anbau genetisch veränderter (Bt) Kartoffeln und Getreidesorten erfordern deutlich weniger Pestizide. Aber es ließ sich nicht ausschließen, dass eine rasche Evolution die Insekten gegen die Pestizide resistent machen würde, sobald sie erst Teil der Pflanze wären. Das wäre das Ende der Brauchbarkeit eines Pflanzenschutzmittels, das bei Bauern und Gärtnern bislang als so sicher gilt. Das Thema der unvorhergesehenen Nebeneffekte erhielt noch zusätzliche Brisanz durch Testergebnisse, die die negativen Effekte von Bt-Pollen auf Monarchfalter belegten. Befürchtungen, genetisch veränderte Arten könnten in die freie Natur »ausbrechen« und zur Entstehung von »Super-Unkräutern« führen, fanden umso mehr Verbreitung, als nur ein Jahr nach der Einführung eines anderen Monsanto-Herbizids tatsächlich eine solche Pflanze gefunden worden war.

Die meisten Befürchtungen waren frühzeitig laut geworden; Monsanto wurde davon nicht erst in der späteren Entwicklung überrascht. Wie hat Monsanto darauf reagiert? Als sich diese Sorgen in Form einer sich rasch verschlechternden »öffentlichen Meinung« manifestierten, wurden sie als PR-Problem behandelt. Oder sie wurden als formale Probleme verharmlost.

Europas Vertrauen in die eigenen Aufsichtsbehörden erreichte im Gefolge der BSE-Krise einen Tiefpunkt, aber auch in den Vereinigten Staaten verstärkte sich der Eindruck, dass die Regeln und Definitionen der staatlichen Kontrollsysteme der Komplexität der Biotechnologie nicht länger gewachsen waren. In der *New York Times* berichtete Ende 1998 ein Reporter von folgendem Problem: »Die FDA ist [beispielsweise] für die Bt-Kartoffel nicht zuständig, weil diese nicht unter Lebensmittel, sondern unter Pestizide fällt, für die die EPA zuständig ist. Die Sicherheit der Kartoffel wurde folglich nach Standards beurteilt, die weniger streng sind als diejenigen für Lebensmittel.

Pestizide unterliegen sehr strengen Kennzeichnungsvorschriften. Aber zum Zweck der Kennzeichnung wurde die Kartoffel in ein Lebensmittel zurückverwandelt, wo die Vorschriften zwar detaillierte Nährwertinformationen verlangen, die Erwähnung eventuell vorhandener Pestizide aber *untersagen*.«[15]

Monsantos Director of Corporate Communications, Phil Angell, war in Europa und den Vereinigten Staaten lange damit beschäftigt, den Menschen die Sicherheitsgarantien der FDA zu erklären. Wenn er zu den Sicherheitsvorschriften und dem damit zusammenhängenden Problem der Kennzeichnung gefragt wurde, sagte er: »Es sollte nicht Monsantos Aufgabe sein, für die Sicherheit von Biotech-Lebensmitteln zu garantieren. Unser Interesse ist es, möglichst viel zu verkaufen. Für die Sicherheit sollte die FDA zuständig sein.«[16]

Im Rahmen unserer Erörterung interessiert weniger die Sicherheit genetisch veränderter Lebensmittel. Die Frage lautet vielmehr, ob Monsanto für die langfristigen Folgen seiner Produkte verantwortlich ist und wie ernsthaft sich das Unternehmen mit kritischen Stimmen auseinander setzen muss. Im Oktober 1999 demonstrierte Shapiro mit seiner (oben zitierten) Ansprache vor der Greenpeace-Jahreskonferenz die gewandelte Haltung des Unternehmens gegenüber seinen Kritikern.

Gordon Conway, President der Rockefeller Foundation, verbrachte seine berufliche Laufbahn damit, die Entwicklung einer nachhaltigen Landwirtschaft in der Dritten Welt maßgeblich voranzutreiben. Aus seiner Sicht spielt die Biotechnologie eine unerlässliche Rolle bei der Beendigung des Hungers und der Verminderung des Leidens. Beispielsweise gibt es 100 Millionen Kinder, die unter Vitamin-A-Mangel leiden: Millionen von ihnen wurden blind, und mindestens zwei Millionen sterben jedes Jahr. Genetisch veränderter Reis könnte dieses Problem beheben.

Deshalb waren Beobachter und Teilnehmer überrascht, als Conway im Juni 1998 anlässlich seines Boardmeetings Monsantos Aktivitäten kritisierte und tags darauf seine eigenen Empfehlungen bekannt gab. Er warf dem Unternehmen vor, Verbraucher und öffentliche Meinung an der Nase herumzuführen und damit genau diejenige Rolle zu verspielen, die seiner (und Shapiros) Ansicht nach der Biotechnologie bei die Beendigung des Hungers zukommen könnte.[17]

Conway sprach von der Notwendigkeit, wissenschaftlich und politisch glaubwürdige Foren einzurichten, in denen alle interessierten Seiten gemeinsam einen Dialog über die schwierigen Aspekte dieses Themas und die notwendigen Abwägungen führen können. Abgesehen von der Kontroverse über die Besitzrechte an genetischem Code gilt es, die Frage zu klären, wem diese Entscheidungen letztlich gehören. Monsantos Versuch, öffentliche Sorgen als PR-Problem abzutun, trug lediglich dazu bei, die Diskussion über biotechnologische Probleme auf beiden Seiten zu verhärten.

Gelernte Lektionen

Wir haben am Beispiel Monsantos gesehen, wie mächtig ein seltsamer Attraktor sein kann. Was haben wir darüber hinaus noch gelernt? Die Wissenschaft von den komplexen adaptiven Systemen ergibt einen Bezugsrahmen für tiefer gehende Fragen. Was kann sie uns über das Geschehen erzählen? Wie lauten die Lektionen – nicht nur für Monsanto oder die Biotechnologiebranche, sondern für jede Art von Unternehmen? Unserer Ansicht nach besteht die Lektion darin, die Prinzipien der komplexen adaptiven Systeme über die Unternehmensgrenzen hinaus zu erweitern.

Wir haben zuvor bereits festgehalten, dass komplexe adaptive Systeme umso verletzbarer sind, je homogener sie sind. Homogenität erzeugt Isolation. Wie wir gesehen haben, ist es wichtig, innerhalb eines Systems die Heterogenität zu kultivieren. Aber die Art, wie ein System mit seiner »Außenwelt« verbunden ist, spielt ebenfalls eine wichtige Rolle für die Gesundheit des Systems. Dabei geht es nicht nur um gute Beziehungen zum Unternehmensumfeld. Diese Beziehungen haben Einfluss auf Strategie und Prozesse und tragen wesentlich zum Unternehmenserfolg bei.

Die Biotechnologie gehört zu jenen komplexen Themen, die sich nur mit einer breiten Beteiligung der Betroffenen mit ihren unterschiedlichen Sorgen und Interessen behandeln lassen. Die in unterschiedlicher Weise von dem Produkt Betroffenen suchen den Rat von Wissenschaftlern und öffentlichen Instanzen, um sich auf mögliche unbeabsichtigte Konsequenzen vorzubereiten. Ein Unternehmen, das diesen Dialog auf sich selbst beschränkt, macht sich strategisch verletzbar.

Ford gehört zu den Unternehmen, die einen Vorteil darin sehen, den staatlichen Bestimmungen einen Schritt voraus zu sein. Nachdem sich William Ford, Jr., 18 Monate lang mit Verfechtern einer gesellschaftlichen Verantwortung und mit Umweltaktivisten beraten hatte, entschloss er sich im Mai 2000 zu dem beispiellosen Schritt, öffentlich zuzugeben, dass Sports Utility Vehicles mehr schmutzige Abgase erzeugen als andere Autos, zur globalen Erwärmung beitragen und unter Umständen gefährlicher sind als kleinere Fahrzeuge. Er versprach daraufhin, das Unternehmen werde sicherere und sauberere SUVs entwickeln.[18] Mittlerweile gibt es erstaunliche Kooperationen beispielsweise zwischen Kontrahenten wie dem Natural Resource Defense Council und DuPont. Gemeinsam werden in diesen schwierigen, aber produktiven Partnerschaften neue Erkenntnisse zu nachhaltigen Produkten und Prozessen entwickelt.

Die Lektionen der Komplexität führen uns über die Frage der Einbindung in das gesellschaftliche und geschäftliche Umfeld hinaus auf das fundamentale Problem der Identität des Unternehmens. Versteht sich das Unternehmen als ein eigenständiges System, das um sein Überleben kämpft? Oder sieht es sich als Teil eines größeren komplexen adaptiven Systems? Die Antworten auf diese Fragen haben wesentlichen Einfluss darauf, wie die Executives über die Strategieentwicklung denken. Die Erkenntnis, dass ein Unternehmen Teil eines größeren interdependenten Systems ist, vermindert *nicht* den Wettbewerbsaspekt seiner Tätigkeit. Aber sie reduziert gewisse Risiken (beispielsweise unbeabsichtigte Konsequenzen, wie wir sie bei Monsanto beobachten konnten). Wir können es uns nicht länger leisten, unsere Unternehmen als atomistische Akteure in einer Welt zu begreifen, mit der wir nur über den Wettbewerb verbunden sind.

Diese Lektionen gelten auch für Umwelt- und Gesellschaftsaktivisten. Aktivistenorganisationen können ebenso herablassend und arrogant sein und auf ihre Weise zur Erzeugung von Pattsituationen beitragen. Konfliktorientierte Strategien machen mitunter durchaus Sinn, ob es sich nun um staatliche Regulierungsinstanzen, Aktivistenorganisationen oder Unternehmen handelt. Immer wichtiger wird jedoch ein völlig anderer Weg, der von dem Ansatz ausgeht, dass nachhaltige Lösungen für alle Teile eines komplexen adaptiven Systems – wie etwa Unternehmen, Umweltaktivisten und Verbraucher – akzeptabel sein müssen.

Wie wir von Shapiro und unzähligen anderen gehört haben, setzt sich weltweit die Ansicht durch, dass »Nachhaltigkeit« die Herausforderung des Jahrhunderts ist. Die Theorie lautet, dass Nachhaltigkeit drei Dinge voraussetzt: Umweltverträglichkeit, soziale Gerechtigkeit und ökonomische Machbarkeit. Um einen nennenswerten Grad an Nachhaltigkeit zu erreichen, müssen Aktivisten und Executives langfristigere und breiter gefasste Vorstellungen entwickeln. Sie müssen zudem bereit sein, auf die Sicherheit ihrer engeren Positionen zu verzichten. Diese Vorstellung von Nachhaltigkeit bietet überraschende Möglichkeiten, scheinbar gegensätzliche Interessen miteinander zu vereinbaren.

6

Verstärkende und dämpfende Rückkoppelung[1]

Rückkoppelung bietet einem System die Möglichkeit, mit sich selbst zu reden. Dämpfende Rückkoppelung dient dazu, Schwellenwerte einzuhalten. Verstärkende Rückkoppelung erzeugt neue Möglichkeiten oder macht auf sie aufmerksam. Untersuchungen haben gezeigt, dass die Geruchszellen der Säugetiere die Rezeptoren so einstellen, dass vertraute Gerüche gedämpft und neue Gerüche verstärkt wahrgenommen werden. Auf diese Weise wird das Gehirn von neuen Gefahren und Möglichkeiten unterrichtet. Die Analogie zum Unternehmensalltag liegt auf der Hand.

Wie wir bei Monsanto gesehen haben, bringen seltsame Attraktoren die Unternehmen an den Rand des Chaos. Verstärkende und dämpfende Rückkoppelung machen es möglich, entlang der Grenze zum Chaos zu navigieren, ohne sie zu überschreiten. Dämpfende Mechanismen wirken wie Wärmethermostate. Die Temperaturen werden mittels eines elektromechanischen Geräts in einem Bereich gehalten, den wir weder als »zu heiß« noch als »zu kalt« empfinden. Verstärkende Mechanismen leisten das Entgegengesetzte. Denken Sie an den Krach, den sie hören, wenn Sie ein Mikrofon zu dicht an einen Lautsprecher halten. Das Signal wird verstärkt, bis es schmerzt.

Rückkoppelungsmechanismen bei British Petroleum

Im Jahr 1989 wurde John Browne zum Managing Director der Exploration Unit von British Petroleum ernannt, aber der neue Jobtitel machte mehr her als der Betrieb, den er erbte. BP Exploration (BPX), ein Mitläufer unter den großen Ölfirmen, hatte seit mehr als zwei Jahrzehnten keine nennenswerten neuen Ölfelder entdeckt. Die aufgeblasene Belegschaft von 14 000 Mitarbeitern (vornehmlich Geologen, Geophysiker und Ingenieure) zerfiel in konkurrierende Abteilungen in Glasgow, London und Houston.[2]

Der verbindliche, intelligente und zurückhaltende John Browne ist stolz darauf, seinesgleichen stets zwei Schritte voraus zu sein. Als er seinen Job bei BPX antrat, sah er sich mit gewaltigen Herausforderungen konfrontiert. Im Gegensatz zu seinen früheren Aufgaben im Verkaufsbereich von BP entsprachen die Schwierigkeiten der Exploration Unit nicht unbedingt seinen Stärken. BPX glich mehr einem Forschungslabor als einer Raffinerie oder einem Vertriebsnetz. Milliardeninvestitionen hingen von der geheimen Kunst der Interpretation seismischer Schwingungen ab, die die ersehnten Hinweise auf mögliche in der Erde verborgene Reichtümer gaben. Das Problem war, dass nur noch wenige dieser Ölschätze übrig waren.

Forscher schätzen, dass der Planet nicht mehr als 300 nicht identifizierte geologische Dome besitzt, von denen nach bisheriger Erfahrung nur jeder 20. Ölreserven von der Größe des North Slope in Alaska oder der Nordsee enthält. Daraus lässt sich der ernüchternde Schluss ziehen, dass wir möglicherweise nur noch 15 Großvorkommen finden werden. Diese entziehen sich vermutlich weitestgehend unserem Zugriff – weil sie in unzugänglichen Meerestiefen oder an geopolitisch unsicheren Orten wie der ehemaligen Sowjetunion oder vor der Küste Vietnams gelegen sind.[3]

Zwei Entwicklungen Ende der 80er Jahre verminderten einige der Hindernisse für die Ölsuche: (1) *Glasnost* und (2) technologische Durchbrüche in der satellitengestützten seismischen Beobachtung. Plötzlich wurden die tiefen Ozeane und Teile der ehemals verschlossenen Gebiete zugänglich. Die Ölbranche erlebte ihren Goldrausch – das »Endspiel« der Ölsuche. Erfolg winkte denjenigen, die (1) das nötige diplomatische Geschick hatten, um in politisch unzugängliche Weltteile zu gelangen, (2) den richtigen Geschäftsinstinkt besaßen, um sich die vielversprechendsten Gegenden für seismische Tests vertraglich zu sichern, und (3) das technische Know-how mitbrachten, um die seismischen Daten von entfernten Erdgegenden über Satellit an Speziallabors in der entwickelten Welt zu übermitteln, wo versierte Fachleute sie interpretieren und ein Votum abgeben konnten, inwieweit sich die Millionenausgaben für Testbohrungen lohnten.

Nach drei Monaten im neuen Amt hatte Browne das Endspielszenario und seine Implikationen durchschaut. Aus Branchenvergleichen schloss er, dass sein Unternehmen ohne weiteres auf 10 Prozent seiner Mitarbeiter verzichten konnte. (Unter anderem war es möglich, den Betrieb von BPX in Glasgow, ein Relikt aus der Vergangenheit, zu konsolidieren und auf diese Weise eine der regionalen Trutzburgen zu eliminieren.) Diese Dinge gehörten in den Bereich der operativen Führung; solche Initiativen ließen sich verordnen und qua Autorität durchführen.

Aber Browne war sich zugleich der adaptiven Herausforderung bewusst.

Ihm war klar, dass die bei weitem wichtigste Aufgabe darin bestand, dem müden Mitarbeiterstamm von BPX neue Energie zu injizieren und die rivalisierenden Regionalabteilungen auf Kooperation einzuschwören. Solches ließ sich nicht per Dekret erreichen. Browne, der von Haus aus ein Social Engineer war, wusste, dass er hier anders vorgehen musste.

Der Startschuss fiel in einem Hotel in der Nähe des Flughafens Heathrow vor den versammelten obersten Einhundert von BPX. Berater von McKinsey präsentierten die strategische Logik des Endspielszenarios. Browne kündigte eine zehnprozentige Mitarbeiterreduzierung (1400 Fachkräfte) und eine Betriebskonsolidierung in Schottland und London an. All dies wurde verständlicherweise mit einem klammen und resignierten Schweigen quittiert. Die Anwesenden hatten diverse Führungswechsel und eine lange Folge strategischer Iterationen, Downsizings und Restrukturierungen hinter sich. Das unausgesprochene Gefühl lautete: »Kopf einziehen, bis auch diese Gefahr vorüber ist!«[4]

Aber das, was an diesem Morgen folgte, war für die Teilnehmer eine neue Erfahrung. Es demonstrierte, wie verstärkende Mechanismen Ungleichgewicht erzeugen und ein Unternehmen an den Rand des Chaos bringen können. Nach der Mittagspause kehrte Browne auf das Podium zurück und machte ein überraschendes Eingeständnis:

»Sie haben viele strategische Präsentationen, Downsizings und Restrukturierungen erlebt. Ich denke, die von mir dargelegten Schritte machen unternehmerisch Sinn und können von oben her durchgeführt werden. Aber das ist der leichtere Teil der Übung. Absolut nichts wird sich ändern, solange sich nicht das Unternehmen ändert. Wir müssen sehr viel cleverer und wendiger werden, wenn wir eine Chance haben wollen, an jenen letzten 15 großen Ölvorkommen teilzuhaben. Wenn uns das gelingt, wird sich dies in unserem Aktienkurs niederschlagen und wir können unsere Unabhängigkeit bewahren. Wenn nicht, werden wir von einem dicken Fisch geschluckt werden.

Ich bin kein ›Explorer‹ [eine Fachbezeichnung für Geologen und Geophysiker in der Erdölbranche]. Aber selbst wenn ich es wäre, bräuchte ich Ihre Hilfe. Wir müssen herausfinden, wie wir dies zusammen meistern können.«[5]

Brownes Worte und Verhalten signalisierten eine adaptive Herausforderung. Die Einbeziehung der Teilnehmer in die Diskussion war der erste Schritt in einer Reihe von Aktivitäten, die auf verstärkende Rückkoppelung abzielten. Die Teilnehmer bildeten Teams und erhielten die Aufgabe, ein Unternehmensaudit durchzuführen. Nach dem in Kapitel 2 beschriebenen Sieben-S-Modell bekam jedes Team ein »S« zugeteilt (zum Beispiel Systeme oder Struktur), um detailliert zu erörtern, wie sich dieses »S« bei BPX (formell und informell) manifestierte. Der zweite Schritt bestand darin, die Übereinstimmung dieses Bildes mit den Attributen eines Unternehmens zu prüfen, das im Endspiel erfolgreich sein würde.

Die meisten Teams begannen tastend. Aber mit den Scherzen und Anekdoten nahm auch die Intensität zu. Das Bild war nicht ermutigend. Die Gespräche verliefen so engagiert und hitzig, dass mehr Zeit benötigt wurde, als veranschlagt worden war.

Dies war ein entscheidender Augenblick: Wenn das Vorhaben ernst gemeint war, dann war mehr Zeit erforderlich. Aber das Meeting sollte um 17 Uhr enden. Die Teilnehmer hatten Flugreservierungen, Verabredungen und Familien, die auf sie warteten. Entgegen allen Gepflogenheiten bat Browne die Versammelten, in den Abend hinein zu bleiben und dem Audit die Zeit zu geben, das es verdiente.

Diese Bitte wirkte bezeichnenderweise als Verstärker. Es ist eine Kleinigkeit, ein Meeting um wenige Stunden zu verlängern. Dennoch sandte es ein Signal aus: »Browne meint es ernst.« »So trocken John Browne gelegentlich erscheinen mag, er ist bereit zu improvisieren.« »Vielleicht ist nicht alles choreographiert«, mutmaßten die Teilnehmer. Mit seinem simplen Schritt signalisierte Browne, dass es Dinge gab, die wichtiger waren als der logistische Albtraum, im letzten Augenblick Flüge umzubuchen und Hotelübernachtungen zu arrangieren. Manchmal können kleine Ereignisse zum auslösenden Moment für die Verstärkung der Unternehmensenergie werden.

Später am Abend stellten die Teams nacheinander ihre ernüchternden Schlussfolgerungen vor. Fast kein Aspekt der Arbeitsweise von BPX entsprach den Erfordernissen des Endspiels.

»Im Saal herrschte alles andere als Euphorie«, erinnert sich ein Teilnehmer. »Wir mussten uns einem ziemlich düsteren Selbstporträt stellen. Aber wenn es auch hart war, es wirkte reinigend. In der Morgensitzung sagten wir uns: ›Klingt verlockend, aber dahin kommen wir nie.‹ Das Audit machte deutlich, warum dies so war. Wir konnten sehen, wie die Unternehmensgepflogenheiten und -regeln uns ein Bein stellten. ›Ich bin also nicht verrückt‹, dachten die Leute. ›So, wie die Dinge hier laufen, ist Erfolg nicht möglich. Ohne eine komplette Neuerfindung unserer selbst stecken wir fest.‹«

Unternehmensaudits verstärken das Gespür für die Unausweichlichkeit von Veränderungen. Ehrliche, unzensierte Diskussionen über den wahren Zustand des Unternehmens und eines Arbeitsklimas bringen verborgene Konflikte und Frustrationen auf konstruktive Weise an die Oberfläche. Indem die Teams einander ihre Resultate vorstellen, entsteht ein Dialog. Der Saal rückt enger zusammen. Die Atmosphäre wechselt von »Theater mit Darstellern« zu »Diskussion unter Kollegen«. Die Teilnehmer beginnen, sich selbst auf die Suche nach der Wahrheit zu machen, statt nur darauf zu warten, dass der Chef sie ihnen vor die Nase hält. Die Initiative geht vom Podium auf den Saal über.

»Das Audit hat gewissermaßen eine Echtzeitstudie des Unternehmens geliefert«, sagt Browne, und zeigte uns die Höhe des Berges, den es zu erklimmen galt. Aber ich hatte Sorge, dass diese erfrischende Klarheit nach wenigen Tagen verfliegen würde.«[6]

Brownes nächster Schritt drehte den Verstärkerknopf weiter auf. Er versammelte unverzüglich seine obersten acht Manager und destillierte aus den Ergebnissen des Audits vom Vortag »neun große Aufgaben« heraus. Anschließend kündigte er ein Treffen einer etwas größeren, 120-köpfigen Gruppe innerhalb von sechs Wochen an, um einen Plan für die Lösung dieser Probleme zu erstellen.

Das Unternehmen, dessen Spezialgebiet das Entziffern tektonischer Plattenbewegungen ist, orientierte sich in seinem Alltagsbetrieb fast schon an geologischen Zyklen. Nichts Wesentliches geschah mit weniger als sechs Monaten Vorlaufzeit. Die Ankündigung einer obligatorischen dreitägigen Auswärtsveranstaltung im hektischen vierten Jahresquartal – inmitten von Restrukturierung und Downsizing und mit einer Frist von nur sechs Wochen – wurde mit Ungläubigkeit und Widerwillen quittiert.

Zu den effektivsten Verstärkern gehört die Überladung des Unternehmens, damit es aus dem gewohnten Trott gerissen wird. Diese Strategie leistete Browne bei seiner Reise in die Grenzregion des Chaos gute Dienste. Der Vorschlag des Treffens traf unmittelbar auf Opposition. »Schlechtes Timing«, »verschieben«, »Überlastung«, »eine Aufgabe für ein kleines Spezialteam«, tönte es im Chor. Aber Browne lies sich nicht einschüchtern, sondern blieb den Prinzipien der adaptiven Führung treu. Er hielt das Stressniveau aufrecht. »Diese [adaptive] Arbeit bildet den Kern unseres Geschäfts«, antwortete er.[7]

Sechs Wochen später trafen sich 120 gereizte Leute. Sie waren zuvor in Teams eingeteilt worden, denen jeweils eines der »neun großen Probleme« zugeteilt worden war. Die Auswahl der Mitglieder der einzelnen Teams spiegelte die politischen und realen Hindernisse wider, die es zu überwinden galt. Wenn eine vorgeschlagene Lösung die Diskussion innerhalb der Gruppe überlebte, so hatte sie auch im Unternehmen eine Überlebenschance.

Eines der Teams sollte sich beispielsweise darüber Gedanken machen, was mit den auf 16 Milliarden US-Dollar veranschlagten, nicht verwertbaren Ölreserven von BPX geschehen sollte. Diese Vermögenswerte existierten in den Büchern, verzerrten finanzielle Parameter wie die Investitionsrendite und ließen sich durch konventionelle Methoden nicht ökonomisch nutzen. Auf diese Aufgabe hätte man natürlich auch ein nur aus spitzfindigen Geologen bestehendes Team ansetzen können, das sich auf irgendeine unerprobte Technologie als Wundermittel verständigt hätte. Stattdessen bestand Browne darauf, dass in dem Team auch nüchtern denkende Ingenieure und kühl kalkulierende Finanzexperten vertreten waren, die allesamt eher dazu neigten, den konservativen Weg einer raschen Veräußerung zu beschreiten. Für einige von ihnen war die Ölgewinnung frei von jeder romantischen Verklärung im Sinn einer technologischen Herausforderung.

Am ersten Tag krempelte jedermann die Ärmel hoch, und jedes Team versuchte, sich mit den Grundlagen seines Problems vertraut zu machen. Am zweiten Tag ließen sich tief sitzende philosophische Differenzen und Missverständnisse unter den Mitarbeitern nicht länger mit Höflichkeit überspielen. Aber am dritten Tag begannen die Teams bereits, sich auf gemeinsame Konzepte zu verständigen. Ihre Aufgabe lautete nicht, die Probleme zu *lösen*, sondern eine Vorgehensweise zu entwickeln, wie sie dereinst gelöst werden *könnten*. Das Ziel bestand darin, Meilensteine, Analyseverfahren und Pilottests zu definieren, wie sie eventuell erforderlich waren, um in den nachfolgenden Monaten die Probleme zu eliminieren.

In der Abschlusssitzung hatten die Vertreter der einzelnen Teams jeweils 15 Minuten Zeit, um die Hindernisse, auf die sie gestoßen waren, den Fortschritt, den sie in ihren Überlegungen gemacht hatten, und ihre abschließende Empfehlung vorzustellen. Ein Teilnehmer beschrieb die Erfahrung so:

»Ich kam in den Workshop mit Gefühlen des Trotzes. Es war einfach zu viel des Guten. Eine ungünstigere Zeit für diese Veranstaltung schien es nicht zu geben. Aber dann haben wir doch etwas geschafft in diesen drei Tagen. Die größte Überraschung war, wie sich am Ende alles zusammenfügte. Eine der ersten Gruppen präsentierte eine Folie mit einer schwer lesbaren Handschrift. Der Inhalt betraf uns persönlich, aber wir mussten nahe heranrücken, um sie zu entziffern. Die Teilnehmer standen also auf und drängten sich stehend im vorderen Teil des Raumes, auch als die übrigen Teams ihre Ergebnisse vorstellten. Wir hörten Kollegen zu, die wir kannten und denen wir vertrauten, als sie die großen Problembereiche erläuterten und Lösungsvorschläge vorstellten. Die Gesamtwirkung war unglaublich – beinahe elektrisierend. Wir begannen uns zu sagen: »Wow, vielleicht können wir hier wirklich etwas erreichen. Wenn all diese Teams ihren Beitrag leisten, dann haben wir eine Chance.«[8]

Wenngleich der Workshop in guter Stimmung endete, stellte John Browne wieder einmal fest, dass Optimismus eine kurze Halbwertszeit hat. Um die Intensität und die Konzentration aufrechtzuerhalten (das heißt, einen weiteren Verstärker einzuführen), erklärte er, jedes Team solle seinen angedachten Plan mit Volldampf weiterverfolgen. Die Teams erhielten den Auftrag, Analysen, Felduntersuchungen und Pilottests auszuarbeiten und ihre vorläufigen Resultate und Empfehlungen innerhalb von 90 Tagen in einem Diskussionspapier zusammenzufassen.

In den Monaten November und Dezember geschah wenig, aber direkt nach

Neujahr wurde eifrig sondiert. »Meint Browne es ernst?« »Müssen wir wirklich ein Papier verfassen?« »Wie viel steckt dahinter?« »Steht die 90-Tage-Frist fest?« Als die Antworten Brownes Entschlossenheit bestätigten, brach die Hölle los. Die Executives warfen große Teile ihres Januar-Kalenders um, machten sich zu Vergleichsstudien auf, besuchten Wettbewerber und Zulieferer und veranstalteten Expertenrunden.

Die geplagten Executives beschwerten sich, es bliebe ihnen »keine Zeit, um ihre Arbeit zu tun«. Browne erwiderte darauf: »Vielleicht *ist* es gerade die Aufgabe der oberen Manager, die Lösung auf diese Art von [adaptiven] Problemen zu finden. Vielleicht sollten wir mehr Routinetätigkeiten an die unteren Ebenen delegieren.«[9]

An diesem Punkt war das Ungleichgewicht bereits manifest und begann sich auf die unteren Ebenen auszubreiten. »Was geht da oben vor?«, lautete die häufig gestellte Frage. »Die verhalten sich auf einmal anders, delegieren mehr und wollen unsere Beteiligung.«

Die Exkursion des Unternehmens an den Rand des Chaos wurde im Januar unübersehbar. Sie kulminierte sechs Wochen später in einem Treffen in Phoenix, Arizona. Dort waren für jedes Team vier Stunden reserviert, von denen nur 15 Minuten dazu genutzt werden durften, die Ergebnisse und Vorschläge aus dem Diskussionspapier (das jeder Anwesende bis dahin gelesen haben sollte) zusammenzufassen. Die übrige Zeit diente der Besprechung. Dabei waren die Sitzungen so konzipiert, dass sich die Teilnehmer auf die »weichen Punkte« – die radikalsten, schwierigsten und kontroversesten Aspekte – der jeweiligen Vorschläge konzentrierten. Dies war keine Verkaufsveranstaltung mit garantiertem Applaus, vielmehr bestand das Ziel darin zu erkennen, was das »große Problem« so groß und unlösbar machte. Die Betonung der kontroversesten Aspekte der jeweiligen Probleme wirkte wie ein zusätzlicher Verstärker.

So überrascht es nicht, dass diese Sitzungen zu Spannungen und Kontroversen führten. Den Abschluss bildete jedes Mal eine Plenarrunde, in der Browne und seine Führungsmannschaft jedes Team so lange mit ihren Fragen in die Mangel nahmen, bis sich die nächsten Schritte, Ziele und erforderlichen Ressourcen klar herausschälten. Entscheidungen wurden nicht sofort getroffen, vielmehr wurden alternative Pfade vorgezeichnet. Es gab Beispiele für dämpfende Rückkoppelung: Beschlüsse wurden gefasst, Randbedingungen definiert, der erforderliche Aufwand abgeschätzt und Kontrollmechanismen festgelegt. Ein Teilnehmer erinnert sich:

»Diese Tage waren intensiv. Die dritte Sitzung dauerte häufig bis zehn Uhr abends. Anschließend blieben Browne und sein Führungsteam bis ein oder zwei Uhr morgens auf, um die gemachten Vorschläge zu erörtern, Beschlüsse zu fassen und Ressourcen zuzuteilen. Morgens berichtete Browne als Erstes über die Entscheidungen zu den Vorschlägen des

Vortags. [Auch dies sind Beispiele für eine dämpfende Rückkoppelung.] In Phoenix wurde offenbar, dass wir uns veränderten. Auf einmal gab es Energie, Möglichkeiten, Diskussionen und Offenheit. Rundherum war ein neuer Drang zu spüren, Spitzenleistung zu erbringen.«[10]

Indem Browne nichts weiter tat, als dass er (1) das Unternehmen über seine gewöhnliche Belastbarkeit hinaus forderte, (2) mittels Fristen, öffentlicher Kontrolle und anderen aktivitätsfördernden Maßnahmen den Unruhepegel hochhielt und (3) die adaptive Herausforderung herausstrich (statt einzugreifen, um das Unternehmen davor zu schützen), verstärkte Browne das Ungleichgewicht und holte das Unternehmen aus seiner Erstarrung. Dämpfende Mechanismen wie Meilensteine, Ressourcen und Zielsetzungen rundeten den Prozess ab.

Mit seinem adaptiven Führungsstil machte Browne vielen Beteiligten das Leben unbequem. Gelegentlich erreichten die Intensität und das Tempo der Ereignisse chaotische Ausmaße. Aber die Vorgehensweise erzeugte frische Lösungen und die Entschlossenheit, sie umzusetzen. Der Schwung reichte aus, um BPX bei der Ölsuche wieder auf Erfolgskurs zu bringen. Dieser Turnaround wurde zu einem entscheidenden Meilenstein in Brownes Laufbahn. Nachdem er für kurze Zeit eine Aufgabe in einem anderen Geschäftsbereich übernommen hatte, war Browne der natürliche Kandidat für die Position des Chairman von British Petroleum.

Die Karte: Fitnesslandschaften[11]

Biologen beschreiben mit dem Begriff »Fitness« den Erfolg eines Organismus. Wir wollen ihn für die Beschreibung der Wettbewerbsstärke eines Unternehmens verwenden. Fitness hängt von zahlreichen miteinander korrelierenden Faktoren ab, die vielfältige Kombinationen annehmen können.

Es gibt drei Arten von Fitnesslandschaften, und mit jeder lassen sich vertraute Wettbewerbsszenarien charakterisieren:

1. *Graduell*, wie beispielsweise die wellenförmige Landschaft Nordfrankreichs (oder, im Wettbewerbskontext, die Unternehmenslandschaft der 60er Jahre).
2. *Gezackt*, wie die Topografie von Nepal (der heutige Wettbewerb bei den Mobiltelefonen und im E-Commerce).
3. *Zufällig*, wie die Topografie des Mondes, dessen Oberfläche durch zufällige Meteoriteneinschläge und nicht durch die Logik tektonischer Plattenverschiebungen geformt wurde (ökonomische Panikzeiten wie der Börsenkrach von 1929).

Höhere Fitnessgrade können wir uns durch lineare Höhen in der Landschaft vorstellen; ein Verlust an Fitness stellt sich in diesem dreidimensionalen Gelände als abfallende Fläche dar. Wenn also eine bedrohte Art, wie beispielsweise der nordamerikanische Präriewolf, durch menschliche Ausrottungsprogramme aus seinem traditionellen Habitat vertrieben wird, dann bewegt er sich in der Fitnesslandschaft abwärts auf den Rand des Chaos zu. Er muss lernen, mit einem veränderten Gelände, einem anderen Klima und neuen Rivalen zurechtzukommen, und er muss sich neue Nahrungsquellen erschließen. In vielen Gegenden sind die Präriewölfe mittlerweile urbanisiert. Sobald ein Kojote in ein neues Gebiet kommt, beginnt er sich darin einzuleben. Diese Anpassung kann unter Umständen zu besseren Überlebensaussichten führen als in seinem angestammten Habitat. In diesem Zusammenhang nimmt die Fitness des Präriewolfs zu. Er hat sich eine Nische auf einem höheren Fitnesspunkt im Vorgebirge über Malibu und Beverly Hills geschaffen.

Die Biologen beschreiben den Kampf einer Art oder einer Population um die Sicherung einer Nische als eine lange Aufwärtsbewegung, wobei »aufwärts« bessere Anpassung bedeutet. Wenn eine Art einen *lokalen Höhepunkt* in der Fitnesslandschaft erreicht hat, kann sie beschließen, dort zu verweilen. Dieser Ort in der Fitnesslandschaft, den die Biologen als *Anziehungsbereich* bezeichnen, ist gewissermaßen ein Haltepunkt auf der unendlichen Wettbewerbsreise, während derer Gleichgewicht nur zeitlich begrenzt auftritt.

Die Arten landen auf den Zwischengipfeln oder Anziehungsbereichen. Weil es aber keine frei schwebenden Brücken zu den höheren Gipfeln am Horizont gibt, müssen die Organismen erst »absteigen«, um weiter »aufzusteigen«. (Dieses Bild ist nützlich, weil die meisten Organismen dies nur ungern tun.) Dazu muss genügend innere Unruhe und Instabilität vorhanden sein, weil sich nur dann die Organismen entschließen, den vorläufigen Gipfel zu verlassen und die Mühsal des Tales auf sich zu nehmen – geringe Margen, undifferenzierte Produkte, Kundenabwanderung, Verlust von Wettbewerbsstärke –, um zu versuchen, eine höhere Position in der Fitnesslandschaft zu erreichen.

Wir haben festgestellt, dass lebende Systeme Anziehungsbereiche immer dann verlassen, wenn es dort (aufgrund interner oder externer Einflüsse) unbequem wird. Im Unternehmenskontext kann es sich dabei beispielsweise um Unruhe und Reibereien unter den Mitarbeitern, Kundenabwanderung oder schrumpfende Margen und Marktanteile handeln. Diese Faktoren erzeugen häufig so viel Stress, dass ein vorläufiger Anziehungsbereich aufgegeben wird. Diese Wanderbewegung von Gipfel zu Gipfel und die Auswahl des richtigen Gipfels sind keine leichten Aufgaben. Nur wenige Unternehmen haben darin eine geschickte Hand.

Honda hatte sich anfangs einen Ruf als Hersteller von Renn-Motorrädern erworben. Anschließend nutzte das Unternehmen sein Wissen über hohe Pferdestärken und geringe Gewichtsverhältnisse (eine notwendige Kombination im Rennsport), um die bahnbrechende Super Cub zu entwerfen. Mit der aus der Super Cub gewonnenen Erfahrung und Reputation begründete das Unternehmen eine globale Motorradmarke. Später kamen Automobile hinzu. Heute beherrscht es den Weltmarkt im Bereich kleiner, effizienter Verbrennungsmotoren für Motorräder, Autos, Gartentraktoren, Rasenmäher und Stromgeneratoren. Diese Erfolge und Hondas Position in den einzelnen Kategorien lassen sich als eine Folge immer höherer Fitnessgipfel visualisieren.[12]

In Kapitel 4 beschrieben wir Intel, einen Ableger von Fairchild, der sich seinen ersten Wettbewerbsvorteil (so viel wie einen Fitnessgipfel) als Hersteller von Halbleitern erwarb. Dann verlagerte er sich auf DRAMS (Speicherchips) und später auf Mikroprozessoren und befindet sich heute erneut im Umbruch, seitdem er versucht, sich als eigene Marke zu etablieren.

Im Rückblick gesehen erscheint diese Reise von Gipfel zu Gipfel wie ein direkter Weg. Die Entscheidung, wann es sinnvoll ist, einen neuen Gipfel anzupeilen, sowie die Auswahl dieses Gipfels zählen jedoch zu den schwierigsten Momenten in der Laufbahn eines Executives oder dem Leben eines Unternehmens. Im Grenzbereich zum Chaos steht das ganze Unternehmen auf dem Spiel. Und in solchen Zeiten ist es besonders wichtig, die kollektive Intelligenz des gesamten Unternehmens zu nutzen. Was am meisten Angst macht, ist die Tatsache, dass sich der Weg (wie bei allen adaptiven Prozessen) erst im Lauf der Reise herausstellt.

Kevin Kelly, Executive Editor des *Wired Magazine*, erklärt:

»Unternehmen sind wie Lebewesen darauf geeicht, das, was sie bereits wissen, zu optimieren und auf Erfolg nicht zu verzichten. Die Unternehmen verwenden viel Mühe darauf, sich bergauf zu schleppen oder ihre Produkte weiterzuentwickeln, damit sie die höchste Position erlangen, wo sie maximal an das Verbraucherumfeld angepasst sind. Für die Unternehmen erscheint ein Rückzug (a) undenkbar und (b) unmöglich. In den meisten von ihnen ist einfach kein Raum für die Vorstellung, von etwas, das sich bewährt hat, Abstand zu nehmen – ganz zu schweigen von den entsprechenden Fähigkeiten – und bergab in Richtung Chaos zu marschieren.

Und dort unten ist es chaotisch und gefährlich. Geringere Anpassung bedeutet definitionsgemäß größere Gefahr der Auslöschung. Die Suche nach dem nächsten Gipfel wird plötzlich zu einer Überlebensfrage. Aber es gibt keine (uns bekannte) Alternative: Nur wenn wir bereit sind, auch noch so gute Produkte, aufwändig entwickelte Technologien und wundervolle Marken zurückzulassen und ins Tal abzusteigen, können wir einen neuen hoffnungsvollen Aufstieg beginnen. In Zukunft wird dieser erzwungene Weg zur Norm werden. Die biologische Natur dieses Zeitalters ist dergestalt, dass der plötzliche Zerfall etablierter Bereiche ebenso gewiss ist wie die plötzliche Entstehung neuer. Deshalb setzt die Fähigkeit zur Innovation die Fähigkeit voraus, das Vertraute und Bewährte zu zerstören. In der Network Economy ist die Fähigkeit, ein Produkt, eine Beschäftigung oder eine Branche auf dem Höhepunkt zu verlassen, von unschätzbarem Wert. Wir müssen verzichten, wenn es am schönsten ist.«[13]

Der Wert von Fitnesslandschaften

Um die Nützlichkeit der Fitnesslandschaft als Instrument der Unternehmensführung zu ermessen, müssen wir einen Schritt zurücktreten und die Alternativen betrachten. Traditionell bewerten wir ein Unternehmen und seine strategischen Optionen mittels SWOT-Analyse (Stärken, Schwächen, Chancen, Gefahren) oder verwandter Verfahren. Dieser Ansatz basiert auf einer Unternehmenstheorie namens *Systems Dynamics*. Die Systemtheorie regierte 40 Jahre, von Forresters bahnbrechendem Werk in den 60ern bis zu Peter Senges Beschreibung des »lernenden Unternehmens« in den frühen 90ern.[14] Die Resultate der Systemanalyse werden häufig in Form von Vektoren, Diagrammen, Inputs und Outputs sowie Rückkoppelungsschleifen dargestellt. Wesentliches Ziel ist dabei, alle Inputs und Outputs so umfassend wie möglich vorherzusagen und mögliche Konsequenzen zu antizipieren. Die Systemanalyse dient insbesondere dazu, intuitiv nicht selbstverständliche Implikationen zweiter und dritter Ordnung zu identifizieren und eine systemische Sichtweise zu erzwingen.

Dieser deterministische Ansatz findet seine Entsprechung im Social Engineering. Er betont die Notwendigkeit von Konsistenz, Kongruenz, Harmonie und Abstimmung zwischen (1) den verschiedenen Teilen des Systems, (2) verschiedenen Systemen und (3) den Systemen und ihrem Umfeld. Die zugrunde liegende Annahme lautet: »Wenn wir uns ein vollständiges Bild machen können, finden wir auch die Lösung.«

Die Komplexitätswissenschaft geht in drei wesentlichen Punkten über das Systemdenken hinaus:

1. Theoretisch ist das Systemdenken auch auf nichtlineare Ereignisse (wie beispielsweise steigende Erträge oder die Zusammenhänge zwischen wachsender Mitarbeiterzufriedenheit, Kundenzufriedenheit und Gewinn) anwendbar. In der Praxis geschieht dies jedoch kaum. Es wird in der Regel nur auf lineare Zusammenhänge angewandt (wenn Ursache und Wirkung proportional zueinander sind). Die Komplexitätswissenschaft hingegen beschäftigt sich mit nichtlinearen Kausalzusammenhängen, wo sehr kleine Störungen in den Ausgangsbedingungen große Wirkungslawinen auslösen können.

2. Die Komplexitätswissenschaft geht nicht von der Annahme (oder der Wunschvorstellung) aus, dass sich die Ereignisse aktiv steuern lassen. Ihr Schwerpunkt liegt vielmehr darauf, flexibel und geschickt zu reagieren: das Unerwartete zu erwarten. Dazu ist es notwendig, die Welt in Echtzeit immer neu zu verstehen und zu meistern.
3. Die Theorie der lebenden Systeme interessiert sich nicht nur für den Weg, den ein Organismus auf der Wettbewerbslandschaft zurücklegt, sondern auch für die Art und Weise, wie sich die Landschaft selbst dabei verändert. Systems Dynamics bemüht sich, die Kausalfaktoren aufzuzeigen, die ein System von Punkt A nach Punkt B befördern. Die Komplexitätstheorie begreift die Reise als Spaziergang über ein Trampolin. Jeder Schritt verändert die gesamte Topografie. Punkte senken und heben sich entlang der Route, und der Anstieg ist gelegentlich umso steiler, je näher man dem Ziel ist.

Betrachten wir ein Beispiel aus der Natur. Vor vier Milliarden Jahren entstanden als erste Lebensform auf der Erde die Bakterien, und sie gediehen in einer Biosphäre ohne Sauerstoff. Die wesentlichen Bestandteile der Atmosphäre waren Schwefelwasserstoff, Kohlendioxid, Wasser und geringe Mengen Methan und Ammoniak. Eine intensive Vulkantätigkeit und Gewitterstürme verbanden diese Stoffe mit der Kohle der Erdkruste zu organischen Verbindungen – Aminosäuren und Zucker. Diese Verbindungen wurden die Nahrungsquelle der ersten Siedler – solange der Vorrat reichte.[15]

Bakterien sind ein malthusischer Albtraum. Jedes Bakterium kann täglich eine Milliarde Nachkommen hervorbringen. Exponentielle Zuwachsraten führten zur ersten Nahrungskrise des Lebens: Die Bakterien verkonsumierten mehr, als die Atmosphäre liefern konnte. Aber Mutationen bei einigen Nachkommen umgingen die Nahrungsknappheit; diese Bakterien lernten, sich ihre Nahrung aus reichlicher vorhandenen Zutaten herzustellen. Sie erzeugten mittels Licht und Chemikalien genug Energie, um Schwefelwasserstoff zu zerlegen und Wasserstoff zu erhalten – ein neues Nahrungsmittel. Diese Entwicklung markierte eine der wichtigsten Innovationen auf der Erde: die Fotosynthese.[16]

Im Lauf der nächsten 200 Millionen Jahre ging die Vulkantätigkeit der Erde und damit der Nachschub an Schwefelwasserstoff zurück. Wieder waren die blau-grünen Mikroben – die gerissensten unter allen bakteriellen Organismen – auf der Suche nach einer Ersatznahrung. Diesmal verfielen sie auf Wasser, das reichlich vorhanden und voller Wasserstoff war. Es gelang ihnen, dieses sehr stabile Molekül zu knacken und an die Leckerbissen heranzukommen.[17]

Bei der Zerlegung von H_2O fällt als »Abfallprodukt« natürlich Sauerstoff an. Nachdem Sauerstoff anfangs nur in sehr geringen Mengen in der Erdatmosphäre vertreten war, nahm er während der nächsten 100 Millionen Jahre immer mehr zu, bis er das heutige Niveau von 20 Prozent erreichte. Sauerstoff war, wie sich herausstellte, für viele der ursprünglichen Bakterienstämme hochgradig giftig. Indem also einige Bakterien ihre Fitness verbesserten (das heißt, sich durch die Erschließung neuer Nahrungsvorräte einen Vorteil verschafften), veränderten sie die Landschaft so radikal, dass andere, ältere Arten ausgelöscht wurden. Siehe der Vergleich mit dem Gang über ein Trampolin![18]

Diese häufig erzählte Geschichte unseres Planeten sollte vielen Unternehmen in den Ohren klingen. Traditionelle Einzelhändler wie Barnes & Noble sitzen auf einem »lokalen Gipfel« der Buchhändlerlandschaft und richten ihre Augen auf den, wie es scheint, erstrebenswerteren Gipfel des E-Commerce – der in diesem Augenblick von Amazon.com gehalten wird. Barnes & Noble steckt einen Weg ab, wie es zu diesem Gipfel gelangen könnte. Unterdessen zieht der E-Commerce viel Medienaufmerksamkeit auf sich und lockt zahlreiche weitere Anwärter an. Der ganze Trubel verstärkt die Rolle von Amazon.com als der Geschäftsplattform der Zukunft, ein Prädikat, das den Wert seines Trägers öffentlich weiter erhöht. Und der Anbieter Barnes & Noble, der versucht, einen eigenen E-Commerce-Vertrieb aufzubauen, sitzt wegen seiner sicheren Verwurzelung im traditionellen Buchhandel immer noch auf einem niedrigeren Gipfel. Amazons Gipfel scheint noch zu wachsen, bis vielleicht irgendwann die E-Commerce-Begeisterung nachlassen wird. Das Interesse der Investoren geht zurück, die Aktienkurse fallen und Internet-Einzelhändler wie Amazon.com (die bislang noch nicht einmal Gewinn machen) müssen zweimal rechnen. Manche Aktivität wird zurückgefahren oder eingestellt. Für den Mitbewerber Barnes & Noble, der sich immer noch auf halbem Weg befindet, verliert der neue Gipfel an Höhe und gleichzeitig an Attraktivität.

Nichts beschreibt die möglichen Veränderungen der Landschaft besser als die jüngsten Erlebnisse von Monsanto. Der anfängliche Erfolg mit genetisch verbessertem Saatgut (und das Tempo, mit dem diese Innovationen in den Vereinigten Staaten angenommen wurden) katapultierte das Unternehmen auf einen neuen Gipfel – und unversehens ins Fadenkreuz eines PR-Albtraums. Gestern der Liebling der Wall Street, heute der Urheber von »Frankenstein-Food«. Die Geschichte dieses Wandels illustriert eindrücklich die Stromschnellen und Lawinen, denen lebende Systeme ausgesetzt sein können.

BSE und die damit in Verbindung gebrachten Todesfälle lösten in Großbritannien und im restlichen Europa eine Krise aus. Zwar bestand keinerlei Zusammenhang zur Biotechnologie, zu genetisch veränderten Lebensmitteln oder Monsanto, und niemand versuchte dies ernsthaft zu behaupten, aber diese Bedrohung für die öffentliche Gesundheit wurde von den britischen Aufsichtsbehörden sehr ungeschickt gehandhabt. Hinzu kam, dass die entsprechenden Behörden der Europäischen Union fast gleichzeitig mit ähnlichen Schwierigkeiten zu kämpfen hatten, nachdem bekannt geworden war, dass deren Beamte von Giftstoffen in belgischen Geflügelprodukten gewusst, die

Öffentlichkeit jedoch nicht gewarnt hatten. Die Alarmstimmung in Europa wurde noch verstärkt durch einen Verlust an öffentlichem Vertrauen in die Institutionen, die offiziell für den Schutz der Verbraucher zuständig waren. Die Opposition aus den wissenschaftlichen Kreisen nahm zu. Die beruhigenden Stellungnahmen dieser Institutionen wurden plötzlich suspekt; dazu gehörten auch Beteuerungen, genetisch veränderte Pflanzen und Nahrungsmittel seien sicher. Es gab ein allgemeines Misstrauen gegenüber Biotechnologie, globalem Wettbewerb und den staatlichen Aufsichtsbehörden. Inmitten dieser Entwicklung wurde der »Gang über das Trampolin« für Monsanto zu einem höchst realistischen Bild.

Fitnesslandschaften sind nützliche Instrumente, um entlang der Grenze zum Chaos zu navigieren. Traditionellen Reisekarten gegenüber haben sie zwei wesentliche Vorteile:

1. Das Bild von der Landschaft macht deutlich, dass man »absteigen« muss, bevor man wieder »aufsteigen« kann, um einen höheren Fitnessgipfel zu erreichen. Die von dieser Wahrheit ausgelösten menschlichen Irritationen und Ängste werden im Zusammenhang mit Veränderungsbemühungen häufig nur ungenügend gemanagt.
2. Wie am Beispiel Monsanto deutlich wird, verändert sich die Landschaft, sobald darauf Bewegung stattfindet. In vielen hochgradig volatilen Branchen erinnert die Vorstellung vom »Gang über ein Trampolin« durchaus an die Realität.

Jenseits der Grenze?

Der Rand des Chaos, ein Bereich der Unsicherheit und Ungemütlichkeit, maximiert die Fortpflanzungsfähigkeit von Lebewesen. Wir haben gesehen, wie sich verschiedene Begriffe aus den Lebenswissenschaften auf menschliche Systeme übertragen lassen, die versuchen, in diesem Bereich sicher zu navigieren: Attraktoren als Magneten, Verstärker und Dämpfer, um eine Entwicklung zu beschleunigen oder zu bremsen, und Fitnesslandschaften als Landkarten. Mittels dieser Instrumente können Unternehmensführer ihre Unternehmen wachrütteln und deren Potenzial freisetzen. Ist die Erstarrung erst aufgehoben, nehmen neue Ziele und Möglichkeiten Form an. Die Komplexitätswissenschaft bezeichnet dies als »Selbstorganisation und Emergenz«. Diesem Thema wollen wir uns jetzt zuwenden.

TEIL III

7

Selbstorganisation und Emergenz

Selbstorganisation und Emergenz sind zwei Seiten der einen Medaille des Lebens. Selbstorganisation ist die Tendenz bestimmter (aber nicht aller) Systeme, in einem turbulenten Umfeld einen neuen Zustand zu erzeugen, indem ihre Bausteine neue und unvorhersagbare Verbindungen hervorbringen. Sobald ein System hinreichend bevölkert und in geeigneter Weise verknüpft ist, bildet sich in den Interaktionen eine neue Ordnung heraus: aus Proteinen werden Zellen, aus Zellen Organe, aus Organen Organismen, aus Organismen Gesellschaften. Einfache Teile können, sobald sie miteinander vernetzt sind, eine Metamorphose durchlaufen. »Eine einzelne Ameise kommt gegen eine Wespe nicht an. Eine einzelne Gehirnzelle ist dumm – aber Zigmillionen (oder Milliarden) von ihnen können Wunder vollbringen«, bemerkt der Wissenschaftsautor Neil Gross.[1]

*Emergenz** ist das Ergebnis davon: ein neuer Zustand. Wie wir gesehen haben, hat eine Feuerameisenkolonie emergente Fähigkeiten und bildet einen Organismus von 20 Kilogramm mit 20 Millionen Mündern und Stacheln. Ein Jazz-Ensemble erzeugt einen emergenten Klang, den sich jemand, der nur die einzelnen Stimmen gehört hat, nicht vorstellen kann. Kevin Kelly betont: »Ameisen haben uns gezeigt, dass fast nichts auf der Welt so klein ist, dass es nicht größer gemacht werden kann, indem die Interaktion auf viele Exemplare verteilt und diese Exemplare anschließend miteinander verbunden werden.«[2] 200 Jahre früher hatte Adam Smith denselben Gedanken. Als Pionier einer neuen Wirtschaftstheorie lenkte er die Aufmerksamkeit auf die »unsichtbare Hand« und ihre Wirkung als Marktfaktor. Aber Smith verstand, dass die individuelle Handlungsfreiheit nicht alles erklärt. Zudem erzeugen die Individuen als Glieder einer Gemeinschaft Vertrauensbeziehungen und Abhängig-

---

* Auf den ersten Blick scheinen sich »seltsame Attraktoren« (siehe das vorige Kapitel) und »Emergenz« verwirrend ähnlich zu sein. Wir können uns seltsame Attraktoren als ein Magnetfeld und Emergenz als das regelmäßige Muster der in diesem Feld befindlichen Eisenfeilspäne vorstellen.

keiten. All dies, stellte er fest, summiert sich zu einem komplexen emergenten Phänomen: dem Wirtschaftssystem.[3]

Niedere Bakterien können uns viel über Selbstorganisation und Emergenz lehren. Weil sich die Bakterien alle 20 Minuten fortpflanzen (ein einziges von ihnen hat innerhalb eines Tages eine Milliarde Nachkommen), haben sie im natürlichen Mutations- und Selektionsmarathon einen uneinholbaren Zeitvorsprung.[4] Nennenswerte Mutanten mögen nur einmal unter einer Million Reproduktionen auftauchen, und Millionen von diesen mögen zugrunde gehen. Aber bei einer derart hohen Reproduktionsrate stehen die Chancen gut, dass die Mikroben zuerst ans Ziel kommen. Sie waren beispielsweise die Ersten, die die Selbstorganisation als Überlebensstrategie entdeckten und perfektionierten. Und wie wir sehen werden, sind die von ihnen entwickelten emergenten Strukturen so vielseitig und effizient, dass die Bakterien gute Chancen haben, am Ende die Erben der Welt zu sein.

Nehmen wir ein vertrautes Beispiel: Zahnbelag. Diese erstaunliche Substanz ist eine Bakteriengemeinschaft namens »Biofilm«. Forscher haben Biofilme fast überall gefunden – sie ruinieren Maschinen, verstopfen Rohre und sind für viele medizinische Phänomene wie beispielsweise Nierensteine, chronische Ohr- und Harnbereichsentzündungen und Parodontose mitverantwortlich. Die Experten des National Institute of Health sind mittlerweile überzeugt, dass Biofilme an zwei Drittel aller menschlichen Bakterieninfektionen beteiligt sind.

Zahnbelag ist ein eindrucksvolles (und beängstigendes) Beispiel von Selbstorganisation und Emergenz. Die Forscherin Ellen Licking schreibt:

»Dieser so genannte Biofilm ist in seinen frühen Stadien wenig mehr als eine Zellschicht auf einer Oberfläche. Aber wenn die Bakterien wachsen und sich teilen, geschieht etwas seltsam Konspiratives. Sobald ihre Zahl ein bestimmtes Quorum erreicht, senden sie einander Signale, die zur Reorganisation aufrufen. Sie beginnen sich in lauter säulen- und pilzförmigen Strukturen anzuordnen, die alle mit gewundenen Kanälen verbunden sind, die dem Transport von Nahrung und Abfall dienen. Sie sind mit anderen Worten nicht länger eine bloße Ansammlung von Bakterien, sondern eine unheimliche Form von Gemeinschaftsorganismus mit eigenen Verteidigungsmechanismen und Kommunikationssystemen.«[5]

Resultat? Aufgrund dieser Selbstorganisation ist die emergente Bakteriengemeinschaft tausendmal resistenter gegen Antibiotika und giftige Chemikalien (zum Beispiel Fluorid, Chlor und Ammoniak), als wenn die einzelnen Bakterien auf sich allein gestellt wären. Warum? Die Bakterien in einem Biofilm schützen sich, indem sie sich Leben spendende Proteine teilen (vergleichbar, wie wenn vier Menschen sich eine Leber teilen würden) und die überzähligen Proteine für eine Schutzschicht auf den äußeren Zellwänden verwenden. Proteine, die einmal als Rezeptoren für Antibiotika dienten, verschwinden oder werden inert. Die Bakterien, die eine für giftige Chemikalien undurchdringbare gelatineartige Schutzschicht aussondern, bilden eine steinharte Panzerschicht, die mit Stahlinstrumenten abgekratzt oder mit einem nadelfeinen Ultraschallimpuls abgelöst werden muss.

Die Japaner haben ein umweltfreundliches Waschmittel erfunden, dessen Waschkraft durch schmutzfressende Bakterienstämme verstärkt wird. Es ist das meistverkaufte Waschmittel in Japan. Solche Bakterienarmeen werden täglich eingesetzt, um (1) Ölverschmutzungen zu reinigen oder giftige Chemikalien wie Blei und Zyanid aus Flüssen und Seen zu entfernen (biologische Dekontaminierung oder Bioremediation), (2) zur mikrobiellen Erzlaugung (Bioleaching; mittlerweile wird dieser Prozess bei 25 Prozent der US-amerikanischen Kupferproduktion angewandt), (3) als Biosensoren (um den Giftgehalt von Flüssen zu beobachten und Gefahren mit phosphoreszierenden Farben anzuzeigen), (4) zur Entschwefelung (von Kohle, zwecks Reduzierung des sauren Regens), (5) zur Stickstofffixierung (in Pflanzen) und (6) als Ersatz für Chemikalien (zur Schneeerzeugung oder als Frostschutz bei temperaturempfindlichen Weinstöcken oder Zitrusplantagen).[6] Die breite Streuung der Anwendungen beweist die praktische Bedeutung dieser noch jungen Kunst, die Selbstorganisation und die emergenten Eigenschaften einer der »einfachsten« Lebensformen gezielt zu nutzen.

Was Selbstorganisation und Emergenz für die Bakterien leisten, können sie auch in der Wirtschaft vollbringen. Diese Eigenschaften ermöglichen es einem System oder einem Unternehmen, das eigene Potenzial zu nutzen, um sich zu verteidigen, zu erneuern und zu transformieren.

Beispiele in der Natur: Bienen und Bienenschwärme

Selbstorganisation und Emergenz spielen in der Natur eine so wichtige Rolle, dass viele darin das biologische Pendant zur Relativität in der Physik sehen: ein Grundprinzip, das viele andere Dinge erklärt. Wir beobachten Selbstorganisation und Emergenz beispielsweise in Bienenschwärmen. Wir wollen auf beides einen kurzen Blick werfen.

Die Schwarmbildung ist ein Wunder der Selbstorganisation. Entomologen verfolgen mittels Videoaufzeichnungen die Flugmuster der Kundschafterbienen, wenn sie bei ihrer Rückkehr zum Bienenstock Auskunft über die besuchten Orte geben. Immer mehr Kundschafter beteiligen sich an dem Tanz, und jeder vertritt eine bestimmte Option. Der ganze

Schwarm gerät in Aufregung. Selbstorganisation manifestiert sich in Form eines summenden Konsenses, dessen emergentes Resultat ein Schwarm ist. Die Bienen verlassen in großer Zahl ihren alten Stock und machen sich zum neuen Ort auf, nachdem sie ihr zukünftiges Zuhause auf mysteriöse Weise aufgrund der Informationen ausgewählt haben, die in den rivalisierenden Schautänzen vermittelt wurden.[a]

Dabei ist die Schwarmbildung nur ein bescheidenes Beispiel für die Fähigkeit der Bienen zur Selbstorganisation. Auffallender ist das Gemeinschaftsverhalten, das die Temperatur im Innern des Bienenstocks mittels eines faszinierenden Repertoires an Spezialisierung und Koordination nahezu konstant bei 35° Celsius hält.

Im Sommer teilen die Arbeitsbienen ihre Rollen auf. Einige sammeln weiterhin Pollen, um die Nahrungsversorgung des Bienenstocks zu gewährleisten. Andere bringen Wassertropfen in den Stock und benetzen damit die Brutwaben. Wieder andere schlagen in der Nähe der Waben mit ihren Flügeln, um die Verdunstung und damit die Kühlung zu verstärken, während eine weitere Gruppe von Bienen eine Kette bis zum Ausgang bildet und gleichsam wie eine Feuerbrigade durch koordiniertes Fächeln die verbrauchte warme Luft nach außen befördert.[b]

Im Winter versiegeln die Arbeiterinnen die Ritzen und Öffnungen mit Wabenmaterial. Wenn das Wetter kälter wird, versammeln die Bienen ihre Körpermasse um die Brutwabe, um eine Isolierschicht zu bilden. Je kälter es wird, desto enger rücken die Bienen zusammen. Jede Biene erzeugt 0,1 Kalorien Wärme in der Minute. Ein typischer Bienenstock mit 20 000 Bienen kann der Brutwabe also 2000 Kalorien in der Minute zuführen, was mit der Energie eines Toasters vergleichbar ist. Dadurch ist es möglich, die Brutwabe winters wie sommers mit einer Schwankung von maximal einem Grad auf der optimalen Temperatur zu halten.[c]

---

[a] E. Capaidi et al., »Orientation Flight of Honeybee Revealed by Radar«, *Nature*, Nr. 403, 2000, S. 537–540; Edward O. Wilson, op. cit., S. 92–98; Karl von Frisch, *The Dance Language and Orientation of Bees*, Harvard University Press, Boston 1993, S. 269–277.

[b] Wilson, a. a. O., S. 306–309.

[c] A. a. O., S. 308.

Die Selbstorganisation und Emergenz von Tupperware

Direktverkäufer (Tupperware, Mary Kay, Avon) und viele Freiwilligen-, Aktivisten- und Selbsthilfeorganisationen (Greenpeace, Sierra Club, National Organization of Women, Mothers Against Drunk Drivers) setzen Selbstorganisation ein und leben vom ständigen Engagement ihrer Mitglieder.

Tupperware, ein bemerkenswertes Beispiel für Selbstorganisation und Emergenz, war der Pionier eines Archetyps.[7] Die Geschichte begann nach dem Zweiten Weltkrieg, als in den Vereinigten Staaten der Haustürverkauf blühte (vergleichbar mit der heutigen Flut von Katalogen und E-Commerce-Angeboten). Unter diesen Unternehmen war ein in Neuengland ansässiger Werkzeughändler – Standley Home Products. Einer seiner Verkaufsvertreter war berüchtigt dafür, dass er viel trank und häufig unzurechnungsfähig war; dennoch war seine Verkaufsbilanz stets überdurchschnittlich.

Seine regionale Verkaufsmanagerin, Brownie Wise, suchte nach einer Erklärung für dieses paradoxe Missverhältnis von Input und Output. Sie fand heraus, dass der Verkäufer tatsächlich die meiste Zeit in Wirtshäusern verbrachte, dass er aber, wenn seine Kollegen abends Feierabend machten, zur Arbeit ging. Er überredete seine Freunde, Nachbarn und Wirtshausbekannten, bei sich zu Hause informelle Gästeabende zu veranstalten. In dieser freundlichen Atmosphäre hatten die entspannten »Gäste« weniger Einwände gegen eine Verkaufsveranstaltung. Die heitere Stimmung und eine Prise Gruppenzwang erzeugten in zwei Stunden mehr Umsatz als ein ganzer Tag mit Haustürbesuchen.

Die puritanischen Werte von Stanley Home Products wurden durch diese unschickliche und unprofessionelle Methode stark auf die Probe gestellt, und der trunksüchtige Vertreter wurde entlassen. Aber Brownie Wise durchschaute das geniale Grundprinzip seiner Methode und begann, nach Produkten Ausschau zu halten, die sich für »Hauspartys« eigneten.

Hier kommt Earl Tupper ins Spiel, der Ingenieur, ehemalige Chemiker bei DuPont und Erfinder einer Plastikbehälterserie mit einem besonderen Verschlussprinzip. Das Problem war, dass die Vorteile von Tupperware (beste Materialien und ein einzigartiger Verschluss) das Produkt teurer machten als vergleichbare Plastikbehälter, die in den Supermärkten erhältlich waren. Die Besonderheiten von Tupperware waren für die Hausfrauen nicht leicht erkennbar.

Tuppers junges Unternehmen war nahe der Zahlungsunfähigkeit, als Brownie Wise ihm die Idee mit den Hauspartys vortrug. Kurz darauf – sie war mittlerweile President von Tupperware – führte sie das Produkt über die Veranstaltung von Hauspartys neu ein. Das junge Unternehmen Tupperware, das bereits durch die drohende Insolvenz »aufgetaut« war, war für diese Neuerfindung empfänglich. Das System war offen für die Idee, die richtigen Leute anzuwerben, zu schulen und zu ermuntern, Tupperware überall in den Vereinigten Staaten auf Hauspartys zu verkaufen.

Das neue Konzept harmonierte mit einer emergenten Entwicklung in der amerikanischen Gesellschaft, und Tupperware fand eine Möglichkeit, diese zu katalysieren. Während des Zweiten Weltkriegs hatten viele Frauen in der Rüstungsindustrie und anderen Bereichen gearbeitet, in denen sie die kämpfenden Männer ersetzten. Nach dem Ende des Krieges erwartete die Gesellschaft (insbesondere ihr männlicher Anteil), dass sie sich wieder ihren hausfraulichen Pflichten widmeten. Die meisten taten dies auch, aber ein Teil von ihnen gab sich damit nicht zufrieden. Der Verkauf von Tupperware auf selbstbestimmter Teilzeitbasis übte auf Hausfrauen, die etwas hinzuverdienen wollten und eine unabhängige Quelle der Selbstbestätigung suchten, eine große Anziehung aus.

Für Frauen, die in der Regel schon für einen handgestrickten Pullover oder einen guten Hackbraten gelobt wurden, bot Tupperware eine ganz neue Möglichkeit der Selbstverwirklichung. Eine Tupperware-Verkäuferin schrieb ein Gedicht, das mit den Zeilen endete: »Ja, lieber Gott, ich glaube an dich./Aber endlich glaube ich jetzt auch an mich.«

»Wenn wir die Menschen aufbauen, werden diese das Unternehmen aufbauen«, lautete Brownie Wises Leitspruch.

Tupperware lebt ausschließlich von Selbstorganisation. Sämtliche Verkäufer arbeiten auf selbständiger Basis und müssen andere finden, die die Hauspartys organisieren. Wer sich als Gastgeber bewährt, wird als Verkäufer angeworben. Die erfolgreichsten Verkäufer (die ein Netz erfolgreicher Gastgeber rekrutieren, die ihrerseits Verkäufer werden) übernehmen die Leitung eines Teams von Verkäufern. Die Teamleiterin erhält Prozente auf die Umsätze ihrer Verkäuferinnen. Das Arrangement entspricht im Wesentlichen einem Pyramidenschema, das durch soziales Kapital und ökonomische Anreize zusammengehalten wird.

Der Erfolg dieser Art von Netzwerken ist ein nicht zu unterschätzender Faktor. In einer Zeitspanne von fünf Jahrzehnten hat Tupperware den Globus umrundet und fast jeden Winkel der US-amerikanischen Gesellschaft erreicht. Mehr als 80 Prozent aller US-amerikanischen Haushalte besitzt mindestens ein Tupperware-Produkt.

Selbstorganisation erfordert Disziplin. Tupperware hat folglich aus dem »Spaß haben« eine Wissenschaft gemacht. Das 200-seitige Anleitungsbuch stellt Spiele, »Eisbrecher« und Stimmungsmacher für die monatlichen Veranstaltungen sowie unzählige Tipps für die Suche nach geeigneten Gastgebern der Hauspartys vor.

Die Tupperware-Verkäufer schulen und motivieren die Gastgeber auf monatlichen Veranstaltungen, die sorgfältig inszeniert werden, um Gemeinschaftsgefühl zu erzeugen, Selbstbewusstsein zu stärken, jeden kleinsten Erfolg zu feiern und potenzielle Kandidaten in die Tupperware-Hierarchie zu locken.

Zu den neuesten Formaten gehören Rushhourpartys – die direkt in den Unternehmen abgehalten werden. Die Beschäftigten werden eingeladen, nach Arbeitsschluss noch eine Stunde bei einem geselligen Zusammensein zu verbringen. (Sie ersparen sich dadurch die Fahrt im dicksten Verkehr und holen die Hälfte der Zeit durch einen schnelleren Heimweg wieder herein.) In der geopferten Zeit dürfen sie Spiele spielen und einige Produkte studieren, die sie möglicherweise brauchen können.

Tupperware hat auch herausgefunden, dass sich mithilfe von Selbstorganisation und Emergenz Produktkategorien erweitern und Ausgaben für Forschung und Entwicklung regeln lassen. Intelligente Spiele auf den Partys bieten Preise für die einfallsreichste neue Verwendungsweise eines Produkts. Die von Kunden und Verkäufern gewonnenen Ideen haben zur technologischen Führungsposition des Unternehmens in seinem Bereich (es brachte als Erstes ofen- und mikrowellenfeste Plastikbehälter auf den Markt) und zur Vergrößerung seines Marktanteils beigetragen. Heute ist Tupperware der weltweit größte Anbieter von Plastikbehältern. Der weltweite Jahresumsatz beträgt mehr als 2 Milliarden US-Dollar, und die Gesamtkapitalrentabilität vor Steuern liegt bei 40 Prozent.

Ungeahnte Wege, unvermutete Orte

Selbstorganisation in der Wirtschaft profitiert von der Intelligenz, die in allen Teilen eines komplexen adaptiven Systems (in den Köpfen aller Beschäftigten) vorhanden ist, indem sie diese Ressource erschließt und ihr beträchtliches Potenzial freisetzt. Dadurch wiederum sind die Unternehmen in der Lage, Chancen wahrzunehmen und Probleme zu lösen. Selbstorganisation und Emergenz sind die beiden Antriebskräfte hinter der adaptiven Arbeit. Mittels dieser Fähigkeiten kann ein Unternehmen neue, bislang unentdeckte Pfade erkunden, um an ein erwünschtes Ziel zu gelangen oder zu neuen und bis dato unvorstellbaren Zielen aufzubrechen.

Neue Regeln

Erinnern Sie sich noch an die Zeit, als man dachte, mit den Antibiotika sei das Ende von Lungenentzündungen, Streptokokkeninfektionen und einer ganzen Reihe anderer Bronchialleiden gekommen. Pustekuchen! Die unglaubliche Fähigkeit der Bakterien, (1) zu mutieren und sich zu vermehren, (2) sich in starken, medikamentenresistenten Gruppierungen zu organisieren und (3) emergente kollektive Verteidigungsmechanismen zu entwickeln, erlauben dieser weltweiten Gemeinschaft, regelmäßig jedes neue Antibiotikum innerhalb eines prognostizierbaren Dreijahreszyklus zu überlisten.

Die Viren stehen den Bakterien in der Fähigkeit, das menschliche Immunsystem zu überwinden, nicht nach. Es ist keineswegs eine Übertreibung, wenn es heißt, es sei leichter, einen Menschen auf den Mond zu bringen, als einen banalen Erkältungsinfekt zu kurieren. Das Grippevirus findet ständig neue Wege, um die immer ausgefeilteren Abwehrversuche unseres Immunsystems zu vereiteln. Die jüngste Version des Grippevirus verwendet eine »Tarnkappentechnologie«: Es versteckt sich, bevor es den Wirtsorganismus zu infizieren beginnt, was ihm mehr Zeit verschafft, sich vor der Invasion ausreichend zu vermehren.[8] Bakterien benötigen drei Jahre, um ein neues Antibiotikum zu knacken; die Viren stellen sich auf neue Impfstoffe in der Regel binnen Jahresfrist ein. Eine Grippeimpfung vom letzten Jahr ist heute bereits so gut wie unwirksam, weil die Mikroben mittlerweile eine Form angenommen haben, die das menschliche Immunsystem nicht erkennt.

Neue Ziele

Die Natur zeigt ums immer wieder, dass sich die radikalsten Möglichkeiten dann auftun, wenn mehrere Arten eine Kooperation eingehen. Innerhalb der einzelnen Arten führt Innovation im Allgemeinen nur zu neuen Wegen. Artenübergreifend ergeben sich aus den erstaunlichsten Kombinationen neue Zielperspektiven. Einige der radikalsten Innovationen in der Biotechnologie spielen sich in so abwegigen Kreuzungsbereichen wie zwischen Fischen und Säugetieren, Pilzen und Insekten oder Tieren und Pflanzen ab.

Stillschweigende Kooperation ist in der Natur ein häufigeres Phänomen, als uns gemeinhin bewusst ist. Die Vorstellung, die Natur sei in erster Linie von Kampf und hartem Wettbewerb bestimmt (das heißt, »nur der Stärkste überlebt«), ist weit übertrieben. Die irrtümlicherweise Darwin zugeschriebene Bemerkung stammt in Wirklichkeit von dem Soziologen Herbert Spencer, der damit die sozialen Schichtstrukturen und die Auswüchse des Kapitalismus des späten 19. Jahrhunderts charakterisierte.[9]

Die Biologen haben dokumentiert, dass die Natur die Kooperation über den Wettbewerb stellt. Kooperation ist unter dem Blickwinkel des Gesamtsystems betrachtet ergiebiger. Wettbewerb bringt Verlust. Kooperation ermöglicht ein bisweilen äußerst gedeihliches Miteinander verschiedener Lebensformen. Ameisen leben mit klebrigen, Insekten fangenden lateinamerikanischen Blumen oder mit stacheligen asiatischen Raupen in einer Gemeinschaft. Sie schützen ihre Wirte vor anderen Beutemachern und dürfen dafür den Nektar der

Wirtsblumen und die Milch der kooperierenden Raupen trinken.[10] In diesen Beispielen belohnt die stillschweigende Kooperation die eine Art mit willkommenen Nahrungsquellen und die andere mit einem neuen Sicherheitssystem. Ein Pilz in den Regenwäldern des Amazonas kann ohne Sonnenlicht nicht gedeihen. In einer höchst einseitigen Form von artenübergreifender Kooperation nistet er sich auf dem Rücken einer Ameise ein, die normalerweise auf dem Waldboden nach Nahrung sucht. Der Pilz infiziert jedoch das Gehirn der Ameise, die daraufhin den unwiderstehlichen Drang verspürt, auf die Kronen der Bäume zu klettern. Dort verkonsumiert der Pilz die Ameise und verwendet deren Proteine als Starthilfe für ein Leben als munterer Baumbewohner. Dem Pilz bietet diese ungewöhnliche Beziehung die Möglichkeit, dem unwirtlichen Waldboden zu entfliehen – eine völlig neue Perspektive.[11]

Wir können den Unterschied zwischen neuen Wegen und neuen Zielen am Monsanto-Beispiel gut beobachten. Monsantos ursprüngliche Absicht war es, neue Wege zu suchen: die Landwirtschaft zu revolutionieren, um die Bedürfnisse der Menschheit mittels neuer Wege in den Lebenswissenschaften zu befriedigen. Im Bild der Fitnesslandschaft gesprochen suchte Monsanto eine Route zu einem bislang unbestimmten »Gipfel« im Bereich der Lebenswissenschaften. Das Wettbewerbsumfeld des Unternehmens und die Marktchancen auf dieser Landschaft waren mehr oder weniger bekannt.

Dann aber veränderte sich diese Landschaft, als die Biotechnologie im Allgemeinen und genetisch veränderte Nahrungsmittel im Besonderen zum Angriffsziel von Greenpeace und anderen Umweltorganisationen wurden.[12] Infolge dieses plötzlichen Wandels erlitt das Unternehmen eine 20-prozentige Minderung seines Marktwerts und war am Ende gezwungen, mit Upjohn zu fusionieren. Ein knappes Jahr lang suchte das Unternehmen weiter nach Wegen zu dem bisherigen Ziel, entweder aus Starrköpfigkeit oder weil es nicht sehen wollte, dass sich die Zielmarken mittlerweile verschoben (oder vollständig verflüchtigt) hatten. Die Fitnesslandschaft hatte sich geändert. Statt neuer Wege waren neue Zielperspektiven gefragt.

Wir können nur spekulieren, wie eine solche neue Zielrichtung aussehen könnte. Zu den möglichen Szenarien gehört eine Verwandlung des Unternehmens von einem »globalen Wettbewerber und Pionier in den Lebenswissenschaften« zu einem »Förderer des globalen Dialogs über geeignete Sicherheitsgarantien für genmanipuliertes Saatgut und den möglichen Einsatz von biotechnologisch hergestellten Nahrungsmitteln zur Reduzierung des Welthungers«. Zweifelsohne setzt dies ganz andere Fähigkeiten voraus. Aber eine solche Umstellung *ist* möglich.

20 Jahre früher machte ein anderes Unternehmen aus dem Mittleren Westen, Motorola, eine ebensolche Wandlung von einem globalen Lieferanten von Elektronikzubehör unter anderem für CB-Radios zu einem engagierten Verfechter einer Antidumping-Gesetzgebung durch. Das Unternehmen wuchs

in diese Rolle (zu der auch politische Lobbyarbeit gehörte) so gut hinein, dass es schließlich maßgeblich mithalf, die entsprechenden Gesetze zu formulieren und durch den Kongress zu bringen, der daraufhin die Stelle des US Special Representative of Trade einrichtete. Zudem beteiligte sich das Unternehmen mit einer Startfinanzierung und anderer Unterstützung an der Schaffung der US Semiconductor Association, einer Antidumping-Interessenvertretung in Washington. Diese Maßnahmen brachten die US-amerikanische Halbleiter- und Elektronikbranche einen großen Schritt weiter bei ihrem Versuch einer Eindämmung unfairer Geschäftspraktiken.[13]

Monsanto könnte womöglich die eigenen strategischen Fähigkeiten in ähnlicher Weise erweitern, wie dies Motorola getan hat. Das Unternehmen könnte eine globale Konferenz zum Thema »Biotechnologie und Welthunger« vergleichbar dem Weltklima-Gipfel in Kyoto ausrichten. Bei einer solchen Gelegenheit ließen sich objektive Daten zu den Risiken genveränderten Saatguts und möglichen Sicherheitsmaßnahmen, den sozialen und wirtschaftlichen Folgen von Unterernährung, den zu erwartenden Nahrungsengpässen in benachteiligten Ländern und daraus resultierende Unruheszenarien nationalen und internationalen Ausmaßes präsentieren.

Im Kontext einer solchen Konferenz könnten Finanzierungsmechanismen ausgelotet werden, bei denen die entwickelten Staaten einen Aufpreis für gentechnisch hergestelltes Saatgut zahlen, während die Hersteller die zusätzlichen Kosten für die Verteilung dürre- und krankheitsresistenter, salzwassertoleranter und ernährungsphysiologisch verbesserter Samen an bedürftige Bevölkerungen übernehmen. Alternativ dazu könnten die Kosten von den Entwicklungsländern getragen werden, die aufgrund der Verträge von Kyoto eine Ausgleichssumme dafür zahlen müssen, dass sie mehr Ozon erzeugende fossile Brennstoffe verbrennen, als ihrer Quote entspricht. Solche Innovationen könnten den biotechnologisch erzeugten Pflanzen (bei geeigneten Sicherheitsmaßnahmen) den Weg bahnen, womit auch der Menschheit konstruktiv geholfen wäre.

In diesen Szenarien steht *neue Zielperspektive* für viele Faktoren – Transferzahlungen an bedürftige Bevölkerungen und diverse Beteiligte wie beispielsweise Entwicklungsländer und Umweltaktivisten. Das Ziel ist nicht länger definiert als ein höherer Fitnessgipfel verglichen mit Novartis und DuPont. Die »Fitness« von Monsanto ist vielmehr dadurch bestimmt, inwieweit es dem Unternehmen gelingt, einen globalen Dialog zu inszenieren und eine Politik anzustoßen, die geeignete Sicherungen gegen Umweltverschmutzung und gleichzeitig praktikable gesetzliche und ökonomische Regeln etabliert.

Die Wissenschaft der Selbstorganisation

Wie sind wir zu dem geworden, was wir sind? Welche urzeitlichen Ereignisse führten zur Erschaffung der DNS, der komplizierten Doppelhelix, die den Grundbaustein des Lebens darstellt?

Je genauer wir hinschauen, desto unwahrscheinlicher wird es. Bekanntlich führt das menschliche genetische System im Gegensatz zum Computer die meisten seiner Instruktionen *gleichzeitig* durch. Das bedeutet, dass der vorherrschende Mechanismus – das genetische System – die Bestandteile mit Variationsmöglichkeiten in der Größenordnung von 10^{30} simultan verarbeitet. Wie können all diese simultanen nicht linearen Aktionen zu einem Ergebnis führen und eine Art reproduzieren?[14]

Im Jahr 1965 bekamen die beiden französischen Biochemiker Jacques Lucien Monod und François Jacob den Nobelpreis in Medizin für ihren Beitrag zur Beantwortung dieser Frage.[15] Sie vertraten die These, dass einige Körperzellen, darunter die Ribonukleinsäure (RNS), als Regulatoren fungieren. Diese Regulatoren schalten die DNS scheinbar zufällig an und ab und spielen eine wichtige Rolle bei der Entscheidung, ob eine Zelle einmal zu einem Nerv, einem Muskel oder einer Nase gehören wird. Diese Regulatoren vereinfachen also *einige* der simultanen Prozesse und helfen, die Zahl der Optionen zu reduzieren. Wie sich herausstellt, reicht das aber noch nicht aus.

Am Santa Fe Institute ist der Genetiker Stuart Kauffman seit langem von diesem Phänomen fasziniert. Wie, so fragt er, können so viele scheinbar zufällige Faktoren ein verlässliches Muster erzeugen? Wie, wollte er wissen, konnte Leben in der uns bekannten Form überhaupt entstehen? Er wusste, dass die Chancen dagegenstanden; selbst nachdem die Schalterfunktion der Regulatoren bekannt war, blieben noch zu viele Permutationen möglich. (Und auch nach vielen Milliarden Jahren des Experimentierens hat die Erde erst einen winzigen Bruchteil der Möglichkeiten erkundet, die aufgrund von Mutation und natürlicher Selektion denkbar wären.)[16]

Kauffman war sich sicher, dass die Komplexitätswissenschaft eine Erklärung geben könnte. Wir haben bereits gezeigt, wie sich ein komplexes adaptives System, das von einer Veränderung seines Umfelds gestört oder bedroht wird, durch Attraktoren und Rückkoppelungsmechanismen aus seinem Gleichgewicht und an den Rand des Chaos bringen lässt. Dadurch wird das System in die Lage versetzt, sich eine neue und komplexere Gestalt zu verpassen, die besser in der Lage ist, mit den Problemen und Herausforderungen fertig zu werden.

Dieser Prozess von Selbstorganisation und Emergenz, so Kauffman, muss eine Abkürzung geboten haben durch das Dickicht der möglichen genetischen

Kombinationen zur Erzeugung von Leben. Zur Untermauerung dieser These konstruierte er eine einfache Simulation eines genetischen Systems – eine Anordnung von 100 Glühbirnen, die ein wenig an eine Leuchtreklame in Las Vegas erinnerte. Der Botenstoff RNS bewirkt ein An- und Abschalten der DNS, weshalb Kauffman ein Computerprogramm entwarf, das dasselbe mit seinen Glühbirnen machte. Rückkoppelung und »Lerneffekte« wurden durch eine Kontrolle der »Gene« simuliert – jedes von ihnen hing in seinem Verhalten von maximal zwei anderen ab. Weil er überzeugt war, dass keine weiteren Steuermechanismen erforderlich waren, spekulierte er, dass sich aus dem zufälligen Verhalten Muster herausschälen würden. Diese Schlussfolgerung lag keineswegs auf der Hand. Die möglichen Kombinationen in Kauffmans einfachem Arrangement von blinkenden Lichtern beliefen sich auf die Zahl zwei (an und aus) 100-mal mit sich selbst multipliziert – insgesamt fast eine Million mal eine Billion mal eine Billion Möglichkeiten!

Als Kauffman sein Gerät anschaltete, machte er eine erstaunliche Beobachtung. Statt, wie man vermuten könnte, eine unendliche Vielfalt von Mustern zu erzeugen, stabilisierte sich das System jedes Mal innerhalb weniger Minuten. Die meisten Lampen waren entweder ständig an oder ständig aus, und die übrigen durchliefen eine periodische Folge von Mustern. »Anstatt eine Billion Permutationen zu durchlaufen«, erinnert sich Kauffman, »pendelte sich dieses binäre Netzwerk rasch ein und wechselte fortan zwischen fünf, sechs, sieben oder besonders häufig zehn Zuständen.«[17]

Ein Netzwerk von Glühbirnen ist kein komplexes *adaptives* System (höchstens ein komplexes), aber das Prinzip ist dasselbe, mit weit reichenden Implikationen. »Was ist, wenn das Leben gar nicht herumsteht und darauf wartet, dass sich DNS ereignet?«, fragte Kauffman. »Was ist, wenn all diese Aminosäuren, Zuckermoleküle, Gase und die Sonnenenergie sich selbst organisieren wie eine glühbirnenbestückte Reklametafel?[18] In diesem Fall wäre das Erscheinungsbild der DNS kein mathematisches Wunderwerk, wie wenn 1000 Kartenspiele von einem Flugzeug abgeworfen würden. Vielmehr wäre es einfach das Werk unabhängiger »Akteure« am Rand des Chaos und unter günstigen Randbedingungen. Diese Akteure hätten weder zu wenig noch zu viel Regeln zu beachten und würden sich so organisieren, dass sie eine emergente Einheit erzeugen, die entwickelter und komplexer ist als die einzelnen Akteure für sich genommen.

Netzwerk =
Knoten und Verbindungen (Kanten)

Kauffmans Experimente sind für uns Anlass, die Beziehung zwischen Selbstorganisation und Netzwerken zu untersuchen. Netzwerke haben zwei wichtige Bestandteile: Knoten und Verbindungen. Computersimulationen haben gezeigt, dass die Mächtigkeit eines Netzwerks proportional zum Quadrat der Anzahl der Knoten ist.[19]

Die Benutzer des Internets sind ein Beispiel für ein Netzwerk im emergenten Zustand. Als Ikonen der Selbstorganisation interagieren sie mit keinem Architekten. Niemand trägt die Verantwortung; es gibt keine formellen Entscheidungsinstanzen und Vorschriften. Die Benutzergemeinde entwickelt sich auf dem Weg der Selbstorganisation. Die Emergenz zeigt sich in der wachsenden Zahl der vom Internet übernommenen Rollen und der Unternehmen, die auf seinem Boden gedeihen.

Interessanterweise ist die Funktionsweise des Internets im Kleinen ein Spiegelbild seiner Gesamtstruktur. Stellen Sie sich jedes Bit (oder Datenpaket) einer E-Mail als eine Biene im Schwarm Ihres PCs vor. Der Schwarm macht sich in dem Augenblick auf den Weg, in dem sie auf den Absendebutton klicken. Die so genannten Router des Internets sind die wichtigste Quelle seiner Fähigkeit zur Selbstorganisation. Wie die Lenkinstanzen des Luftverkehrs helfen sie jeder Biene (oder jedem Datenpaket), den schnellsten Weg durch den globalen Cyberspace zu finden.[20] Am anderen Ende setzt sich der Schwarm wieder zu einer Botschaft zusammen. Dabei leiten die Router einige der Bienen scheinbar über Umwege, wenn die direkte Route überlastet ist. Wie Kevin Kelly bemerkt: »Ein zentralisiertes Schaltsystem würde eine Botschaft niemals auf solche Umwege schicken. Aber die Ineffizienz des Einzelteils wird durch die unglaubliche Verlässlichkeit des Gesamtnetzwerks wettgemacht.«[21]

Die allgemeinen Netzwerkprinzipien haben über das Internet und über IT-Anwendungen hinaus Gültigkeit. Die bereits geschilderten Ereignisse bei Sears, British Petroleum und Monsanto stellten insofern Beispiele für Selbstorganisation und Emergenz dar, als (1) die Zahl der Knoten zunahm (mittels Town Hall Meetings und einer Erweiterung des Kreises der Interessierten) und (2) die Zahl und die Qualität der Verbindungen erhöht wurde (durch Konzepte, die die Leute miteinander in Verbindung brachten und ein breiteres Verständnis für die Unternehmensstrategie und bessere Kontakte zwischen den Ebenen und Funktionen erzeugten). Solange die vorhandenen Daten flüchtig und unzuverlässig und die Zusammenhänge zwischen den wichtigsten Faktoren kompliziert und kaum durchschaubar sind, liefert das über das gesamte System verteilte Wissen in der Regel bessere Lösungen als eine zentrale Entscheidungsinstanz. In diesen Situationen ist es besser, die Verbindungen zwischen den Knoten zu verstärken und ihnen eine wichtige Rolle für die Entwicklung des Systems beizumessen. In Fortsetzung eines Gedankens von Hillary Rodham Clinton können wir sagen, dass es nicht nur ein ganzes Dorf braucht, um ein Kind aufzuziehen, sondern häufig auch einen ganzen »Bienenschwarm«, um eine adaptive Herausforderung zu bestehen. Das nächste Kapitel wird dieses Konzept mit zahlreichen Beispielen aus der Praxis untermauern.

8

Selbstorganisation im Unternehmen

Visa, das größte Kreditkarten-Netzwerk der Welt, bildete sich in den späten 70er Jahren unter Führung Dee Hocks heraus, der zu den frühesten Verfechtern der Komplexitätslehre gehörte. Als CEO wandte er die Prinzipien der Selbstorganisation auf sein mit Schwierigkeiten kämpfendes Unternehmen an, und der Rest ist, wie man sagt, Geschichte.[1] Das Unternehmen lag im Wettbewerb erst hinten, erzielte dann aber einen großen Vorsprung vor seinen Rivalen und konnte diese Führungsposition bis heute immer weiter ausbauen. Mit fast 100 Millionen Karteninhabern und einem Point-of-Sale-Volumen von einer Dreiviertelbillion US-Dollar beherrscht das Unternehmen die Hälfte des weltweiten Kreditkartenmarkts. Der nächste Rivale, MasterCard, bringt es auf 31 Prozent.[2]

Visa repräsentiert gewissermaßen Selbstorganisation in Reinform. Die dezentralisierten Strukturen des Unternehmens basieren fast ausschließlich auf Eigeninteresse als wesentlichem Antrieb. Der Transaktionscharakter der Beziehungen der Mitglieder zum Abrechnungszentrum und zueinander bietet hinreichend Gewähr dafür, dass die richtigen Dinge geschehen und die einfachsten Strukturen sich durchsetzen.[3]

Bevor wir die Konzepte der Selbstorganisation und der Emergenz auf breiter Basis anwenden können, müssen wir ihre Auswirkung auf soziale Systeme untersuchen. Die meisten Unternehmen sehen sich gezwungen, zwischen Eigeninteresse und Gemeinschaftsinteresse einen Kompromiss zu finden. Dadurch steigen die Transaktionskosten, und die Entscheidungsfindung kann nicht nach unten delegiert werden.

Wir haben bereits davon gesprochen, dass sich die Fähigkeit eines lebenden Systems zur Selbstorganisation verbessern lässt, indem man (1) die Macht der Knoten reduziert, (2) mittels starker Verbindungen Netzwerke aufbaut und (3) den Wert dieser Netzwerke mit Informationen erhöht, die eine weitere Evolution auslösen. Die folgenden Beispiele veranschaulichen, wie sich diese Parameter in komplizierten Unternehmensverhältnissen darstellen.

Stellen Sie sich ein Komplexitätskontinuum vor. Wir begannen mit Tupperware und Visa, Unternehmen, in denen Selbstorganisation und Emergenz größ-tenteils auf Eigeninitiative basieren und sich in der reinsten und direktesten Form manifestieren. In der Mitte des Spektrums finden wir Organisationen, die in hohem Maß von der Selbstorganisation ihrer Mitglieder abhängen, in denen aber ebenso deren soziale und ökonomische Beziehungen eine Rolle spielen. Die Anonymen Alkoholiker liefern dafür ein Beispiel. Im weiteren Verlauf des Spektrums begegnen wir größeren gesellschaftlichen Systemen. Silicon Valley wird uns als Anschauungsbeispiel dienen. Und schließlich bli-cken wir auf eine traditionellere Organisation: die US Army, die Selbstorga-nisation und Emergenz explizit als Grundelement ihrer strategischen Fähig-keiten einsetzt.

Selbstorganisation und Selbsthilfe

Selbstorganisation und Emergenz spielen eine wichtige Rolle im Nonprofit-Bereich. Die dort tätigen Organisationen zahlen in der Regel sehr geringe Gehälter und sind in hohem Maß auf Freiwillige angewiesen. Eine Analyse der Anonymen Alkoholiker, des Pioniers unter den Selbsthilfegruppen, verrät viel über die Entstehung und Funktionsweise solcher Organisationen.

Die »AA«, wie sie sich nennen, formierten sich 1935 infolge der zufälligen Begegnung eines Arztes und eines Börsenmaklers, die beide Alkoholiker waren und versuchten, mit dem Trinken aufzuhören.[4] Emergenz setzt ein reifes The-ma voraus. In diesem Fall war es das Phänomen des zwanghaften Trinkens in einer Gesellschaft, die dessen Problematik verharmloste, verniedlichte oder schlicht leugnete. Unter dieser Oberfläche verbarg sich sehr viel Leid. Die Gesellschaft musste aufwachen und den Alkoholismus als Krankheit neu defi-nieren. Zudem waren innovative Heilungsstrategien vonnöten. Wie wir bereits sagten, bilden solche Faktoren den Nährboden für Emergenz.

Selbstorganisation und Emergenz gedeihen mit einfachen Regeln und Vor-gaben. Die Gründer von AA erfanden Regeln wie die »zwölf Schritte«, die für sich genommen bereits außergewöhnlich sind. Schritt eins ist, dass sich der Alkoholiker offen zu seinem Alkoholproblem bekennt. In den folgenden Schrit-ten durchläuft er systematisch ein therapeutisches Programm, bei dem er lernt, sich selbst zu akzeptieren und spirituell zu öffnen. Die Anonymen Alkoholi-ker gaben sich zudem eine schlanke Struktur mit einfachen Verfahrensregeln. Der Philosophie zufolge bilden die Teilnehmer eine Brüderschaft und teilen sich die Lasten des Erhalts ihrer jeweiligen Gruppe. AA lebt bewusst von der Hand in den Mund ohne Spendenaktionen, Stiftungsgelder oder eine Publi-zität, die es den Mitgliedern erlauben würde, sich auf ihren Lorbeeren aus-zuruhen. Jede Gruppe ist nur so vital wie ihre aktive Mitgliederschaft. Es gibt keine Hierarchie, keine bezahlten Kräfte und keine Aufwandsentschädigungen.

Das Zwölf-Schritte-Programm und seine Organisationsprinzipien wurden von vielen ähnlichen Organisationen imitiert. Es wurde praktisch zur DNA einer ganz neuen Organisationsart.

In den 80er Jahren erstellte der Soziologe Gregory Bateson eine ausführliche Studie über AA. Eine seiner interessantesten Beobachtungen betraf die Emergenz. Er fand heraus, dass die therapeutische Wirkung von AA ohne Beispiel war; sie stellte einen Quantensprung gegenüber dem damaligen Stand der psychotherapeutischen Behandlungsmöglichkeiten dar.[5] AA erfüllte ein ungestilltes gesellschaftliches Bedürfnis und weckte breites Interesse. Bereits nach wenigen Jahren gab es überall in den Vereinigten Staaten und in vielen anderen Ländern AA-Gruppen. Diese breite soziale Bewegung war scheinbar aus dem Nichts entstanden.

Die institutionelle Bedeutung der Anonymen Alkoholiker im Bereich der Selbsthilfeorganisationen ist vergleichbar mit der Erneuerung des Federal Reserve Board als quasi unabhängiger Wächter der US-Wirtschaft. Während der letzten sechs Jahrzehnte hat das AA-Modell weltweit Hunderte von Selbsthilfe- und Aktivistenorganisationen inspiriert. MADD (Mothers Against Drunk Drivers) hat fast im Alleingang erreicht, dass Trunkenheit am Steuer nicht länger als Kavaliersdelikt behandelt wird. MADD hat öffentliche Aufmerksamkeit geschaffen, die Trinknormen unserer Gesellschaft verändert und den Begriff »Designated Driver« in unseren Wortschatz eingeführt.[6] Andere Gruppierungen unterstützen Opfer innerfamiliärer Gewalt und Patienten, die an einer unheilbaren Krankheit leiden. In den Vereinigten Staaten haben zwei Millionen Menschen jeden Tag in irgendeiner Weise mit den Anonymen Alkoholikern zu tun. Weltweit haben mindestens 30 Millionen Menschen direkten Kontakt zu Selbsthilfeorganisationen.[7]

Die Emergenz des Silicon Valley

Selbstorganisation und Emergenz sind nicht auf ein Unternehmen oder eine Branche beschränkt. Diese Kräfte wirken in vielen Gesellschaften und Wirtschaftsbereichen. Die Tausende von hoch spezialisierten und eng verwobenen Unternehmen der norditalienischen Mode- und Textilindustrie bieten dafür ein gutes Beispiel.[8] Ein zweites Beispiel stammt aus den Vereinigten Staaten.

Selbstorganisation findet in Silicon Valley auf zweierlei Weise statt: (1) Ständig formieren sich Akademiker, Unternehmer und Investoren zu neuen Startups; (2) Unternehmen, akademische Institutionen und Risikokapitalgeber bilden strategische Allianzen, Partnerschaften und temporäre Projektteams.

Emergenz kommt ebenfalls in mehreren charakteristischen Formen vor. Das Valley war der Nährboden für so manche emergente Technologie. Früher war es der Magnet, der die Hersteller von PC-Komponenten und Bauteilen anzog. Heute ist es ein vielseitiger und schillernder Standort für Biotechnologie, Mikroprozessoren und Bioelektronik. Silicon Valley hat auch emergente Geschäftsplattformen inspiriert wie den E-Commerce und zuletzt Start-ups, die es eher auf Börsengang und raschen Wertzuwachs als auf kurzfristige Produkte, Gewinne oder Dauerhaftigkeit abgesehen haben. Und schließlich war es der Nährboden für emergente Geschäftspraktiken – fortgesetztes Ungleichgewicht, schnelles Tempo, obsessive Suche nach der »übernächsten« großen Idee – und ein Hort des Talents und der Energie, die sich immerfort aus ihrem eigenen Adrenalin zu speisen schien.

In Silicon Valley ist ein Drittel der 100 größten seit 1965 in den Vereinigten Staaten gegründeten Technologieunternehmen zu Hause. Der Marktwert dieser Unternehmen wuchs allein zwischen 1986 und 1990 um 25 Milliarden US-Dollar, verglichen mit der einen Milliarde, um die die vergleichbare Bostoner Region entlang der Route 128 zugelegt hat. Zwar beschäftigten die beiden Regionen 1975 ungefähr die gleiche Zahl von Mitarbeitern, die Unternehmen des Silicon Valleys konnten jedoch in den darauf folgenden 15 Jahren rund 150 000 Arbeitsplätze im Bereich neuer Technologien zusätzlich einrichten – dreimal so viel wie an der Route 128.[9] Die Risikokapitalinvestitionen beliefen sich von Januar 1996 bis zum ersten Quartal 1997 im Silicon Valley auf 2,8 Milliarden, in Boston lediglich auf 700 Millionen US-Dollar.[10] Während dreier Jahrzehnte ist das Valley auf über 5000 Quadratkilometer angewachsen. Die Region umfasst mehr oder weniger auch Marin County, San Francisco, Oakland, Berkeley, Palo Alto, San Jose und Santa Cruz.

Kürzlich führte McKinsey eine Umfrage durch, um das Wachstum des Hochtechnologiesektors in den industrialisierten Volkswirtschaften zu bestimmen. In den Vereinigten Staaten nahmen die Erträge zwischen 1990 und 1998 um 14 Prozent jährlich zu. Der nächste Rivale war Deutschland mit zwei Prozent. Das erstaunliche Wachstum in den Vereinigten Staaten ist hauptsächlich Silicon Valley zu verdanken.[11]

»Die Geschichtsschreibung wird die Jahre 1971 und 1972 einmal als die Zeit festhalten, als sich die US-Wirtschaft westwärts verlagerte«, schreibt Virginia Postrel, Kolumnistin der Zeitschrift *Forbes*. »In jenen Jahren begannen in der Region südlich von San Franzisco die Risikokapitalgeber aus dem Boden zu schießen, um jungen Anbietern von IT-Produkten – häufig Computern oder Software – unter die Arme zu greifen. Technologie, Silizium, Talent und Risikokapital waren die Antriebskräfte, die in den vergangenen 20 Jahren mehr Reichtum schufen als der Rest der Nation zusammen.«[12]

Wie bereits erwähnt, vereinigt Silicon Valley sämtliche Zutaten der Emergenz: Innovationsfunken (wie etwa der ständige Nachschub an Erfindungen, mit denen die Stanford University und die University of California in Berkeley aufwarten), Technologie, Kapital, (geistige und ethnische) Heterogenität und ein anregendes und stimulierendes äußeres Umfeld und geistig-intellektuelles Klima. Einen interessanten Aspekt der Selbstorganisation in Silicon Valley stellen die bemerkenswerten, stets wechselnden Partnerschaften dar. Dieses Muster von Kooperation und Koevolution zeichnet die Region vor ihren weniger erfolgreichen Pendants entlang der Bostoner Route 128 und anderswo aus. »An der Ostküste«, sagt ein Beobachter, »existiert immer noch die überkommene Vorstellung, dass wir es allein schaffen. ›Wir holen uns nur zusätzliche Mitarbeiter und behalten die Kernkompetenz für uns.‹«[13] Wichtige potenzielle Partner wie das Massachusetts Institute of Technology (MIT) bleiben eher außen vor. Von früh an beschlossen Stanford und die University of California, mit den Unternehmen zusammenzuarbeiten. Einer der ersten Deans von Stanfords Ingenieursfakultät startete ein Programm, bei dem die Universität und nahe gelegene Unternehmen Fachkräfte austauschten und gegen Honorar gemeinsame Projekte durchführten – ein Programm, das auch heute noch praktiziert wird.

In Silicon Valley werden strategische Allianzen sowohl von akademischer als auch von unternehmerischer Seite aktiv gepflegt. Das hat für diese Institutionen unter anderem den Vorteil, dass sie Risiken gemeinsam leichter tragen können. Arten werden flexibler, wenn sie gemeinsame Sache machen, Ressourcen teilen und im Tandem arbeiten. Wenn ein Bein eines Netzwerks wankt, können andere dafür einspringen.

Dieses durch Selbstorganisation geknüpfte Netz wurde zu einem bewusst eingesetzten Modell für das Valley. Es verleiht der Region insofern eine Meta-Intelligenz, als Fachwissen und intellektuelles Eigentum nicht auf ein Unternehmen beschränkt bleiben, sondern durch gegenseitige Befruchtung von Unternehmen und selbständigen Einzelpersonen breit gestreut werden. Sun Microsystems, Inc. beispielsweise betraut unabhängige Programmierer mit der Entwicklung von Java-Applikationen. Netscape Communications Corporation stellt seine neuen Versionen der Internetgemeinde kostenlos zur Verfügung (und die ersten Benutzer werden wiederum zu Beta-Testern). Ein kürzlich in *Fortune* erschienener Artikel beleuchtet das Labyrinth aus Finanzholdings, sich überschneidenden Board-Besetzungen und gewöhnlichen Risikokapitalholdings unter einigen der prominentesten Risikokapitalunternehmen in Silicon Valley. Im Durchschnitt hatte jedes der 20 im Bericht genannten Unternehmen zehn gemeinsame Verbindungen, und einige, wie etwa Netscape hatten 16.[14]

Die genetische Vermischung innerhalb des Valleys wird durch die ständige Mitarbeiterfluktuation verstärkt. »Wenn Mitarbeiter neu in ein Unternehmen kommen, sind sie mit Leidenschaft dabei«, sagt Paul Koontz, Partner eines der größten Risikokapitalunternehmen im Valley. Aber dieser Eifer lässt oft schon nach kurzer Zeit deutlich nach. Dann ziehen sie los und engagieren sich ebenso leidenschaftlich für ein anderes Unternehmen.«[15] Serielle Beschäftigung ist die Norm, und deshalb wetteifern die Unternehmen verbissen um Mitarbeiter; gleichzeitig kooperieren sie, lernen voneinander und bilden Partnerschaften.

Die Geschichten von AA und Silicon Valley enthalten das gemeinsame Element der farbigen Anekdote. Solche Beispiele haben einen Nachteil: Sie vermitteln allzu leicht den Eindruck, als bezögen sich die Prinzipien lebender Systeme lediglich auf die farbigen Randbereiche der Unternehmenswelt statt auf die Managementpraxis im Allgemeinen.

Die Prinzipien lebender Systeme sind weit mehr als ein letztes Hilfsmittel. Unter adaptiven Bedingungen sollten sie die erste Wahl sein. Die US Army ist genau diesen Weg gegangen.

Hinter unserem Eifer, die US Army als Beispiel dafür zu präsentieren, wie sich mittels der gepaarten Eigenschaften von Selbstorganisation und Emergenz langfristige Unternehmensfähigkeiten erwerben lassen, steckt Methode. Die US Army ist insofern unverdächtig, als es höchst unwahrscheinlich ist, dass diese Ideen zufällig oder unüberlegt eingesetzt wurden. Seit den späten 80er Jahren studierten und verinnerlichten mehrere Generationen hochrangiger Armeeführer die Ideen der Selbstorganisation und Emergenz und begannen sie als alternatives Modell anstelle der gängigen Armeepraxis von Befehl und Kontrolle in die Praxis umzusetzen. Mittlerweile haben diese Ideen ihren Niederschlag in Protokollen gefunden, die der Armee gute Dienste leisten, indem sie zum langfristigen Vitalitätserhalt beitragen.

Für viele kommt die Verbindung von *US Army* und *Selbstorganisation* oder *Transformation* einem Widerspruch gleich. Unsere Denkstereotypen erfordern jedoch eine Überprüfung. General Gordon R. Sullivan, bis vor kurzem Chief of Staff der US Army, erklärt:

>»Das Paradox des Krieges im Informationszeitalter besteht darin, einen Riesenumfang an Informationen zu verwalten und der Versuchung zu widerstehen, alles kontrollieren zu wollen. Unser Wettbewerbsvorsprung ist nichtig, sobald wir versuchen, Entscheidungen ausschließlich über die Befehlskette zu treffen. Alle Einheiten und Panzerbesatzungen haben Echtzeitinformationen über das Geschehen um sie herum, die Lage des Feindes und die Art und Ausrichtung der feindlichen Waffensysteme. Sobald die Absicht des Kommandeurs verstanden wurde, müssen die Entscheidungen auf die tiefstmögliche Ebene verlagert werden, damit die Soldaten jede Gelegenheit nutzen können.«[16]

General Sullivans Worte greifen die bislang in diesem Kapitel vorgestellten Ideen auf.

Die Kriegführung des Informationszeitalters veranlasste die US Army, Selbstorganisation bewusst zu nutzen und als zentrales Element in die »Kampfdoktrin« (der Begriff der US Army für *Strategie*) aufzunehmen. Die Army bewerkstelligte dies, indem sie (1) die Qualität der *Knoten* erhöhte (mittels qualifizierterer Soldaten und erstklassiger Ausbildung) und (2) die Güte der *Verknüpfungen* verbesserte, die die Mitglieder einer Kampfeinheit elektronisch miteinander verbinden. Natürlich hat die US Army diese Richtlinien kodifiziert, sodass die Maßnahmen wiederholbar sind.

Dass verstärkt Selbstorganisationsimpulsen auf dem Schlachtfeld Raum gegeben wird, heißt nicht, dass Panzerbesatzungen plötzlich Hubschrauber fliegen oder Soldaten spontan entscheiden dürfen, die kurdischen Rebellen gegen Bagdad zu unterstützen. Um die Linse der Komplexität zu fokussieren, hat die Army einen wichtigen Managementbegriff, die *Intention des Kommandeurs*, eingeführt. Sie ist das Fundament für alle Entscheidungen. Die Intention des Kommandeurs definiert den Umfang des Einsatzes. Das Konzept geht auf den legendären General George S. Patton zurück, der im Zweiten Weltkrieg umkam. »Erzählen Sie Ihren Leuten niemals, *wie* sie etwas tun sollen«, sagte er einst. Erzählen Sie ihnen, *was* zu tun ist, und Sie werden von ihrer Findigkeit überrascht sein.«[17] (Dieser philosophische Unterschied war übrigens der Anlass für seine Unstimmigkeiten mit dem britischen General Bernard L. Montgomery.) Unter dieser Maxime werden die Kampfeinheiten zu Improvisation und Initiative ermutigt, aber immer innerhalb eines größeren Rahmens, der durch die Intention des Kommandeurs vorgegeben ist. Wenn diese Intention klar vermittelt wird, können die Kampfeinheiten auf spontane Gelegenheiten reagieren oder sich neu ausrichten, wenn die Ereignisse sich anders als geplant entwickeln.

Die US Army verstärkte die Dringlichkeit ihrer Bemühungen um ständige Erneuerung, indem sie eine Form von »Wettbewerb« simulierte, soweit dies bei einer militärischen Monopolorganisation möglich ist. Gewiss, die Army hat wenig direkten »Wettbewerb«, wenn man die Seltenheit kriegerischer Konflikte bedenkt. Die Armeeführung ist sich sehr wohl der Tatsache bewusst, dass die Streitkräfte in Friedenszeiten leicht in Untätigkeit verfallen und folglich mit der Doktrin des letzten Krieges auf die Technologie und die speziellen taktischen Herausforderungen des nächsten Krieges reagieren.

Was die US Army in den Jahrzehnten seit dem Vietnamkrieg auszeichnet, ist, dass sie diese Falle vermieden hat, indem sie in ihrem Streben nach ständiger Erneuerung veraltete Technologie als den »Feind« identifizierte. Die Genauigkeit und Wirksamkeit moderner Waffen stellt eine diabolische Herausforderung dar; mit einem großen Truppen- und Materialaufgebot (wie es für die traditionelle Kriegführung kennzeichnend war) erreicht man heute wenig mehr, als dem Feind ein großes und verwundbares Ziel zu bieten. Im Zeitalter der verteilten Information wissen zudem der Fußsoldat oder der Panzerkommandeur im Feld ungefähr ebenso viel über die Lage wie die Generäle in ihren Kommandozentralen. Wenn diese Information sinnvoll verwaltet wird, können die Soldaten an der Front Echtzeitentscheidungen treffen. Mit den geeigneten Instrumenten können sie spontane Gelegenheiten nutzen und höchst vorteilhaft improvisieren. Dieser Wettbewerbsvorteil wird verschenkt, solange man der traditionellen Doktrin der Army folgt, wonach alle Entscheidungen zuerst die Kommandozentralen durchlaufen müssen. Das ist der Grund, weshalb sich Selbstorganisation hier auszahlt.

»Neue Wege« sind für die US Army deshalb wichtig, weil die Kriegführung im Informationszeitalter auf strategischer Ebene neue Methoden verlangt. Auf der taktischen Ebene können die Soldaten neue Wege zum Sieg im Kampfgeschehen entwerfen.

Einer der bedeutendsten Beiträge der Army zur Managementpraxis manifestiert sich in drei höchst ungewöhnlichen Armeetrainingslagern: (1) Fort Irwin in Kalifornien (mechanisierte Kriegführung); (2) Fort Polk in Louisiana (Guerillakampf) und (3) Hohenfels in Deutschland (Friedenssicherung und humanitäre Hilfe). Diese Einrichtungen sind so bemerkenswert, dass sie nicht nur Senior Executives von Shell, Sears, Motorola und General Electric, sondern hochrangigen Delegationen aus allen westeuropäischen Ländern, Russland und den meisten Staaten Asiens, Lateinamerikas und des Nahen Ostens als Studienobjekt dienen. Sie wurden während der vergangenen 15 Jahre immer weiter perfektioniert und gelten heute als Hauptträger der Transformation eines der größten Arbeitgeber der Vereinigten Staaten. Das Beispiel ist für die gesamte Geschäftswelt relevant.[18]

Wir wollen die Trainingsmethoden des National Training Center (NTC) in der kalifornischen Mojave-Wüste näher unter die Lupe nehmen. Während zweier strapaziöser Wochen gehen zwei Armeebrigaden von 3000 bis 4000 Mann (dem Äquivalent zu einer kompletten Geschäftseinheit innerhalb eines Unternehmens) vom untersten bis zum obersten Rang in einer Simulation aufeinander los, die so realistisch ist, dass kein Teilnehmer ungeschoren davonkommt. Ein solches Erlebnis verändert für immer die Führungstechnik der Executives und das Leistungsverhalten der Linien.

Entscheidend für die Wirksamkeit der Erfahrung ist ein Stamm von 600 Instruktoren, von denen jedem Teilnehmer mit Führungs- oder Aufsichtsfunktion je einer zugeteilt wird. Diese »Beobachter« begleiten die Teilnehmer rund um die Uhr, geben individuelle Hilfestellung und moderieren eine Teamnachbesprechung namens After Action Review (AAR). Bei dieser Gelegenheit erfahren die Teilnehmer, was sie falsch gemacht haben, und wie sie die Versäumnisse wieder gutmachen können. Die AARs sind fast der wichtigste Teil der ganzen Veranstaltung – hier werden die Lehren aus einer Übung gezogen, die sich auf 250 000 Hektar abspielt und täglich eine Million US-Dollar verschlingt.

Zahlreiche Faktoren haben zu der außergewöhnlichen und gründlichen

Transformation der US Army beigetragen. Aber militärinterne und -externe Beobachter sind sich einig, dass das NTC und seine Satelliteneinrichtungen den Mittelpunkt bildeten, in dem alle Transformationsbemühungen zusammenliefen. Seit der Einrichtung des NTC haben mehr als eine halbe Million Armeeangehörige und mittlere Offiziere mehrmals an seinen Programmen teilgenommen. Die meisten oberen und mittleren Offiziere und Unteroffiziere haben das NTC nicht weniger als fünf Mal besucht. Wie ein Offizier sagte: »Vor dem NTC machten wir uns in der Regel etwas vor. Die Ausbildung war sehr subjektiv. Aber die NTC-Erfahrung lässt keinen Raum für Ausflüchte. Tag für Tag waren wir mit der offensichtlichen Diskrepanz zwischen Absicht und mangelhafter Umsetzung, zwischen dem erwarteten und dem tatsächlichen Verhalten des Feindes konfrontiert.«[19]

Zu den bemerkenswertesten Aspekten der Transformation der US Army gehört, dass sie sich als so dauerhaft erwiesen hat – sie hat zahlreiche Wechsel an der Spitze überstanden. Seit Mitte der 70er Jahre musste die US Army auf die Launen von sechs verschiedenen republikanischen und demokratischen Administrationen, acht Verteidigungsministern, zehn Heeresministern und einer Folge verschiedener Stabschefs (des jeweils ranghöchsten Generals, gewissermaßen des CEO der Army) reagieren.

Wie konnte eine Organisation erfolgreich eine lang andauernde Übergangsperiode meistern, während ihre Führungsriege ständig wechselte? Wie kann eine Institution mit so vielen Hindernissen (dem für den öffentlichen Bereich typischen Vorschriftendschungel; einer blühenden Wirtschaft, die die besten Talente anlockt, während die Army an feste Gehalts- und Belohnungsstrukturen gebunden ist; jährlichen 60 Prozent Fluktuation in der Truppe; empfindlichen Personalreduzierungen; einer fest verwurzelten Tradition von Befehl und Gehorsam) selbst unter idealen Umständen (und die oben aufgezählten gehören sicherlich nicht dazu) jenen Primus-Status erreichen, den sie heute genießt, und Führungsstil und Unternehmenskultur so grundlegend verändern?

Die kurze Antwort auf diese Fragen ist, dass die Army die in diesem und den vorigen Kapiteln vorgestellten Leitlinien meisterhaft umgesetzt hat. Durch die gelungene Implementierung der folgenden sechs Faktoren hat sie ihre Erneuerungsbemühungen mit einem guten Schuss Kontinuität versehen, mögen finanzielle Rahmenbedingungen und politische Vorgaben auch noch so großen Schwankungen ausgesetzt gewesen sein:

1. *Ungleichgewicht* wird durch die strapaziösen 20-Stunden-Tage im NTC gewährleistet. Empfindliche Niederlagen gegen überlegene »Feinde«, körperliche Erschöpfung und die erbarmungslose Disziplin der Arbeit in den AARs reißen die Organisation aus Erstarrung und Bequemlichkeit.
2. *Der Rand des Chaos* ist ein adäquates Bild für das, was die Teilnehmer erle-

ben. Das Ungleichgewicht wird durch die Erschöpfung und die wachsende Erkenntnis *verstärkt*, dass Erfolg davon abhängt, inwieweit es den Kampfeinheiten gelingt, ihr Geschick in Routinemanövern mit einer neuen Qualität zu kombinieren: der Fähigkeit zur Improvisation. *Dämpfende* Rückkoppelung resultiert aus der Ausbildung vor dem NTC-Erlebnis. Die Soldaten werden gedrillt, Aufgaben unter festgelegten Bedingungen und mit bestimmten Standardzielen auszuführen. Die AARs verwenden bestimmte Schlachtfeldszenen sowie überzeugende und unzweideutige Daten, um »lehrreiche Augenblicke« zu inszenieren.

3. *Seltsame Attraktoren* werden von der Army geschickt eingesetzt, um dem alten Problem eines Moralverfalls in Friedenszeiten zu entgehen:

- Die Army hält ständig die Erinnerung an die demütigende Niederlage in Vietnam wach und ist entschlossen, eine Wiederholung zu vermeiden. (»Nie wieder«, lautet der tief empfundene Leitsatz.)
- Indem die Army den »Krieg des Informationszeitalters« und das »digitale Schlachtfeld« als reale Bedrohung ernst nimmt, hält sie das Bewusstsein für die Bedrohung durch veraltete Technologie wach.

Diese Attraktoren, so wichtig sie sind, haben die Army nicht davon abgehalten, zusätzlich Ziele zu verfolgen, die die einzelnen Soldaten unmittelbarer ansprechen. Zu den weiteren Attraktoren zählen »Dienst für die Nation« (ein wichtiger Anreiz für viele Freiwillige) und »Be all that you can be«. Unter Letzterem ist mehr als ein Werbeslogan zu verstehen. Es schwingt darin das Bedürfnis vieler Soldaten mit, ihre latenten Potenziale zu entdecken. Die Army sieht sich als eine entwicklungsfördernde Institution – die den Rekruten hilft, Stärken auszubauen, damit sie reifer, fähiger und mit mehr Selbstvertrauen in die zivile Welt zurückkehren.

4. Die Reise der Army über ihre *Fitnesslandschaft* haben wir bereits beschrieben. Die Armeeführung erkannte die Notwendigkeit, ihren Anziehungspunkt zu verlassen: konventionelle Waffen, Doktrin, Zwangsrekrutierung und hierarchische Befehlsstruktur. Sie suchte nach einem neuen Fitnessgipfel, dessen Topografie von intelligenten Waffen, elektronisch vernetzten Kampfeinheiten, nichttraditionellen Einsatzzielen (zum Beispiel Serbien, Haiti, Ruanda) und Einsatzmodellen gekennzeichnet ist, die von der verteilten Intelligenz und der Initiative der Linien Gebrauch machen.

5. *Knoten* und *Verbindungen* wurden durch bessere Rekruten (keine leichte Aufgabe in einer Zeit wirtschaftlicher Blüte) und eine vorzügliche Ausbildung verstärkt. Eine erstklassige Ausrüstung und elektronische Vernetzung ermöglichen einen umfassenden Informationsfluss in Echtzeit. All dies wurde am NTC zu einem Ganzen zusammengesetzt. Unter dem gleißenden Licht der AARs musste jeder Knoten für sich geradestehen und seinen Teil beitra-

gen; bei brennender Sonne und klirrender Kälte entstand wahrer Teamgeist. Unter solchen Bedingungen kommt es zu einer dauerhaften gegenseitigen Wertschätzung sowie zu tiefen menschlichen Kontakten.

6. *Freiheit und Disziplin* werden durch den NTC-Prozess eingeübt. Freiheit definiert sich innerhalb der Grenzen der Intention des Kommandeurs: Wenn die Soldaten die übergeordneten Ziele eines Einsatzes verstehen, sind sie frei zu improvisieren. Disziplin wird durch ein hartes Training vor dem Besuch des NTC verinnerlicht. Eine zweite Stufe von Disziplin resultiert aus der rigorosen Selbstprüfung im Rahmen der AARs.

Emergenz voraussehen

Die Fähigkeit, das Entstehende, das *Emergente,* zu erkennen (bevor es sich entwickelt), ist der Lackmus-Test, der zeigt, wie gut wir das Emergenzkonzept verstanden haben. Ohne den Vorteil des Rückblicks ist es natürlich viel schwieriger, aber die Übung schärft den Verstand. Es ist wichtig, dass wir uns auf Felder mit viel »Lärm« oder »Hitze« konzentrieren, wo die Dialoge und strukturellen Widersprüche den interstellaren Staub bilden, der sich einmal zu Planeten oder Sternen verdichten kann.

Nehmen wir die Beraterbranche. Fast zwei Jahrzehnte lang wuchs sie jährlich um 20 bis 25 Prozent und verdient derzeit Honorare in Höhe von 30 Milliarden US-Dollar pro Jahr.[20] Mit diesem Wachstum geht ein seltsames Paradox einher: Die Kunden kaufen mehr und zahlen mehr – und *beklagen* sich mehr. Sie bedauern die Ausgabe, fürchten, in Abhängigkeit zu geraten, und beschweren sich über Berater, die ihnen »nichts Neues erzählen«. Der Widerspruch zwischen Wort und Tat weist auf ein mögliches Emergenzpotenzial hin.

Was geschieht hier?

Der Mitarbeiterabbau der vergangenen zwei Jahrzehnte bietet möglicherweise eine Teilerklärung. Die Unternehmen haben gerade genug Mitarbeiter, um den laufenden Betrieb zu bewältigen. Bei jedem speziellen Projekt oder einer unerwartet hohen Nachfrage werden externe Ressourcen benötigt. Einige Aufgaben erfordern Spezialkenntnisse: Reduzierung der Zykluszeiten, Entwurf einer Veränderungsarchitektur, Implementierung von Software zur unternehmensweiten Ressourcenplanung, Auslotung möglicher Akquisitionen. Die intern für diese Aufgaben Verantwortlichen profitieren vom Rat jener, die mit dem breitesten Spektrum an neuesten Anwendungen quer durch die Unternehmen und Branchen vertraut sind. Weil solches Wissen schwer zu finden und interne Experten teuer sind, wenden sich die Unternehmen an Berater.

Emergent ist hieran der Bedarf an *Wissensdienstleistungen.* Anachronistische Vorstellungen von der Beratertätigkeit mögen es etwas erschweren, diesen echten Bedarf zu erkennen. »Wissensdienstleistungen« sind in diesem Fall jedoch eine effiziente Antwort auf einen emergenten Bedarf.

Ein anderes Feld, auf dem wir Emergenz im Entstehen beobachten können, sind die gesellschaftlichen Widersprüche zum Thema Adaption. Fünf Millionen qualifizierter Eltern in den wohlhabendsten Ländern der Welt sind begierig darauf, Kinder zu adoptieren. Und 15 Millionen Kinder in zumeist wirtschaftlich notleidenden Ländern haben kein Zuhause und bedürfen dringend der Unterstützung. Allein in Afrika wurden in den letzten zehn Jahren 10,4 Millionen Kinder zu Waisen, nachdem ihre Eltern an AIDS starben. Diese Kinder, die ihre Mütter (und in den meisten Fällen ihre Väter) verloren haben, sind praktisch sich selbst überlassen.[21] Die meisten von ihnen leben auf der Straße.

Diese jungen Menschen erleben akutes physisches und mentales Leid. Manche sterben mental, manche physisch. Dennoch ist es nach wie vor außerordentlich schwierig und mit enormen legalen, emotionalen, finanziellen und diplomatischen Hürden verbunden, diese Kinder zu adoptieren. Auch hier sind die Bedingungen für Emergenz gegeben: Hitze und Lärm, ungestillte Bedürfnisse und strukturelle Widersprüche.

Die Probleme beginnen, sobald ein ärmeres Land wohlhabenderen Ausländern Zugang zu seinen verlassenen Kindern gewährt. Die Nachfrage nach Kindern ist so groß, dass in kürzester Zeit kriminelle Netze entstehen, die Neugeborene – die ihre natürlichen Eltern noch *haben* – aus Krankenhäusern entführen und verkaufen. Armen Frauen wird Geld dafür geboten, dass sie Kinder zur Welt bringen. Wenn diese grausamen und inhumanen Folgewirkungen zu offensichtlich werden, schieben die Länder der Adoption in der Regel den Riegel vor. Häufig stellen sie an die zukünftigen Eltern so unüberwindliche Anforderungen, dass die verbleibenden Kinder zu einer unberührbaren Kategorie werden – zu einem »unlösbar schwierigen Problem«. So war es in Vietnam, Rumänien, auf den Philippinen, in den ehemals sowjetischen Staaten und dem größten Teil Afrikas südlich der Sahara.

Wir wollen dieses emergente Problem, das darauf wartet, ins Zentrum der Aufmerksamkeit zu rücken, mit dem Verbot der Antipersonenminen vergleichen. Es lohnt sich, die gemeinsamen Muster herauszuarbeiten.

Das Problem der Antipersonenminen blieb so lange unlösbar, bis sich durch Selbstorganisation zahlreiche Interessenverbände bildeten. Die Sichtbarkeit und Autorität Prinzessin Dianas, die die Aufmerksamkeit der Öffentlichkeit auf dieses Thema lenkte, halfen dem Anliegen weiter. Viele Faktoren mussten zusammenkommen, bevor erste entscheidende Schritte in Richtung einer Begrenzung des Einsatzes von Landminen unternommen und im Jahr 1998 verschiedene Führungspersönlichkeiten, die geholfen hatten, für eine emergente Notsituation eine Lösung zu finden, mit dem Friedensnobelpreis ausgezeichnet wurden. Im gegenwärtigen Jahrzehnt wird das Missverhältnis zwischen dem Wunsch vieler Menschen, Kinder zu adoptieren, und der verzweifelten Sehnsucht der Kinder nach einem Zuhause mit hoher Wahrscheinlichkeit den Status eines Problems erreichen, »dessen Zeit gekommen ist«. Wenn es dann so weit ist, werden die Politiker in aller Welt reagieren und humane Lösungen finden.

Warnungen

Um die Prinzipien der Theorie der lebenden Systeme auf die menschlichen Sozialsysteme erfolgreich anzuwenden, genügt es nicht, die Menschen sich selbst zu überlassen und zu warten, bis diese sich selbst organisieren und emergente Resultate hervorbringen. Weder mit Logik noch mit Erfahrung ließe sich eine solche Schlussfolgerung rechtfertigen. Die Exzesse und die Zerstörungswut der chinesischen Kulturrevolution sind ein gutes Beispiel. Mao Tse-tung gelang es nicht, eine adaptive Herausforderung zu formulieren. Er initiierte 1966 die Kulturrevolution, um eine funktionierende kommunistische Gesellschaft zu errichten, rechte Strömungen zu bekämpfen und die »vier alten Dinge« auszurotten: altes Denken, alte Kultur, alte Gewohnheiten und alte Gebräuche. Aber der Intention des Kommandeurs fehlten die Grenzen. Maos »kleines rotes Buch« lieferte ideologische Leitlinien, jedoch keine praktischen Regeln oder begrenzenden Verhaltensnormen für den bevorstehenden Aufstand der Massen.[22] Viele glauben, dass Mao dies beabsichtigte. Er verbot für fünf Jahre die Lehre (von der Mittelschule bis zur Universität) und befahl Militär und Partei, sich den Exzessen der Roten Garden nicht in den Weg zu stellen. Da es Maos Ziel war, die dunklen Seiten der Gesellschaft an die Oberfläche zu bringen, wird die Kulturrevolution als ein perverses klinisches Experiment in die Geschichte eingehen. Sie demonstrierte das dunkle und explosive Potenzial einer Selbstorganisation ohne Struktur. Es folgte ein ökonomisches und gesellschaftliches Chaos, und erst fünf Jahre nachdem die Roten Garden aufgelöst waren, etablierte sich wieder eine Ordnung.

Produktive Selbstorganisation setzt Grenzen voraus. Ohne diese endet der Prozess häufig im Nihilismus. Chinas Kulturrevolution vernichtete alles, was sich von der Norm abhob oder über ihr stand. Der fortgesetzte Aufstand zerstörte das Gewebe der chinesischen Gesellschaft und steuerte auf den kleinsten gemeinsamen Nenner zu. In diesem extremen Beispiel kippte ein ungebremster und unkanalisierter Selbstorganisationsprozess »vom Rand« in den Kessel des Chaos und warf China um Jahrzehnte zurück.

Ebenso wichtig ist es, dass wir das entgegengesetzte Extrem betrachten, wo Selbstorganisation zwar angestrebt, anschließend aber wieder durch exzessive Kontrolle erstickt wird. Der Flirt der vergangenen 30 Jahre mit »partizipativem Management« und »Self-Managed Teams« ist ein gutes Beispiel. Diese Konstrukte beruhen in gewissem Grad auf Selbstorganisation und Emergenz. Aber wie bei Pilzen, die sich teilweise zum Verwechseln ähnlich sehen, erinnern uns Berichte über Vergiftungen daran, dass Ähnlichkeit uns gefährlich in die Irre führen kann.

Partizipatives Management und Self-Managed Teams haben eine enttäuschende 30-jährige Geschichte. Allzu häufig werden diese Techniken angewandt, wenn das Management »die Antwort weiß«, sich aber von den Mitarbeitern ein wenig Hilfe oder oberflächliches Engagement erhofft. Unter solchen Bedingungen bleibt nur begrenzter Raum für Beiträge vonseiten der »Intelligenz der Knoten«. Die Folge: Drei Viertel der Versuche zu partizipativem Management scheitern. Das Problem sind im seltensten Fall die Beschäftigten. Häufig verlagern oberes und mittleres Management diese Praktiken auf die unteren Ebenen und passen auf, dass sie dort bleiben. Partizipatives Management und Self-Managed Teams wurden zum Trocknen an die Leine des Social Engineering gehängt. Selbstorganisation und Emergenz werden genau dasselbe Schicksal erleiden, es sei denn, es findet gleichzeitig ein Umdenken in Richtung lebender Systeme statt.[23]

Leitlinien für die Nutzung von Selbstorganisation und Emergenz

Wir haben ein halbes Dutzend Beispiele von Selbstorganisation und Emergenz in der Unternehmenspraxis vorgestellt. Wir wollen sie zusammenfassen, indem wir sechs allgemeine Leitlinien festhalten:

1. Entscheiden Sie, ob Sie wirklich Bedarf an Selbstorganisation und Emergenz haben. Stehen Sie vor einer adaptiven Herausforderung? Suchen Sie nach neuen Wegen oder nach neuen Zielen? Wenn Flexibilität und diskontinuierliche Innovation gefragt sind, können diese dualen Eigenschaften Wert beisteuern. Verwenden Sie die richtigen Instrumente für die richtigen Aufgaben.
2. Analysieren Sie die Gesundheit Ihres Netzwerks. Selbstorganisation entsteht in Netzwerken, die aus Knoten und Verbindungen bestehen. Wenn Sie Selbstorganisation anstreben, sollten Sie die Zahl der Knoten maximieren und jedes Mitglied des Unternehmens in den Prozess einbinden (wie die US Army es getan hat). Reichern Sie die Qualität der Verbindungen mit einfachen Normen oder Verhaltensregeln an, die starke Beziehungen begründen (wie wir dies bei Tupperware, den Anonymen Alkoholikern und der US Army beobachtet haben).

3. Denken Sie an das Goldilocks-Prinzip.[24] Weder zu viele noch zu wenig Regeln. Der Schlüssel zur Selbstorganisation liegt im Spannungsfeld zwischen Disziplin und Freiheit. Die Natur erreicht diese Spannung durch den Selektionsdruck (der zur Disziplin zwingt) und durch umwälzende Ereignisse (wie beispielsweise zufällige Mutationen oder einschneidende Umwelteinflüsse). In den Unternehmen sorgen Regeln für Disziplin. Dabei kann es sich um Verhaltensregeln handeln; denken Sie an Tupperwares dichtes Geflecht aus Partyspielen und Methoden zur Identifizierung neuer Rekruten, oder die Aufgaben, Bedingungen, Normen und AARs der US Army. Freiheit wird durch die Kraft eines seltsamen Attraktors gewährleistet (wie beispielsweise Tupperwares Engagement zur Bereicherung des Lebens von Frauen, oder die Herausforderungen, mit denen die Army ihre Rekruten konfrontiert: »Be all that you can be.«).

4. Nutzen Sie die Macht der notwendigen Vielfalt. Bringen Sie Menschen aus verschiedenen Bereichen und mit unterschiedlichem Hintergrund zusammen und verstärken Sie die Selbstorganisation, indem Sie das entstehende Netzwerk mit unterschiedlichen Berufslaufbahnen bereichern. Diese Durchmischung sollte nicht im Exzess betrieben werden. Aber wie Silicon Valley zeigt, kann ein Nebeneinander verschiedener Evolutionsbewegungen ungeahnte Kooperationsmöglichkeiten eröffnen und zur Entstehung ganz neuer Welten führen.

5. Halten Sie Ausschau nach Umständen, die Emergenz begünstigen: das Vorhandensein von »Lärm« und »Hitze« im System, Widersprüche zwischen Wort und Tat, Missverhältnisse zwischen Angebot und Nachfrage, latente Bedürfnisse. Alle weisen auf emergente Möglichkeiten hin und können erkennen helfen, wann ein Thema an die Oberfläche drängt. »Eine Idee, deren Zeit gekommen ist«, ist unsere übliche Art, über Emergenz zu reden.

6. Selbstorganisation und Emergenz sollten nicht ausschließlich als Ausnahmevorkommnisse begriffen werden. Selbstorganisation kann ein einmaliges Ereignis sein (wie bei Sears), und Emergenz kann in zeitweiligen Umwälzungen resultieren (wie beispielsweise der globale Konsens zum Verbot von Antipersonenminen), aber diese Eigenschaften des Lebens haben eine anhaltende Wirkung, wie Silicon Valley und die US Army demonstrieren. Wenn sie in den Vordergrund des Managementbewusstseins dringen, können sie zur Quelle eines anhaltenden Wettbewerbsvorsprungs werden. Sie können einen sanften Einfluss ausüben – eher vergleichbar mit dem Wasser, das den Stein höhlt, als mit dem Dynamit, das den Granit sprengt.

Selbstorganisation und emergente Komplexität sind Zwillingskräfte in der Evolution aller lebenden Dinge. Aber müssen wir mit den Gesetzen der Komplexität vertraut sein, um sie zu nutzen?

Unsere Antwort ist wieder ein bedingtes »Ja«. Einige Herausforderungen lassen sich mit den Managementinstrumenten bewältigen, die wir immer schon verwendet haben. Aber dieses Buch handelt nicht von gewöhnlichen Problemen; wir konzentrieren uns hier vielmehr auf adaptive Herausforderungen, denen wir im Informationszeitalter zunehmend begegnen. Für diese Problemstellungen reichen die vertrauten Werkzeuge nicht aus.

In Kapitel 9 werden wir erörtern, wie Manager ihre Unternehmen führen können, nachdem sie einmal begonnen haben, aus ihrem Potenzial als lebende Systeme zu schöpfen. Die Antwort liegt nicht in detaillierten Plänen. Wir müssen lernen, ein Unternehmen kunstgerecht zu stören. Wir müssen den Rammbock vermeiden, solange es auch Federn tun.

TEIL IV

9

Komplexe Systeme stören

Denken Sie an den Zermürbungskrieg, den Rancher und U.S. Fish and Wildlife Service gegen die unkontrollierte Ausbreitung der Kojoten führen. Über die letzten 100 Jahre wurde ein Gesamtbetrag von drei Milliarden US-Dollar aufgewendet für Abschussprämien, vergiftete Köder, ausgefeilte Fallensysteme und schmackhafte Verhütungsmittel zur Begrenzung der Fruchtbarkeit der Weibchen – alles mit dem Ziel, Schafe und Rinder vor diesen üblen Beutemachern zu schützen.[1]

Mit welchem Erfolg?

Anfang des 19. Jahrhunderts, als erstmals Immigranten in nennenswerten Zahlen westlich des Mississippi erschienen, wurden Kojoten nur auf einem Gebiet angetroffen, das heute elf Staaten westlich des Mississippi umfasst; östlich des Mississippi waren sie niemals zu sehen. Als direkte Folge des aggressiven Programms zu seiner Ausrottung haben sich die Kojoten mittlerweile auf alle kontinentalen Bundesstaaten ausgebreitet und wurden sogar in den Vororten von New York und Los Angeles gesichtet. Noch dazu sind die Kojoten physisch um 20 Prozent größer und bedeutend intelligenter als ihre Vorfahren.[2]

Die Zunahme an Größe, Intelligenz und Verbreitung ist ein Nebenprodukt der Notlage. Als Reaktion auf die Ausrottungsbemühungen floh eine nicht unerhebliche Zahl von ihnen nach Kanada, wo sie sich mit dem kanadischen Wolf kreuzten. Später wanderten einige Nachkommen südwärts; andere zogen nordwärts bis nach Alaska. Im Lauf der Jahrzehnte mischten sich diese Tiere mit den Überlebenden aus dem Ursprungsgebiet und vergrößerten damit deren Größe und Zahl. Die unablässigen Versuche der Menschheit, den Kojoten mit Fallen, Gewehren und Gift zu Leibe zu rücken, erhöhten den Selektionsdruck und belohnten die Intelligenz der Kojoten. Die überlebenden Tiere waren in der Regel klug genug, dem Menschen auszuweichen. Kojoten, die bereits einige ihrer Artgenossen sterben sahen, lernten, die Gefahr zu riechen und unserer jeweils neuesten Strategie, ihnen Schaden zuzufügen, ein Schnippchen zu schlagen.

Ähnlich überraschende Entwicklungen lassen sich in der Wirtschaft beobachten. Denken Sie beispielsweise an die neuesten Versuche von Federal Express, die Auslastung der Piloten zu steigern. Dem Versuch der Regierung, die Kojoten auszurotten, und dem Versuch von FedEx, die Kosten für Leerflüge zu minimieren, war gemeinsam, dass hier irrtümlicherweise lineare Logik auf ein lebendes System angewandt wurde. In beiden Fällen wurde eine gegenteilige Wirkung erreicht.

Das Ziel von Federal Express war es, die Produktivität der Piloten durch eine Verschlankung der Flugpläne zu verbessern. Das schien angesichts leistungsfähigerer Computer und neuer Terminplanungsalgorithmen auch machbar zu sein. Die möglichen Einsparungen (Flugbenzinkosten und Pilotenstunden für Leerflüge von einem Ort zum anderen) wurden auf mehrere Hundertmillionen US-Dollar veranschlagt. Aber das Unternehmen machte einen Fehler: Es übersah alles, was wir über lebende Systeme gelernt haben. Und so blieb es nicht aus, dass der lineare Spielplan eine nichtlineare Reaktion erzeugte.

Die vier Prinzipien der Komplexität gemahnen uns, dass wir ein komplexes adaptives System nicht *lenken* können. FedEx aber glaubte es besser zu wissen. »Binnen weniger Wochen waren die Piloten am Heulen«, schrieb Douglas Blackmon im *Wall Street Journal*. »Das System spuckte abenteuerliche Flugpläne aus. Die Piloten sahen sich auf einmal quer durch die Zeitzonen zweier Hemisphären düsen, transpazifische und transatlantische Flüge in einer Tour bewältigen und stundenlang in Autos sitzen, um das Flugzeug zu wechseln.«[3]

Die Klagen der Piloten nahmen zu, aber das FedEx-Management blieb eisern, während die Systemtechniker rund um die Uhr damit beschäftigt waren, die Probleme zu korrigieren. Aber doppelter Einsatz für die falsche Sache erzeugt nur mehr von der falschen Sache, und so war es auch hier. Als kein Ende des Flugplan-Albtraums in Sicht war, verspürten die 3500 Piloten von FedEx entschiedenen Handlungsbedarf. Sie reanimierten eine bislang eher fügsame Betriebsgewerkschaft und drohten mit Streiks, falls ihre Forderungen nicht erfüllt wurden. Ihre erste Forderung war vorhersehbar: Aussetzung des neuen Flugplansystems. Aber Selbstorganisation hat die Eigenschaft, ein emergentes Eigenleben zu erzeugen. Nachdem die Piloten erst einmal mobilisiert waren, forderten sie gleich noch eine 24-prozentige Gehaltserhöhung für die nächsten drei Jahre, weniger monatliche Flugstunden und stark verbesserte Ruhestandsbedingungen. Das FedEx-Management, das sich zum ersten Mal in der Geschichte des Unternehmens mit einem Streik konfrontiert sah, machte einen Rückzieher. Das Optimierungsmodell, das den Aufstand ausgelöst hatte, wurde beerdigt, und viele weitere Forderungen der Piloten wurden erfüllt.[4]

Wenn wir diese Ereignisse genauer betrachten, müssen wir zugeben, dass das FedEx-Management anfangs ein begründetes Ziel verfolgte. Die Probleme begannen mit der Implementierungsstrategie. Für ein ineffizientes System macht Reengineering Sinn; mittlerweile sind schnellere Computer und eine leistungsfähigere Optimierungssoftware für die Routenplanung auf dem Markt. Das Management wollte sich diese Entwicklungen zunutze machen, indem es den klassischen Ansatz des »leeren Papierbogens« verfolgt, der sich üblicherweise für ein Reengineering anbietet. Nur leider wird dieser weiße Papierbogen im Lauf des weiteren Geschehens schmutzig. Zudem lernen wir aus der Evolution, dass, um mit den Worten des Evolutionsbiologen Peter Schuster zu sprechen, »Optimierung nicht zu radikaler Innovation führt.«[5]

Tom Davenport, einer der Pioniere des Reengineering, bemerkt: »Reengineering war nicht von vornherein ein Synonym für Blutvergießen. Der Begriff legte sich sein hässliches Gesicht zu, als in seinem Namen die Menschen in den Unternehmen nicht anders behandelt wurden als Bits und Bytes – als austauschbare Teile.« (Ein einfaches Beispiel für Davenports Bemerkung ist unser aller Erfahrung mit automatischen Telefonmenüs. Der Verzweigungsbaum der Auswahlfragen mag den Designern vernünftig erscheinen, aber seine Bedienung ist zeitintensiv und treibt die Kunden in den Wahnsinn.) »Wenn Reengineering von oben nach unten umgesetzt wird (wie diese bei FedEx der Fall war), dann, so Davenport weiter, »misslingt es, weil es diejenigen, die die Arbeit verrichten, zwingt, ihr Verhalten zu ändern, ohne dass sie gefragt oder beteiligt werden. Das Resultat ist eine automatisierte Version des Taylorismus.«[6]

Schmetterlinge hüten

Die Erfahrungen mit FexEx und den Kojoten gemahnen uns, dass alle Bemühungen, lebende Systeme jenseits sehr allgemeiner Ziele mit fester Hand zu führen, kontraproduktiv sind. Daher lautet das vierte Prinzip der Komplexität: Lebende Systeme lassen sich nicht auf festgelegten Bahnen lenken, aber sie lassen sich mit einer vernünftigen Erfolgsaussicht wie Schmetterlinge sachte dirigieren. Gewiss, lebende Systeme tendieren unter dem Einfluss von Selbstorganisation und Emergenz eher zur Ordnung als zur Zufälligkeit. Aber sie gelangen auf ihre eigene Weise dorthin, die selten mit dem direkten Pfad übereinstimmt, den wir uns möglicherweise wünschen. Das führt uns zum Kern eines der offensichtlichsten Paradoxe der Unternehmenspraxis: Optimierung (so viel wie optimierte Lenkung) führt selten zu radikalen Durchbrüchen.[7]

Dass Manager wie jene von FedEx eine Optimierung anstreben, ist logisch. Nicht die falsche Wahl der Ziele selbst ist das Problem, sondern der häufig unbewusste Versuch der Manager, die Ergebnisse allzu sehr steuern und kontrollieren zu wollen. Die Suche nach einer optimalen Lösung führt häufig zu einer fehlgeleiteten Anwendung eines newtonschen Ursache-Wirkung-Denkens. Wenn die kausalen Zusammenhänge unklar sind oder von unvorhersehbaren Faktoren abhängen (was fast immer der Fall ist, wenn ein lebendes System vor der Herausforderung steht, diskontinuierliche Resultate zu erbringen), dann führen Optimierungsanstrengungen nur selten zum erhofften Erfolg.

FedEx hatte Alternativen. Das Unternehmen hätte sein lebendes System stören können, indem es die Piloten in die Lösung einbezog. Ein gemeinsames Projektteam aus Piloten, Managern, Systemanalysten und Buchhaltern hätte viele Optimierungsmöglichkeiten ans Licht gebracht. Die Piloten waren sogar durchaus für Maßnahmen aufgeschlossen, die Kostenvorteile im Wettbewerb mit dem Erzrivalen United Parcel Service (UPS) brachten, und sie waren sich bewusst, dass dieser Wettbewerbsdruck in dem Maß zunahm, wie E-Mail und Internet das Auftragsvolumen reduzierten. Eine Projektgruppe unter Beteiligung der Piloten hätte die erwähnten menschlichen Aspekte berücksichtigt (statt sie zu ignorieren). Nach früheren disziplinübergreifenden Teamprojekten bei FedEx zu urteilen, steht zu vermuten, dass damit ein besseres Ergebnis erreicht worden wäre als dasjenige, mit dem das Unternehmen heute leben muss.

In der Fitnesslandschaft ist es uns unmöglich, einen entfernten und höheren Fitnessgipfel zu erklimmen (entscheidende Durchbrüche zu erreichen), solange wir von dem Gipfel aus, den wir (mittels Optimierung) bereits erklommen haben, nur immer höher klettern. Wir müssen in das Unbekannte absteigen, bewiesene Kausalketten außer Acht lassen und der Wahrscheinlichkeit trotzen. Dabei steht uns ein Weg mit lauter Hindernissen und Richtungskorrekturen bevor statt eines Marsches im Gleichschritt entlang einer festgelegten Route. Wir können nur so weit sehen, wie unsere Scheinwerfer reichen, aber auch auf diese Weise können wir unser Ziel erreichen.

Weil diskontinuierliche Sprünge ihrem Wesen nach aus unvorhergesehenen Kombinationen resultieren, ist es unmöglich, sie andersherum zu entwickeln. Extrapolation ist nur dann möglich, wenn ein System unter einem breiten Spektrum von Bedingungen ein kontinuierliches Verhalten zeigt. Dann ist die Beziehung zwischen den Komponenten stetig, und das Ziel lässt sich schrittweise erreichen. Aber wenn das System Unstetigkeiten aufweist, ist die Extrapolation auf »das, was als Nächstes passieren wird« unzuverlässig. Was sich im Nachhinein nicht logisch erklären lässt, reagiert auch nicht in voraussagbarer Weise auf Vorgaben. Wir müssen uns stattdessen auf eine Reihe von Überraschungen gefasst machen und darauf vertrauen, dass das Ergebnis eher in die gewünschte als in die entgegengesetzte Richtung weisen wird. Wenn wir zu viel erwarten und versuchen, ein bestimmtes Ergebnis zu erzwingen, werden wir fast immer scheitern.

Der Nobelpreisträger Francis Crick, der zu den Entdeckern der DNS gehörte, bemerkte einst, dass »die Evolution klüger ist als wir«[8]. Was uns handicapt, ist unsere Unfähigkeit, von Zielvorstellungen, die scheinbar einen direkten Weg beschreiben, die Konsequenzen zweiter und dritter Ordnung abzuleiten. Manager, die als »gewieft« und »erfahren« beschrieben werden, haben dieses Wissen über lebende Systeme häufig leidvoll erworben. Diese Veteranen *erwarten*, dass detaillierte Pläne scheitern. Sie wissen, dass die Zahl der Dinge, die schief gehen können, um ein Vielfaches zunimmt, sobald ein mutiger Bruch mit der Vergangenheit angestrebt wird. Und wenn die gewünschte Veränderung auch noch vielen Mitgliedern des Unternehmens widerstrebt (wie im Beispiel von FedEx) und diese sich gegen das System zusammenschließen, sind alle Wetten offen. »Nichts ist schwieriger zu erreichen, nichts hat ungewissere Erfolgsaussichten und nichts ist mit mehr Gefahren verbunden«, lesen wir bei Machiavelli, »als der Versuch, eine neue Ordnung herbeizuführen.«[9]

Diese Unberechenbarkeit ist im Wesentlichen auf zwei Faktoren zurückzuführen. Der eine ist die grundsätzliche *Unbestimmtheit* der Natur. Das Leben ist geprägt von Wahrscheinlichkeiten, nicht von Gewissheiten. Der zweite sind die so genannten *Frozen Accidents*, zufällige Veränderungen, die aus einer lawinenartigen Verkettung von Ereignissen resultieren, die sich schwer beeinflussen lassen. Wie in einer echten Lawine lösen kleine Geschehnisse größere aus, die sich nicht mehr rückgängig machen lassen. In diesem Kapitel werden wir beide Faktoren eingehender betrachten.

Unbestimmtheit

Der Nobelpreisträger Murray Gell-Mann erzählt uns: »Das Universum wird von den Gesetzen der Quantenmechanik regiert. Das bedeutet, dass es Wahrscheinlichkeiten für alternative Entwicklungen gibt [Unbestimmtheit]. Jede Einheit in der Welt um uns herum verdankt ihre Existenz nicht nur den physikalischen Gesetzen, sondern auch einer unvorstellbar langen Folge von unbestimmten Wahrscheinlichkeitsereignissen [Frozen Accidents].«[10]

Jahrzehntelang haben Paläontologen unter Berufung auf Darwins Theorie von der allmählichen Evolution die Augen vor allen Hinweisen verschlossen, dass es in der langen Geschichte des Planeten plötzliche Artenvermehrungen gab, wie beispielsweise im Kambrium, sowie Perioden eines lawinenartigen Artensterbens, beispielsweise nach einem Asteroideneinschlag oder infolge des Verschwindens bestimmter Arten mit Schlüsselfunktionen. Wie wir bereits erwähnten, gehörte Stephen Jay Gould zu den Ersten, die sich diesem Widerspruch in der fossilen Beweislage offen stellten.[11] Gould kam zu dem Schluss, dass die Evolution »punktiert« verlief; über lange Perioden folgte ihre Entwicklung geordneten Bahnen, um nur von Zeit zu Zeit radikale und unerwartete Sprünge zu machen. Diese Unstetigkeitspunkte führten zu einer Revision von Darwins Theorie der allmählichen Evolution, dem vorherrschenden Evolutionsparadigma.

Die Debatten unter den Paläontologen mögen interessant klingen, aber Ideen bleiben Ideen. Ganz anders sieht es aus, wenn die Evolution unserer Geschäftsbranche »punktiert« ist. Dann beginnen wir zu erkennen, wie außerordentlich schwierig sich das Problem der Unbestimmtheit für die Manager darstellt. Wir müssen unter Umständen eingestehen, dass so manches große Vorhaben, dem der eine oder andere möglicherweise seine Karriere gewidmet hat, am Ende zu nichts führt, während kleine Vorkommnisse enorme Folgewirkungen nach sich ziehen können.

Eltern entdecken, welche Bedeutung die Unbestimmtheit im jungen Leben ihrer Kinder spielt. Die unvorhergesehenen Wendungen des Schicksals sind auch Gegenstand der Dichtung; sie inspirierten so unterschiedliche Autoren wie T. S. Eliot, William Shakespeare, Emily Dickinson und Rainer Maria Rilke.

Gary Kildall, von dem Sie höchstwahrscheinlich noch nie gehört haben, machte sich auf die leidvolle Art mit der Unbestimmtheit vertraut. Die Resultate hinterließen dauerhafte Spuren in der Computerbranche. In den frühen 80er Jahren stand Kildall einem der wenigen Unternehmen vor, die ein sauberes und effizientes Betriebssystem für PCs entwickelt hatten. Er nannte es CP/M.[12]

Executives von IBMs damals noch junger PC-Einheit besuchten Kildall in seiner Geschäftszentrale in Albuquerque mit der Absicht, das Betriebssystem in Lizenz zu erwerben. Das IBM-Team hatte das System zuvor untersucht und getestet und war sehr beeindruckt. Aber Kildall erschien mit Verspätung und zollte den weißbehemdeten Executives von Armonk nicht genug Ehrerbietung. Nach einem frustrierenden Tag kehrte das IBM-Team an die Ostküste zurück und dachte über seine nächsten Schritte in einer Verhandlungspartie nach, die äußerst schwierig zu werden versprach.

Die nächste wichtige Akteurin in dieser Geschichte ist interessanterweise die Mutter von Bill Gates, die zufällig zusammen mit John Opel, dem CEO von IBM, Mitglied im Board of Directors von United Way war. In einer Unterhaltung hörte sie, wie Opel von dem enttäuschenden Ausflug nach Albuquerque berichtete. »Mein Sohn Billy«, mischte sie sich ein, »hat auch ein Betriebssystem geschrieben.«

Opel zeigte ein mehr als höfliches Interesse. Drei Wochen später stattete IBM Gates einen Besuch ab, um herauszufinden, was sich hinter dessen, wie er sich scherzhaft ausdrücke, »Dirty Old Operating System« – kurz DOS – verbarg. Einen Monat später machte IBM ein Angebot, und Gates nahm an. Heute beträgt sein Nettovermögen mehr als 40 Milliarden US-Dollar. Kildall starb 1994 verbittert und enttäuscht bei einer Rauferei in einer Bikerkneipe im kalifornischen Monterey.

Diese Geschichte ist nicht nur ein heiteres Beispiel für überraschende Koinzidenzen. Sie führt uns auch zurück zu unserer Erörterung von Resultaten, die sich einer Erklärung entziehen oder uns vor andere Rätsel stellen.

Es schadet nichts, sich klar zu machen, wie viele Möglichkeiten aus den schwächsten kausalen Verkettungen erwachsen können. Wir sollten bei jeder mutigen Intervention, die wir planen, die Konsequenzen zweiter und dritter Ordnung berücksichtigen und dabei immer erwarten, dass sich beizeiten noch mehr von ihnen zeigen werden. Die Unbestimmtheit manifestiert sich in schwer fassbarer Weise. Scheinbar unbedeutende Umstände können eine Kette irreversibler Ereignisse auslösen. Die Unbestimmtheit gedeiht besonders in wechselvollen Situationen, in denen die verschiedenen Faktoren einen starken »Eigensinn« zeigen.

Durch die Linse des vierten Komplexitätsprinzips betrachtet ergibt sich, dass im obigen Beispiel die unvorhergesehenen Konsequenzen erstens auf Kildalls Zögerlichkeit und seine gezeigte Gleichgültigkeit gegenüber IBM, zweitens auf die zufällige Begegnung von Bill Gates' Mutter mit dem CEO von IBM und drittens auf die kommerzielle Eigendynamik zurückzuführen sind, die entstand, als die PCs von IBM erst einmal mit dem Betriebssystem DOS ausgestattet waren. Teile dieser Dynamik waren möglicherweise vorhersehbar, die meisten jedoch kamen überraschend. Microsoft wurde mit erstaunlicher Geschwindigkeit ins Hauptfahrwasser der IT-Branche getrieben. Wie der Ökonom Brian Arthur bemerkt: »Microsofts Erfolg beruht auf kluger Strategie, mittelmäßiger Technologie, sehr viel Zufall sowie steigenden Erträgen.«[13]

Unbestimmtheit und Belohnungen

Möglicherweise sind Sie nicht Bill Gates und Ihr Unternehmen nicht Microsoft, aber wenn Sie das Konzept der Unbestimmtheit verstehen, können Sie eine Intuition für die schwachen Glieder in einem auf den ersten Blick vernünftigen Plan entwickeln.

Vor nicht langer Zeit veröffentlichte das *Wall Street Journal* eine differenzierte Besprechung der heute üblichen Belohnungssysteme. Der Tenor lautete, dass trotz der gegenwärtigen Popularität von Pay-for-Performance, Balanced Scorecards und teambezogenen Belohnungen die meisten dieser Schemata nicht das erwünschte Gesamtresultat erbringen.[14] Die verbissene Suche nach dem perfekten Belohnungsschema versinnbildlicht den Triumph der Hoffnung über die Erfahrung, wie Samuel Johnson es wohl formuliert hätte.

Dass die Manager stets und überall nach dem »perfekten« Belohnungssystem suchen, ist ein erstaunliches Phänomen in Anbetracht der Tatsache, dass allen ohne Ausnahme dieses Attribut versagt bleibt. Vielleicht beruht unsere Vernarrtheit in die Vorstellung, mit Belohnungen ließen sich Verhaltensweisen erzwingen, auf unserer tiefen Verinnerlichung der Gedankenwelt des Social Engineering. Wir sind »geprägt« von dem Glauben, dass sich das menschliche Verhalten steuern ließe, sobald die richtigen Anreize zur Verfügung stehen. Aber solange das Social Engineering von der irrtümlichen Annahme ausgeht, Verhaltensweisen seien vorhersehbar, lässt es keinen Raum für nicht-deterministisches Verhalten und Wirkungen zweiter und dritter Ordnung. Wenn wir andererseits die Vorstellung, lebende Systeme seien lenkbar und berechenbar, über Bord werfen, dann müssen wir notgedrungen erkennen, dass Belohnungen allein weder lenken noch inspirieren, noch Verhaltensweisen in der gewünschten Weise beeinflussen können.

Belohnungen beruhen auf dem skinnerschen Behaviorismus (das heißt, dem Reiz-Reaktions-Mechanismus, der Pawlows Hund veranlasste, Posierstückchen darzubieten). Den Kern jedes Belohnungssystems bildet ein deterministisches Modell, das davon ausgeht, dass das Verhalten der Menschen den Wünschen des »Dompteurs« folgt, solange ihnen die »richtigen« Belohnungen geboten werden.

In den 50er Jahren jedoch dokumentierte Frederick Herzberg, damals Professor an der Case Western Reserve University, dass die meisten Belohnungen eher »Abschrecker« waren. Er stellte fest, dass die Gesamtwirkung der meisten Belohnungen, mochte eine noch so positive Absicht dahinter stecken, negativ war. Beschäftigte, die eine Belohnung unterhalb des Maximums erhalten oder ihre Belohnung mit der Belohnung von Mitarbeitern vergleichen, die sie in ihren Augen weniger verdient hätten, nehmen in erster Linie die Differenz wahr und erleben die Belohnung als demotivierend. Ganz allgemein gilt im Fall ökonomischer Anreize, dass das Glas eher als halb leer denn als halb voll gesehen wird.[15]

Herzberg fand heraus, dass Belohnungen (positive Rückkoppelung) und Bestrafung (negative Rückkoppelung) zwei Seiten ein und derselben Medaille sind. Bedingt durch die Tatsache, dass der Mensch seiner psychologischen Veranlagung nach meist zuerst auf das schaut, was falsch ist oder fehlt, stehen die Ungerechtigkeiten und kontraproduktiven Aspekte der Belohnungen fast immer im Vordergrund. Deshalb verlieren gewöhnliche Belohnungssysteme in der Regel ihre Motivationskraft und werden stattdessen zu einem Stein des Anstoßes. Ihre Mängel werden aufgedeckt, ihre Zielgruppe lernt, sie geschickt auszuspielen, und sie verkommen trotz der besten Intentionen des Managements zu einer Quelle der Unzufriedenheit. Irgendwann stellt sich heraus, dass ihre Unzulänglichkeiten ein Hindernis für Experimentierfreude und Risikobereitschaft darstellen; oder sie provozieren erbitterte Rivalitäten oder extreme Kurzsichtigkeit. Dann wird ein neues Belohnungsschema gekürt, und der Kreislauf beginnt von neuem.

Damit wollen wir nicht sagen, dass Belohnungen überflüssig sind, sondern dass es wichtig ist, ihre Unvollkommenheit im Auge zu behalten. Vielleicht sind sie unentbehrlich, aber als Anreiz zur Freisetzung des Potenzials, das in einem lebenden System steckt, reichen sie nicht aus. Ganz gewiss vermögen Belohnungen zu motivieren, aber das Motivationsziel beschränkt sich auf die Belohnungen selbst. Der Nachteil ist, dass die Aufmerksamkeit vom ursprünglichen Ziel, für das die Belohnung entworfen wurde, auf den Belohnungsgewinn selbst abgelenkt wird. Die Belohnungen verstärken zeitweise die Bereitschaft, auf gewisse Ziele hinzuarbeiten, indem sie dazu anhalten, »die Dinge richtig zu machen«. In der Regel motivieren sie die Beschäftigten jedoch nicht, »das Richtige zu tun«. Viele Studien haben sogar gezeigt, dass Belohnungen das Interesse für die größeren Ziele *mindern* und das Engagement bremsen. Je mehr sich die Beschäftigten darauf konzentrieren, »ihre Belohnung zu bekommen«, desto mehr verlieren andere Ziele an Bedeutung.[16]

Belohnungen erfüllen nicht die in sie gesetzten Erwartungen, weil die Geschicke der Unternehmen immer auch von nichtdeterministischen Ereignissen abhängen. In den Regeln und Konditionen der Belohnungsschemata spiegeln sich die Kapriolen der wirklichen Welt nicht wider.

Entwicklungshilfe

Entwicklungshilfeprogramme versuchen häufig, bestimmte gesellschaftliche Ziele zu erreichen. Die vom Kongress und von den Medien mitunter scharf gerügten Schwächen dieser Programme beruhen auf deren Ansatz, lebende Systeme lenken zu wollen. Die lautesten Kritiker – insbesondere der Kongress, die Medien und die Öffentlichkeit – liegen jedoch häufig falsch. Wenn beispielsweise der Kongress verlangt, dass »jeder Entwicklungshilfe-Dollar gewissenhaft investiert wird«, dann werden daraufhin Gesetze formuliert, die Kriterien wie detaillierte Projektpläne und Zeitrahmen mit genau definierten Zwischen- und Endresultaten vorschreiben, um alle Eventualitäten auszuschließen. Vieles davon ist im Zusammenhang mit lebenden Systemen aus denselben Gründen problematisch, die wir bereits diskutiert haben.

Denken wir an die Bemühungen zur Modernisierung der Ureinwohner Lapplands, eines in Finnland nördlich des Polarkreises lebenden Volkes von Rentierhirten.[17] Der Diffusionsexperte Everett Rogers beschreibt in seinem Bericht über die Forschungen Pertti Peltos eine neue Technologie – Schneemobile, die seit den späten 50er Jahren in den Vereinigten Staaten insbesondere in Wintersportgebieten Verwendung fanden. Sie fanden rasch Verbreitung (wobei sie in den entwickelten Ländern wegen ihres Beitrags zur Lärmbelastung in einstmals ruhigen Gegenden auch auf negative Resonanz trafen). Aber für die Lappen war das Schneemobil weit mehr als ein Spielzeug. In den entlegenen Schneeregionen war das Schneemobil als Transportmittel den Schneeschuhen und Hundeschlitten weit überlegen.

Abgesehen von gelegentlichen Regierungsbeihilfen, erklärt Rogers, »lebten die Lappen von ihren Herden halb domestizierter Rentiere«. Rentierfleisch war die wichtigste Proteinquelle, und die Felle wurden zu Schlitten, Kleidung und Schuhen verarbeitet. Überschüssiges Fleisch wurde in Handelsstationen gegen Grundnahrungsmittel wie Mehl, Zucker und Tee eingetauscht. Die lappische Gesellschaft war egalitär; Status war eine Frage der Qualität und Größe der Rentierherde, die man besaß, und alle Familien besaßen vergleichbare Herden. Die Lappen fühlten sich in besonderer Weise mit dem Rentier verbunden und behandelten es mit Respekt und Fürsorglichkeit.

Wir dürfen jedoch vermuten, dass die finnischen Planer die Lappen seit langem als rückständiges Volk betrachteten. Das Schneemobil schien deshalb interessant zu sein, weil es die Produktivität der Hirten verbessern und in seiner Eigenschaft als Transportmittel, das dem Hundeschlitten weit überlegen war, die Lappen in engeren Kontakt mit der übrigen finnischen Gesellschaft – Schulen, Gesundheitssystem und Handel – bringen konnte. Die staatlich geförderten Vehikel, so hoffte man, würden den Lebensstandard der Stämme verbessern und sie wirtschaftlich unabhängiger machen.

Die Lappen fanden tatsächlich, dass ihnen die Schneemobile die Hirtentätigkeit erleichterten. Diese Neuerung hatte jedoch einige unvorhergesehene Folgen. Rogers erklärt, dass die Hirten, statt zu sitzen, auf ihren Maschinen stehen mussten, um Hindernisse und verirrte Tiere im felsigen Gelände zu erkennen, und dementsprechend oft vom Gefährt katapultiert wurden, wenn sie gegen schneebedeckte Felsen oder Äste fuhren. Fahrunfälle mit Verletzungen waren an der Tagesordnung. Zudem gingen die Schneemobile in dem rauen Gelände selbst häufig kaputt, und Reparaturen waren teuer.

Für die Lappen wurden die Schneemobile zu einem emergenten kulturellen Totem. 1971, zehn Jahre nach ihrer Einführung, waren sie bereits überall. In einem der größeren Dörfer hatte jeder der 27 Haushalte mindestens ein Schneemobil. Bei den Rentierhirten hatte es Ski oder Schlitten vollständig verdrängt, und die Anfahrt zur nächsten finnischen Handelsstation hatte sich von drei Tagen auf wenige Stunden verkürzt.[18] Die Schneemobile brachten die Lappen in engen und häufigen Kontakt mit der modernen Konsumgesellschaft und setzten sie zum ersten Mal den Attraktionen und Risiken der »Zivilisation« aus.

Die Auswirkungen des Schneemobils auf das evolutionäre Nebeneinander von Lappen und Rentieren waren ebenfalls teilweise überraschend. Die Rentiere fühlten sich durch den Lärm und den Geruch der Fahrzeuge gestört. Paarung, Fruchtbarkeit und jährliche Geburtenzahl gingen drastisch zurück. Gelegentlich löste der Lärm panikartige Fluchtbewegungen aus, bei denen sich die

Tiere Verletzungen zuzogen. Aus all diesen Gründen, berichtet Pelto, sank die durchschnittliche Rentierzahl je Haushalt von 52 vor der Einführung des Schneemobils auf nur noch zwölf im Jahr 1971. Der dramatische Rückgang der Rentierdichte hielt an, als die Lappen ihre Tiere schlachteten, um Treibstoff und Ersatzteile für die Schneemobile zu bezahlen. Die Geräte kosteten damals rund 1000 US-Dollar. Treibstoff und Reparaturen beliefen sich durchschnittlich auf 425 US-Dollar im Jahr. Bis 1975 hatten zwei Drittel der Haushalte die Rentierhaltung vollständig aufgegeben.[19]

Den meisten dieser Familien ohne Herden gelang es nicht, sich einen anderen Lebensunterhalt aufzubauen. So kam es, dass sie ihre Schneemobile ausgerechnet für Reisen in die Stadt nutzten, um sich ihre Arbeitslosenunterstützung abzuholen. Es gab auch »Gewinner« in der Gemeinschaft. Eine Familie vergrößerte ihren Rentierbestand stetig, bis ihr 1971 35 Prozent der Rentiere auf dem Stammesgebiet gehörten. Mit der Anhäufung von Reichtum verloren die egalitären Normen ihre Gültigkeit. Die »Modernisierung« in Form des Schneemobilprojekts hatte die Lappen also in eine Spirale der finanziellen Abhängigkeit, Verschuldung und Arbeitslosigkeit getrieben und ein von Stolz und Unabhängigkeit geprägtes 1000-jähriges Stammeserbe zerstört.[20]

Frozen Accidents

Mit der Unbestimmtheit eng verwandt ist ein weiterer Bestandteil lebender Systeme, der in der Wissenschaft als *Frozen Accidents* bezeichnet wird. Dabei handelt es sich um zufällige Ereignisse, die, sind sie erst einmal eingetreten, unumkehrbar sind. Frozen Accidents sind beispielsweise das, was am Kartentisch passiert, wenn die Karten gegeben werden.[21]

Frozen Accidents bestimmen die Zukunft der Arten. Wenn eine Zelle in einem Embryo einen bestimmten Pfad einschlägt, lässt sie viele Optionen hinter sich. Die Zahl der Zellen, in die sie sich noch entwickeln kann, nimmt von diesem Punkt an stark ab. Solange eine Nische weit offen ist, sehen wir viele Prototypen. Aber wenn sich die Nische füllt, fallen die Extreme heraus. Solches können wir heute im E-Commerce beobachten.

Frozen Accidents spielten eine größere Rolle beispielsweise in der Entwicklung der frühen Fahrräder und Autos, der globalen Vorherrschaft der englischen Sprache, dem Standardformat der Uhrzeit mit zwölf (statt 24) Stunden und dem rechtsherum weisenden »Uhrzeigersinn«, der Normierung der Stromspannung auf 110 und 220 Volt, dem globalen Videoformat VHS oder den Spurweiten der Eisenbahn, die sich auf die Vertiefungen zurückführen lassen, die die einstigen römischen Kriegswagen im Straßenbett hinterließen. Diese Furchen bestimmten den Radabstand nachfolgender Pferdegespanne, und viele Generationen später fabrizierten dieselben Hersteller die ersten Eisenbahnachsen unter Verwendung derselben Gussformen.[22]

Welche Bedeutung hat all dies für die Geschäftswelt? Wissensbasierte Wirtschaftssektoren sind besonders anfällig für Frozen Accidents. Sobald ein Format oder eine Technologie zum De-facto-Standard geworden ist, ist damit eine wirksame Eintrittsbarriere geschaffen. Brian Arthur vom Santa Fe Institute hat das Phänomen der Frozen Accidents in der Wirtschaft studiert. Er gebraucht den Ausdruck *lock-in*.

Dieses Phänomen widerspricht dem sakrosankten ökonomischen Grundsatz von den abnehmenden Skalenerträgen. In traditionellen Sektoren wie Bergbau, Transport und Landwirtschaft beispielsweise führt eine Ausweitung der Produktion jenseits eines bestimmten Punktes zu einer Eskalation der Kosten. Die Kosten für zusätzliche Kapazitäten lassen sich nicht mehr mit Preisaufschlägen kompensieren. Bergbauunternehmen müssen auf unzugänglichere Erzadern ausweichen, Transportunternehmen stoßen an die Belastbarkeitsgrenze des Wegenetzes und die Bauern müssen entweder weniger fruchtbares Land beackern oder teure Düngemittel bezahlen, um aus denselben Feldern mehrfache Ernten herauspressen zu können.

Wissensbasierte Branchen hingegen erleben häufig *wachsende* Skalenerträge. Je mehr jemand produziert (beispielsweise Kopien von Microsoft Windows), desto mehr verdient er. Solche Produkte erfordern häufig eine gewaltige Anfangsinvestition in eine Technologie. Herstellung und Vertrieb jeder weiteren Kopie kosten den Anbieter jedoch nur Cents, sodass er die Kopien zu einem Vielfachen der Produktionskosten verkaufen kann.

Frozen Accidents gehorchen nicht den Gesetzen der Knappheit (wie Diamanten), sondern den Gesetzen der Fülle (wie die Sprache). Je verbreiteter und zugänglicher etwas ist, desto schneller lässt es seine Konkurrenzprodukte hinter sich. Es wird zum De-facto-Standard.

Unbestimmtheit und Frozen Accidents bei Sun

Unbestimmtheit und Frozen Accidents sind die unsichtbaren Hände hinter vielen Ereignissen in der Wirtschaft. Eine Illustration beider Faktoren finden wir in der Ereignisfolge, die zum Erfolg der Programmiersprache Java von Sun Microsystems geführt hat.

Als der Sun-Programmierer Patrick Naughton beschloss, seinen Hut zu nehmen und zu NeXT Computer zu gehen, wäre beinahe alles zu Ende gewesen, bevor es begann. Aber David Bank von *Wired* weiß von einer Reihe unvorhergesehener Ereignisse zu berichten. Demnach spielte der 25-jährige Naughton zufällig an jenem Tag in der Betriebsmannschaft Eishockey, zu der auch der CEO von Sun, Scott McNealy, gehörte. In der lockeren, bierseligen Atmosphäre nach dem Spiel erzählte Naughton dem CEO von seiner Entscheidung.

»Warum?«, fragte NcNealy.

»Weil die es dort richtig machen«, erwiderte Naughton.

»Okay, aber bevor Sie gehen«, bat McNealy, »schreiben Sie auf, was Sun Ihrer Meinung nach falsch macht. Beschreiben Sie nicht nur das Problem. Geben Sie mir eine Lösung. Verraten Sie mir, was Sie tun würden, wenn Sie Gott wären.«[23] Dieses zufällige Zusammentreffen sollte Suns Zukunft verändern.

Bank erzählt, dass Naughtons Antwort an den CEO, die elektronisch verteilt wurde, überzeugend klang. Naughton wurde wieder eingestellt und erhielt den Auftrag, ein eigenes Team zusammenzustellen (mit der einzigen Einschränkung, dass es klein genug sein musste, um noch im Chinarestaurant um einen Tisch herum Platz zu finden). Um das Projekt vor den unternehmensinternen »Antikörpern« zu schützen, wurde der Auftrag geheim gehalten und das Team an einem auswärtigen Ort untergebracht. Seine Aufgabe bestand darin, die nächste Generation von Sun-Produkten »auf die richtige Weise« zu erfinden. McNealy investierte eine Million US-Dollar und forderte vom Team eine schnelle Lösung.

Das Team entwickelte Entscheidungskriterien für eine Liste von Traumprojekten. Der erste Grundsatz lautete »benutzerfreundliche Maschinen für normale Menschen«. Computerchips kommen in vielen elektronischen Geräten vor, deren Programmierung dem Benutzer ein Gräuel sind. Warum nicht ein universelles Gerät entwickeln, eine Allzweckfernbedienung, mit der sich alle oder zumindest die meisten elektronischen Geräte programmieren ließen? Das Team war von der Idee fasziniert; allerdings setzte ein solches Gerät eine universelle Sprache voraus, die mit jeder Art von elektronischem Gerät kommunizieren konnte: mit Videorekordern, PCs, Fernsehgeräten, Einbruchsicherungssystemen und diversen anderen.

Nach Banks Schilderung kam das Team allmählich zu dem Schluss, dass die existierenden Programmierwerkzeuge zwar einen Ausgangspunkt darstellten. C++ und BASIC waren jedoch ebenso wenig zu gebrauchen wie fließendes Französisch für ein Gespräch in China. Das Team steckte fest, solange ihm der digitale Schlussstein fehlte.

Eines Nachts besuchte der Sun-Programmierer James Gosling ein Rockkonzert mit Laserorgel. Die im Einklang mit der Musik tanzenden bunten Lichtstreifen brachten ihn auf eine Idee: Gosling dachte an die elektronischen Botschafter, die die Kabel entlangströmten und die Laser nach dem Rhythmus der Musik tanzen ließen. Mit dieser Vorstellung klärte sich das Programmierproblem. Sun brauchte keine neue universelle Sprache, sondern Botschafter. Ein Botschafter, der Esperanto sprach, konnte auf einer elementaren Ebene mit den Instruktionen sämtlicher elektronischer Gastsysteme kommunizieren. Eine bessere Beschreibung ist der »gutartige Virus«, der die Programmiersprache des Gastsystems infiltrieren kann. Das Gastsystem würde die Viruskomponente »einladen« und wie ein Bauteil in sich integrieren, um bestimmte Aufgaben zu verrichten. Das entscheidende Element war ein »Virus«, der mit jeder digitalen Spezies verträglich war – indem er sich hinreichend unsichtbar machte, um auf elektronischen Neuronen und Synapsen Huckepack zu reiten und die systemeigenen Antikörper zu unterlaufen.

Wenngleich dieser »gutartige Virus« einen gewaltigen Durchbruch bedeutete, stellte er doch nur einen Zwischenschritt zu jenem Allzweck-Bedienelement dar, das dem Team vorschwebte. Weil das Team vor allem die Hardware im Blick hatte, unterschätzte es die wahre Bedeutung der neuen Maschine (Java). Es übersah die Tatsache, dass der »gutartige Virus« es möglich machte, Softwarebausteine sehr flexibel in Netzwerke zu integrieren. Es brauchte etliche Zeit, bis die Bedeutung dieser Möglichkeiten klar erkannt wurde.

Sun bemühte sich um diverse Partnerschaften – zuerst mit Mitsubishi in der Hoffnung, eine Fernbedienung für deren gesamtes Angebot an Unterhaltungselektronik und Haushaltsgeräten entwickeln zu können. Anschließend klopfte Sun bei France Télécom an. Keine der vorgeschlagenen Kooperationen wurde verwirklicht, was unter anderem daran lag, dass die hohen Kosten des Geräts für den Massenmarkt nicht akzeptabel waren. Wenn sich jedoch Mitsubishi zu einer Partnerschaft durchgerungen hätte, wäre der Würfel der Unbestimmtheit ganz anders gerollt, und die Zukunft des »gutartigen Virus« hätte ganz anders ausgesehen. Java hätte vermutlich eine anonyme Existenz im Innern einer Allzweck-Fernbedienung geführt.

Zwei weitere Manifestationen der Unbestimmtheit prägten sodann die Zukunft von Naughtons Team. Das Unternehmen Time Warner zeigte sich interessiert daran, dass Sun die Set-Top-Box für sein »Communications 2000«-Programm entwarf und herstellte. Die Vorstellung vom Sun-Gerät auf Millionen von Fernsehgeräten als Bindeglied zum Informations-Highway ließ Naughtons Team reinen Sauerstoff atmen. Aber als Time Warner für die Stückkosten eine Obergrenze von 300 US-Dollar festsetzte, schlug die Begeisterung in Verzweiflung um. Jede Schätzung landete bei mindestens dem Doppelten dieser Zielmarke. Am Ende ging der Auftrag an Suns Rivalen Silicon Graphics. Naughtons Team verlor einen Großteil seines Elans.

Die Situation verschlechterte sich noch infolge einer weiteren Begegnung – diesmal mit 3DO, einem Hersteller von Videospielen. Um eine höhere Marktakzeptanz zu erreichen, sollte zu dem bestehenden aufwändigen Unterhaltungssystem eine Version als Set-Top-Box entwickelt werden. Die Verhandlungen waren so weit gediehen, dass die Verträge bereits ausformuliert wurden. Dann verlangte der CEO von 3DO aus heiterem Himmel die exklusiven Rechte an der Technologie. McNealy lehnte ab. Damit ging der Kelch ein weiteres Mal an Sun vorbei. Beinahe wäre Java komplett verkauft worden, um fortan an ein Produkt mit zweifelhaften Erfolgsaussichten gekoppelt zu sein und womöglich gemeinsam mit diesem unterzugehen.

All diese Ereignisse repräsentierten Begegnungen mit der Unbestimmtheit.

Die unternehmerische Fortüne hatte ihren Tiefpunkt erreicht. Suns Management verfügte: »Entweder Gewinne oder Ende der Veranstaltung.« Es wurde ein verzweifelter Plan ausgeheckt, wie unabhängige CD-ROM-Entwickler veranlasst werden könnten, den Code zu übernehmen, in der Hoffnung, sie würden ihn für die Gestaltung visueller Effekte auf den Seiten kommerzieller Online-Anbieter verwenden. Dieser Vorschlag erntete bei den Executives von Sun erklärlicherweise wenig Gegenliebe, hatten diese doch starke Zweifel, ob die Programmierer den Code annehmen würden. Zwischen Naughtons Projekt und den Hardwareprodukten, die den Kernbereich des Unternehmens darstellten, ließen sich immer weniger Gemeinsamkeiten erkennen. Schon wurden dem Projekt die letzten Weihen verabreicht. Das geplante Bedienelement wurde in eine Kooperation mit Thompson Consumer Electronics ausgelagert. Naughtons Team wurde aufgelöst. Der »gutartige Virus« geriet scheinbar in Vergessenheit.

Die Geschichte hätte hier enden können. Aber eine »Lawine« in einem anderen Branchensektor – ein entstehender Frozen Accident namens World Wide Web – war dabei, die Situation zu verändern. Bill Joy, in Aspen in Colorado lebender Sun-Mitbegründer im halben Ruhestand, war einer der Ersten, der die Bedeutung des Internets erkannte. Er wusste von Naughtons Projekt und begriff sofort die Verbindung zwischen dem »gutartigen Virus« und den durch das Internet gebotenen Verwendungsmöglichkeiten.[24]

Das Internet löste natürlich eine Kette von Ereignissen aus, die die Fitnesslandschaft veränderten. Joy hatte dies kommen sehen. 20 Jahre früher hatte Joy an der University of California die Berkeley-Version des Betriebssystems UNIX entwickelt. Er begriff, dass Naughtons »gutartiger Virus«, wenn er erst einmal in Form von elektronischen Bausteinen im Internet verbreitet war, den Nutzern die Möglichkeit bieten würde, mithilfe von Java-Modulen eigene Applikationen zu erstellen. Hier kündigte sich eine Revolution an.

Als Superstar im Sun-Universum besaß Joy die notwendige Glaubwürdigkeit, um das Projekt neu zu beleben. Binnen kurzem wurde der »gutartige Virus« für die Internet-Tauglichkeit nachgerüstet und zu »Java« umgetauft. Der wieder erweckte Code schien für das Internet wie geschaffen zu sein, nicht nur, weil er, anders als etwa Windows, sich nicht mit bestimmten Betriebssystemen, wie beispielsweise Apples Macintosh, biss, sondern weil er, selbst ein Virus, gegen andere Viren resistent war.

Es gab jedoch einen Haken. Sun konnte keinen kommerziellen Nutzen aus Java ziehen, solange die Verbreitung des Codes beschränkt war. Die einzige Lösung bestand darin, ihn kostenlos zu verbreiten und die freien Softwareentwickler zu motivieren, ihn zu verwenden. Bill Joys Einstellung lautete: »Sei's drum. Wir verschenken den Code und schaffen ein Franchise.«[25] Finanzieller eingestellte Sun-Executives, zu denen auch prominente Board-Mitglieder gehörten, hatten Schwierigkeiten mit der Idee, für 300 Millionen US-Dollar entwickelte proprietäre Software mir nichts, dir nichts an alle Interessenten zu verschenken, darunter Microsoft, Hewlett-Packard, Silicon Graphics und diverse andere Piranhas. Alle durchstreiften sie das Internet auf der Suche nach dem besten Leckerbissen.

Aber das Pendel der Unbestimmtheit schlug zugunsten der Java-basierten Philanthropie aus. Vor der offiziellen Freigabe des Java-Codes, erzählt David Bonk, erschien eine geheime Botschaft tief im Internet, die dazu geschaffen war, einigen potenziellen Nutzern einen Hinweis zu geben. Zu diesen gehörte Netscape. Nach einem kometenhaftem Start – der übrigens mit der kostenlosen Bereitstellung des Mosaic-Browsers begann, der die Anwender auf die Serverapplikationen des Unternehmens locken sollte – wurde Netscape von Microsoft attackiert. Alle nachfolgenden Windows-Generationen beinhalteten einen *kostenlosen* Internetbrowser, der den einzigen Zweck hatte, Netscape den Boden zu entziehen. Für Netscape ging es dabei um Leben und Tod, während Sun nur am Rande betroffen war. Dennoch ließ eine Folge zufälliger Ereignisse das Pendel zu Suns Gunsten ausschlagen.

Microsofts rücksichtslose Wettbewerbsmethoden lösten einen Frozen Accident aus. Netscape klammerte sich an Java, wie sich ein Ertrinkender an einen Rettungsring klammert. So kam es, dass Microsoft nun von einer Migräne (Java) geplagt wurde, die weit schlimmer war als die Kopfschmerzen mit Netscape. Java bot jedem Computer, ob mit oder ohne Windows, die Möglichkeit, ins Internet zu gehen und sich die eigenen Applikationen zu schneidern. Der Vorteil von Java war, dass die Anwender ihre bestehenden Computersysteme und -programme weiterverwenden konnten. Netscape profitierte insofern, als die Serverapplikationen des Unternehmens den ganzen Prozess koordinieren konnten. Angesichts des drohenden Verlusts an Einfluss auf die Kunden und ihre Gateways intensivierte Microsoft die eigenen Anstrengungen, um die Kontrolle zurückzugewinnen. Das war der Tropfen, der das Fass zum Überlaufen brachte und das Antitrustverfahren des Justizministeriums auslöste. In dieser Ereignisfolge erkennen wir das wirksame Zusammenspiel von Unbestimmtheit und Frozen Accidents.

Mittlerweile ist Java sicherlich zu einer Institution geworden. Sun stellt Java den Programmierern nicht nur kostenlos bereit, das Unternehmen hat auch ein so gut wie unabhängiges Gremium geschaffen, das dafür Sorge trägt, dass Java als öffentliches Gut und nicht lediglich als Sun-Eigentum weiterlebt. Zusätzlich zu den sechs Millionen Programmierern, die heute Java-Applets schreiben, entlassen die chinesischen Universitäten jedes Jahr eine weitere Million graduierter Java-Programmierer, die den Glauben dieser Nation verkörpern, dass Java die Software der Zukunft sei. Sun hat die Früchte dieses und anderer Erfolge geerntet. In den Jahren 1995 bis 1999 entwickelte sich das Unternehmen von einem angriffslustigen Underdog zu einem der großen Akteure. Das jährliche Ertragswachstum übertraf bis 1999 die 25-Prozent-Marke, und die Marktkapitalisierung hat sich auf 170 Milliarden US-Dollar verneunfacht.[26]

Wenn sich im Lauf der Zeit die Frozen Accidents häufen, geschehen zwei Dinge. Erstens bilden sich Muster oder Protokolle heraus, die sich nur schwer revidieren lassen (die Vorherrschaft des Englischen als globale Geschäftssprache; die Ereignisfolge, die im Antitrustverfahren gegen Microsoft mündete). Zweitens nimmt die effektive Komplexität zu. Das Tempo der Veränderungen mag mit der Zeit nachlassen, aber hat sich erst einmal eine differenziertere Ordnung eingestellt, bleibt sie in der Regel auch bestehen, und neue Akteure müssen lernen, sich mit der veränderten Wettbewerbslandschaft zu arrangieren.

Unbestimmtheit und die Lawinen von Frozen Accidents gehören zum Leben, aber sie müssen uns noch lange nicht lähmen. Die Erkenntnis, dass wir ein lebendes System nicht kontrollieren, sondern nur geschickt stören können, hält uns nicht davon ab, mutig einzugreifen. Intel, Monsanto und die US Army haben gezeigt, dass entschlossenes Eingreifen möglich ist. Wenn wir Unbestimmtheit und Frozen Accidents als Faktoren berücksichtigen, sind wir besser in der Lage, auf den Gang der Ereignisse zu reagieren und die Schmetterlinge des Zufalls so zu hüten, dass wir uns unseren ursprünglichen Zielen bestmöglich annähern. Wir wollen uns im Folgenden mit diesen »Schmetterlingen des Zufalls« beschäftigen.

10

Schmetterlinge hüten

Im Jahr 1994 löste das Unternehmen Johnson & Johnsen (J&J) mit einem neu entwickelten medizinischen Implantat namens Stent eine Revolution in der Behandlung der koronaren Herzkrankheit aus«, schreibt Ron Winslow vom *Wall Street Journal*. »Ein Stent ist ein winziger Zylinder aus Drahtgeflecht, ungefähr vom Durchmesser einer Bleistiftmine, der in einer Arterie in Stellung gebracht wird, indem ein winziger Ballon in den betroffenen Bereich eingeführt, aufgeblasen und nach der Platzierung des Stents wieder herausgenommen wird. Über Nacht war damit ein entscheidendes Problem der Ballonangioplastie gelöst. Das stählerne Drahtgitter verhinderte, dass sich die Arterien mit der Zeit wieder verschlossen, verstopften oder verengten. (Nach dem früheren Verfahren kam es in fünf Prozent der Fälle zu einem plötzlichen Arterienverschluss; in dieser lebensbedrohlichen Situation half nur noch eine sofortige Bypassoperation.)«[1]

Herzchirurgen feierten den Durchbruch von J&J. Binnen dreier Jahre eroberte das Unternehmen 90 Prozent des lukrativen US-amerikanischen Marktes. Die Erträge aus dem Verkauf des Stents stiegen auf eine Milliarde US-Dollar jährlich, und die Gewinne aus dem Produkt machten acht Prozent des weltweiten Reingewinns des Unternehmens aus.[2] J&J hatte einen neuen Weg entdeckt, aber das Unternehmen befand sich, ohne sich dessen bewusst zu sein, auf einem rutschigen Steilhang der Fitnesslandschaft, den es nur mittels eines neuen Zieles überwinden konnte.

Die J&J-Abteilung Interconnect setzte den Preis für den Stent nach klassischen Strategiemodellen am oberen Ende dessen an, was der Markt tragen konnte (1595 US-Dollar) – als handelte es sich um ein Medikament mit langfristigem Patentschutz. Als mit den Jahren der Umsatz stark anstieg, ohne dass ein Preisnachlass in Sicht war, begannen sich die Ärzte und Krankenhäuser zu beschweren. J&J lehnte jedoch Preisreduzierungen für seine reiferen Produkte oder Rabatte für Großkunden kategorisch ab. Als zudem Funktionsmängel des Implantats bekannt wurden, zeigte J&J wenig Interesse an den Verbesserungsvorschlägen der Chirurgen.[3]

Um seine Vormachtstellung zu festigen, führte das Unternehmen in einem Lehrbuchmanöver die feindliche Übernahme von Cordis durch, seinem Angioplastieballonlieferanten. Dies geschah vordergründig mit der Absicht, den Zugriff auf die Wertschöpfungskette der Produkte zu erweitern, um so die Eintrittsbarrieren zu erhöhen.[4] Ein anderer Grund mögen Gerüchte gewesen sein, Cordis bereite die Einführung eines neuen, radikal verbesserten Stents vor.

Als neuer Eigentümer versuchte J&J, die eigene Position zu verstärken und den organischeren, auf Partizipation ausgerichteten Managementstil von Cordis durch den eigenen hierarchischen zu ersetzen. Cordis' Pläne für ein Konkurrenzimplantat wurden verworfen – zusammen mit wichtigen Verbesserungen, die Cordis vorgehabt hatte. J&J setzte sein eigenes Programm durch, das die Einführung eines nur leicht verbesserten Stents vorsah.

Das Unternehmen hätte von Cordis' höchst effektiven, parallel arbeitenden Entwicklungsteams lernen können, wie es seinen Produktentwicklungszyklus verkürzen könnte. Es hielt jedoch an seinem traditionellen sukzessiven Ansatz fest. Dadurch wurde die Entwicklung natürlich verlangsamt. Das Nachfolgemodell des Stents ließ lange auf sich warten und war nur unwesentlich besser als das Original. Die Kunden wurden immer unzufriedener. Die fähigsten Entwickler von Cordis verließen scharenweise das Unternehmen und nahmen wertvolles Know-how und bahnbrechende Ideen mit, die J&J ignoriert hatte.

Nahezu drei Jahre lang segelte J&J munter fort auf einem zunehmend turbulenten Meer aus veraltetem Produkt und Kundenunzufriedenheit. Im Herbst 1997 schließlich führte Guidant Corporation einen besseren Stent ein. »Binnen 45 Tagen erreichten wir einen Marktanteil von 70 Prozent«, sagt Ronald Dollens, Guidants President und CEO.[5] Ein Analyst von J. P. Morgan beschreibt den Umschwung als »die dramatischste Besitzverlagerung zwischen zwei Unternehmen in der Geschichte der Medizinprodukte«. Als sich der jährliche Markt für Stents der Zwei-Milliarden-Dollar-Marke näherte, hielten Guidant und andere Wettbewerber einen Marktanteil von 80 Prozent. Mittlerweile befand sich J&J im freien Fall, nachdem der Anteil des Unternehmens von 91 Prozent Anfang 1997 auf acht Prozent Ende 1998 gefallen war.[6]

Robert Gussin, Corporate Vice President for Science and Technology bei J&J, fasst die Erfahrung so zusammen:

»Erstens verschätzten wir uns hinsichtlich der negativen Auswirkungen der Hochpreispolitik auf die Ärzteschaft. Zweitens sah sich Interconnect als eine neu gegründete Geschäftseinheit mit der größten Nachfrageexplosion in der Geschichte von J&J konfrontiert. Es war dermaßen damit beschäftigt, die Produktion hochzufahren, dass es die latenten disruptiven Gefahren des Marktes aus dem Blick verlor. Drittens entschieden wir uns für die feindliche Übernahme von Cordis, weil wir wussten, dass wir mit einem einzigen Produkt und einem dreijährigen Patent äußerst ver-

wundbar waren. Aber wir »johnsonisierten« Cordis – obwohl wir der-
gleichen für gewöhnlich zu vermeiden versuchen. Als das Patent auslief,
kamen all diese Fehler zum Tragen. Die Konkurrenz trat auf und versetzte
uns einen Dolchstoß. Das war gewiss kein glücklicher Tag in unserer
Geschichte.«[7]

Unter dem Gesichtpunkt der lebenden Systeme ist J&J's missglücktes Abenteuer mit dem Stent insofern lehrreich, als dabei so gut wie alle zuvor erör-
terten Prinzipien missachtet wurden. *Gleichgewicht* beschreibt sehr gut die
gleichgültige Haltung gegenüber den Kunden und die Vorgehensweise bei der
Übernahme von Cordis. Das Unternehmen erhöhte weder die Zahl der Knoten, noch verbesserte es die Qualität der Verbindungen zu seinem Markt. Nach
der Übernahme von Cordis unterließ man es, die im übernommenen Unternehmen verteilte kollektive Intelligenz zu nutzen oder die gegenseitige
Befruchtung von Methoden und Ideen zu fördern. Die eigenen sequenziellen
Produktentwicklungsprozesse stemmten sich gegen die parallelen Prozesse
und den Innovationsschub des übernommenen Unternehmens. Vor allem stellte sich J&J taub gegenüber allen Vorschlägen zur gemeinsamen Entwicklung
eines verbesserten Stents und zur Berücksichtigung der Praxiserfahrungen von
Chirurgen und Krankenhäusern. Damit verschanzte sich das Unternehmen auf
einem weniger als optimalen Fitnessgipfel, während sowohl eine neue Route
(ein radikal verbesserter Stent) als auch ein neues Ziel (Einbeziehung der Kunden in die Produktentwicklung, möglicherweise mit gemeinsamer Risiken- und
Nutzenverteilung) agileren Wettbewerbern gestatteten, den höheren Gipfel zu
erklimmen.

Wir haben zuvor betont, wie wichtig es ist, adaptive Herausforderungen von
konventionellen zu unterscheiden. J&J hat dies versäumt. Das Unternehmen
verließ sich auf ein traditionelles Strategiemodell, das sich an der zyklischen
Abfolge – investieren, konsolidieren und ernten – orientierte. Im Rückblick
betrachtet wäre es weiser gewesen, auf die Erntephase zu verzichten (und sich
mit den Chirurgen zusammenzutun, um mit einem Technologiesprung die Führungsposition auszubauen). Solange die Technologie unausgereift ist, kann sie
sehr schnell veralten; ein Patentschutz verliert seine Bedeutung, sobald alternative Lösungen verfügbar sind. Und wenn ein Anbieter seine Kunden bereits
vergrault hat, sind Kundenabwanderungen umso wahrscheinlicher.

Eine »Geisel« empfindet gegenüber ihrem Geiselnehmer keine Treue oder
Verbundenheit, die Beziehung wird ihr vielmehr durch die Umstände aufge-
zwungen. Unbewusst machte J&J die Chirurgen und Krankenhäuser zu Gei-
seln. Indem das Unternehmen die Wahrscheinlichkeit, dass die Technologie
veraltete, übersah, schaufelte es sich sein eigenes Grab.

Diese Geschichte zeugt von den Gefahren unternehmerischer Hybris. Fast
jeder Schritt spiegelt die Annahme wider, ein lebendes System ließe sich len-

ken und man könne den Chirurgen und Krankenhäusern sowie den eigenen Beschäftigten den Willen des Managements aufdrücken. Ausgehend von der klassischen Strategie des »Erntens« schreckte J&J schließlich nicht vor einer feindlichen Übernahme von Cordis zurück. Mit der Kontrolle über die Wertschöpfungskette hoffte J&J, die eigene Macht stärken und das Tempo der Produktentwicklung *diktieren* zu können. Es gab wenig Raum für *Entdeckungen* – J&J ignorierte sowohl die Vorschläge der Kunden als auch den innovativeren und flexibleren Entwicklungsprozess der Cordis-Ingenieure.

J&J versuchte mutwillig, den Wert eines Produkts über dessen Lebenszyklus hinaus zu maximieren. Indem es sich an ein vorgefertigtes Skript kausaler Zusammenhänge klammerte, übersah das Unternehmen zahlreiche Warnungen von Kunden und unzufriedenen Beschäftigten und versäumte es, frühe Anzeichen für alternative Technologien und Entwicklungsprozesse zu entziffern. Konzepte für eine rasche Erholung waren nicht in Sicht.

Seit vielen Jahrhunderten kennen die Meister des asiatischen Kampfsports die Grenzen von Gewaltanwendung und linearer Intention. *Jujitsu* steht für sanftes Vorgehen, *Karate* bedeutet leere Hand. Beide Vorstellungen entsprechen nicht unbedingt unserer Intuition, wenn wir an einen Gegner denken, der darauf versessen ist, uns übel mitzuspielen. Beide basieren darauf, die gegnerische Kraft oder Energie umzulenken und für unsere Ziele zu nutzen – ein Konzept, das J&J komplett ignorierte. Die Pioniere des asiatischen Kampfsports entdeckten Möglichkeiten, die Energie lebender Systeme anzuzapfen, lange bevor es das Santa Fe Institute gab.

Drei Regeln werden uns helfen, diese Erkenntnisse für die Unternehmensführung zu nutzen:

1. Gestalten statt konstruieren.
2. Entdecken statt diktieren.
3. Entziffern statt voraussetzen.

Wir werden diese Regeln zur Störung eines lebenden Systems am Beispiel zweier höchst erfolgreicher Veränderungsbemühungen studieren. In beiden Fällen ging es um viele Menschen und eine scheinbar unlösbare Aufgabe: die ausreichende Ernährung der armen Kinder Vietnams und die Transformation des Downstreamgeschäfts von Royal Dutch/Shell. Auf den ersten Blick scheinen diese Vorhaben kaum etwas gemeinsam zu haben. Das eine stellt eine adaptive Herausforderung für eine ganze Gesellschaft dar, das andere ist eine typische adaptive Herausforderung aus der Welt der Wirtschaft. Wir wollen hier nicht das menschliche Elend hungernder Kinder mit den Wettbewerbsproblemen eines Unternehmens vergleichen. Dennoch handelt es sich bei beiden um lebende Systeme, und die sich bietenden Eingriffsmöglichkeiten weisen viele Gemeinsamkeiten auf. Dass die Theorie der lebenden Systeme eine Anwendung auf so unterschiedliche Situationen zulässt, spricht für ihre Universalität.

»Positive Deviance« in Vietnam[8]

Nach Ende des Vietnamkriegs litten viele Kinder in den ärmeren Landesregionen an hochgradiger Unterernährung. Die Aussichten auf eine Linderung des Problems waren düster. Unterernährung – ein Thema, mit dem sich die internationale Entwicklungshilfegemeinschaft intensiv beschäftigt hat – gilt seit langem als unlösbar, insbesondere dann, wenn eine reduktionistische Logik zugrunde gelegt wird. Eine mangelhafte Versorgung mit sauberem Wasser und sanitären Einrichtungen, unzureichende Nahrungsquellen, Armut, ein geringes Bildungsniveau und fehlendes Wissen über das richtige Ernährungsverhalten bilden zusammen ein Netz der Hoffnungslosigkeit. Wenn wir das schlechte Gesundheitssystem, unhygienische Zustände, Geburtenkontrolle als Tabu und den geringen Status der Frauen hinzunehmen, dann ergibt sich ein Bild der Ausweglosigkeit.

Jahrzehntelang versuchte man dem Problem der Unterernährung in erster Linie damit zu begegnen, dass man in großen Mengen zusätzliche Nahrungsmittel bereitstellte oder versuchte, die aufgelisteten Teilprobleme gleichzeitig und mit Hochdruck zu lösen (in Übereinstimmung mit dem bevorzugten integrierten Entwicklungsmodell). Von seiner Kostspieligkeit und seiner inhärenten Tendenz zur Bevormundung einmal abgesehen erwies sich dieser Ansatz als langfristig wirkungslos. Sobald die externen Quellen versiegten, was notgedrungen irgendwann der Fall war, fielen die Dörfer allmählich wieder in ihren alten Zustand zurück.

Im Jahr 1990 reisten Monique und Jerry Sternin auf Bitten von Save the Children nach Hanoi, um dort ein neues Hilfsmodell zur Bekämpfung der Unterernährung zu testen. Die Sternins, die nach einem Ansatz suchten, der sowohl wirksam als auch nachhaltig war, verwendeten ein neues, auf der Theorie der lebenden Systeme basierendes Modell namens »Positive Deviance«, das an der Tufts University entwickelt worden war. Positive Deviance bietet keine explizite Lösung für das Ernährungsproblem. Das Modell zielt vielmehr darauf ab, »der Evolution sachte beizustehen«, indem die Kinder mit dem besten Ernährungszustand identifiziert werden (die »positiven Ausnahmen«), die Gründe dafür herauszudestillieren und als lokal angepasste Lösung in größerem Maßstab umzusetzen.

Statt als Experten mit Antworten kamen die Sternins als Moderatoren mit Fragen sowie der festen Entschlossenheit, die latente Weisheit und die

Ressourcen in jeder Dorfgemeinschaft aufzuspüren. Das Team, dem auch Vietnamesen angehörten, wählte drei der ärmsten Dörfer aus und machte sich gemeinsam mit den Dorfbewohnern daran, die Kinder zu wiegen und ihren Ernährungszustand zu dokumentieren, um die »positiven Ausnahmen« zu identifizieren – Kinder armer Eltern, die nach der ökonomischen Logik hätten unterernährt sein müssen, es aber nicht waren. Dieses Vorgehen zielte darauf ab zu entdecken, was wider alle Wahrscheinlichkeit funktionierte, statt eine auf externen Formeln basierende fertige Lösung zu importieren.

Bei diesem Ansatz überprüft jede Gemeinschaft ihr Wissen in Bezug auf Ernährung, Gesundheit und Pflege der Kinder. Die Untersuchung hilft der Gemeinschaft, positiv abweichende (das heißt, unkonventionelle oder ungewöhnliche) Ernährungsgewohnheiten zu entdecken, die erfolgreich funktionieren, und sie für jeden zugänglich zu machen.

Die Antworten existierten bereits.

Die Ausnahmefamilien ergänzten die hauptsächlich aus Reis bestehenden Mahlzeiten ihrer Kinder mit frei zugänglichen Süßwassergarnelen und -krebsen sowie mit den vitaminreichen Blättern der Süßkartoffel. Zudem fütterten sie ihre Kinder regelmäßiger.

Mit dieser Entdeckung gewappnet versuchte das Programm, weitere Dorfbewohner einzubeziehen und die Ernährungsgewohnheiten ihrer Kinder neu bewerten zu lassen. Die Dörfer veranstalteten Workshops für die Mütter, und die Teilnehmerinnen mussten als Teilnahmebeitrag jeweils eine Hand voll Garnelen, Krebse und Blätter mitbringen. Save the Children steuerte weitere Proteine (ein Ei oder etwas Tofu) und etwas Öl für jede Teilnehmerin bei.

Binnen sechs Monaten nahmen zwei Drittel der Kinder an Gewicht zu. Nach 24 Monaten hatten 85 Prozent einen akzeptablen Ernährungszustand erreicht und galten nicht länger als klinisch unterernährt. Während dieser Zeit etablierten sich neue Muster der Nahrungsmittelbeschaffung und -zubereitung. Aufgrund seiner Akzeptanz und seines Erfolgs wurde das Programm auf 16 weitere Dörfer ausgedehnt. Bei dieser Ausweitung wurde getreu dem Prinzip verfahren, die positiv abweichenden Lösungen jeder einzelnen Region zu entdecken – statt die einmal gefundenen Lösungsvorschläge pauschal auf die Gesamtregion zu übertragen. Es dauerte keine fünf Jahre, bis die vietnamesische Regierung Positive Deviance zum nationalen Ernährungsmodell erkor und es auf das ganze Land ausdehnte.[9]

Wir wollen diese Geschichte unter dem Gesichtspunkt der drei Regeln untersuchen.

1. Gestalten statt konstruieren

Vor dem Experiment in Vietnam gingen praktisch alle Programme zur Linderung von Unterernährung von der Annahme aus, nur Experten seien dazu in der Lage, die Probleme einzukreisen und Antworten zu geben (indem sie mit systemtheoretischen Methoden die für die Ernährungsmängel verantwortlichen Faktoren bestimmten). Deshalb brachten sie stets eine fertige Liste von Rezepten und Anweisungen mit, die sie lediglich vor Ort implementierten. Weder die analytischen Grundlagen noch die Diagnosen waren falsch. Ökonomische Faktoren, Wasserqualität, Erziehung, Gesundheitssystem, Geburtenkontrolle und gesellschaftlicher Status der Frau waren selbstverständlich mitverantwortlich für das so genannte »unlösbare« Problem und mussten im Interesse einer langfristigen Konzeption verbessert werden. Die von den Experten vorgeschlagenen Maßnahmen waren jedoch häufig politisch problematisch und/oder wirtschaftlich undurchführbar. Man *kann* Unterernährung lindern, indem man die beteiligten Faktoren im großen Stil ändert. Aber solche Lösungen sind häufig kostspielig, provozieren den Widerstand der Dorfgemeinschaften und verlieren ihre Wirksamkeit, sobald die aktive Einflussnahme reduziert wird.

Das Konzept von Save the Children ähnelt hingegen eher der Zeichnung eines Architekten als dem mit genauen Größen- und Gewichtsangaben versehenen Bauplan eines Ingenieurs. Das Vorgehen der Sternins hinterließ einen sehr weichen Fußabdruck im Dorfleben. Mit ihrem Wirken an der Seite vietnamesischer Frauen und Dorfvorsteher initiierten sie lediglich einen Dialog. Waren einige Kinder zu mager? Waren die Mütter bereit, ihre Kinder wiegen zu lassen? Diese zeitintensiven Gespräche erforderten viele stundenlange Besuche; diese waren notwendig, um bei den Dorfbewohnern Verständnis zu wecken und ihre Unterstützung zu gewinnen. Im Gegensatz zum rigiden und invasiven Ansatz der Expertenprogramme ähnelte Positive Deviance eher einem Tanz und einem Werben. Wesentlich für das Gelingen ist erstens die Achtung vor dem Wissen und den Fähigkeiten der Dorfbewohner und zweitens die Einbeziehung dieser Ressourcen. Dieses Modell ist auch auf andere Arten von Veränderungen anwendbar. Die Sternins beispielsweise nutzten das Modell, um das Bildungsniveau ägyptischer Mädchen zu verbessern. Im Unternehmensbereich lassen sich mithilfe von Positive-Deviance-Modellen weit reichende Veränderungen mit erstaunlicher Leichtigkeit bewerkstelligen. Hewlett-Packard ist, wie wir später noch sehen werden, ein gutes Beispiel für eine erfolgreiche Anwendung des Modells.

2. Entdecken statt diktieren

Wie wir gesehen haben, kamen die Ratgeber nicht mit vorgefassten Rezepten. Sie förderten vielmehr ein Wissen zutage, dass bereits vor Ort existierte und gesellschaftlich akzeptiert war. Diese Vorgehensweise erforderte auch von den Sternins eine echte Lernbereitschaft – eine entscheidende Voraussetzung für den Erfolg jedes Positive-Deviance-Programms.

Zwei Jahre nach Beginn der ersten, drei Dörfer umfassenden Tests belegten erstaunliche Resultate einen Durchbruch. Als das Projekt begann, war fast jedes zweite der beteiligten 3000 Kinder unterernährt. Wie bereits erwähnt, befanden sich 85 Prozent von ihnen nach 24 Monaten nicht mehr in einem »ernsten« und »lebensbedrohlichen« Zustand; ihr Gewicht lag mittlerweile in dem für die jeweilige Altersgruppe normalen Bereich.

Die natürliche Reaktion nach einem solchen Erfolg wäre gewesen, die gefundene Lösung auf das ganze Land zu übertragen. Die Resultate schienen dafür zu sprechen, die Speisekarte aller untergewichtigen Kinder des Landes um Garnelen, Krebse und wildes Gemüse zu erweitern. Aber ein solcher Ansatz missachtet den Entdeckungsprozess und widerspricht dem zentralen Prinzip von Positive Deviance: *Das nötige Wissen zur Lösung der Probleme existiert in jeder lokalen Gemeinschaft und muss dort zutage gefördert werden.* Die einzelnen Gemeinschaften sind viel eher bereit, *ihre* eigene Antwort zu akzeptieren und zu implementieren. Gewiss, man könnte im Interesse einer Optimierung versucht sein, eine schnellere – und manchmal sogar »bessere« – Lösung zu implementieren, aber das ginge immer auf Kosten des Selbstbewusstseins der Betroffenen. Diktierte Antworten mögen noch so gut gemeint und verlockend verpackt sein, sie untergraben das Zuständigkeitsgefühl der Zielgemeinschaft. Und sie basieren auf der irrtümlichen Annahme, ein »Experte« habe automatisch das Recht, anderen Kulturen und Lebensgemeinschaften Ratschläge zu erteilen. Ein suchender, tastender Ansatz erfordert Demut und die Bereitschaft, Neues zu entdecken und keine übertriebene Selbstsicherheit auf der Basis des bereits Bekannten.

So überrascht es nicht, dass die im Rahmen des Positive-Deviance-Programms entwickelten Nahrungsmittelergänzungen und Kinderpflegepraktiken von Dorf zu Dorf variierten. Der äußerst hohe Grad an lokaler Beteiligung und Unterstützung beruhte darauf, dass jedes Dorf sein eigener Experte sein durfte. Einige Dörfer hatten keine Süßwassergarnelen oder wilde Süßkartoffelblätter und griffen stattdessen auf Sesamsamen, Erdnüsse und getrockneten Fisch zurück. Dieser Faktor trug besonders dazu bei, dass das Ernährungsprogramm in rascher Folge auf 16 weitere Dörfer und anschließend auf ganz Vietnam ausgedehnt werden konnte.

3. Entziffern, nicht voraussetzen

Die Vertreter von Save the Children wissen sehr wohl, dass jede Intervention viele unvorgesehene Konsequenzen zweiter und dritter Ordnung zeitigen kann. Der Trick besteht darin, diese zu entziffern. Nur in der Atmosphäre einer gemeinsamen Entdeckungsreise lassen sie sich in geeigneter Weise interpretieren; dazu müssen wir darauf gefasst sein – oder geradezu damit rechnen –, dass Eingriffe in ein lebendes System Nebenwirkungen erzeugen, die dem angestrebten Ziel zuwiderlaufen. Wir sahen dies am Beispiel der Schneemobile und der Lappen. Wir müssen diese unvorhergesehenen Konsequenzen entziffern, sobald sie sich zu zeigen *beginnen*, und sie nach Möglichkeit in eine positive Richtung schubsen, bevor sie unerwünschte Kettenreaktionen auslösen. Zumindest können wir die Gemeinschaft dann rechtzeitig auf anstehende Entscheidungen aufmerksam machen. Die schlechteste Strategie besteht darin, von einer festen Liste erwarteter Resultate auszugehen und die Augen vor der tatsächlichen Entwicklung zu verschließen. Vielmehr gilt es, wachsam und auf der Hut zu bleiben.

Beispiele für diese Nebeneffekte gab es auch in Vietnam. Viele der Eltern, denen es gelungen war, ihre Kinder vor der Unterernährung zu bewahren, waren ungebildet und lebten auf der untersten Stufe der sozialen Rangordnung ihrer Gemeinschaft. Die Tatsache, dass ihre Rezepte vom gesamten Dorf übernommen wurden, wirkte sich auf den sozialen Status dieser sehr armen Familien aus. In den meisten Fällen verbesserten sich ihr Status und ihre Selbstachtung, nachdem sie feststellten, dass sie eine Stimme hatten und von der Gemeinschaft akzeptiert wurden. In vielen Gemeinschaften erhielten solche Mütter Aufgaben als Gesundheitsberaterinnen. Andere, die zuvor am Rand der Gesellschaft gelebt hatten, wurden in die Dorfverwaltung gewählt. Ein weiterer unvorhergesehener Nebeneffekt war, dass die täglichen Gespräche unter den Frauen über das Wohlergehen ihrer Kinder ein Katalysator für weitere Aktionen waren. Zur Ernährungsproblematik gesellten sich andere Themen. In einigen Dörfern starteten engagierte Frauen ein Heimgewerbe oder beteiligen sich an der Verbesserung des Lehrangebots in den Schulen und der Verringerung des Analphabetismus.

Von der Industrie wurden die Erfolge von Positive Deviance in Vietnam aufmerksam verfolgt. Als Barbara Waugh, Worldwide Change Manager bei Hewlett-Packard Laboratories, 1997 mit den Sternins und ihren Ideen in Kontakt kam, beeilte sie sich, sie umzusetzen. Wie wir im abschließenden Kapitel ausführlich beschreiben werden, verfolgte Waugh das Ziel, dieses große, weithin geachtete und teilweise recht fragmentierte Unternehmen in die Lage zu versetzen, mehr miteinander zu kommunizieren, zu kooperieren und Innovationen zu kreieren. »Ich werde häufig als die für Veränderungen ›Zuständige‹

vorgestellt. Ich bin für nichts zuständig. Ich sehe meine Rolle darin, Spiegel zu erzeugen, die dem Ganzen zeigen, was die Teile tun.«[10] Zu diesem Zweck zog Waugh unmittelbaren Nutzen aus dem Vietnam-Projekt und verbrachte ihren Worten zufolge Tage damit, »positive Abweichungen zu verstärken. In den 60er Jahren war es üblich, komplizierte Probleme dadurch zu lösen, dass man die schlimmsten Elemente herausgriff und sich darum kümmerte. Man bekämpfte Missstände. Heute gehe ich den entgegengesetzten Weg. Ich suche die positiven Ausnahmen heraus und verstärke sie. Ich füttere sie, gebe ihnen Ressourcen und mache sie sichtbar.«[11]

Die Störung des Gleichgewichts bei Shell

Shells Versuch, die eigene Kultur zu transformieren, war kläglich gescheitert.[12] Diesen Umstand müssen wir kennen, um den folgenden Bericht über die anschließenden Versuche des Unternehmens zu verstehen, das lebende System zu stören.

Mitte der 90er Jahre übernahm Core Herkstroter, Chairman von Royal Dutch/Shell, die Führung des gewaltigen und in der Vergangenheit erfolgreichen Unternehmens. Zu diesem Zeitpunkt hatte sich die Formel, die über ein Jahrhundert lang als Erfolgsgarant gedient hatte, etwas abgenutzt. Die Chemiesparte, die normalerweise einem zyklischen Auf und Ab folgte, machte Verluste und schien in einem ewigen Wellental festzustecken. Die als »Downstream« bekannte globale Ölproduktsparte, die ein Drittel von Shells beeindruckenden 130 Milliarden US-Dollar Jahresumsatz ausmachte, sah sich der ernstesten Wettbewerbsbedrohung in ihrer Geschichte ausgesetzt. Von 1992 bis 1995 fielen in Frankreich 50 Prozent von Shells Umsatz aus Benzin und Motorenölen dem Vormarsch der großen Supermärkte zum Opfer. (Große Supermärkte, wie beispielsweise Wal-Mart in den Vereinigten Staaten, verkaufen Benzin und Motorenöle in Tankstellen an den Parkplätzen ihrer Filialen unter Preis. Mit dieser Taktik werden die Kunden in die Läden gelockt, wo sie eine bunte Mischung an Discount-Artikeln bis hin zu Lebensmitteln, Kleidung und kleineren Haushaltsgeräten finden.) Eine ähnliche Bedrohung bahnte sich in Großbritannien und Deutschland an. Überall auf der Welt krempelten neue Wettbewerber und neue globale Kunden den Markt um. Die Gewinne flossen weiter, aber unter der Oberfläche bildeten sich Risse. Shell stand vor einer adaptiven Herausforderung, verhielt sich aber unbeirrt so, als handelte es sich um eine konventionelle Geschäftssituation.

Der tief in der Geschichte Shells verwurzelte Herkstroter hatte ähnlich wie Sears' Brennan eine Vorliebe für autoritäre Strukturen, Logik und Disziplin. Shells 105 000 zumeist altgediente Mitarbeiter – die Belegschaften der Unternehmenszentralen in Den Haag und London und die Beschäftigten der auf 130 »Operating Companies« verteilten Betriebseinheiten in aller Welt – waren im Allgemeinen mit dem Status quo zufrieden. Herkstroter wusste das, und mit Ausnahme Frankreichs schien die Bedrohung weit weg zu sein. Jahrzehnte der Branchenführerschaft hatten dafür gesorgt, dass Shell in ein lähmendes Gleichgewicht gedriftet war. Irgendetwas musste sich ändern.

Herkstroter, ein eingefleischter Social Engineer, sann nach konventionellen Methoden, um diesem Problem zu Leibe zu rücken. Er verpflichtete das Beratungsunternehmen McKinsey und begann, die Konzernzentrale einer Verschlankung zu unterziehen. In einem halbherzigen Anlauf in Richtung Mitarbeiterbeteiligung rief er die obersten 100 Führungskräfte (von den Unternehmenseinheiten Exploration, Downstream, Natural Gas, Chemicals, Coal und Shell Centre) und die Chairmen der größten Operating Companies in Brasilien, Südafrika und Malaysia zu einem Treffen zusammen. Bezeichnend für die Konsequenz, mit der Shell die Dezentralisierung betrieben hatte, ist die Tatsache, dass sich diese Vertreter zum ersten Mal seit dem Ende des Zweiten Weltkriegs an einem Ort trafen.

Bei diesem Treffen wurde *einigen* Beteiligten klar, dass das, was einst Shells Stärke gewesen war (hochgradig unabhängige Betriebsunternehmen, die eng mit den Gastregierungen zusammenarbeiteten und sich nur im Bedarfsfall an die Zentrale wandten), mittlerweile Shells Schwäche darstellte. Die Auswüchse der Dezentralisierung bildeten den Kern der adaptiven Herausforderung. Shell besaß im Raffineriebereich gewaltige Überkapazitäten. Aber kein Betriebsunternehmen wollte Fabriken in seinem nationalen Bereich schließen: Die Raffinerien wurden als Symbol für die Virilität der Unternehmen – und Länder – verstanden. Zudem entwickelten sich bisher national abgeschottete Märkte in Asien zu überregionalen Märkten. Und schließlich summierte sich der nationale Stolz der einzelnen Betriebsunternehmen zu einem »Not invented here«-Syndrom, dass mittlerweile die Dimensionen der Chinesischen Mauer erreichte.

Herkstroter war überzeugt, dass die von McKinsey betriebene Restrukturierung der Zentrale sowie ein neues Belohnungssystem die Probleme, wenn schon nicht vollständig, so doch teilweise lösen würden. Er beeilte sich, dem Unternehmen zu versichern, dass angesichts seiner eindrucksvollen geschichtlichen Bilanz eine »Revolution« (adaptive Herausforderung) nicht auf der Tagesordnung stand. All dies wurde mittels Briefings und Videobändern im ganzen Unternehmen gebührend verbreitet.

Und nichts geschah. Ein zweites Treffen der 100 wichtigsten Führungskräfte wurde sechs Monate später anberaumt. Bei dieser Gelegenheit wurden weitere McKinsey-Vorschläge enthüllt. Diese zielten darauf ab, die Unabhängigkeit der Betriebsunternehmen durch eine Verlagerung von Entscheidungsbefugnissen auf entsprechende »Business Committees« in der Zentrale einzuschränken.

Ein kleines Team von Shell-Executives präsentierte diese Pläne in der Hoffnung, es könne ihnen gelingen, die Teilnehmer davon zu überzeugen. Dieser ebenso durchsichtige wie zweischneidige Versuch, eine zwecks Veränderung der Machtverhältnisse von oben diktierte Restrukturierung zu verschleiern, stieß natürlich auf Protest.

Die Chairmen der Ländergesellschaften unterbrachen die Vortragenden regelmäßig, um die Daten und Schlussfolgerungen zu hinterfragen. Als sich der Staub gelegt hatte, wurde klar, dass Herkstroter mit seiner Absicht, die Größe und den Machtumfang der Zentrale zu reduzieren, um im Gegenzug einen Teil der lokalen Befugnisse auf die Zentrale übertragen zu können, gescheitert war.

Was war als Nächstes zu tun? Um sein Gesicht zu wahren, verkündete Herkstroter wie geplant die Einrichtung der Business Committees für die Sparten Exploration und Oil Products. Welche Rolle sie spielen oder wie sie tatsächlich die Entscheidungen der Betriebsunternehmen beeinflussen konnten, blieb der Fantasie überlassen. Und in diesem Stil ging es weiter. Verwirrende kleine Schritte mit wenig Zugkraft.

Im Alter von 51 Jahren wurde Steven Miller Managing Director des neuen Oil Products Business Committee, was mit der automatischen Mitgliedschaft in Shells oberster Executive-Riege – dem fünfköpfigen Committee of Managing Directors unter Chairman Herkstroter – einherging. Das »CMD« entwickelte Ziele und langfristige Pläne für das Gesamtunternehmen. Es stellt gewissermaßen das Corporate Executive Committee dar.

Einige Monate nach seiner Einsetzung war Miller ein wenig verzweifelt. »Wir kamen nicht voran«, erinnert er sich. »In der Zentrale sprachen wir nur unter uns, und draußen machte man sich über uns lustig.«[13] In einem weiteren Versuch, Zustimmung für seine Ideen zu bekommen, hatte Herkstroter eine lange Folge ausgedehnter »Cultural Change Workshops« für hohe Führungskräfte ins Leben gerufen. Tausende von Executive-Stunden und Millionen US-Dollar Reisekosten wurden auf dem Altar der dreitägigen Transformationsworkshops in den Niederlanden und Großbritannien geopfert. Der Schwerpunkt lag auf Shells neuer Kultur, aber nichts änderte sich wirklich. Den Teilnehmern wurde ein Programm im amerikanischen Stil vorgesetzt, mit Abenteuerspielchen und Emotionsdiagrammen. Der Zynismus erreichte einen neuen Höhepunkt. Am »Coal Face« (wie Shell die Außenbereiche nennt, wo die eigentliche Arbeit verrichtet wird) änderte sich dennoch herzlich wenig.

Miller hatte alle Hände voll zu tun. Zusätzlich zu den 61 000 Vollzeitmitarbeitern von Downstream beschäftigen Shells Tankstellen mehrere Hunderttausend Menschen (zumeist auf Teilzeitbasis) und bedienen mehr als zehn Millionen Kunden täglich.[14] Die undurchdringliche Struktur von Downstream war besonders beunruhigend. Die Aktivitäten von Downstream umfassen Vertrieb und Handel, Herstellung und Vermarktung von Dutzenden von Produktlinien wie beispielsweise Benzin, Motorenölen und Teerprodukten. Diese Bereiche machen zusammen 37 Prozent von Shells Aktiva aus. Die Investoren erwarteten entsprechende Renditen.[15] Miller erinnert sich:

»Unser Transformationsprogramm für die Downstreamsparte war ins Stocken geraten, was insbesondere an der fehlenden Kommunikation zwischen der Zentrale und den Ländergesellschaften lag. Aus der Machtbalance zwischen diesen beiden Bastionen, die sich in einer Periode relativen Gleichgewichts herausgebildet hatte, war eine lähmende Pattsituation geworden. Im ganzen Unternehmen gab es enorme Kräfte in Richtung einer Fortschreibung des Status quo.
Wir waren zuständig für das am meisten dezentralisierte Unternehmen der Welt mit nationalen CEOs, die seit den 50er Jahren eine große Autonomie genossen hatten. Für lebende Systeme ist Dezentralisierung allgemein wünschenswert, aber wir waren zu weit gegangen. Einst war es Bestandteil unserer Erfolgsformel gewesen. Jetzt sahen wir uns einer Reihe von Wettbewerbsbedrohungen gegenüber, die nicht mehr nur einzelne Länder betrafen. Globale Kunden wie British Airways oder Daimler-Benz wollten alle Geschäfte mit Shell über einen einzigen Kontakt abwickeln, statt in jedem Land mit einem anderen Shell-Vertreter zu verhandeln. Wir hatten große Überkapazitäten im Raffineriebereich, aber solange die nationalen CEOs nur das eigene Gewinn-Verlust-Verhältnis im Blick hatten, war keiner zu einer Konsolidierung der Raffineriekapazitäten bereit. Diese Probleme verlangten nach einem neuen strategischen Ansatz, bei dem die Unternehmensspitze die Eckwerte festlegte, während den regionalen und lokalen Instanzen die Aufgabe zukam, den für ihren Markt und das Gesamtunternehmen am besten geeigneten Weg zu finden.«[16]

Herkstroter wollte wie gesagt Shells Betrieb durch wohlüberlegte Direktiven rationalisieren. Im Sinne unserer drei Regeln hatte er versucht, die Transformation zu »konstruieren«, eine neue Struktur zu »diktieren« und das Endergebnis »vorwegzunehmen«. Das Committee of Managing Directors gab die Anweisung zum Verkauf ausgewählter Raffinerien. Den nationalen Shellbossen gelang es jedoch, die Konsolidierung zu hintertreiben. Sie verwiesen auf Einwände der Gastländer, die die Vorschläge zu »politischem Sprengstoff« erklärten und mit Vergeltung drohten, falls Shell die lokalen Kapazitäten reduzierte. *Miller*, der die Aussichtslosigkeit dieses Vorgehens erkannte, war zutiefst davon überzeugt, dass sich dieses lebende System nicht mit harter Hand lenken ließ.

Die Alternative hieß Management-Judo. Von der Idee eines »gelenkten Zufalls« geleitet, wandte sich Miller einem radikal anderen Konzept zu. Wie wir zeigen werden, befolgte er dabei die Regeln zur Störung eines lebenden Systems. Indem er, statt zu diktieren, Möglichkeiten der Zusammenarbeit mit den Länderchefs entdeckte, startete Miller eine Initiative, entzifferte Reaktionen, verstärkte hier und dämpfte dort und bestand niemals auf der Implementierung eines vorgefassten Plans. Mit diesem Vorgehen erwarb er sich allmählich Vertrauen und Zustimmung.

In der Sprache der Komplexität formuliert, zapfte Miller die emergenten Eigenschaften der ausgedehnten Shell-Gemeinschaft an und verlagerte den Schauplatz der strategischen Initiative sowohl vom Zentrum als auch von den allzu mächtigen Länderbossen hin zu den Mitarbeitern vor Ort. Miller, dem etwas gelang, was viele für unmöglich gehalten hatten, begriff das System nicht als eine von Sturheit und Trägheit bestimmte resistente Masse, sondern als fruchtbaren Organismus, der lediglich eines Anstoßes bedurfte, um, wie er es formulierte, »grüne Triebe anzusetzen«.

Miller gewann die Mitarbeiter des Unternehmens dafür, den Problemen klar ins Auge zu sehen. Er verstand seine Aufgabe darin, den festgefahrenen Dialog zwischen der Zentrale und dem Unternehmen fundamental umzugestalten. (Bislang wurde jede neue Anweisung und jeder Vorschlag in erster Linie danach bewertet, welcher dieser Protagonisten dabei an Macht gewann oder verlor.) Unternehmen sind aus Gesprächen bestehende Netzwerke – Memos, E-Mails, Berichte, Prozeduren, laute Äußerungen oder Selbstgespräche. Miller wusste, dass er diese Gespräche ändern musste, wenn er das emergente Wettbewerbspotenzial von Downstream freisetzen wollte. Er war überzeugt, dass die Downstream-Sparte weniger wie eine lenkbare Maschine als vielmehr wie ein sich entwickelnder lebender Organismus behandelt werden musste.

Millers Lösung bestand darin, dass er einen Schnitt durch jede Ebene und jede Scheidewand in der Organisation machte und dafür sorgte, dass das oberste Management direkten Kontakt zu den Beschäftigten auf allen Ebenen hatte. Mittels eines Ansatzes, für den der Berater Noel M. Tichy Pate stand, gelang es ihm, eine neue Atmosphäre der Dringlichkeit zu erzeugen, strategische Initiativen anzustoßen und letztlich die alte Ordnung mit einer Energie zu überwinden, die sich nicht mehr unterdrücken ließ.

Miller begann damit, dass er Shells adaptive Herausforderung im Unternehmen publik machte: massiver Verlust von Marktanteilen an die großen Supermärkte, aufgeblähte Kostenstrukturen, überschüssige Raffineriekapazitäten. Dies waren Probleme, die wenig bekannt gewesen waren und über die kaum geredet worden war. Plötzlich sprachen Beschäftigte auf allen Ebenen über diese harten Realitäten. Diese Offenheit störte erwartungsgemäß Shells Gleichgewicht und erhöhte den Stress. Sie bereitete den Boden für Selbstorganisation und Emergenz. Wie Miller erklärte:

»Die Vorteile von Selbstorganisation und Emergenz leuchteten mir intuitiv ein. Die Frage war, wie sie sich realisieren ließen. Die »adaptive Herausforderung« war nicht zu leugnen, aber es war schwer, Shell dazu zu bewegen, den Mantel zu lüften und offen zu legen, wie schlecht es um das Unternehmen bestellt war. Bei Shell gibt es viel Stolz. Unser Bild in der Öffentlichkeit ist uns keineswegs egal. Wir versuchten, die besten Mitarbeiter zu rekrutieren. Aber all dieser Stolz und dieses Talent brachten uns nichts, solange es uns nicht gelang, sie auf die wirklichen Herausforderungen zu lenken, statt uns in selbstzerstörerischen Querelen zu zerreiben. Wir verwendeten ein Geschäftsmodell, um diesem Ruf zu den Waffen eine gewisse Struktur zu geben. Das von Larry Selden von der Columbia University entwickelte Modell enthält eine Reihe praktischer Instrumente, mit denen sich spezifische Kundenwünsche und Märkte identifizieren, ein Wertversprechen formulieren, Key Business Activities bestimmen und aussagekräftige Ergebnisanalysen erstellen lassen. Wir benötigten diese Art von Sprache (und ihre entschlossene Propagierung), um Shells Ingenieurs- und Großhändlermentalität in die Mentalität eines kommerziellen Einzelhändlers zu verwandeln. Das Modell gab unseren Truppen, nachdem sie erst einmal motiviert waren, die »Munition«, mit der sie schießen konnten, das analytische Werkzeug für eine unternehmerische Denkweise. Aber wenn all dies funktionieren sollte, musste es ihnen gehören – nicht mir. Die mächtigen Länderchefs mussten erkennen, dass die Unterstützung für diverse lokale Initiativen nicht bedeutete, dass sie Kontrolle an die Zentrale verloren. Sie waren so auf die Zentrale fixiert, dass sie blind waren für die revolutionären Auswirkungen, die dies alles auf ihr eigenes Unternehmen, den erforderlichen Führungsstil und den täglichen Unternehmensbetrieb haben würde.«[17]

Seit Mitte 1996 widmete Miller mehr als die Hälfte seiner Zeit der direkten Zusammenarbeit mit Mitarbeitern vor Ort. Sein Erfolg beruht wesentlich darauf, dass er seine »Freunde« unter den Chairmans der Ländergesellschaften veranlasste, ihm jeweils ein Team von sechs oder acht ihrer Guerillaführer zu entsenden. Er sagte jedem von ihnen:

»Wir werden Ihnen nicht erzählen, was Sie zu tun haben. Wählen Sie sich eine große Herausforderung aus, für die Sie keine Lösung wissen. Wir denken, wir haben einen Prozess, der uns helfen kann, unsere Wettbewerbsfähigkeit zu verbessern. Geben Sie uns eine Chance. Ich brauche Ihre Gruppe zusammen mit den fünf oder sechs anderen Gruppen von den anderen Ländergesellschaften. Wir werden ihnen ein intensives Training in Sachen Einzelhandel geben. Lassen Sie uns versuchen, die Dinge ein wenig anders zu gestalten.«[18]

Nach vielen Tagen und noch mehr Überzeugungsarbeit rekrutierte Miller eine Pilotklasse mit Teams aus Malaysia, Chile, Brasilien, Südafrika, Österreich, Frankreich und Norwegen.

Die Leiter des ersten fünftägigen Workshops führten Instrumente zur Erkennung und Nutzung von Marktchancen und Übungen in Basis-Führungstechniken durch, damit die Teilnehmer zu Hause weitere Mitstreiter rekrutieren konnten. Mithilfe der neuen Werkzeuge versuchten die Teams, anspruchsvolle Ziele wie beispielsweise die Verdoppelung des Nettogewinns der Tankstellen entlang Malaysias wichtigsten Nord-Süd-Straßen, oder die Verdreifachung des Gasflaschen-Marktanteils in Südafrika zu erreichen.

Getreu den Vorgaben des Modells wurde jede Marktambition in eine KBA (Key Business Activity) übersetzt, damit der Erfolg längerfristig verfolgt werden konnte. Das Team aus Chile beispielsweise beabsichtigte, die Benzinmargen an den Tankstellen zu erhöhen. Eine eingehendere Analyse ergab, dass eine Verringerung der Anlieferungskosten der direkteste Weg war, um dieses Ziel ohne Preiserhöhungen – und den Verlust von Kunden – zu erreichen. Weitere Untersuchungen ergaben, dass sich die Anlieferungskosten beinahe halbierten, sobald die Lieferungen in die Nacht verlegt wurden, wenn auf den Straßen und Tankstellen weniger Verkehr war. Nächtliche Lieferungen zwangen zudem die Franchisebetriebe, ihre Öffnungszeiten zu verlängern. Die Erhöhung der simplen KBA »nächtliche Lieferungen« führte zu einer zweiprozentigen Verbesserung des Gesamtergebnisses von Shell Chile.

Nach dem ersten Workshop fuhren die Teilnehmer für 60 Tage nach Hause. Während sie ihren normalen Beschäftigungen nachgingen, ließen sie nicht nach, ihre Initiativen voranzutreiben und die benötigten Mitstreiter zu rekrutieren. Sie verwendeten die neuen Instrumente, um Kunden nach Merkmalen zu sortieren, Segmente zu identifizieren und ein Wertversprechen zu entwickeln, mit dem sich das Unternehmen von seinen Rivalen abheben konnte. Anschließend kehrten sie zu einem zweiten Workshop zurück, auf dem sich die verschiedenen Teams austauschten und einer gründlichen Prüfung unterzogen.

Die nächste Programmphase verlangte von den Teilnehmern, dass sie während weiterer 60 Tage einen Businessplan ausarbeiteten. Zum Abschluss des dritten Workshops hatte jedes Team drei Stunden im »Fishbowl« mit Miller und seiner engsten Mannschaft – den für die großen geografischen Regionen, die Raffineriesparte, die Finanzen und das Marketing zuständigen Top Executives.

Miller beschreibt, wie diese Fishbowl-Diskussionen zum Kernstück der adaptiven Arbeit bei Shell wurden:

»Eine der wichtigsten Innovationen bei unseren Veränderungsbemühungen war die Fishbowl-Methode. Der Name beschreibt, worum es sich handelt: Ich und Vertreter meines Managementteams sitzen zusammen mit einem der Länderteams in der Mitte eines Raumes. Die übrigen Teams hören vom Rand aus zu. Jeder kann sehen, wie die Gruppe auf den heißen Stühlen darüber spricht, was sie zu tun gedenkt und was sie zu diesem Zweck von mir und meinen Kollegen benötigt. Das klingt vielleicht nicht besonders revolutionär – aber in unserer Kultur war es sehr ungewöhnlich, dass jemand von weiter unten im Unternehmen so unmittelbar mit einem Managing Director und seiner engsten Mannschaft sprach. Im Fishbowl ist der Druck natürlich groß, sich nicht zu blamieren. In Wahrheit lastete der Druck auf mir und meinen Kollegen. Sobald wir uns in Widersprüche verwickelt hätten, wären wir erledigt gewesen. Wenn ein Team einen Plan anbringt, der dummes Zeug ist, dann müssen wir in der Lage sein, ihn auch als solches zu bezeichnen. Wenn wir die Leute schonen oder jedermann loben, was können wir dann sagen, wenn jemand einen exzellenten Plan präsentiert. Diese Art von ungeschminkter Rede stellt einen weiteren großen Kulturwechsel bei Shell dar.

Der ganze Prozess erzeugt vollkommene Transparenz zwischen den Beschäftigten und mir und meinem obersten Managementteam. Am Ende gehen diese Leute nach Hause und sagen: ›Ich habe soeben mit dem Managing Director und seinem Team vereinbart, dass ich diese Dinge durchziehen werde.‹ Das schafft eine persönliche Verbindung – und es verändert die Art, wie wir miteinander reden und zusammenarbeiten. Die Länderchefs machen mit, weil sie Unterstützung für etwas erhalten, was in jedem Fall auf der Tagesordnung stand. Anschließend kann ich diese Leute überall in der Welt anrufen und auf der Basis dieser Verbundenheit sehr direkt ansprechen. Das hat die Dynamik unseres Unternehmensbetriebs komplett verändert.«[19]

Am Ende jeder Sitzung wurden die Pläne abgesegnet, verworfen oder mit Verbesserungen versehen. Der gegenseitige Druck und der Lerneffekt waren beträchtlich. Im Gegenzug zu versprochenen Resultaten wurden finanzielle Zusagen gemacht. Die anvisierten Resultate wurden in die Jahresziele der jeweiligen Ländergesellschaft integriert.

Die Teams fuhren erneut für 60 Tage nach Hause und begannen, ihre Ideen umzusetzen. Auf einem weiteren Workshop wurden die gesammelten Erfahrungen – die Krisen und Durchbrüche – analysiert und besprochen.

Der Prozess machte sich viele Konzepte zunutze, die wir in diesem Buch bereits diskutiert haben. Das *Gleichgewicht* wurde gestört, sobald Miller öffentlich von Shells Verlusten und den Wettbewerbsgefahren sprach (die *Todesbedrohung*). Zum befruchtenden Ideenaustausch kam es, als stark rivalisierende Länderteams gemeinsam an Workshops teilnahmen und sich gegenseitig auf die Probe stellten. Einige Teams entwickelten eine partnerschaftliche Zusammenarbeit mit Kunden und Gastregierungen (das Versprechen der *geschlechtlichen Fortpflanzung*).

Der *Rand des Chaos* war unmittelbar spürbar. Wenn die untersten Ebenen eines Unternehmens direkt von der Unternehmensspitze trainiert, gefördert und bewertet werden, bedeutet dies Inspiration und Stress für jedermann im System, nicht zuletzt für die Bosse, die nicht beteiligt sind. Das verstärkt die *adaptive Herausforderung*. Weniger hoch angesiedelte Manager verbrachten viel Zeit mit Senior Executives (die häufig neun Gehaltsstufen und sieben Hierarchieebenen entfernt waren). Das bewirkte eine Infusion von *verstärkender Rückkoppelung*. Der Fishbowl-Prozess setzte alle unter Druck – und ganz besonders Miller und seine engsten Mitarbeiter (die alles daran setzen mussten, um sich als Team Achtung zu verschaffen). *Dämpfende Rückkoppelung* resultierte aus der Tatsache, dass alles unter den scharfen Augen der Kollegen stattfand, sowie aus den unerbittlichen KBAs, die den ständigen Vergleich zwischen Versprechen und Erfüllung ermöglichten. Vor allem erforderte Millers Vorgehen ein *Entdecken* von Antworten (statt eines Diktats von oben) und ein *Design* mit viel Raum zur Improvisation (statt eines bis in die Einzelheiten festgelegten Konstruktionsplans). Die Programmgestalter und die teilnehmenden Teams lernten, die Bedürfnisse von Beschäftigten, Kunden und Gastregierungen zu *entziffern* und sich zu einem flexibleren Anbieter zu entwickeln.

Und es funktionierte. Die CEOs der Ländergesellschaften, die sich bislang jede »Hilfe« von der Zentrale verbeten hatten, waren überrascht, als ihre Delegierten voller Energie und mit soliden Plänen zur Überwindung der Konkurrenz zurückkehrten. Alte konventionelle Mauern zwischen der Zentrale und den Betriebsunternehmen fielen in sich zusammen und machten vielfältigen informellen Kontakten Platz, die dazu beitrugen, den »Dialog« zu intensivieren und zu bereichern.

Die Beschäftigten von der Basis, die an dem Programm teilnahmen, begannen, ein »neues« Unternehmen Shell zu schaffen und wahrzunehmen. Downstream entwickelte eine sehr viel informellere Kultur als zuvor. Auf allen Ebenen des Unternehmens fanden sich Guerillaführer, die originelle Marktideen propagierten. Malaysia beispielsweise startete die »Coca-Cola-Herausforderung«: Tankstellenkunden erhielten eine kostenlose Coca-Cola, wenn sie nicht das volle Servicemenü geboten bekamen. Die Strategie führte zu einer 15-prozentigen Volumensteigerung, und zudem waren diese Innovationsbemühungen ansteckend. Die Beschäftigten interessierten sich auf neue und fantasievolle Weise für den Markt.

Im Rückblick rekapituliert Miller die mechanistischen Ansätze, die für Shells früheres Vorgehen kennzeichnend gewesen waren, folgendermaßen:

»Mit hierarchischen Strategien lassen sich heute nicht mehr viele Punkte machen. Experimentieren, schnelles Lernen und Erfolgswille sind die besseren Rezepte. Wir brauchen eine andere Definition von Strategie und eine andere Methode, sie zu erzeugen. In der Vergangenheit war Strategie die ausschließliche Domäne des CMD [Shells Chairman und sein Team]. Aber in dem Vielfrontenkrieg, in dem sich Shell heute befindet, kann die Spitze unmöglich alle Antworten liefern. Die Führer entwickeln die Vision und legen den Kontext fest. Aber die tatsächlichen Lösungen, wie den jeweiligen Schwierigkeiten – jenen tausenden von strategischen Herausforderungen, mit denen wir uns täglich konfrontiert sehen – am besten zu begegnen ist, müssen von denen gefunden werden, die dem Geschehen am nächsten sind: den Beschäftigten an der Basis. Jedermann und jede Sache ist betroffen.

Wenn du den strategischen Ansatz veränderst, verändert sich die Funktionsweise des Unternehmens. Die Person an der Spitze legt den Kontext fest und gestaltet damit Lernerfahrungen; sie diktiert keine fertigen Lösungen. Sobald die Leute an der Basis erkennen, dass sie für ein Problem selbst zuständig sind, entdecken sie auch, dass sie darauf eine Antwort finden können – und sie tun dies schneller, engagierter, kreativer und mit weit mehr Ideen, als die Strategieabteilung der Zentrale es jemals vermocht hätte. Es funktioniert, weil die Beschäftigten an der Basis in der Regel wissen, was abläuft. Sie sehen täglich die Wettbewerbsgefahren und unsere inadäquate Antwort darauf. Sobald ihnen der Kontext vorgegeben wird, können sie Chancen besser erkennen und die nötigen Entscheidungen treffen. In weniger als zwei Jahren konnten wir einen beachtlichen Fortschritt in unserem Einzelhandelsgeschäft in rund 25 Ländern beobachten. Das macht rund 85 Prozent unseres Einzelhandelsvolumens aus, und wir haben jetzt damit begonnen, diese Vorgehensweise auf unsere Serviceunternehmen und die Schmierstoffsparte zu übertragen.

Ein Programm wie dieses ist ein hoch riskantes Unterfangen, weil es der Art entgegenläuft, wie die meisten Senior Executives ihre Zeit verbringen. Als ich begann, 50 bis 60 Prozent meiner Zeit dafür einzusetzen (ohne klare Garantie, dass das, was ich tat, zu etwas führen würde), versetzte ich viele Leute in Erstaunen. Die Menschen sind versucht, ständig den Vergleich zu ziehen zu der alten Vorgehensweise, die ihnen die Illusion gab, »etwas zu bewirken«. Ich begegnete kaum verhohlener Skepsis: »Hat sich durch diesen Veränderungsprozess das Nettoeinkommen seit dem letzten Quartal geändert?« Diese Herausforderungen erzeugen Ängste. Da besteht natürlich die Versuchung, das System der Direktiven und Kontrollen wiederherzustellen, auch wenn wir Beweise im Überfluss hatten, dass das nicht funktionieren würde. Die basisorientierte Strategieentwicklung und -implementierung geschieht nicht über Nacht. Aber sie geschieht. Die Leute wollen Ergebnisse immer sofort sehen. Aber die Prozesse und Verhaltensweisen, die zu einem echten strategischen Wandel führen, sind anders.

Es ist, wie wenn Sie auf einmal Steuermann eines großen Schiffes sind, nachdem Sie ein Leben lang Autos gelenkt haben. Es geht nicht um mich. Entscheidend sind rigorose, durchdachte Marketingkonzepte zusammen mit einem tragfähigen Entwurf, der es den Beschäftigten ermöglicht, wie Unternehmer zu denken. Die Top Executives und die Beschäftigten lernen, in Partnerschaft zusammenzuarbeiten.

Es gibt noch ein weiteres Risiko für die Führungspersonen einer strategischen Suche wie dieser – das Risiko der Bloßstellung. Wir arbeiten sehr eng und intensiv mit Beschäftigten aus allen Ebenen zusammen, und diese Beschäftigten machen sich ein unmittelbares Bild von uns – sie bewerten uns. Vorher waren wir weit weg; jetzt sind wir erreichbar geworden. Wenn diese Bewertung negativ ausfällt, haben wir ein großes Problem.

Was am meisten Angst macht, ist die Notwendigkeit loszulassen. Wir haben nicht mehr denselben Zugriff auf das Geschehen wie das traditionelle Führungsteam. Erst im Nachhinein stellt sich heraus, dass wir möglicherweise sogar mehr Kontrollmöglichkeiten haben als vorher – aber von anderer Art. Wir erhalten jetzt mehr Feedback, bekommen mehr mit und erfahren von unseren eigenen Leuten mehr über das Marktgeschehen und das Verhältnis zu den Kunden. Aber dennoch ist es nicht einfach, auf die alten Kontrollmechanismen zu verzichten.«[20]

Millers Worte zeugen davon, dass er mit den Schwierigkeiten der Lenkung eines lebenden Systems vertraut ist. Wenn wir strategische Entscheidungen auf der Grundlage von Emergenzphänomenen treffen wollen, dürfen wir nicht erwarten, dass spezifische Vorgaben ein spezifisches Ergebnis bewirken. Der Experimentator versucht, Wahrscheinlichkeitsereignisse innerhalb eines bestimmten Bereichs zu erzeugen. Punkt. Eine größere Genauigkeit wird nicht angestrebt, weil sie unmöglich ist.

Heute ähnelt die Managementtätigkeit eher dem Lenken eines Schiffes als dem eines Autos. Der kluge Steuermann lenkt mittels Kurskorrekturen. Es gibt keine konstante Ruderstellung, um von Punkt A zu Punkt B zu kommen. Es findet vielmehr ein Zickzackkurs statt.

Ende 1997 wies Shell in Frankreich nach den erwähnten rückläufigen Jahren zum ersten Mal ein zweistelliges Wachstum und eine zweistellige Kapitalrendite auf. Der Marktanteil vergrößerte sich ebenfalls. Der Betrieb in Österreich, der binnen weniger Monate komplett veräußert werden sollte, erlebte einen Turnaround und wurde äußerst profitabel. Skandinavien, eine andere problematische Region, schrieb wieder schwarze Zahlen. Überall in Europa baute das Unternehmen seine Markenstellung aus und sicherte sich die Spitzenposition unter den wichtigsten Ölunternehmen. In Asien übertraf das Unternehmen trotz der allgemeinen Krise seine Rivalen und hielt sich wacker gegenüber den staatseigenen Unternehmen (die man tunlichst nicht zu deutlich besiegt).

Die von Shells externen Gutachtern erstellte Gesamtübersicht für das Steuerjahr 1997 schreibt einen Anteil von 300 Millionen US-Dollar am Reingewinn unmittelbar den Initiativen Millers zu. Die tatsächliche Wirkung beträgt zweifelsohne ein Vielfaches davon. Bis Ende 1998 waren ungefähr 10 000 Beschäftigte von Downstream an diesen Bemühungen beteiligt. Der Ansatz war so erfolgreich, dass er spätestens 1999 die Trutzburgen der strategischen Geschäftseinheiten überwand und von den Sparten Chemicals und Explorations übernommen wurde.[21]

Die beschriebenen Entwicklungen brachten aber nicht nur taktische Gewinne in den lokalen Märkten, auch im größeren Kontext gab es etwas zu gewinnen. Millers Vorgehensweise ließ allmählich den Widerstand in den Ländergesellschaften schmelzen. Hier war keine Magie im Spiel. Der beschriebene Prozess förderte die regelmäßige Zusammenarbeit von Teams, die sich zuvor als Rivalen betrachtet hatten. Während diese Teams die lokalen Kosten reduzierten und nach Wachstumsgelegenheiten suchten, wuchs der Konsens, dass eine Konsolidierung der Raffineriekapazitäten und regionale Marketinganstrengungen große Möglichkeiten zur Verbesserung der Wettbewerbsposition boten. Wo es Herkstroter mit seinem frontalen Angriff auf die Ländergesellschaften nicht gelungen war, einen Konsens zu schaffen, halfen Geduld und der handlungsorientierte Ansatz. In Europa und den USA wurden Raffinerien geschlossen oder verkauft, in Japan wurde ein unproduktives Joint Venture beendet, und in Südostasien, dem südlichen Afrika, Lateinamerika und Europa wurden regionale Marketingansätze implementiert.

Es gab noch weitere große Erfolge. Der wichtigste und von vielen als Paradebeispiel für Shells gesamten Transformationsprozess betrachtete umfasste die 600 Spitzenkräfte des Unternehmens aus den Bereichen Forschung, Technologie und Herstellung. Diese als RTS (Research and Technology Services) bekannte Einheit verfügte über ein Budget von 60 Millionen US-Dollar und galt in den Augen vieler als unfreundlich, teuer und arrogant, auch wenn sie in der Vergangenheit zu Shells Wettbewerbsstärke beigetragen hatte. Unter der Führung von Hans Van Luijck (einem Mitglied von Millers Team und Shells führendem Technologieexperten) erfand sich diese schwerfällige Einheit neu. Nachdem sie sich in »Global Solutions« umbenannt und ihre Wissenschaftler und Ingenieure reihenweise in Millers Action Labs entsandt hat, verkauft sie mittlerweile ihre Beratungsdienste auf dem offenen Markt, verzeichnet den größten Moralschub seit Lazarus und erzielte 1999 einen Gewinn von 30 Millionen US-Dollar. Mit einem Unsatz von 800 Millionen US-Dollar ist sie das elftgrößte technische Beratungsunternehmen nach Arthur D. Little. Global

Solutions strebt für 2002 einen Gewinn von 300 Millionen US-Dollar an.[22] In einer parallelen Erfolgsstory wurden Shells fragmentierte Flaschengasaktivitäten zu einer globalen Einheit zusammengeführt und mit neuen Aufgaben und Zielen ausgestattet. Heute ist sie der weltweit führende Anbieter.

Der Erhalt der Vitalität ist in einem lebenden System niemals garantiert. Als Miller Ende 1999 zu seinem nächsten Job wechselte (die Rettung von Shells kriselnden Beteiligungen in den Vereinigten Staaten), trat ein eher traditionell ausgerichteter Executive seine Nachfolge an. Dieser behielt die Einrichtung der Länderteaminitiativen und der »Fishbowl«-Diskussionen bei, verlagerte aber den Schwerpunkt auf die Kostenreduzierung. Der Fairness halber muss gesagt werden, dass die Anteilseigner des Unternehmens starken Druck in diese Richtung ausübten, und dass gerade die erfolgreiche Kostenreduzierung dem Unternehmen in den letzten Jahren das Wohlwollen der Wall Street einbrachte. Ebenso zutreffend ist jedoch, dass sich die Unternehmensspitze Millers Transformationsansatz nie richtig zu Eigen gemacht hat. Er war zu »anders«, zu »amerikanisch«. Nach seinem Fortgang diente die Kostenreduzierungskampagne als trojanisches Pferd, um Shell Downstream wieder auf eine traditionellere Arbeitsweise einzuschwören. Die Wachstumsinvestitionen wurden deutlich zurückgefahren.

Die Folgen waren absehbar. Binnen Jahresfrist war das Geschäft in Frankreich wieder rückläufig, weil Personal und Kapital in andere Bereiche umgelenkt wurden. Norwegen, einst ein Problemfall, hatte unter Millers Regie eine positive Wendung gemacht und die Gewinne verdoppelt. Jetzt, nachdem erneut Kapital gespart und Investitionen gekürzt worden waren, fiel die dortige Leistung wieder zurück. Griechenland hatte nach Jahrzehnten des Nullwachstums im ersten Jahr unter Miller zwei Prozent Marktanteil hinzugewonnen und war nahe daran gewesen, vor seinen Wettbewerbern in Führung zu gehen. Die Kapitalrationierung stellte die alte Pattsituation wieder her.[23]

Seitdem Wachstum nicht mehr auf der Tagesordnung steht, sinkt auch die Moral und der Enthusiasmus der Beschäftigten. In den Tiefen des Unternehmens ist die einstige Vitalität teilweise noch zu spüren, aber sie leidet unter dem Fokus auf kurzfristige Gewinne und der Rückkehr zu einem traditionelleren Managementansatz. Einige von Shells besten jungen Managern haben das Unternehmen verlassen – ein höchst ungewöhnliches Phänomen für ein Unternehmen, das seinen Spitzenkräften eine gute Bezahlung und das Prestige eines der bekanntesten Unternehmen der Welt bietet. Aber nachdem sie das Hochgefühl des unternehmerischen Ansatzes kennen gelernt hatten, waren wohl viele nicht bereit, auf das neu entdeckte Gefühl von »ich kann etwas verändern« wieder zu verzichten. Shell ist nicht so weit zurückgefallen wie Sears. Die finanzielle Leistung des Unternehmens bleibt stark. Aber es bewegt sich in bedenklicher Nähe zu Gleichgewicht und all den Risiken, die mit dem Leben in der Komfortzone einhergehen.

Wenn das Leben nicht deterministisch ist, Voraussagen grundsätzlich unmöglich sind und wir alle Opfer von unvorhergesehenen Ereignisketten metaphysischer wie physischer Art werden können, warum sollen wir uns dann anstrengen? Wenngleich es keine vollkommen zufrieden stellende Antwort gibt, so erhöhen die hier besprochenen Unterscheidungen und Richtlinien doch die Überlebenswahrscheinlichkeit. In der Wirtschaft kann das Spiel Schach oder Roulette lauten. Es hilft uns, wenn wir die jeweiligen Strategien zu unterscheiden lernen.

Aus alledem wollen wir im Folgenden die Synthese ziehen. Das nächste Kapitel rekapituliert das Gelernte und demonstriert, wie sich die Teile zu einem »Design for Emergence« zusammenfügen lassen. Anschließend werden wir über wichtige Disziplinen sprechen, die nötig sind, um die Vitalität eines lebenden Systems (und insbesondere eines Unternehmens) langfristig zu erhalten.

11

Emergenz planen

Design ist die unsichtbare Hand, die Unternehmen mit Leben füllt und lebendig macht.

Architekten gestalten, sie konstruieren nicht. Und die von ihnen verwendeten Architekturelemente und Entwurfsmuster, die sich über Jahrhunderte entwickelt haben, sorgen (1) für bauliche Qualität (gesunde Konstruktion), (2) Funktionalität (Räume, die sich für die beabsichtigte Nutzung eignen) und (3) eine ansprechende Ästhetik. Der architektonische Entwurf ist eine suggestive Zeichnung, die uns einen Eindruck von der vorgeschlagenen Baustruktur vermittelt. Sie ist aber mit Absicht unvollständig gehalten, damit wir uns samt unseren Werten und Intentionen einbringen und im Lauf der Zeit konkrete Pläne für die Raumgestaltung erarbeiten können.

Nehmen wir das Beispiel eines Flughafens. In den Wartezonen vor den Gates machen uns weder Schilder noch Mitarbeiter darauf aufmerksam, dass wir nicht zu laut sprechen, nicht mehr als einen Sitz belegen oder Gänge blockieren sollen. Aber durch die unsichtbare gestalterische Hand werden diese Ziele dennoch sicher erreicht. Die Sitze sind so angeordnet, dass Gespräche mit den in unmittelbarer Nähe sitzenden Menschen erleichtert und zu den entfernter Sitzenden erschwert werden. Feste Armlehnen zwischen den Sitzen verhindern, dass sich Menschen der Länge nach hinlegen und Sitze belegen, die vielleicht von anderen benötigt werden. Die Sitze sind zu Reihen verschraubt, sodass sie nicht verschoben werden können. Das soll verhindern, dass die Anordnung verändert wird, was Gänge blockieren oder den nächtlichen Putzkolonnen die Arbeit erschweren würde.

Die erstaunliche Eigenschaft der Gestaltung besteht darin, dass sie wie zufällig wirkt; sie übt ihren Zauber aus, ohne dass wir bemerken, wie dies geschieht. Hier ist eine spezielle Kunst am Werk.

Dieselben alten Rezepte?

Wir wollen vorsichtshalber mit einer Einschränkung beginnen. Viele Leser werden mit Begriffen wie »Alignment« und »Unfreezing« vertraut sein, da sie in den Unternehmen vielfach verwendet – oder missbraucht – wurden. Müssen wir uns also auf eine Wiederauflage derselben alten Rezepte gefasst machen?

Ja und nein. *Ja* insofern, als die Terminologie nicht grundsätzlich neu zu sein *scheint*: »Beteiligung«, »Commitment«, »kollektive Intelligenz« und so weiter. *Nein* insofern, als ein anderer Kontext zu ganz anderen Resultaten führt.

Angenommen Sie erben das Haus Ihrer Großmutter. Eine Besonderheit wissen Sie jedoch nicht: In allen Lampenfassungen befinden sich Glühbirnen mit einem eher bläulichen statt gelblichen Licht. Sie finden, dass die Möbel einen unangenehmen Farbeindruck vermitteln. Aber weil Sie sich des blauen Lichtes nicht bewusst sind, verschwenden Sie viel Zeit und Geld, um die Wände neu zu streichen, Möbel neu zu beziehen und Teppiche zu ersetzen. Eines Tages bemerken sie das bläuliche Licht und tauschen die Glühbirnen aus. Anschließend stellen Sie jedoch fest, dass Sie mit Ihrer »Renovierung« mehr verschlechtert als verbessert haben. Der Kontext entspricht der »Farbe des Lichts« (Komplexitätsdenken oder Maschinenmodell/Social Engineering), nicht den »Objekten« im Raum (den Methoden selbst). Der Kontext färbt alles, was er beleuchtet.[1]

Allzu häufig gleicht die Augenblicksmode bei Techniken und Terminologie der richtigen Möblierung im falschen Licht. Wir hören die Unternehmen gebetsmühlenhaft wiederholen: »Unsere Mitarbeiter sind unser wertvollstes Gut«, aber wenn es hart auf hart kommt, sieht die Lage ganz anders aus. Ohne die konzeptuellen Grundlagen des lebenden Systems bleibt die Sprache hohl. Traditionelle Buchführungsprinzipien bieten keine theoretische Basis für die Quantifizierung des ökonomischen Wertes verteilter Intelligenz. Ungeachtet der Fähigkeit der Mitarbeiter zur Selbstorganisation und ihres Emergenzpotenzials tauchen sie in der Ertragsbilanz lediglich als Ausgabenposten auf. Am Ende führt das Fehlen einer effektiven Vorstellung vom Wert des menschlichen Kapitals dazu, dass doch wieder auf die konventionellen Methoden des Social Engineering zurückgegriffen wird.

Die Unterscheidung zwischen »Design« und »Konstruktion« ist wichtig. Ein »Design for Emergence« unterscheidet sich stark von einer festlegenden Konstruktion. Wie wir in Kapitel 1 gesehen haben, ist das Managementdenken in einer Weise vom Social Engineering durchtränkt, dass Letzteres so gut wie unsichtbar ist. Wie Russell Ackoff bemerkt: »Vieles, was zum Thema Unternehmenstransformation zu hören ist, handelt in Wirklichkeit von Reformation. Davon, dasselbe wie bisher zu tun, nur besser, wie beispielsweise Reengineering, Total Quality Management, teambasierte Strukturen oder ständige Verbesserung.«[2] Wie gesagt, die Erfolgsbilanz ist mager.

Dieser Kontextwechsel ist entscheidend. Wenn Sie beispielsweise mit schmerzenden Muskeln aufwachen, hängen Ihre Empfindungen stark davon ab, ob Sie sich bereits mit einer Grippe im Bett liegen sehen, oder ob Sie tags zuvor ein anspruchsvolles Fitnesstraining absolviert haben. Ebenso sind auch viele Erneuerungstechniken, wenn sie mechanisch angewendet oder aufgefasst werden, nicht viel willkommener als eine Grippe. Aber sobald sie mit einem Verständnis für lebende Systeme einhergehen, ergeben sich völlig neue Perspektiven.

Traditionelle Refrains zum Thema Veränderung

Das Social Engineering scheitert an seiner Unfähigkeit, mit der aufständischen Natur sozialer Systeme und ihrer Neigung, programmierte Veränderungen zu unterlaufen, umzugehen. Ein Artikel unter der Überschrift »Making Change Stick«, der im Jahr 1995 in *Fortune* diese Schwierigkeit beschrieb, enthielt eine Reihe von Zitaten, die die Erfahrungen vieler zum Ausdruck bringen:[3]

• Ben Powell von GTE:
»Die Lage verschlechterte sich zusehends. Ungefähr in den letzten sechs Monaten haben wir wirklich damit begonnen, etwas zu verändern. Aber bis dahin hat es Jahre gedauert; nicht Wochen; nicht Monate. In der Praxis fühlt es sich an wie Bowling im Sand.«

• Steve Knox, Gewerkschaftsfunktionär und Mitglied eines Veränderungsteams in einer Fabrik:
»Du versuchst dir unentwegt zu sagen: ›Hey, es wird funktionieren, es wird großartig!‹ Und die Kollegen sehen dich an wie einen Idioten, und du beginnst, an dir selbst zu zweifeln. Das schlägt sich auf dein Familienleben nieder. Du kommst nach Hause und hast keine Kraft mehr für deine Familie; du möchtest nur allein sein. Eines Tages stehst du auf und fürchtest dich nicht mehr vor der Arbeit; du machst den nächsten Schritt und stößt auf ein neues Hindernis. Dann fragst du dich: ›Ist es das wert?‹ Ich wollte diesen Job in den letzten zwei oder drei Jahren schon so viele Male an den Nagel hängen. Manchmal liege ich nachts um zwei oder drei Uhr wach und denke: ›Wie mache ich diesen Leuten klar, dass die Sache keinen Pferdefuß hat. Wie soll ich das anstellen?‹«

• Michael Hammer, ehemaliger MIT-Professor und heute Unternehmensberater (einer der Autoren von Business Reengineering), über die Ursache all dieser Schwierigkeiten:

»Der den Menschen angeborene Widerstand gegen Veränderungen ist der verblüffendste, anstrengendste, entmutigendste und verwirrendste Teil des Reengineerings. Aber Widerstand gegen Veränderungen ist natürlich und unvermeidlich. Es wäre ein fataler Irrtum zu denken, Widerstand sei überflüssig und diejenigen, die Symptome des Widerstands zeigen, seien verbohrt und unverbesserlich. Wenn Reengineering scheitert, dann nicht wegen des Widerstands selbst, sondern wegen der Unfähigkeit des Managements, in geeigneter Weise darauf zu reagieren. Die meisten ›Dissidenten‹ stellen sich nicht offen hin und sagen: ›Uns missfällt, wie Sie mit uns und unseren gewohnten Arbeitsweisen verfahren.‹ Stattdessen nicken sie freundlich und geben Ihnen in allen Punkten Recht – um anschließend genauso fortzufahren wie bisher. Das ist der Kuss des ›Ja‹.[4] Zwei Drittel der Reengineeringvorhaben, die ich gesehen habe, scheiterten gnadenlos an der Verweigerungshaltung der Mitarbeiter und an der Ungeschicklichkeit und Unentschlossenheit des Managements – insbesondere auf den obersten Etagen. CEOs und andere hohe Führungskräfte sehnen sich nach Anerkennung. Sie sehen sich als gesetzte Staatsmänner, die sich kein Bein ausreißen oder strapaziöse Schlachten schlagen. Wir haben eine Generation von obersten Führungskräften, die hart gearbeitet haben, um in eine Position zu kommen, in der sie nicht mehr so hart arbeiten müssen. Aber so funktioniert das heute nicht mehr.«[5]

Nicht so schnell. Die vorangegangenen Kapitel über lebende Systeme vermitteln eine andere Sicht. Dass diese Kommentare die Erfahrungen vieler Menschen widerspiegeln, könnte bedeuten, dass wir wider die Natur der lebenden Systeme statt in ihre Richtung gearbeitet haben. Zudem könnten die zitierten Erfahrungsberichte und Erklärungsversuche mehr mit der Reaktion auf Versuche eines Social Engineerings (und Reengineerings) als mit einem generellen menschlichen Widerstand gegen Veränderungen zu tun haben.

Eine gegensätzliche Version unseres früheren Beispiels einer Flughafenlounge illustriert den Unterschied. In der einstigen Sowjetunion waren die Wartezonen einiger Flughäfen mit Klappstühlen ausgestattet. Sie wurden in Reihen angeordnet, und Schilder gemahnten in Bildern und Worten, weder die Stühle zu verrücken noch die Gänge zu blockieren und so weiter. Die Sicherheitsbediensteten wiesen gelegentlich auf die Regeln hin, aber die Passagiere stellten die Stühle dennoch so um, dass sie in Gruppen zusammensitzen konnten. Die lehnenlosen Stühle wurden zu Liegeflächen zusammengeschoben oder als Ess- oder Spieltische genutzt. Die Kinder errichteten eindrucksvolle Stühlekonstruktionen. Und die Reinigungskräfte klagten über zusätzliche Arbeit, wenn sie erst die Ordnung der Stühle wieder herstellen mussten, bevor sie die Fußböden reinigen konnten.

Ein Denkansatz wäre, all dies als vorhersehbares Nebenresultat des Social Engineerings zu verbuchen. Wegen der Unzulänglichkeiten der Raumgestaltung müssen den Passagieren Vorschriften gemacht werden. Die Flughafenlounge in unserem ersten Beispiel hingegen erzielt das gewünschte Verhalten auch ohne explizite Regeln oder Anordnungen. Der richtige Entwurf lässt die Menschen frei agieren, ohne dass sie damit der Zweckbestimmung des Raumes zuwiderhandeln.

Wenn Veränderung von oben verordnet wird und sich entlang festgelegter Pfade bewegt oder wenn die Mitglieder eines lebenden Systems im Gleichschritt frontal auf eine adaptive Veränderung zugetrieben werden, ist ein Scheitern höchst wahrscheinlich. Aber ein durchdachtes »Design for Emergence« ermöglicht eine ganz andere Erfahrung. Wenn die »resistenten Massen«, die »Lehmschicht des mittleren Managements«, wirklich eingebunden wird, hört sie mit ihrer Blockadehaltung auf. Wie wir anhand von Shell und Monsanto erkennen konnten, zeigt sie häufig ebenso viel Ambition und Appetit auf Veränderung wie ihre Führungskräfte.

Veränderung der Gespräche

Weil ein Großteil des praktischen Wissens sozial erworben wird, gehört die Beeinflussung des sozialen Systems zu den effizientesten Möglichkeiten, um das Wissenssystem zu verändern und auf diese Weise einen Lernprozess auszulösen.

Die Überzeugungen und Bestrebungen eines Unternehmens manifestieren sich in Gesprächen. Verlautbarungen auf Papier (Strategien, Weißbücher, Vision Statements) und Zahlen (Budgets, monatliche und vierteljährliche Finanzberichte, Marktanteile, Produktivitäts- und Qualitätsindizes) existieren letztlich nur in Gesprächen, in formellen und informellen. Gespräche manifestieren sich als Heldengeschichten, Berichte von empfindlichen Niederlagen, Gerüchte und natürlich als stilles Selbstgespräch in den Köpfen der Beteiligten. Gespräche sind der wichtigste Geschäftsprozess, wenn es darum geht, die Überzeugungen und Denkweisen der Mitarbeiter zu verändern. Lew Platt, bis vor kurzem CEO von Hewlett-Packard, beschrieb seinen Job häufig als »Dialogmanagement«.[6]

Eine authentische Unternehmenstransformation verändert *immer* auch die Qualität der Gespräche im Unternehmen. Wichtige Begriffe, die wir in diesem Buch entwickelt haben – »seltsame Attraktoren« und »adaptive Herausforderung« – entstehen im Gespräch. »Emergenz« entsteht als neues Thema

185

in Gesprächen, ein Thema, das zu einem Attraktor wird und die Mitglieder eines sozialen Systems stimuliert.

In diesem Sinn sollte es nicht überraschen, dass die wesentlichen Etappen der adaptiven Reise – jene, die die verschiedenen Erfahrungsschichten erzeugen – allesamt Entsprechungen in Veränderungen der Gesprächsqualität haben.

Alle wesentlichen Techniken, die wir im Folgenden vorstellen werden, sind äußerst gesprächsintensiv; das heißt, sie basieren auf Veranstaltungen, Gruppendiskussionen und Ansprachen, die die Gesprächsinhalte der Mitarbeiter nachhaltig verändern.

Wichtige Interessengruppen

Wenn Gespräche die Quelle und die Seele der Veränderung sind, dann lautet die erste Frage: Wer sollte daran teilhaben?

Die allgemeine Regel besagt: Mehr Stimmen sind besser als weniger Stimmen. Außerdem ist es extrem wichtig, Mitarbeiter einzubeziehen, die in engem Kundenkontakt stehen oder dort tätig sind, wo die eigentliche Arbeit geschieht. Letztere sorgen dafür, dass der Dialog auf dem Boden der Realität bleibt. Es gibt keine magische Mischung oder Zahl, und der Erfolg hängt zu einem gewissen Grad von Größe und Art des Unternehmens ab. Das Ziel ist ein »Schwungradeffekt«, bei dem hinreichend viele geeignete Teilnehmer mit einbezogen und beteiligt werden. Der erzeugte Schwung treibt den Prozess anschließend voran.

Die meisten Managementteams können ohne Schwierigkeiten die 50 bis 200 Beschäftigten identifizieren, die »wirklich etwas bewirken« (oder verhindern!) können. Ein nützliches Kriterium ist der Fingerabdrucktest: Wer einen Veränderungsprozess hintertreiben kann, ohne »Fingerabdrücke zu hinterlassen«, sollte einbezogen werden. Einige von diesen haben möglicherweise Zugriff auf wichtige Ressourcen. Bei anderen handelt es sich um informelle Führungspersönlichkeiten, die entscheidenden Einfluss auf das Meinungsklima haben. Einige Teilnehmer – Technologieexperten, Gewerkschafter oder Prozessingenieure – fliegen möglicherweise unterhalb des Radars. Bei Sears waren die Unfreezing- und Alignmentbemühungen unmittelbar an die Beschäftigten auf der untersten Hierarchieebene des Unternehmens gerichtet. Bei British Petroleum Exploration (BPX) und Monsanto wurden vorrangig die akademischen Ränge einbezogen. In allen Fällen machte sich das Executiveteam ausgiebig Gedanken darüber, wo die für die adaptive Herausforderung maßgebliche, bislang ungenutzte Intelligenz zu finden war. Bei BPX lag der Schwerpunkt auf der Interpretation der seismischen Daten, nicht auf der Effizienz der Arbeit der Bohrplattformen; bei Monsanto suchte man nach neuen Technologiekombinationen, statt ausschließlich die Vertriebseffizienz und die Fabrikproduktivität zu verbessern. Bei Shell begann Miller mit den akademischen Rängen, später jedoch wurden auch Gewerkschafter, Help-Desk-Mitarbeiter, Lastwagenfahrer und Raffinerievorarbeiter einbezogen.

Eines ist sicher: Die Unfreezing- und Alignmentbemühungen sollten niemals auf die obersten acht oder zehn Executives beschränkt bleiben. Innerhalb dieser engen Brüderschaft ist es täuschend einfach, eine Illusion des Konsenses zu erzeugen, während es häufig ebenso schwierig ist, eine echte Debatte und eine gründliche Selbstprüfung anzustoßen. Und wenn dies dennoch gelingt, dann bleiben die Erkenntnisse auf einen allzu kleinen Kreis beschränkt.

Die Unternehmensspitze ist lediglich der Ausgangspunkt. Nur wenige Executives sind bereit, sich auf den beunruhigenden Prozess des Unfreezings ihres Unternehmens einzulassen, solange sie nicht zuvor die Optionen lang und breit mit ihren Kollegen erörtert haben. Die obersten Executives sollten frühzeitig mit der Architektur der Erneuerung vertraut gemacht werden, weil sie in der Regel die für den Erfolg der Initiative unabdingbaren Ressourcen kontrollieren. Wenngleich die besonderen Implikationen der Reise selten auf den ersten Blick klar zutage treten, sollten diejenigen, die sich für die Zukunft des Unternehmens am meisten verantwortlich fühlen, nicht vor vollendete Tatsachen gestellt werden.

Die erste Sitzung der Senior Executives verläuft in der Regel freundschaftlich und demonstriert eine *Pseudo*-Harmonie – nicht weil die Senior Executives alle falsche Absichten haben oder unehrlich sind, sondern weil jeder sich als Teamplayer präsentieren will. Nur wenige wollen strittige oder delikate Themen ansprechen, solange es sich vermeiden lässt.

Je mehr Interessengruppen einbezogen werden, desto geringer ist die Neigung, Meinungsverschiedenheiten zu verbergen. Wie wir bei BPX, Sears und Monsanto gesehen haben, dokumentieren die allgemeinen Instrumente wie Unternehmensaudits und Lernkarten die adaptive Herausforderung in einer Deutlichkeit, die sich schwerlich ignorieren lässt. Unternehmensaudits offenbaren, dass die gewohnten Verfahrensweisen keine Lösung mehr darstellen, und dass ein Eingriff in irgendeiner Form unabdingbar ist. Die Führungsriege findet sich plötzlich in der Situation wieder, dass (1) deutliche Beweise für die Notwendigkeit einer diskontinuierlichen Veränderung auf dem Tisch liegen und (2) hunderte Interessierter das Geschehen aufmerksam verfolgen. Es gibt kein Verstecken mehr. Die Führungsriege muss ihrer Ehre gerecht werden und einen Rückzug in die Bequemlichkeitszone kategorisch ausschließen. Im Rampenlicht der Aufmerksamkeit des Unternehmens muss sie sich Herausforderungen stellen, denen sie möglicherweise einst aus dem Weg ging.

In diesem iterativen Prozess entwickelt sich das Führungsteam. Manchmal fühlen sich die Executives verängstigt, verletzbar, bloßgestellt und außerhalb ihrer Komfortzone. Gewiss, die Versuchung ist groß, das Tempo zu drosseln, Rückzieher zu machen oder die ganze Veränderungsinitiative abzublasen. Aber wenn die obersten Führungskräfte Probleme, von denen die Untergebenen wissen, aber über die sie niemals reden, offen ansprechen, dann senden sie deutliche Signale aus, dass die Veränderungsbemühungen real sind und ernst genommen werden müssen. Mit ihrer Haltung und ihrem Verhalten kann die Unternehmensspitze eine Atmosphäre der Kameradschaft und damit einen Elan erzeugen, der helfen kann, mögliche Schwellen zu überwinden. Fast jeder wird sich an dem einen oder anderen Punkt dieses Prozesses von anderen weitertragen lassen. Es herrscht ein Klima der wechselseitigen Solidarität im Bemühen, den Kurs einzuhalten.

Nüchterne Realitäten

Die reale Arbeit ist der Amboss, auf dem die alte Kultur erhitzt und die neue geformt wird. Hoch gesteckte Visionen (wie die von Shapiro bei Monsanto) können ebenfalls ihren Platz in dem Prozess haben. Aber die Unternehmensführer können sich leicht verstecken – der adaptiven Herausforderung aus dem Weg gehen –, wenn sie allzu lang im Dickicht der Plattitüden und Verallgemeinerungen verweilen. Shapiro brachte diese hehren Ideale schnell wieder auf den Boden der Tatsachen zurück. Die Teilnehmer fanden sich eigenständig zu funktionsübergreifenden Teams zusammen, um große Ideen zu identifizieren, und investierten anschließend Monate harter Arbeit in Wachstumsinitiativen. Sears, Shell und die US Army befassten sich jeweils unmittelbar mit praxisnahen Fragestellungen, um in intensiver Arbeit die Wettbewerbsfähigkeit des Unternehmens zu verbessern.

Das National Training Center der US Army illustriert diesen Ansatz auf schlagende Art mit seinen täglichen Gefechten gegen einen überlegenen Feind. Die Unternehmen können auch produktive Intensität erzeugen, wenn die Teams, denen schwierige Aufgaben gestellt wurden (wie wir bei Monsanto, Shell und BPX sahen), damit beginnen, die Wettbewerbsbedrohungen oder die Implikationen technischer Möglichkeiten (mittels Videobändern von ungeschönten Praxisberichten der Beschäftigten oder Podiumsrunden mit kritischen Investmentanalysten oder unglücklichen Kunden) zu dokumentieren. Diese »Faktengrundlage« muss stabil und robust sein. Sie muss den Angriffen von Skeptikern standhalten, die davon überzeugt werden müssen, dass die Herausforderung tatsächlich adaptiver Natur ist.

Stressmanagement

Zwei Faktoren können die Spannungen erhöhen: (1) die Einbeziehung einer größeren Zahl von Interessengruppen und (2) eine gut dokumentierte Faktengrundlage, um die Unausweichlichkeit der adaptiven Herausforderung zu erhöhen. Den Menschen wird es ungemütlich. Das ist der entscheidende Bestandteil des Unfreezings.

Wenn die Beteiligten die Ärmel hochkrempeln, um die Probleme im Markt zu diskutieren und nach einer Lösung zu suchen, kommen verdrängter Ärger, Verdächtigungen und Rivalitäten an die Oberfläche. Der verborgene Konflikt ist eine unschätzbare Ressource. Wie die Kernenergie ist er im Überfluss vorhanden und eine wertvolle Quelle für jeden, der gewillt ist, sie anzuzapfen. Die Mitglieder lernen allmählich, miteinander zu kooperieren und Meinungen zu respektieren, die nicht mit ihren eigenen konform sind.

Was wir hier beobachten, ist eine Veränderung der *Beziehungen* zwischen den Teilnehmern, eine Verbesserung ihrer kollektiven Emotionalen Intelligenz. Wie wir aus den verschiedenen Lernstadien ersehen können, besteht das Ziel in einer Entwicklung weg von Resignation, Verschlossenheit und Misstrauen hin zu Offenheit und Selbstvertrauen in der Partnerschaft. Zu einer Veränderung der Verhaltens- und Denkweisen kommt es, sobald die vorhandenen Meinungsverschiedenheiten zum Ausdruck gebracht und verarbeitet werden. Dadurch wächst die gegenseitige Achtung, und die Teilnehmer bilden einen Sozialvertrag um die emergenten gemeinsamen Überzeugungen und Werte herum. Das lässt sich als Daseinsveränderung charakterisieren. Sobald eine solche eingetreten ist, eröffnen sich völlig neue Möglichkeiten. Schritte, die vorher nicht denkbar waren, geschehen jetzt wie von selbst und liefern überraschende Resultate. Das ist nicht einfach, und es reicht nicht aus. Aber es ist ein Anfang.

Es gilt zu bedenken, dass diese bedeutenden Veränderungen im Verhältnis der Mitglieder eines Unternehmens zueinander für den äußeren Betrachter häufig klar erkennbar sind, während sie den Beteiligten kaum bewusst sind. Ein Phänomen dieser Art war beispielsweise in den 80er Jahren im Rahmen der Transformation von Ford zu beobachten.

Die Situation war die folgende: Ein Dutzend hochrangiger Manager aus den Bereichen Konstruktion und Herstellung wurde in einen Raum gerufen. Lou Ross, damals für die Fabriken verantwortlicher Senior Vice President, kam direkt auf den Punkt. »Hier gibt es ein Problem«, sagte er. »Seit 25 Jahren kämpfen die Bereiche Konstruktion und Herstellung gegeneinander. Genug ist genug. Uns interessiert nicht, wie lange es dauert, aber wir wollen, dass Sie eine einzige Frage beantworten: Soll die Konstruktion der Herstellung untergeordnet werden oder andersherum?« Dann verließ er den Raum. Dort brach die Hölle los.[7]

Stellen Sie sich denselben Versammlungsraum und dieselben Teilnehmer mehrere Monate später vor. Alle krabbelten auf Händen und Knien und diskutierten über die Vorteile der verschiedenen Unternehmenspläne, die auf dem Fußboden ausgebreitet lagen. In der Diskussion ging es ganz offensichtlich um Geben und Nehmen. Etwas frustriert fragte jemand: »Welcher dieser Pläne ist der beste?« Ein anderer antwortete: »Vielleicht *dieser* hier?« – wobei er den Prozess meinte, in dem sich die Anwesenden gerade befanden. Im Raum wurde es plötzlich still, als allen klar wurde, dass die Art, wie sie sich gerade miteinander austauschten, der »beste Unternehmensplan« war. In der Art, wie sie sich verhielten, lag die Antwort – nicht in den Kästchen oder den durchgezogenen und gestrichelten Linien auf dem Papier.[8]

Zusammenarbeit kann nicht alle strukturellen Unzulänglichkeiten eines Unternehmens kompensieren. Aber im Fall von Ford ereignete sich eine dringend erforderliche Neuerfindung, weil die Menschen lernten, anders miteinander umzugehen. Sie erzeugten einen anderen Dialog, der sich aus einem gemeinsamen Zielbewusstsein speiste statt aus einem Gerangel um Einfluss und Partialinteressen. Das Team erbat sich von Lou Ross drei Monate, um die neuen Ideen (wie beispielsweise die Verkürzung der Entwicklungszeit für neue Modelle) zu testen. Die Fortschritte waren ermutigend, und nach 18 Monaten ohne radikale Restrukturierung legten sie das Fundament für eine Reduzierung der Produktzykluszeit von acht auf fünf Jahre.

Die Freilegung des Potenzials eines komplexen adaptiven Systems ist naturgemäß ein umständlicher Prozess. Das Auf und Ab der Reise ist notwendig, damit Unfreezing und Resozialisierung stattfinden können. Der große Gruppenprozess durchläuft Höhen und Tiefen, wenn die anfängliche Euphorie unter Konflikten und mühsamer Kleinarbeit leidet. Die Stimmung steigt, wenn sich Interessengruppen zusammenfinden – und sinkt angesichts der langen und schwierigen Aufgabe, die unteren Ebenen zu mobilisieren. Der Prozess gleicht einer Fahrt mit der Achterbahn, einem stimulierenden Abenteuer. Die Erfahrungen, Emotionen und Erfolge verändern das Unternehmen, wie es eine ebene Straße niemals könnte.

Um ein Unternehmen neu zu beleben, sind drei Schritte erforderlich: (1) Unfreezing und Alignment, (2) Entdeckung und Verbreitung sowie (3) Commitment und Erfolgskontrolle. Jede Phase muss erfolgreich bewältigt werden. Es ist wie im Spiel: »Gehe nicht über Los, ziehe keine 200 Taler.« Während die Beteiligten diese Schritte durchlaufen, erleben sie eine bestimmte Folge von Veränderungen in ihrer Arbeitspraxis, in ihrem Verhalten und in ihrem Denken. Wir wollen die verschiedenen Aspekte einzeln betrachten:

- *Praxis*: Wichtig ist, dass die Teilnehmer begreifen, »dass etwas geschehen muss, was sich nicht von allein ereignet«. Der Ernst der geschäftlichen Lage muss sich klar darstellen, damit ein Konsens in Richtung diskontinuierlicher Veränderung zustande kommt.

- *Verhalten*: Gewohnheiten und Gepflogenheiten müssen verändert werden.
- *Denkweisen:* Selbstorganisation und Emergenz verändern das Wesen der Beteiligten, ihr Verhältnis zueinander, den Inhalt ihrer Gespräche und ihre Denkweisen zu zentralen Themen.

»Der Neuanfang beginnt mit dem Entwurf«, sagt Unternehmensarchitekt Bill Broussard, der viele der bemerkenswerten Errungenschaften von Ford in den 80er Jahren initiierte.[9] Die Schlichtheit des Zitats täuscht über seinen Wahrheitsgehalt hinweg.

Es brauchte einen langen Anlauf, um bis hierhin zu gelangen – und genau das ist der Punkt. Bisher haben wir die folgenden Aspekte angesprochen: (1) Auswahl und Einbeziehung wichtiger Interessengruppen, (2) Einbau eines iterativen Prozesses, um latente Widerstände zu überwinden, (3) Fundierung des Prozesses in der konkreten Unternehmenswirklichkeit, um der adaptiven Herausforderung einen Rahmen zu geben, (4) Orchestrierung all dieser Elemente, um genug Stress zu erzeugen, damit das Unternehmen aus seiner Erstarrung gerissen wird, und (5) Kanalisierung des Stresses. Dass sind die Rahmenbedingungen für die Entstehung von Emergenz. Mithilfe einschlägiger Techniken können wir eine neue Struktur bauen, aber erst, nachdem das Fundament gelegt wurde.

Unfreezing und Alignment

Zentraler Ausgangspunkt eines »Design for Emergence« ist, dass reife erwachsene Menschen »eher über die Erfahrungen des Handelns zu einer neuen Art des Denkens gelangen als umgekehrt.«[10]

Alle bislang diskutierten Überlegungen zu diesem Thema – Einbeziehung, Alignment, Realitätsbezug und kontrollierter Umgang mit Stress – basieren auf Echtzeiterfahrungen. Wir erreichen mehr, wenn wir »ins tiefe Wasser springen« – wenn wir uns mitten ins Geschehen stürzen und aus den Krisen und Durchbrüchen lernen. Mit der Zeit werden sich unsere Überzeugungen den neuen Realitäten anpassen. Wir haben nicht die Möglichkeit, mit einem leeren Bogen Papier zu beginnen und eine »gute neue Welt« aus dem Nichts zu zaubern. Vielmehr geht es darum zu handeln und neue Möglichkeiten entstehen zu lassen. Die verbleibenden offenen Punkte kann man danach abarbeiten.

Im 20. Jahrhundert versuchten Ökologen lange Zeit, jene Langgrasprärie wiederherzustellen, deren Wogen einst die Great Plains bedeckten. Ihre ersten Versuche ähnelten der konventionellen Vorgehensweise von Wirtschafts-unternehmen: Werde dir klar, was du willst, stelle Ressourcen bereit, räume Hindernisse aus dem Weg und führe deinen Plan entschlossen aus. Folglich begannen die Ökologen mit der Säuberung des für die Wiederherstellung der »jungfräulichen Prärie« vorgesehenen Gebiets; sie entfernten die asiatischen und europäischen Fremdgewächse und säten in die frisch gepflügte und gerei-nigte Erde originale Arten. Eine Zeit lang gedieh die geschützte Vegetation (geschützt vor der Konkurrenz aggressiverer zeitgenössischer Arten). Aber sobald sie ihrem Schicksal überlassen wurde, verkam sie. Nicht präriespezi-fische Pflanzen, fremde Arten und domestizierte Getreidesorten hielten über Säugetiere, Insekten und Sporenflug Einzug. Es entstand ein Ökosystem, das weder prähistorisch noch zeitgenössisch war.[11] Kevin Kelly schreibt:

> »Irgendetwas fehlte, eine entscheidende Spezies möglicherweise. Mitte der 70er Jahre wurde diese Spezies schließlich identifiziert. Es war ein wachsames Tier, das einst in der Langgrasprärie omnipräsent gewesen war, weit umherzog und mit allen Pflanzen, Insekten und Vögeln, die auf der Grassode nisteten, interagierte. Das fehlende Glied war das Feuer. Das Feuer ließ die Prärie funktionieren. Es begünstigte bestimmte Samen und vernichtete eindringende Baumschösslinge, es hielt feuerempfindli-che urbane Konkurrenten fern.«[12]

Seither haben die Ökologen gelernt, dass es nicht möglich ist, eine Prärie im Urzustand neu anzulegen und auf scheinbar »logische Weise« zusammenzu-stellen. Wir müssen mit dem beginnen, was bereits vorhanden ist.

Die Ökologen hatten mehr Erfolg mit der Wiederherstellung einer authen-tischen Langgrasprärie, als sie sie nicht in gepflügtem Boden, sondern auf ver-wilderten Grasflächen anlegten und die Reste der Arbeit dem Feuer (Unfree-zing) überließen. Auch wenn es der Intuition (die erwartet, dass die aggressiven ansässigen Gräser die neuen Pflanzen erdrücken) zu widersprechen scheint, stellte sich heraus, dass ein vom Feuer »erschlossenes« Brachland schneller zur Wiedererstehung der Prärie führte als gepflügtes Land. Einige Gräser des Brachlands stammen aus der ursprünglichen Prärieflora. Ihre Anwesenheit beschleunigt die Einrichtung des Präriesystems. »Die Gräser, die in der gepflüg-ten, nackten Scholle sprießen, sind sehr aggressiv«, fährt Kevin Kelly fort. »Die künstlich eingebrachten Neulinge kommen zu spät, um Fuß zu fassen. Es ist, als wenn die verstärkenden Stahlgitter erst eintreffen, nachdem die Zement-fundamente für das Haus bereits gegossen sind.«[13] Die neuen Arten müssen sich eine Nische zwischen den vorhandenen Konkurrenten suchen. Nur wenn sie sich behaupten können, lassen sie sich langfristig halten.

Die Ökologen haben zudem gelernt, dass auch dieser Prozess in der Isola-tion nicht funktioniert. Die umliegenden Inseln aus Bäumen und Savanne, die

die ursprüngliche Prärie schmückten, sind unverzichtbar, weil sie symbiotische Arten beherbergen. Kelly weist darauf hin, dass nicht in erster Linie der
Wind, sondern Tiere und Vögel für die Verbreitung der meisten Präriesamen
sorgen.[14] Die Prärie entwickelt sich durch das Zusammenspiel der Arten.

Was das Feuer für die Savanne leistet, leistet das Unfreezing für die Unternehmen: Es unterbricht und regeneriert. In der Prärie bringt das Feuer das System an den Rand des Chaos. Ebenso wie in der Prärie lässt sich in den Unternehmen mit keimfreien und hermetisch abgeschlossenen Experimenten wenig
gewinnen. Um »über die Erfahrungen des Handelns zu neuen Denkweisen zu
gelangen«, müssen wir uns der Realität stellen und eine Vorgehensweise entwickeln, die Lernprozesse und Veränderungen begünstigt. Das ist einer der
Gründe für die Einbeziehung eines breiten Spektrums von Interessengruppen.
Diese bringen nicht nur ihre Fähigkeiten und Stärken ein, sie fördern auch das
Bewusstsein von den Grenzen und Schranken, die jeder erfolgreiche Veränderungsprozess überwinden muss.

Was Xerox falsch machte

Die im vorangegangenen Abschnitt vorgestellten Lektionen werden von vielen Unternehmen, darunter einigen der berühmtesten Denkfabriken der Welt
wie Bell Labs, IBM Research Center und Xerox PARC, missachtet. Unter ihnen
hat es Xerox zu trauriger Berühmtheit gebracht. Obwohl sich das Unternehmen in der Kopiergerätebranche relativ erfolgreich behaupten konnte, musste es eine lange Reihe verpasster Chancen eingestehen. Es ignorierte oder ver-
patzte eine große Zahl lukrativster Gelegenheiten während der letzten 30
Jahre. Der Grund dafür war, dass sich das Unternehmen, metaphorisch gesprochen, nicht an die Lektionen der Prärie hielt.

Die Forscher von Xerox PARC (Palo Alto Research Center) entwickelten
ALTO, den ersten Personal Computer (der den später von Steve Jobs und Bill
Gates gegründeten Unternehmen als Vorlage diente). Sie entwickelten zudem
die erste kommerzielle Maus, den Flachbildschirm, den Laserdrucker, das
Ethernet (den Vorläufer des Internets) und die meisten Betriebsprotokolle, aus
denen das Internet entstand.[15] Die Liste ließe sich fortsetzen.

Was machte Xerox falsch? Das Unternehmen kultivierte viel versprechen-
de junge Sprösslinge im Treibhaus, scheiterte jedoch bei ihrer Umpflanzung
in den Dschungel. Die Experimente bei Xerox PARC waren geschützt – sie
waren sogar so gründlich vor Politik und Realität des Stammunternehmens
abgeschirmt, dass eine gemeinsame Entwicklung und gegenseitige Befruchtung ausgeschlossen waren. Übergreifende Workshops (wie bei Monsanto)
wurden niemals einberufen; anders als bei Monsanto wurden die wichtigsten

Interessengruppen des Stammunternehmens nicht einbezogen, um durch die Verbindung von neuen Technologien und gründlicher Marktkenntnis völlig neue Geschäftsaktivitäten zu entwickeln. Die Führungskräfte von Xerox erzeugten keine seltsamen Attraktoren, um das Unternehmen von seinem komfortablen Fitnessgipfel wegzubringen. Es wurde nichts unternommen, um unter den Beschäftigten jenen Stress zu erzeugen (geschweige denn zu kanalisieren), der notwendig gewesen wäre, damit das Unternehmen den großen Entdeckungsschatz in seiner Reichweite heben konnte. Niemals gab es ein echtes Alignment in den Machtstrukturen von Xerox, um ein wohlwollendes Klima für die grünen Innovationssprösslinge von Xerox PARC zu schaffen. Kurz, es gab kein »Design for Emergence«, um das Gleichgewicht zu stören und Xerox' kurzsichtige Fixierung auf den Kernbereich der Kopiergeräte aufzubrechen.

Unfreezing und Alignment bei BPX

Wie wir bereits beschrieben haben, stand British Petroleum Exploration vor einer adaptiven Herausforderung. Die Abteilung benötigte technisches Knowhow von Expertenzentren in Großbritannien und den Vereinigten Staaten, um die geologischen Profile der Erdkruste zu interpretieren. Mittels des Sieben-S-Modells waren die 100 obersten Manager und der Akademikerstamm von BPX in der Lage, die Vereinbarkeit der neuen »Endspielstrategie« mit der Arbeitsweise des Unternehmens zu untersuchen. Die Diskrepanzen waren beängstigend, und die Herausforderung löste Beunruhigung und Ungleichgewicht aus. Das brachte alte Muster ins Wanken und erzeugte Alignment um wichtige neue Prioritäten. Die Teilnehmer sahen:

1. Unzulänglichkeiten in der feudalen regionalen *Struktur*;
2. rigide finanzielle Systeme und Kontrollmechanismen, die Kurzsichtigkeit und inkompatible Informationsplattformen zur Folge hatten;
3. Arbeitsmethoden, die sich als »Stammeskriege« charakterisieren ließen;
4. eine Personalpolitik, die regions- und funktionsübergreifende Werdegänge unterband;
5. einen allgemeinen Mangel an gemeinsamen Werten in der Gesamteinheit Exploration;
6. mittelmäßige Fähigkeiten bei der Entdeckung und Erschließung von Ölquellen.

Die Gegenüberstellung dieses BPX-Profils mit den ambitionierten Strategieplänen machte die Beteiligten auf das verborgene Potenzial der Einheit aufmerksam. Sie diente als eindeutiges Alarmsignal. Auf der praktischen Ebene erkannten die Teilnehmer, wie weit die angestrebten Ziele von der Unternehmenswirklichkeit entfernt waren. Auf der Verhaltensebene brachten diese Probleme Konflikte an die Oberfläche, lösten Debatten aus und förderten mit der Zeit eine regionsübergreifende Zusammenarbeit. Auf der psychologischen Ebene brachte der Prozess alte Überzeugungen ins Wanken und veränderte tief verwurzelte Denkweisen.

Unfreezing und Alignment mittels Lernkarten bei Sears

Sears' Lernkarten halfen buchstäblich hundertausenden von Beschäftigten, die Wettbewerbskräfte zu erkennen, die dem Unternehmen Kunden und Erträge abspenstig machten. Zwei Lerntafeln – »New Day on Retail Street« und »Sears' Money Map« – und die durch sie hervorgerufenen Diskussionen ermöglichten es den Teilnehmern, ihr alltägliches Tun mit den Gesamtergebnissen des Unternehmens in Bezug zu setzen. Das brachte tausende neuer Ideen zum Vorschein. Die Mitarbeiter engagierten sich in Teams, die nach Wegen suchten, das Kauferlebnis der Kunden in allen Filialen zu verändern.

- Auf der Praxisebene förderten die Lernkarten das Verständnis für die kausalen Wettbewerbszusammenhänge.
- Auf der Verhaltensebene förderten sie die Teamarbeit und stärkten die Identifikation der Beschäftigten mit den Zielen ihrer Filiale und des Gesamtunternehmens.
- Auf der psychologischen Ebene veränderten sie die Einstellung der Teilnehmer zu ihrer Arbeit und gaben ihnen das Gefühl, Teil eines großen Ganzen zu sein. Studien zur Mitarbeiterzufriedenheit, die vor und nach den Town Hall Meetings durchgeführt wurden, belegen, dass Selbstachtung und Engagement zugenommen hatten.

Die Lerntafeln tragen zur adaptiven Herausforderung bei, indem sie dem Unternehmen ermöglichen, seine kollektive Intelligenz anzuzapfen, ganz gleich, wo diese Intelligenz innerhalb des Unternehmens angesiedelt ist. Adaptive Herausforderungen profitieren ihrer Natur nach von wechselseitiger Befruchtung, Selbstorganisation sowie der Emergenz neuer Ideen und Ansätze. Ein hoher Beteiligungsgrad führt zu Redundanz und scheinbarem Chaos, aber die Natur lehrt uns, mit dieser Unordnung zu leben. Es lassen sich nicht alle Knoten eines Netzwerks durch Optimierung und Installation eines einzigen perfekten Koordinatensystems kontrollieren. Die Natur verwendet verschiedene parallele Systeme – die mal konvergieren, mal kollidieren. Das ist der Grund, warum bei Sears jede Filiale ihren eigenen Filialleiter hat, Monsanto 58 Ideenteams einrichtete, Shell Tausende von Initiativen in seinen Ländergesellschaften sponserte und BPX parallele Anstrengungen unternahm, um die »neun großen Probleme« zu lösen.

Entdeckung und Verbreitung

Die erste Aufgabe jeder mit einer adaptiven Herausforderung befassten Gruppe ist, für sich selbst zu *entdecken*, dass Veränderung unausweichlich ist (»Der gerade Weg bringt uns nicht weiter.«). Die Verbesserung vorhandener Fähigkeiten und des alten Repertoires von der Warte der Komfortzone aus erweist sich als ungenügend, um das erwünschte Resultat zu erzielen. Sobald sich das Bewusstsein verändert und allen klar wird, dass etwas geschehen muss, müssen Ideen *erzeugt und verbreitet* werden, die zu diskontinuierlicher Veränderung führen.

Der United States Agricultural Extension Service führt Entdeckung und Verbreitung modellhaft vor.[16] Dem Programm dieser Behörde – Ausübung eines starken Einflusses auf Amerikas auf ihre Unabhängigkeit erpichten Farmer; Entdeckung und Einführung neuer Methoden und Technologien – ist der dramatische Anstieg der landwirtschaftlichen Produktivität zuzuschreiben, der den Vereinigten Staaten während des gesamten 20. Jahrhunderts einen Wettbewerbsvorsprung sicherte.

Politischer Gegenwind war für die Behörde sogar hilfreich. Um 1900 gab es ebenso wie heute starken Druck auf die Bundesregierung, so viele Befugnisse wie möglich an die Staaten- und Bezirksregierungen zu übertragen. Das betraf insbesondere Politikbereiche, die mit der Landwirtschaft und den Farmern zu tun hatten. Das hatte zur Folge, dass der Agricultural Extension Service im Gegensatz zu den meisten Programmen auf Bundesebene nicht nach den Methoden des Social Engineering arbeitete. Um die Zustimmung des Kongresses zu erhalten, wurden gewissermaßen als trojanische Pferde so genannte »Land Grant Colleges« eingerichtet: Die Staaten erhielten Bundesmittel, um eigene Universitäten zu gründen – mit der Bedingung, dass sie die Landwirtschaft als Fach unterrichteten und in jeder Hinsicht förderten. Die Bedeutung dieses Schachzugs lag darin, dass er (1) Initiativen auf lokaler Ebene provozierte und (2) eine Plattform für Investitionen in die Landwirtschaft bereitstellte. Es wäre beinahe dabei geblieben, hätte nicht eine dritte Innovation die Grenze der Verbreitung vorangetrieben.

Parallele Forschungsanstrengungen an zahlreichen Land Grant Colleges resultierten in neuen hybriden Getreidesorten, Techniken zur Mechanisierung der Ernte und Maßnahmen zur Bodenkonservierung. Aber die konventionellen Versuche, diese Innovation zu verbreiten, wurden von den Farmern erwartungsgemäß mit viel Skepsis aufgenommen. Natürlich ließ sich diese Lücke weder durch Landausflüge der Lehrkräfte noch durch das Verteilen von Forschungsberichten überbrücken. Die meisten der Farmer konnten nicht lesen, und diejenigen, die lesen konnten, waren selten bereit, ihre mühsam erworbene Erfahrung zugunsten »akademischer Experimente« aufzugeben.

Diese Schwierigkeiten regten den Agricultural Extension Service zu seiner wichtigsten Innovation an: lokale Landwirtschaftsbüros, Behördenvertreter auf Bezirksebene und von den Büros finanzierte, auf Land- und Hauswirtschaft spezialisierte so genannte »4-H Clubs«. Diese Verbreitungsvehikel infiltrierten unmerklich die Farmergemeinschaft und hatten auf diese Weise Einfluss auf den innersten Kern des lebenden Systems, das sie verändern wollten. In ihrer Eigenschaft als politische Interessenvertretung wurden sie als die Freunde der Farmer gesehen. Als Mitglieder der Gemeinschaft hatten die Agenten der Landwirtschaftsbüros Kontakt zu den Farmern und konnten gemeinsam mit ihnen Lösungen erarbeiten. Statt die Farmer davon zu überzeugen, dass eine neue hybride Getreideart oder eine neue Erntetechnik besser war, weil die Forschung dies gezeigt hatte, waren sie in der Lage, die Methode auf einem Testfeld vor aller Augen zu demonstrieren, und sehen bedeutete glauben.

Getreu der Theorie dieses Kapitels entwickelte die US-Landwirtschaftsbehörde ein »Design for Emergence«. Die Knoten (Landwirtschaftsbüros, Landwirtschaftsberater, 4-H Clubs) reichten bis in jeden Winkel der Farmergemeinschaft, und ihre Verbindungen waren gute Verbreitungswege. Dazu gehörte die Arbeit auf Testfeldern, Gespräche um einen gusseisernen Ofen im Eisenwarengeschäft des Ortes, die Verbreitung neuer Ideen unter der jüngeren Generation auf 4-H-Club-Treffen, der Vergleich von Ernteerträgen und -qualitäten auf den Landwirtschaftsmessen und die gemeinsame Arbeit an Gesetzgebungsinitiativen. Gemeinschaftsereignisse wie die Landwirtschaftsmessen oder die 4-H-Club-Treffen sind der Dünger für einen fruchtbaren Dialog, in dem frühe Adaptionsanhänger mit Traditionalisten diskutieren können. Der Stress ließ sich kanalisieren.

Wir haben bereits darauf hingewiesen, wie wichtig es ist, die Qualität der Gespräche zu verändern. In der amerikanischen Farmergemeinschaft sind sie (anders als in den meisten Bauerngemeinschaften in aller Welt) bereits weniger von Vorsicht und Widerstand gegen Veränderungen, als vielmehr von der Bereitschaft geprägt, sich mit den Möglichkeiten neuer Technologien und Methoden zu befassen. Bis heute zeichnen sich amerikanische Farmer durch ihre Offenheit gegenüber Innovationen aus. Viele Experten sehen darin eine stabile Quelle für einen globalen Wettbewerbsvorteil.

Der Agricultural Extension Service verkörpert das Konzept, neue Ideen in einem geschützten Umfeld reifen zu lassen, um sie dann vom Treibhaus in den Dschungel zu verpflanzen. Vor der von Genozid begleiteten Kolonisierung des amerikanischen Kontinents hatten die indianischen Stämme Migrationsmuster entwickelt, die eine optimale Verbreitung gewährleisteten. Die Migrations- und Handelsmuster der Stämme führten zu langen Perioden der Isolation und gelegentlichen Begegnungen. Aufgrund dieser Isolation waren die Stämme in der Lage, einzelne Technologieentwicklungen oder, genetisch gesprochen, zufällige Mutationen, die beispielsweise die Widerstandskräfte gegen bestimmte Krankheiten verstärkten, in einem abgegrenzten Bereich reifen zu lassen. Bei späteren Begegnungen mit anderen Stämmen kam es dann zum Austausch von Ideen und Technologien und zu gemischten Ehen zwischen den Mitgliedern der vormals isolierten Gemeinschaften. Die Natur funktioniert dann am besten, wenn positive Mutationen in einer kleinen Population reifen können, bis sie robust genug sind, um sich bei einer Vermischung in einer größeren Gemeinschaft behaupten zu können. Dieses Prinzip gilt auch für Unternehmen. Wir haben seine Funktionsweise anhand der Initiativen von Shell und Monsanto bereits studieren können.

Entdeckung und Verbreitung können vielerlei Formen annehmen. Wir werden uns zur Illustration auf eine Methode beziehen, die bei Shell und Monsanto ausführlich zum Einsatz kommt und vielen Lesern bekannt sein dürfte: das »Action Lab«. Seine Besonderheit gegenüber anderen Typen von Projektgruppen ist seine offene Struktur, die ihm Schwung verleiht. Das ist wichtig, denn zunehmend nutzen alteingesessene Unternehmen Projekte und Initiativen, um sich zu reformieren. Solche Foren können auch weniger einflussreichen Mitarbeitern eine Stimme geben. Sie stellen eine Startrampe für Ideen dar, die im Unternehmen oder im Markt bislang nur im Verborgenen schlummerten. Wenn sich für diese Ideen Förderer finden, die sie bekannt machen, werden sie möglicherweise zu Auslösern für größere Veränderungen.

Für erfolgreiche Action Labs gelten einige entscheidende Gestaltungsprinzipien:

1. Die Ziele eines Action Labs müssen klar formuliert sein. Sie sollten weit gesteckt und anspruchsvoll sein, ohne ins Unbestimmte abzugleiten. Eine Vorgabe wie »die Unternehmenstätigkeit ausweiten« führt lediglich zu Missverständnissen. Themen mit zu vielen äußeren Unwägbarkeiten, wie beispielsweise chaotische technologische Entwicklungen oder gesetzgeberische beziehungsweise administrative Reformen sollten tunlichst vermieden werden. Projektgruppen funktionieren am besten mit soliden, verlässlichen Vorgaben.

2. Ideen brauchen einflussreiche Förderer. Ideal sind Executives, deren Eigeninteresse jedoch nicht so stark ausgeprägt sein sollte, dass sie das Projekt zu ihrer Privatsache machen. Die Rolle der Förderer besteht darin, dem Projekt Deckung zu geben und die benötigten Ressourcen (Zeit, Geld und Leute) zu verschaffen. Sie sollten die nötige Souveränität besitzen, das Projektteam

eigenständig arbeiten zu lassen, ohne in jedem Augenblick einzugreifen. Nichts nimmt der Projektarbeit schneller den Wind aus den Segeln als ein Förderer, der es allzu gut meint und die Antworten stets schon im Voraus weiß.

3. Nur wenn das Team auf unkonventionelle Art geführt wird, sind unkonventionelle Ergebnisse zu erwarten. Die Förderer sollten das Bewusstsein der Beteiligten für die adaptive Herausforderung ständig schärfen. Mit dem konventionellen Führungsrepertoire – Autorität, Richtungskompetenz und Kontrolle – lässt sich die Tätigkeit eines Action Labs nur allzu leicht im Keim ersticken. Executives müssen sich in der Regel erst daran gewöhnen, das von ihnen geleitete Team wie ein lebendes System zu behandeln, aber sie haben keine andere Wahl. Sir James T. Block, Träger des Medizinnobelpreises und Leiter einer der ergiebigsten Forschungseinrichtungen der Welt, sagt, worauf es ankommt: »Wir arbeiten in Gruppen zu je 20 jungen Wissenschaftlern. Die Teams bilden sich in Abhängigkeit vom Stand der Untersuchungen von selbst heraus. Wenn das Problem die Gruppe definiert, so besteht meine Aufgabe darin, dieser Gruppe bei der Lösung des Problems zu helfen – und nötigenfalls Beistand zu geben, wenn der eingeschlagene Weg nicht zum Ziel führt. Ich habe schließlich mehr Erfahrung im Bewältigen von Misserfolgen als diese jungen Leute.«[17]

4. Das Umfeld muss einerseits verlässlich genug sein, um Experimente und Lernerfahrungen zu ermöglichen; andererseits sollte es jedoch stimulierend wirken und zu besonderen Leistungen anregen. Die Teamleiter müssen darauf achten, dass sich die Gruppe stets auf die eigentliche Problemlösung konzentriert, insbesondere wenn einzelne Mitglieder dazu neigen, den Schwarzen Peter anderen zuzuschieben oder von den Vorgesetzten fertige Lösungen zu erwarten. Der Stressfaktor sollte reguliert werden, damit die Gruppe handlungsfähig bleibt. Die Erfahrung der Teamarbeit wirkt sich sowohl auf die Verhaltensweisen als auch auf die Psyche der Beteiligten aus. Die Gruppe wächst immer mehr zusammen und intensiviert ihren Arbeitseifer. Bei den Mitgliedern verstärkt sich der Eindruck, dass Veränderungen möglich sind, und entsprechend wächst ihre Bereitschaft, daran mitzuarbeiten. Der Teamleiter sollte auf eine solche Entwicklung hinwirken und die Lernbereitschaft fördern.

5. Es ist wichtig, dass die Gruppe zu den »eigentlichen« Themen und Erwartungen vordringt und sich nicht von nebensächlichen Fragen und Konflikten ablenken lässt.

Das Ziel der Action Labs besteht darin, das Team mit schwierigen und belastenden Geschäftssituationen zu konfrontieren, um völlig neue Lösungsansätze und Verhaltensweisen hervorzurufen. Die Situation muss, was Themenstellung, Dauer und Intensität betrifft, so beschaffen sein, dass die Teilnehmer gezwungen sind, ihre Komfortzone zu verlassen und sich auf unbekanntes Terrain vorzutasten. Nur dann besteht eine reelle Chance, dass das Team radikale Innovationen hervorbringt.

Entdeckung und Verbreitung bei Shell

Shell griff bei seinen Entdeckungs- und Verbreitungsbemühungen auf das Instrument des Messestands zurück. Managing Director Steve Miller hatte sein Veränderungsprogramm auf einer eher provisorischen Basis gestartet. Nachdem er bei den ihm Wohlgesonnenen unter den Chairmans der Ländergesellschaften um Unterstützung geworben hatte, war es ihm (mit Mühe und Not) gelungen, für sein Pilotprogramm sieben Teams zu rekrutieren. Bald jedoch waren die Teilnehmer hellauf begeistert. Aber Miller hatte immer noch ein Problem: Wie konnte er Shells allzu bekanntes »Not invented here«-Syndrom überwinden und die übrigen Ländergesellschaften ebenfalls von seinem Programm überzeugen?

Miller griff zu dem Hilfsmittel des Messestands. Beim nächsten Jahrestreffen der Führungsgruppe von Downstream (mit Vertretern der Zentrale und den Chairmans der 50 größten Ländergesellschaften) durfte jedes Pilotteam einen in der Regel aus drei großen Schauwänden bestehenden Stand vorbereiten und betreuen. Jede der raumhohen Schautafeln enthält Abbildungen oder Diagramme, auf denen Kundensegmente, Geschäftsangelegenheiten und Benchmarks dargestellt sind. Häufig werden zusätzlich Videos oder Fotos eingesetzt, um die Botschaft so wirklichkeitsnah wie möglich zu vermitteln. Auf der dritten Schautafel stellt das Team in der Regel einen Businessplan, einen Aktionsplan sowie konkrete Ziele und Meilensteine vor.

Auf der praktischen Ebene geht es bei dieser Veranstaltung vorrangig um Informationsaustausch. Die Teilnehmer des Treffens besuchen der Reihe nach die Stände, lassen sich instruieren, stellen Fragen und führen informelle Gespräche über Fakten, fragwürdige Annahmen oder die Anwendbarkeit bestimmter Vorschläge auf ihre eigene Situation.

»Das Format des Messestands«, sagt Steve Miller, »hat den eindeutigen Vorteil, dass jeder Besucher den Lernprozess an sein eigenes Tempo anpassen, zwischendurch Fragen stellen und sich die Informationen nach seinem Bedarf zusammenstellen kann. Wenn Sie dieselben Leute, die jetzt so begeistert ihre Stände betreuen, stattdessen bitten, sich hinter ein Pult zu stellen und eine PowerPoint-Präsentation abzuliefern, erhalten Sie eine steife und leblose Darstellung. Die Messestände geben den Betrachtern das Gefühl, Details zu erfahren, die über den üblichen Inhalt von Pressemitteilungen hinausgehen und sie einen echten Blick hinter die Kulissen werfen lassen.«[18]

Miller macht auch im Bereich der Verhaltens- und Denkweisen Veränderungen aus. Zu den verlässlichsten Ergebnissen der Sozialpsychologie gehört die Beobachtung, dass jemand, der etwas laut ausspricht, eher bereit ist, das Gesagte zu glauben. Wer eine Sache präsentiert, wird zu ihrem Verfechter; aus Agnostikern werden Anwälte. All dies weckt den Appetit auf neue Herausforderungen.

Millers Messeveranstaltung löste viel Neugier aus. Weitere Ländergesellschaften entschlossen sich, eigene Teams für das Projekt bereitzustellen. »Die Rakete hatte endlich von der Startrampe abgehoben«, kommentiert Miller. »Die Messestände erzeugten die unmittelbare Beteiligung der Basis, an der es bislang gemangelt hatte.«

Shell verwendete dieses Format viele Male. Im Jahr 1999 wurde eine Großinitiative gestartet, um die Zentrale zu verschlanken und einen Teil der Aktivitäten auf lokale Centers of Excellence zu verlagern. Dies war seit langem Millers Ziel gewesen, aber gleichzeitig lag ihm daran, deutlich zu machen, dass jede seiner Entscheidungen im Interesse des Unternehmens war. Zu diesem Zweck stellte er gemischte Teams mit Mitgliedern aus der Zentrale und den lokalen Zentren zusammen.

Über 100 von Downstreams besten Experten kamen aus der Shell-Zentrale und den Ländergesellschaften nach London, um einen einwöchigen intensiven Workshop zu absolvieren. In den ersten vier Tagen analysierten getrennte Teams die unterschiedlichen Unternehmenssparten: Schmierstoffe, Erdgas, Bitumen, Vertrieb, neue Projekte, Markenmanagement und Einzelhandel. Aufbauend auf den mühsam erworbenen Erfahrungen im Wettbewerb vor Ort beschäftigten sich die Teams mit folgender zentraler Frage: Wie kann Shell einen deutlichen Wettbewerbsvorsprung aufrechterhalten oder wiedererlangen, sobald die Kompetenzstreitigkeiten und Machtkämpfe zwischen der Zentrale und den Ländergesellschaften erst einmal beigelegt sind? Die Teams wurden ermuntert, sich unkonventionelle Gedanken zu möglichen Akquisitionen, Kostenreduzierungen oder Partnerschaften zur Erweiterung der Kundenbasis zu machen. Eine zweite Frage lautete: Wie ließ sich dies alles in einer Weise organisieren, dass Shell so flexibel und schlagkräftig wie möglich wurde?

Die Teams arbeiteten am Tag vor der Ergebnispräsentation bis spät in die Nacht daran, ihre Stände vorzubereiten. Die Schauwände präsentierten Ideen, kontroverse Standpunkte, Kundendaten, vergleichende Benchmarks (ein Novum bei Shell!) sowie ausführlich begründete Vorschläge für strategische und organisatorische Veränderungen. Jedes Team gab bekannt, welche Schritte als Nächstes geplant waren und welche Ressourcen dafür benötigt wurden.

Nachdem ein Signalhorn erklang, betraten Steve Miller und sein ExecutiveTeam den ersten Stand. Die Teilnehmer, die gerade nicht mit der Betreuung ihrer Stände beschäftigt waren, konnten sich während des Vormittags auf den übrigen Ständen umsehen. Auf diese Weise wurden die Vorschläge nicht nur den Executives unterbreitet, auch die meisten anderen Teilnehmer des Workshops konnten sich über die Arbeit der jeweils anderen Teams informieren und einen Überblick über den Gesamtprozess gewinnen.

In der abschließenden Nachmittagssitzung saß das Executive-Team in der Mitte des Raumes, wo ihm die Teams der Reihe nach Gesellschaft leisteten. Unter den Augen der übrigen Teilnehmer stellten die Executives ergänzende Fragen, gaben Verbesserungsempfehlungen zu den Vorschlägen und machten erste Zusagen hinsichtlich der benötigten Ressourcen. Die Mitglieder der übrigen Teams und alle anderen Zuhörer waren eingeladen, sich mit ihren Fragen an der Suche nach möglichen Schwachstellen und Widersprüchen in den Vorschlägen zu beteiligen. Am Ende wurde fast immer eine schlüssige Lösung gefunden. Steve Miller erzählt:

>Ich war mir nicht sicher, ob dies gelingen würde. Das Misstrauen zwischen den Ländergesellschaften und der Zentrale hatte so lange und tiefe Wurzeln, dass die inhaltlichen Themen nur allzu leicht in der allgemeinen Polarisierung untergehen konnten. Aber die sachliche Diskussion behielt die Oberhand. Nicht alle Teams machten in gleicher Weise Fortschritte, aber insgesamt erreichten wir in den fünf Tagen mehr als in den vergangenen fünf Jahren mit all ihren Beraterstudien und von oben diktierten Restrukturierungen. Das ist ein echter Erfolg. Die Kombination von Messearrangement und Fishbowl beschleunigt den Veränderungsprozess ungemein. Wenn Sie den traditionellen hierarchisch ausgerichteten Ansatz wählen, müssen Sie ständig mit Rückschlägen rechnen. Jeder vermutet irgendwo einen Haken: dass die Zentrale keine Macht preisgeben will, oder dass sich der eine oder andere sein privates Süppchen kocht. Bei der neuen Methode hingegen gibt es keine Geheimnisse; das Geschehen spielt sich vor aller Augen ab. Die Bewohner leiten ihr Wohnheim selbst. Die Resultate werden für alle sichtbar an den Ständen präsentiert. Auf diese Weise ist es viel einfacher, Mitstreiter für das Projekt zu gewinnen.«[19]

Entdeckung und Verbreitung in Vietnam

Entdeckung und Verbreitung sind auch wichtige Bestandteile des Positive-Deviance-Ansatzes. Das Studium der Gewohnheiten der armen und dabei dennoch richtig ernährten vietnamesischen Kinder führte zur *Entdeckung* frei erhältlicher Nahrungsquellen und besser geeigneter Ernährungsgewohnheiten. Anhand dieses Ansatzes wurde erforscht, warum einige Kinder viel gesünder waren als andere, und wünschenswerte, bislang verborgene Verhaltensweisen wurden beleuchtet. So konnte die ganze Gemeinschaft vom lokal verfügbaren Wissen profitieren.

Die *Verbreitung* fand in Form eines einmonatigen Programms statt, das den Müttern half, sich an die neuen Verhaltensweisen zu gewöhnen. Sie sollten die entsprechenden Zutaten sammeln, ihre Kinder mit den neuen Geschmacksrichtungen vertraut machen und ihre Essgewohnheiten verändern. Die Kinder mussten sich an Geschmack und Geruch von so »seltsamen« Dingen wie den Blättern der Süßkartoffel oder Süßwassergarnelen gewöhnen.

- Auf der *praktischen* Ebene verfolgt Positive Deviance ein höchst simples Prinzip: Suche nach ungewöhnlichen Verhaltensweisen, die funktionieren und für die lokale Gemeinschaft akzeptabel sind, und verleihe ihnen genug Öffentlichkeit, damit andere zur Nachahmung angeregt werden.
- Auf der *Verhaltensebene* wächst die Gemeinschaft enger zusammen. In dem geschilderten Beispiel veränderten Mütter und Kinder lebenslange Gewohnheiten. Mitglieder aus den Randbereichen der Gemeinschaft gewannen an Status und Einfluss.
- Auf der *psychologischen* Ebene bewirkte der Ansatz eine Veränderung im Selbstbewusstsein ärmerer Frauen, die sich auf einmal in der Lage sahen, gesündere und glücklichere Kinder aufzuziehen. Zudem nahmen der Zusammenhalt unter der Frauen und ihr Einfluss auf das Dorfgeschehen zu.

Commitment und Erfolgskontrolle

Wir wenden uns nun der letzten Aufgabe zu: Commitment und Erfolgskontrolle. Dies wollen wir an zwei Instrumenten demonstrieren: der Fishbowl-Methode und der Valentines-Übung. Mit beiden lässt sich konkret sicherstellen, dass ein echtes Engagement stattfindet und Versprechungen eingehalten werden.

Jede Implementierung setzt verlässliche Vereinbarungen und Abmachungen voraus. Um die notwendige Verlässlichkeit zu erreichen, bauen die erwähnten Techniken auf die Wirkung öffentlicher Vereinbarungen. Sie erzeugen einen Gruppendruck, indem sie ein »Theater der Absichtsbekundungen« inszenieren: Abmachungen werden coram publico getroffen. Wenn 100 oder mehr Zeugen zugegen sind, überlegen es sich die Vertragsparteien doppelt, bevor sie gemachte Zusagen und Versprechungen nicht einhalten.

Die Fishbowl-Methode bei Shell

Wir haben bereits darauf hingewiesen, dass die besondere Situation der Fishbowl bei den Beteiligten *psychologischen* Stress und Veränderungen im *Verhalten* bewirkt. Diese Situation ist unter anderem durch folgende Faktoren gekennzeichnet:

- Das präsentierende Team erlebt sich in einer »exponierten« Lage.
- Senior Executives werden »anfassbar« und müssen sich öffentlich behaupten.

- Teilnehmer und Zuschauer beginnen einen Dialog, der in wohl durch-dachten Geschäftsideen mündet.
- Stressverminderung: Viele Zwischenebenen im hierarchischen Unterneh-mensgefüge sind bei diesen Verhandlungen nicht vertreten und fürchten dementsprechend, außen vor zu bleiben, wenn die höchsten Executives mit den Linienvertretern wichtige Vereinbarungen treffen. Um ihren Argwohn in Grenzen zu halten, ist es wichtig, dass alle Diskussionen auf Video auf-genommen und auf diese Weise frei verfügbar gemacht werden.
- Die Energie und der Optimismus der unverbrauchten Mitarbeiter des Unter-nehmens werden genutzt, um dem Unternehmen neues Selbstvertrauen ein-zuflößen.

Zu Beginn der Fishbowl befinden sich in der Mitte des Raumes ein Tisch samt Stühlen, während rundherum dutzende weiterer Stühle stehen. Am einen Ende des Tisches sitzen die kritisch Hinterfragenden. (Bei Shell waren dies Steve Miller und seine unmittelbaren Untergebenen.) Am anderen Ende befindet sich ein Team von relativ niedrigrangigen Vertretern eines Betriebsunternehmens. Auf den umstehenden Stühlen sitzen in einer typischen Shell-Veranstaltung dutzende von Teammitgliedern aus anderen Ländern und beobachten das Geschehen in der Mitte.

Bei aller beabsichtigten Dramatik des Fishbowl-Arrangements geht es auf der praktischen Ebene darum, ein bestimmtes Arbeitspensum zu erledigen und Pläne abzustecken. Und wie wir bereits erwähnten, werden die Diskussionen aufgezeichnet und den Beteiligten als Videobänder mitgegeben, damit sich die mittleren und oberen Manager in den Betriebsunternehmen, die nicht am Workshop beteiligt waren, ein Bild vom Geschehen machen können. (Diese kostengünstigen Videos hatten eine enorme Multiplikatorwirkung auf die Transformation von Shells Downstream-Sparte.)

Mit Fishbowl-Diskussionen und vergleichbaren öffentlichen Diskussionen lässt sich sicherstellen, dass nur ernst gemeinte Absichtserklärungen abgege-ben werden. Es gibt ein bestimmtes Protokoll, nach dem Ressourcen bean-tragt und Zusagen gemacht werden. *Psychologisch* hat diese Form des öffent-lichen Forums zahlreiche Vorteile. Die Beteiligten spüren, dass sie etwas leisten müssen. Gleichzeitig erleben sie Solidarität und sind Zeuge eines span-nenden Prozesses, der, wenn alle an einem Strang ziehen, das Unternehmen komplett verändern wird.

Zur Architektur dieser Ereignisse gehören ein Prozessdesign und ein Zustän-digkeitsplan. Ohne ein Protokoll – wie beispielsweise die öffentliche Zeu-genschaft für die in der Fishbowl getroffenen Vereinbarungen – bleibt auch die beste Absicht mitunter folgenlos. Vorhaben müssen konkret formuliert und an konkrete Personen gebunden sein. Im Beispiel von Shell erfüllten Key Busi-ness Activities (KBA) diesen Zweck. Die Teilnehmer gaben persönlich nicht nur eine grundsätzliche Absichtserklärung ab, sie waren auch bereit, die Erfüllung dieser Absichten an klaren Kriterien messen zu lassen. Es ist ein großer Unterschied, ob jemand im Allgemeinen für sein Handeln verantwortlich ist (»Ich habe alles versucht«), oder ob er für die Konsequenzen dieses Handeln (die an der Messlatte der KBAs gemessen werden) geradezustehen hat.

Karten-Übung in Malaysia

Die von Ford eingeführte Karten-Übung eignet sich besonders für Initiativen, die sich über mehrere festungsartig gegeneinander abgeschirmte Bereiche eines Unternehmens, so genannte Silos, erstrecken.[20] Mit ihrer Hilfe lassen sich die möglichen Schwachpunkte eines Veränderungsprozesses aufspüren. Die Karten bieten eine Möglichkeit, Hindernisse im Zusammenspiel der Unternehmensbereiche auszuräumen und die Initiative vor einem »Tod der 1000 Stiche« zu bewahren.

Eines der Action Labs von Shell Malaysia mündete in dem Vorschlag eines Kundenservicezentrums. Damit sollten die Beziehungen des Unternehmens zu seinen auf Franchisebasis betriebenen Tankstellen verbessert werden, deren Betreiber häufig frustriert waren wegen der mangelnden Kooperationsbereitschaft der Unternehmenszentrale – beispielsweise wenn es darum ging, den Termin für eine Treibstofflieferung vorzuverlegen. Das Ziel bestand darin, (1) den Kundenunternehmen eine einheitliche Anlaufstelle über eine gebührenfreie Telefonnummer anzubieten und (2) dem Kundenservicezentrum die Befugnis zu erteilen, im Zweifelsfall eigenmächtig zu entscheiden und dem Kunden eine zufrieden stellende Lösung anzubieten. Es ist ein Leichtes, Telefonisten anzustellen, die eine gebührenfreie Nummer rund um die Uhr bedienen; etwas anderes ist es, die Vertreter des Kundenservicezentrums mit den nötigen Befugnissen auszustatten, um Entscheidungen zu treffen und Ressourcen umzulenken. Solche Ansinnen können das Blut des Unternehmens rasch zum Kochen bringen. Die Silos von Shell Malaysia waren auf diesem Ohr traditionell taub.

In solchen Fällen zählen vor allem Vereinbarungen, die auf gleicher Hierarchiestufe zwischen Leuten getroffen werden, die persönlich für die Geschäftsergebnisse verantwortlich sind. Das Problem besteht darin, dass die Unternehmen zumeist nur Vereinbarungen gelten lassen, die auf der vertikalen Schiene getroffen werden. An dieser Stelle kommt unserer Ansicht nach die Bedeutung der hier beschriebenen Veranstaltungsformen zum Tragen. Indem Verabredungen öffentlich getroffen (und späterhin regelmäßig im Kreis gleichgestellter Kollegen auf ihre Einhaltung überprüft) werden, ist gewährleistet, dass sie genauso ernst genommen werden wie die konventionellen vertikalen Vereinbarungen.

Die Karten-Übung ist ein wirkungsvolles Instrument der Konfliktlösung. Jedes funktionale Team wird aufgefordert, seine mit jeder anderen im Raum vertretenen funktionalen Unternehmenseinheit beobachteten Schwierigkeiten jeweils in ein paar Worten zu formulieren. Dabei muss festgehalten werden, auf welche Weise jene Einheit die Produktivität behindert, und durch welches Verhalten sie den Erfolg der vorgeschlagenen Initiative – in diesem Fall des Kundenservicezentrums – gefährden könnte. Nachdem eine Gruppe sagen wir ein halbes Dutzend dieser Beschwerdekarten erhalten hat, sichtet es sie und wählt sich zwei Themen aus, deren Lösung ihr besonders dringlich erscheint. Die Gruppe hat anschließend zwei Stunden Zeit, um dreierlei zu Papier zu bringen: (1) einen detaillierten Plan für die Behebung der Missstände, wobei die Umsetzung des Planes in höchstens 60 Tagen zu bewerkstelligen sein muss, (2) den Namen eines Mitglieds der Gruppe, das für die Ausführung des Planes verantwortlich zeichnet, und (3) den Namen eines Wunschkandidaten aus dem Absenderteam der Karte, der seinen Teil der Verantwortung für die erfolgreiche Umsetzung der gefundenen Lösung übernehmen soll.

In der anschließenden Plenarsitzung muss sich jeder, der eine Aufgabe übertragen bekommen hat, hinstellen und die Beschwerde samt vorgeschlagener Lösung und Wunschpartner aus dem Absenderteam vortragen. Letztere Wahl fällt in der Regel auf denjenigen, der aller Wahrscheinlichkeit am ehesten versucht ist, die gefundene Lösung zu sabotieren, und dessen Kooperation deshalb erfolgsentscheidend ist. Sobald sich dieser Partner ebenfalls von seinem Platz erhebt, wird es erwartungsvoll still im Raum, und die beiden Protagonisten fördern nun mit der Unterstützung eines Moderators so manchen Konflikt und manches Misstrauen hinsichtlich der gegenseitigen Motive zutage. In der Regel gelingt es, diese Differenzen zu überwinden und zu einer einvernehmlichen, stabilen Lösung zu kommen.

Mithilfe dieser und anderer Techniken ist es Shell Malaysia gelungen, nach zehn mühsamen Jahren wieder Tritt zu fassen. Das Unternehmen legte fortan mehr Wert auf individuelle Entscheidungsbefugnisse, die Mitarbeiter identifizierten sich stärker mit dem Gesamtunternehmen, Konflikte wurden offener und produktiver ausgetragen, und es zeigte sich eine neue Lernbereitschaft, die bis zum heutigen Tag spürbar ist. Mitarbeiterbefugnis, Identifikation, Konfliktmanagement und Lernbereitschaft sind möglicherweise die entscheidenden Kennzeichen eines lebenden Systems.

Nachdem wir nun Richtlinien für ein »Design for Emergence« vorgestellt haben, die ein Unternehmen neu beleben können, wenden wir uns als Nächstes einem Konzept zu, das scheinbar in die gegenteilige Richtung weist: Disziplin. Dieser Bereich bringt uns in die direkte Auseinandersetzung mit dem Paradox von Struktur und Freiheit, hier entsteht der Rhythmus lebender Systeme. Die folgenden Kapitel untersuchen dies im Detail.

12

Der Extremsport der »Disziplin«

Wie können wir das neue Leben, das wir den Unternehmen nun einge-
haucht haben, auch erhalten? Paradoxerweise liegt die Antwort in
bestimmten »Disziplinen«. Diese fraktalähnlichen Routinen haben zahlreiche
Varianten, können viele unterschiedliche Formen annehmen und verstärken
die Vitalität der Unternehmen. Insbesondere unterstützen die Disziplinen
Organisationen darin, das Ungleichgewicht aufrechtzuerhalten und in chaos-
nahen Zuständen zu gedeihen; und sie fördern die Selbstorganisation. Wer
sich wirklich auf sie einlässt, kann damit sogar auf der individuellen Ebene
Veränderungen erreichen, und nur wenn sie von genügend Mitarbeitern eines
Unternehmens verinnerlicht werden, kann das Unternehmen insgesamt von
ihrer enormen Wirkung profitieren.

Die sieben Disziplinen lauten:

1. Schaffe ein tiefes Verständnis für die wesentlichen Erfolgsfaktoren des
   Unternehmens.
2. Bestehe auf rückhaltloser Offenheit.
3. Manage aus der Zukunft.
4. Belohne fantasievolle Zuständigkeit.
5. Entwickle aus Krisen Lernfelder.
6. Fördere die beharrliche Unzufriedenheit.
7. Pflege die Reziprozität im Verhältnis zwischen dem Unternehmen und seinen Mitarbeitern.

Auf den ersten Blick scheint diese Liste widersprüchlich zu sein. Wie können
Ungleichgewicht, der Rand des Chaos und all jene wundersamen Eigenschaften des Lebens einvernehmlich neben Disziplinen existieren? Der Widerspruch löst sich auf, sobald wir die janusköpfige Natur des Ungleichgewichts
durchschauen. Die Disziplinen legen zwar ein solides Fundament aus Wiederholung und Kontinuität. Wie wir sehen werden, gibt es jedoch ein weiteres
Gesicht, das ein ambivalentes Verhältnis zur Struktur hat. Die eine Seite blickt

freundlich auf Wiederholung und Routine; die andere hat ihren Spaß daran, überall für etwas Unordnung zu sorgen. In den Disziplinen wird die Struktur zugleich als Notwendigkeit und als Gefahr verstanden. Methoden, die Spitzenleistung fördern, können sie auch verhindern.

Die drei Phasen der Meisterschaft

Die Aneignung der Disziplinen ist ein dreistufiger Prozess. Die erste Phase beinhaltet das oberflächliche Verständnis. (»Diese Regeln erscheinen hinreichend logisch zu sein. Ich verstehe das Konzept. Ein Versuch kann nicht schaden.«) Die nächste Phase beginnt mit dem Einsetzen von Protokollen und Routinen, um ein methodisches Gerüst zu etablieren. Das kann Stress und Besorgnis auslösen. (»Ich habe die wirklichen Implikationen nicht übersehen. Ich weiß nicht, ob wir das schaffen können.«) Die dritte Phase umfasst Selbstbesinnung, individuellen Stress und schließlich innere Veränderungen (»Diese Disziplinregel betrifft nicht nur das Unternehmen, sondern mich persönlich.«) Die dritte Stufe ist die schwierigste, weil der Schwerpunkt hier auf einem Aspekt des Lebens mit Namen »ich« liegt. Dieser Bereich ist der anspruchsvollste, aber er winkt auch mit den größten Belohnungen. Wenn ein Unternehmen (oder eine Beziehung) in eine schwierige Situation gerät, an der Sie Anteil haben, dann sind Sie selbst stets der am leichtesten zu ändernde Teil – so hart diese Veränderung auch ist!

Disziplinen als Fraktale

Wenn wir verstehen wollen, wie diese Disziplinen die Kreativität in den Unternehmen fördern, lohnt ein Blick auf Chris Langtons in Kapitel 2 beschriebenen Bienenschwarmsimulationen. Wir erinnern uns, dass bestimmte schwer definierbare »Regeln« den Schwarm an den Rand des Chaos brachten. Die Mathematiker bezeichnen diese »Regeln« als Fraktale. Fraktale haben eine weit reichende Bedeutung. Sie verleihen dem Leben sowohl Ordnung als auch Vielseitigkeit.

Fraktale sind das Lego des Lebens – einfache Bausteine, die sich zu komplizierten Dingen zusammensetzen lassen. Die Entdeckung der Fraktale lässt sich auf erstaunliche Quellen zurückführen. 1977 manipulierte Benoit Mandelbrot, Yale-Professor und Fellow an den IBM Laboratories, eine einfache Formel, die wie die Katze, die sich in den Schwanz beißt, aus der ersten Iteration einen Output erzeugte, der zum Input der nächsten Iteration wurde.

Mittels leistungsfähiger Rechner führte Mandelbrot auf der Suche nach verallgemeinerbaren Mustern millionenfache Iterationen durch. Um mögliche Symmetrien in den ausgegebenen Zahlenkolonnen zu visualisieren, ordnete er den verschiedenen Werten Farben zu und erhielt auf diese Weise eine anschauliche Darstellung.

Das Resultat war überraschend. Auf dem Computermonitor erschien eine kaleidoskopische Amöbe, deren Form ständig wechselte. Besonders auffällig war, dass sämtliche Muster Ableitungen der ursprünglichen Form darstellten. Bei jeder Vergrößerungs- oder Verkleinerungsstufe ließ sich eine unendliche Genauigkeit beobachten. »Ich hatte die DNA Gottes vor mir«, sagte Mandelbrot später.[1] Für seine Entdeckungen wurde er mit dem Wolf-Preis in Physik und der Steinmetz-Medaille ausgezeichnet.

Vom rein geometrischen Standpunkt aus betrachtet handelt es sich bei Fraktalen um Strukturen, in denen die Teile des Systems dieselben Muster bilden wie das Gesamtsystem. Diese Wiederholung hat für die Lebenswissenschaften eine hohe Bedeutung, weil sich die fraktalen Eigenschaften in fast allem Lebendigen wieder finden lassen. Beispiele dafür sind Broccoli, menschliche Lungen, die Streifen eines Zebras oder die Architektur unseres Blutsystems. Computersimulationen mit Fraktalen haben gezeigt, dass sich das Blattmuster eines beliebigen Farns dieser Erde durch immer andere Kombinationen des dreizackigen »Krähenfußmusters« nachbilden lässt.[2]

Fraktale spielen im Zusammenhang mit unseren Disziplinen deshalb eine wichtige Rolle, weil sie unsere Aufmerksamkeit darauf richten, hinter oberflächlichen Differenzen und ablenkenden Details fundamentale Symmetrien zu erkennen. Die Disziplinen, die wir auf den nächsten Seiten beschreiben wollen, umfassen Kernroutinen und Protokolle, die dutzende von Ausprägungen annehmen können und auf schier unendlich viele Arten angewendet und kombiniert werden können. Wichtig ist dabei jedoch, die grundlegenden Strukturen nicht aus den Augen zu verlieren. Die Disziplinen wurden bislang nicht als fraktale Algorithmen formuliert, dennoch haben alle sieben hier beschriebenen Disziplinen die Eigenschaft gemein, dass sie die verteilte Intelligenz der Mitarbeiter kanalisieren, um sowohl eine ausreichende Zuverlässigkeit zu gewährleisten, als auch einen starken Anreiz für kreative neue Mechanismen und nie gekannte Anwendungen zu geben.

Wie bereits erwähnt, lässt sich an der fraktalen Eigenschaft der Disziplinen erkennen, wie aus einfachen Mustern verwickelte und komplizierte Formen entstehen können, ganz gleich, ob es sich dabei um abstrakte Muster (wie die Gabelung, aus dem sich die Blätter der Farne bilden lassen) oder ein soziales Ritual (wie Fishbowls oder Qualitätszirkel) handelt. Als das Unternehmen Ford in den schwierigen 80er Jahren in seinen Montagefabriken freiwillige Qualitätsinitiativen förderte, führte es gewissermaßen ein fraktales Konzept ein.[3] Was sich in einer Fabrik als eine gute Idee entpuppte, wurde von einer zweiten übernommen, dann auf vier weitere übertragen und schließlich exponentiell verbreitet – jedes Mal in einer geringfügig anderen Ausprägung. Miller machte bei Shell von Fraktalen Gebrauch, indem er Fishbowl und Action Lab zum vielfach wiederholten Muster machte. Gepaart mit einem rigorosen Businessplan wurden dadurch diverse Marktinnovationen ausgelöst, die auf gemeinsame Methoden zur Förderung von Wachstum und Betriebseffizienz zurückgriffen.

Wir wollen jetzt die ersten sechs Disziplinen im Detail studieren. (Die siebte Disziplin wird Thema des nächsten Kapitels sein.) Die folgenden Abschnitte beschreiben die konkreten Methoden, mit denen sich Intentionen in nachhaltige Verhaltensmuster übersetzen lassen. Anhand von Beispielen werden wir zeigen, wie Unternehmen mithilfe der Disziplinen Wiederholbarkeit gewährleisten, sich ständig erneuern und die Wachsamkeit im Unternehmen aufrechterhalten. Ein wichtiger Aspekt der Disziplinen ist, dass sie die in den vorangegangenen Kapiteln beschriebenen vier Prinzipien lebender Systeme verstärken. Die Tabelle auf Seite 211 verdeutlicht diese Zusammenhänge.

1. Ein tief greifendes Verständnis für die Erfolgsfaktoren des Unternehmens erzeugen

Gründliches Verstehen ist eine wichtige Disziplin, wenn es darum geht, das Gleichgewicht zu stören und Selbstorganisation auf allen Unternehmensebenen zu fördern. Zu diesem Zweck muss ein klarer Zusammenhang zwischen der Gesamtstrategie des Unternehmens und der Leistung jedes einzelnen Mitarbeiters hergestellt werden. Umgangssprachlich reden wir von »Durchblick«: Die Beschäftigten sehen die direkte Verbindung zwischen ihrem Beitrag und dem kommerziellen Erfolg ihres Unternehmens. Das ist schwieriger, als es klingt. Es reicht nicht, die Beschäftigten mit trockenen Daten zu überhäufen oder ihnen abstrakte Finanzindikatoren wie Profit, Investitionsrendite und so weiter vor die Nase zu halten. Es müssen vielmehr diejenigen Aktivitäten identifiziert werden, die für die Beschäftigten verständlich und von ihnen beeinflussbar sind, und die in erkennbarem Zusammenhang mit den strategischen Intentionen stehen.

»Tief greifende Indikatoren« bilden einen wesentlichen Bestandteil dieser Disziplin. Um sie zu identifizieren, müssen wir über die oberflächlichen Kriterien hinaus bis zu den zugrunde liegenden Erfolgsfaktoren vorstoßen. Die oberflächlichen Maße sind wie der Punktestand eines Spieles: sie messen das Ergebnis. Tief greifende Indikatoren betreffen die fundamentalen Faktoren, die das Ergebnis hervorbringen.

Das Unternehmen Sears stolperte darüber, als es versuchte, in seiner Belegschaft die Disziplin »tief greifendes Verständnis« zu entwickeln. Jahrzehnte-

	Ungleich-gewicht herstellen	Den Rand des Chaos ansteuern	Selbstorgani-sation und Emergenz fördern	Das lebende System stören (nicht lenken)
Ein tief greifendes Ver-ständnis für die Erfolgs-faktoren des Unternehmens erzeugen	←		→	
Auf rückhalt-loser Offenheit bestehen		←		→	
Aus der Zukunft managen		←		→	
Fantasievolle Zuständigkeit belohnen			←	→
Aus Krisen Lernfelder ent-wickeln			←	→
Beharrliche Unzufrieden-heit fördern		←		→
Die Rezipro-zität im Verhältnis zwi-schen dem Unternehmen und seinen Mitarbeitern pflegen		←		→

lang sammelte Sears im Überfluss Daten zu allen Aspekten des Einzelhandelsgeschäfts: Mitarbeiterzufriedenheit, Kundenbindung und die Wirkung von Preispolitik, Werbeaktionen und Merchandising-Programmen. Wie wir bereits beschrieben haben, wurden diese Rohdaten von einem Forschungsableger der University of Michigan auf ihren Erkenntnisgehalt hin durchkämmt. Unter der Annahme einer relativen Preisparität korrelierte ein bestimmter Faktor mehr als alle anderen mit der Kundenbindung: die Mitarbeiterzufriedenheit.

Die Einzelhändler wissen seit langem, dass die Kundenbindung starken Einfluss auf die Gewinnmargen hat. Eine eingehende Analyse hat diesen Zusammenhang mittlerweile genau quantifiziert. Wie in Kapitel 4 erwähnt, ergaben die Untersuchungen, dass eine fünfprozentige Verbesserung der Mitarbeiterzufriedenheit im ersten Quartal mit einer 1,3-prozentigen Verbesserung der Kundenzufriedenheit im zweiten Quartal korreliert, was wiederum in einer 0,5-prozentigen Ertragsverbesserung im dritten Quartal mündet.[4] Das illustriert treffend, was wir mit *tief greifendem Verständnis* meinen. Für die Filialgeschäfte von Sears, die dicht an der Verlustzone operierten, hatte die Erhöhung der Margen Priorität, und der einfachste Weg dorthin bestand in der Verbesserung der Kundenbeziehungen. Um dies zu erreichen, musste das Unternehmen die Mitarbeiterzufriedenheit dramatisch verbessern und die Unterstützung von seinen fast 300 000 Mitarbeitern gewinnen.

Anlässlich der Town Hall Meetings machte Arthur Martinez das gesamte Unternehmen mit den Forschungsresultaten bekannt. Sein Ziel war es, (1) den Beschäftigten ein Verständnis für die Profitabilitätsfaktoren des Unternehmens zu vermitteln und (2) auf die Bedeutung einer Verbesserung des Unternehmensklimas hinzuweisen (was sich auf die Mitarbeiterzufriedenheit, die Kundenbindung und so weiter auswirken würde).

Um die Beziehung zwischen der Leistung des einzelnen Beschäftigten und der Gesamtstrategie des Unternehmens zu verdeutlichen, wurden, wie gesagt, Lernkarten verwendet. Die erste Grafik visualisierte Veränderungen in den demografischen Gegebenheiten, im Lebensstil und in der Wettbewerbssituation. Sechs Monate später studierten die Beschäftigten in einer weiteren Folge von Meetings die Lernkarte »Sears' Money Map« und lernten abzuschätzen, woher wie viel Geld in das Unternehmen kam, und wofür es ausgegeben wurde. Die Beschäftigten glaubten im Durchschnitt, dass das Unternehmen an jedem Dollar Umsatz 45 Cent verdiente. Der tatsächliche Anteil betrug vier Cent. So weit, so gut. Ein simples Beispiel, wie sich Hintergrundwissen zu den Erfolgsfaktoren vermitteln lässt.

Die Executives von Sears waren auf die Konsequenzen zweiter und dritter Ordnung bezüglich dieser neuen Perspektive nicht vorbereitet. Anfangs konzentrierten sich die Beschäftigten darauf, den Kundenservice in den Filialen zu verbessern, die Lager effizienter zu führen und Engpässe zu reduzieren. Aber je mehr sie wussten, desto mehr Fragen stellten sie. Auf einem Town

Hall Meeting fragte beispielsweise ein Gabelstaplerfahrer seinen Filialmanager: »Wenn die Besucherzahlen der Einkaufszentren zurückgehen, warum investiert Sears dann vier Milliarden Dollar in die Umgestaltung unserer Filialen? Wäre es nicht ratsam, die Rekrutierung, Bezahlung und Schulung der Verkäufer zu verbessern, um die Kunden stärker zu binden?«

Auf einer anderen Sitzung fragte der Leiter einer Haushaltswarenabteilung: »Die Forschungsergebnisse zu den Verkaufsmargen, mit denen Sie uns vor einem Vierteljahr vertraut gemacht haben, zeigen uns, dass *unsere* Tätigkeit besonders wichtig ist, um Kunden zurückzugewinnen. Sears verdient dadurch mehr Geld. Warum haben Sie dann die Zahl der Teilzeitverkäufer während des kommenden verlängerten Wochenendes reduziert? Vielleicht geschieht dies, um die vierteljährlichen Gewinnziele zu erreichen, aber wir sind darüber gar nicht glücklich. Unsere Kunden bekommen dies zu spüren, und das kann für die langfristige Gesundheit des Unternehmens nicht gut sein.«

Mit dem zunehmenden Verständnis der Beschäftigten für die wirtschaftlichen Zusammenhänge verteilt sich auch die Macht im Unternehmen neu. Manager, die es gewohnt sind, von oben herab zu diktieren oder mit zweifelhaften Maßnahmen kurzfristige finanzielle Ziele zu erreichen, werden plötzlich zu Opfern ihrer eigenen früheren Bekundungen. Sie müssen sich vor der Jury einer gut informierten Belegschaft verteidigen. Das ist ein Beispiel für eine Konsequenz zweiter Ordnung aus der zunehmenden Informiertheit der Belegschaft.

Chris Argyris von der Harvard Business School prägte den Begriff der *befähigten Inkompetenz*, um zu beschreiben, wie die Unternehmen den adaptiven Herausforderungen ständig aus dem Weg zu gehen versuchen. Solche Muster der Arbeitsvermeidung werden durch diese Disziplin häufig unterbunden – und das stellt gewissermaßen eine Konsequenz dritter Ordnung dar. Indem sich die Beschäftigten ein zusammenhängendes Bild vom *wirklichen* Geschehen im Unternehmen und in der Branche machen, legen sie den Finger häufig auf diejenigen Punkte, die niemand diskutieren will, und sie mahnen schwierige Schritte an, die jeder zu vermeiden versucht.

Bei Sears kamen die Unstimmigkeiten ans Tageslicht, als die Beschäftigten feststellten, dass Sears Einzelhandelsgewinne berichtet hatte, die dreimal höher lagen als die 1,5 Cent pro Dollar, die die Filialen mit ihrem Warengeschäft verdienten. Auf ausdrückliche Nachfrage hin gab das Management zu, dass die Kreditkartensparte des Unternehmens in den vergangenen Jahren mit Umsätzen von 6,8 Milliarden US-Dollar 480 Millionen US-Dollar verdient hatte. (Im Vergleich dazu brachte das »dominierende« Warengeschäft bei Umsätzen von 30 Milliarden US-Dollar einen Gewinn von 220 Million US-Dollar.)[5] Nachdem sich die Beschäftigten auf den Town Hall Meetings mit den Money Maps vertraut gemacht hatten, ließ sich nicht mehr verheimlichen, dass die unterschätzte Kreditkartensparte für zwei Drittel der Einzelhandelsgewinne des Unternehmens verantwortlich war. Man konnte gewissermaßen behaupten, dass die Verkaufsfilialen ein großes, teures und geografisch breit gestreutes Kreditkartenvertriebssystem darstellten. Mit dem Verkauf nur marginal profitabler Ware wurden marginal kreditwürdige Kunden angezogen. Die Kunden wiederum machten von ihren Karten Gebrauch, nahmen Kredite auf, für die sie Zinsen zahlten, und verhalfen dem Unternehmen auf diese Weise zu einem Großteil seines Gewinns. (Sieben Millionen Amerikaner besitzen eine Kreditkarte von Sears; 50 Prozent benutzen sie regelmäßig und 70 Prozent davon machen von der Möglichkeit der Ratenzahlung Gebrauch.)[6]

Mit den Money Maps und den Town Hall Meetings öffnete Martinez die Büchse der Pandora. Das Einzelhandelsunternehmen sah sich jetzt einer adaptiven Herausforderung gegenüber – und alle konnten sie sehen. Martinez hatte den Mut, sein Unternehmen mit der Tatsache der »Kreditkartensubvention« zu konfrontieren, die das Filialgeschäft über Wasser hielt. Unstimmigkeiten in Status, Einfluss und Vergütung (die alle in der Vergangenheit gründeten und nicht länger relevant waren) wurden aufgedeckt. Martinez verkörperte den Wandel, den er bei den anderen sehen wollte. Wie bereits erwähnt, stieß Martinez mit seiner Bereitschaft, diese Fragen anzupacken, bei seinen Statthaltern auf keine Gegenliebe. Vielmehr nutzten diese jeden Augenblick, in dem Martinez mit anderen Dingen beschäftigt war, um sich wieder in ihre Komfortzone zurückzuziehen und sich ausschließlich mit Preispolitik, Verkaufsförderung und Warensortimenten zu befassen.

2. Auf rückhaltloser Offenheit bestehen

Ungeschminkte Offenheit fördert das Ungleichgewicht und stellt eine besonders wichtige Disziplin für Unternehmen dar, die sich am Rand des Chaos bewegen.

Sobald zwei Menschen zusammenkommen, entwickeln sie mit der Zeit unterschiedliche Sichtweisen von der Wirklichkeit. Es kommt zum Konflikt über die Richtigkeit und die Gewichtung dieser »Wahrheiten«. Vom Konflikt ist es nicht weit zu Kompetenzstreitigkeiten, verletztem Stolz, vergifteten Beziehungen und diversen anderen Unerfreulichkeiten. Kein Wunder, dass die meisten von uns, die lang genug in Unternehmen Erfahrungen gesammelt haben, solchen potenziellen Landminen häufig aus dem Weg gehen.

Gelegentlich kommt es vor, dass das gegenseitige Vertrauen und die gegenseitige Achtung ausreichen, damit die Karten auf den Tisch gelegt werden und eine kreative Lösung gefunden werden kann. In diesen Fällen ist das Ergebnis häufig besser, als wenn beide Seiten lediglich ihren Kopf durchsetzen würden. Aber dieser Fall ist sehr selten. Allen gut gemeinten Konfliktbewältigungsansätzen – von Konfliktmanagementtrainings bis zu moderierten Besprechungen, von Untersuchungen zum Betriebsklima bis zu 360-Grad-Bewertungen – zum Trotz haben es die meisten Unternehmen bislang versäumt, die kompromisslose Offenheit zur Norm zu machen. Das »Aussprechen der Wahrheit« bleibt für die meisten Beschäftigten mit Karriereabsichten ein Extremsport.

Offenheit fördert Ungleichgewicht und ist eine wichtige Voraussetzung, um am Rand des Chaos bestehen zu können. Der Schlüssel zu dieser Disziplin besteht darin, Auseinandersetzungen in einem anderen Kontext zu sehen. Wenn Konflikt als »Treibstoff für Lernprozesse« verstanden wird, kann er die langfristige Vitalität des Unternehmens stärken.[7] Peter Senge zufolge sind »Lernbehinderungen bei Kindern tragisch, bei Unternehmen jedoch verhängnisvoll. Ihretwegen erreichen nur wenige Unternehmen überhaupt ein halbes Menschenalter – die meisten sterben, bevor sie 40 sind.«[8] Was Senge nicht sagt, ist, dass die meisten Lernbehinderungen bei Unternehmen ihre Ursache in der Vermeidung von Konflikten haben.

Damit aus kompromissloser Offenheit eine »Disziplin« wird, benötigen wir objektive Daten. Die US Army bietet ein gutes Beispiel, wie solches funktionieren kann. Das National Training Center (NTC) gründet auf Fakten: Fotos, Videos, Mitschnitte von Funkkontakten und Karten mit den aktuellen Truppenbewegungen und Gefechtspositionen. Diese Fakten lassen wenig Raum für Spekulation und subjektive Interpretation. Die Daten fördern einen offenen Austausch unter den Soldaten, die versuchen, sich ein Bild vom Durcheinander des Kampfgeschehens zu machen und herauszufinden, wo etwas falsch gelaufen ist. So etwas ist in einem Klima übertriebener Ehrerbietung gegenüber Vorgesetzten, oder wenn die Teammitglieder aus Angst, die Gefühle eines anderen zu verletzen, mit ihrer Einschätzung hinterm Berg halten, nicht möglich. Die Kontrolleure der US Army bringen problematische Themen mittels objektiver Daten geschickt an die Oberfläche, fördern einen gesunden Meinungsaustausch und erzeugen ein sicheres Umfeld für offene Worte. Die Soldaten lernen, konstruktiv zu widersprechen.

Umfangreiche Untersuchungen haben gezeigt, dass Konflikte in wenig mehr als der Hälfte der Fälle unter den Teppich gekehrt und ignoriert werden. In weiteren 30 Prozent münden sie in hitzigen Auseinandersetzungen ohne produktives Resultat. Nur in einem von fünf Fällen wird der Konflikt an die Oberfläche gebracht, diskutiert und zufrieden stellend gelöst.[9]

Kompromisslose Offenheit stellt sich ein, wenn die Antwort auf folgende simple Frage »Ja« lautet: »Ist der Nutzen der Offenheit das Risiko wert?« Dafür gibt es unternehmensspezifische Protokolle. Sie setzen den Rahmen für die Auseinandersetzungen und vermindern damit das Risiko des Einzelnen.

Bei Intel verlangt das Protokoll der Offenheit den ungeschminkten verbalen Schlagabtausch, der Außenstehenden bisweilen brutal erscheint. Vor mehreren Jahren reiste eine Abordnung von hohen Executives des Unternehmens nach Tokio, um Intels Wettbewerbsstärke im Vergleich zu den japanischen

Qualitäts- und Servicestandards zu messen. Gegen Ende der einwöchigen Reise geriet das gesamte Team in eine hitzige Debatte. Ausgangspunkt waren seit langem schwelende Ressentiments jener Teilnehmer, die die internen Intel-Kunden vertraten, die von der Fertigungsabteilung nicht die Qualität und den Service erhielten, die sie sich wünschten. Craig Barrett, der damalige Leiter des Fertigungsbereichs (und heutige CEO von Intel), gehörte zu den Protagonisten der Auseinandersetzung. »Schimpfwörter mit vier Buchstaben flogen hin und her wie Pingpongbälle in einem Pekinger Meisterturnier«, bemerkte ein Teilnehmer.[10] »Ein Unbeteiligter, der niemals eine solche Hitzigkeit und Intensität erlebt hatte, brach in Tränen aus.« Aber zurück in der Unternehmenszentrale in Santa Clara setzte sich das Team eine Woche später mit CEO Andy Grove zusammen, klärte seine Differenzen und begann mit der Umsetzung von Ideen, die das Unternehmen in die Lage versetzten, seine japanischen Rivalen einzuholen und schließlich zu überholen.

Craig Barrett erinnert sich: »Ich habe eine ziemlich dicke Haut. Ich lasse mich nicht leicht von meinen Überzeugungen abbringen. Aber diese Art von direkter Konfrontation war genau das, was wir alle brauchten, um uns von unseren Illusionen zu befreien. Wir mussten uns unmittelbar miteinander auseinander setzen – den Spielen, mit denen wir uns ablenkten und über denen wir vergaßen, der Realität der japanischen Wettbewerbsbedrohung ins Auge zu blicken.«[11] Ein anderer Teilnehmer warnt: »Wenn Sie an Tennis gewöhnt sind, dann spielt Intel Rugby. Ohne psychologische Schutzpolster tragen Sie viele blaue Flecke davon. Andy schuf eine Konfliktatmosphäre, bei der der direkte und unverbrämte Widerspruch als Zeichen der Fitness zählte. Nachdem wir die Karten offen auf den Tisch legten, verstauten wir sie wieder im Schrank. Bis zu den Auseinandersetzungen des nächsten Tages waren sie dann längst vergessen.«[12]

Die Erfahrungen bei Intel und der US Army verdeutlichen die verschiedenen Meisterschaftsebenen in der Beherrschung dieser Disziplin. Die erste Stufe konzentriert sich auf den *vergangenen* Konflikt. Alte Dispute, die nicht länger spannungsgeladen sind, noch einmal durchzusprechen, bietet den sichersten Einstieg.

Auf der zweiten Meisterschaftsstufe existiert ausreichend Vertrauen in die Konfliktbewältigung, damit sich die Protagonisten mit aktuellen Themen beschäftigen können. Das ist natürlich von Vorteil; wenn Auseinandersetzungen rasch geklärt werden, werden daraus gar nicht erst schwelende Wunden und festgefahrene Positionen.

Die dritte Meisterschaftsstufe, wie wir sie bei Intel beobachten, besteht aus der emotionalen Versöhnung mit dem Grundsatz: Konflikt fördert produktives Ungleichgewicht. Konflikt wird als Lernquelle begriffen, mag dies noch so schwierig sein. Wenn der Konflikt erst einmal bis zu dieser Leistungsstufe getragen wird, wird er zu einem integralen Bestandteil der Arbeitsweise der Beteiligten. Bei der speziellen Zusammensetzung des nach Japan reisenden Executiveteams von Intel war der Konflikt wegen der unterschiedlichen funktionalen Perspektiven und der Stärke der jeweiligen Persönlichkeiten vorprogrammiert. Vor allem aber hielten die Protagonisten den Konflikt nicht für unauflösbar.

3. Aus der Zukunft managen

Management aus der Zukunftsperspektive – die Wahl eines anspruchsvollen Zieles, das das Unternehmen aus seiner Bequemlichkeitszone holt – ist eine Schlüsseldisziplin, die uns an den Rand des Chaos bringt.

Gemeint ist dem Wortsinn nach, dass wir in der neuen Zukunft stehen und Schritte unternehmen, nicht um eines fernen Tages dorthin zu gelangen, sondern wie wenn wir *heute* bereits dort (oder beinahe dort) wären. Die Aufgabe besteht also darin, Dinge jeder Art aus dem Weg zu räumen, die uns daran hindern, wirklich dort zu sein. Die Disziplin der Unternehmensführung aus der Zukunftsperspektive beginnt mit dieser gedanklichen Verschiebung. Sie weckt den Appetit des Unternehmens auf Ungleichgewicht und liefert ein starkes Ziel, welches das Unternehmen an den Rand des Chaos bringt.

Die Olympischen Spiele und Atlantas Zukunftsperspektive

Im Jahr 1987 visierte der Immobilienmakler Billy Payne, angeregt durch einen Gottesdienst, einen sehr fernen Fitness-Gipfel an: Er wollte die Olympischen Spiele 1996 in seine Heimatstadt Atlanta bringen. Es stellte sich heraus, dass er mit keiner finanziellen Unterstützung seitens Stadt oder Bundesstaat rechnen konnte. Atlanta hatte nur wenige für olympische Wettkämpfe geeignete Einrichtungen. Die öffentliche Meinung und die Kritik der Medien bildeten in den Anfangsjahren einen skeptischen Chor. Aber Payne setzte die Spiele von Atlanta Stück für Stück wie einen Flickenteppich zusammen. Sein Erfolg beruhte zum Teil auf dem Umstand, dass sein Ziel, die Olympischen Spiele nach Atlanta zu bringen, so konkret und fassbar war. Außerdem harmonierte es mit einem seltsamen Attraktoren – dem Stolz und der Gastfreundschaft der Südstaaten.[13]

Coca-Colas Zusage, die Spiele 1992 als Sponsor zu unterstützen, verhalf Payne zu seinem ersten Startkapital – 540 Millionen US-Dollar. Das Problem mit den zu wenigen Einrichtungen löste er dadurch, dass er die Veranstaltungen nördlich bis Washington, D.C., und südlich bis Orlando, Florida ausdehnte. Er musste ein 1,7 Milliarden US-Dollar schweres temporäres Unternehmen gründen, Projekte mit 82 500 Beschäftigten und 42 000 Freiwilligen leiten und 5,5 Millionen Besucher beherbergen. Nach Beendigung der Spiele überschrieb er Vermögenswerte in Höhe von 250 Millionen US-Dollar (ein neues Baseballstadion und einen Schwimmkomplex) der Stadt Atlanta.[14]

Payne weiß, was es heißt, von der Zukunft aus zu managen:

»Ich sah die richtige Vorgehensweise im Leben – ob geschäftlich oder privat – immer schon darin, sich hohe Ziele zu setzen, die schier unerreichbar zu sein scheinen, und von der Überzeugung auszugehen, dass man es dennoch irgendwie schaffen wird. Ich bin überzeugt, dass wir die Hälfte dieser Ziele erreichen werden. Und bei den übrigen werden wir weiter kommen, als wir es auf anderem Weg geschafft hätten. Bei den talentierten Mitgliedern meines Teams lautete mein Ansatz folgendermaßen: ›Wenn Sie auf ein Hindernis stoßen, kommen Sie zu mir, und wir werden gemeinsam einen Ausweg finden.‹ Ob wir in die eine oder in die andere Richtung ausweichen oder rückwärts schauen und sagen: ›Wir hätten die entgegengesetzte Route einschlagen sollen‹, in jedem Fall werden wir das Hindernis überwinden.«[15]

Der Blick aus der Zukunft verringert noch nicht die Hindernisse; diese verändern lediglich ihre Form. Mitten in der Vorbereitungsphase sah sich Payne, der weder von der Stadt, noch vom Bundesstaat finanzielle Unterstützung erhielt, gezwungen, die Medienrechte an den Spielen für 456 Millionen US-Dollar an NBC zu verkaufen, um später dafür kritisiert zu werden, dass er nicht den Marktpreis von 600 Millionen US-Dollar erzielt hatte.[16] Getreu seinen Worten stand er in der Zukunft, umschiffte das Hindernis und ließ sich nicht von der Kritik beirren, die er hatte kommen sehen.

In diesem Zusammenhang demonstrierte Payne ein explizites Wissen um den seltsamen Attraktoren.

»Es gibt eine Art von Besitzerschaft, die aus der Konzentration, dem Engagement und der Entschlossenheit resultiert. Je mehr die Menschen arbeiteten, desto enthusiastischer wurden sie, desto mehr liebten sie ihren Job. Die wenigsten von uns empfanden ihren Beitrag zur Vorbereitung der Olympischen Spiele als ›Arbeit‹. Unser ganzes Dasein drehte sich um diese Tätigkeit. Die größten Belohnungen des Lebens sind für diejenigen reserviert, die in das Leben anderer Freude bringen.«[17]

Die Tradition der Zukunft

Kendo, die alte japanische Fechttradition, diente als Training für die Samurai-Kämpfer. Das Schwingen der hölzernen Schwerter in den hitzigen Gefechten wird begleitet von Schreien, Täuschmanövern und kräftigen Schlägen. Mit alledem soll der Gegner geschwächt werden, bevor ihm der Gnadenstoß versetzt wird.

Wie bei allen japanischen Kampfsportarten liegt der Schwerpunkt des Unterrichts weniger auf dem Sieg als auf der inneren Ruhe. Die Kendomeister lassen Anfänger folgende Verse lernen, die gleichermaßen instruktiv für das Leben wie für das Fechten sind:

»Denkst du an den Sieg, dann verlierst du.
Denkst du daran, nicht zu verlieren, dann verlierst du.
Achte auf deine innere Balance.
Dann besteht vielleicht eine Chance, dass du gewinnst.«

Auf den ersten Blick scheinen diese Regeln im Widerspruch zu unserem Thema zu stehen. Bedeutet Management aus der Zukunftsperspektive nicht, den Sieg zu erringen? Nicht unbedingt. Es geht vielmehr darum, für das Geschehen offen zu sein und gleichzeitig darauf zu vertrauen, dass das angestrebte Ziel unvermeidlich ist. Und um die Überzeugung, dass entweder wir selbst oder ein anderer das Ziel erreichen wird.

Trapezkünstler verstehen die Weisheit der Kendomeister. Wenn wir uns zu sehr darauf konzentrieren, sicher über den Abgrund zu kommen, wächst das Risiko, dass wir fallen. Wenn wir uns darauf konzentrieren, *nicht* zu fallen, wächst das Risiko noch mehr. Hochseilartisten lernen, »in der Gegenwart« zu sein und die Zuversicht zu spüren, dass das Erreichen der anderen Seite eine ausgemachte Sache ist. Entscheidend ist die Fähigkeit, während der Seilüberquerung die Balance zu wahren. Dadurch ändern sich noch lange nicht die Gesetze der Gravitation oder die Physik des freien Falls. Aber wenn wir uns dem Seil mit der richtigen Einstellung nähern, erhöht sich die Wahrscheinlichkeit, dass wir den Abgrund wohlbehalten überqueren können.

Wir können dieses Bild auf Beispiele lebender Systeme übertragen. Die Türme, an denen das Hochseil befestigt ist, ähneln den Fitnessgipfeln, und der Abgrund dazwischen ist das Tal der Fitnesslandschaft. Die Kraft, die den Artisten auf dem Hochseil vorwärts treibt, entspricht einem seltsamen Attraktoren. Der Trapezkünstler »kontrolliert« den psychologischen Kontext der Unternehmung. Dieses Bild suggeriert drei Schlüsselelemente für das Management aus der Zukunftsperspektive: (1) vergangene und zukünftige Fitnessgipfel, (2) seltsame Attraktoren und (3) einen mentalen Reiseplan.

Expeditionen in die Fitnesslandschaft

Ein Management aus der Zukunftsperspektive kann den Blick der Menschen auf die Welt verändern. Sie erkennen, dass sich ihre Tätigkeit in einem größeren Zusammenhang mit revolutionärem Potenzial abspielt. Die Vision von der Zukunft (das heißt, der Attraktor) zieht wie ein Magnet oder ein Gravitationsfeld viele kleine alltägliche Beiträge von kollektiver Intelligenz zu einer

Wir sind nur so groß wie unsere Zukunft:
Die Geschichte zweier Unternehmen

Im Jahr 1981 wurde ein vergleichsweise unbekannter Executive, John F. Welch, Jr., zum CEO von General Electric befördert. Jack Welch trat in die Fußstapfen von Reginald Jones, einem weithin geschätzten Chairman. Dieser hatte ein Jahrzehnt lang für einen zuverlässigen Ertragsstrom gesorgt. Aufgrund seiner Präsenz auf öffentlichen Plattformen wie dem Business Roundtable war er zudem als prominente Wirtschaftspersönlichkeit weithin bekannt.

Welch war nicht begeistert über den Zustand dessen, was er erbte. Viele der großen oligopolistischen Geschäftsbereiche von GE – Lighting, Turbine, Switch Gear, Aircraft Engine und Nuclear – waren aggressiv abgeerntet worden und hatten ihre wettbewerbsbeherrschende Stellung verloren. Andere Bereiche – Factory Automation, Small Appliances und Electronics and Mobile Communication – hatten ernsthafte Probleme. Die Wall Street betrachtete GE als einen Mischkonzern und stufte dessen Aktien entsprechend niedrig ein. Ein wachsender Chor von Stimmen drängte GE, das Gesamtunternehmen in selbständige schwerpunktmäßige Einzelunternehmen zu zerteilen. Getrennte CEOs könnten sich dann ihrem jeweiligen Bereich mit ganzer Aufmerksamkeit widmen.

Welch schlug einen anderen Weg ein. Er bekannte sich zu seiner Überzeugung, dass GE eine Zukunft hatte, und tat, was dazu notwendig war. Er konzentrierte sich auf exzellente Leistung; er führte ein Downsizing durch, verkaufte leistungsschwache Bereiche und startete jene Programme, über die wir bereits gesprochen haben – Workout, Change Acceleration und Total Quality –, um GEs Wettbewerbsposition zu stärken. Außerdem schichtete er Kapital in den Unternehmensbereich GE Capital um, der von dem finanziellen Sachverstand des Unternehmens profitierte. GE Capital (entstanden als Tochtergesellschaft zur Finanzierung von Käufern teurer GE-Produkte wie beispielsweise Flugzeugmotoren) konzentrierte sich auf unterversorgte Kunden, Opfer einer komfortablen Bruderschaft namens *Handelsbanken*. Einmal im Geschäft, schluckte GE Capital große Marktanteile, bevor die Merchant-Banken aus ihrem Tiefschlaf erwachten. Heute bestreitet der Geschäftsbereich fast zwei Drittel des Gesamtgewinns des Unternehmens. Sein Erfolg kompensiert die weniger eindrucksvolle Leistung der übrigen Teile des Unternehmensportfolios.

Jack Welch lässt uns an die Zukunft von GE glauben. Wie sich GE nach Welchs Rückzug weiterentwickeln wird, ist offen, in jedem Fall gibt es ein enormes Zutrauen in die Zukunft von GE. Welch hat diese Zukunft entwickelt, hat seine Mitarbeiter dafür gewonnen und von ihr her gemanagt.

Im Gegensatz dazu hat es Sears versäumt, von der Zukunft aus zu managen. Ed Brennan verfolgte zwar eine Strategie, die Sears in die Zukunft bringen sollte, aber es gelang ihm nicht, diese Zukunft hinreichend real zu machen, um Beschäftigte und Investoren zu motivieren.

Brennan stand ursprünglich vor einer ähnlichen Situation wie Welch. Wie GE zeigte Sears bis Anfang der 80er Jahre zuverlässige Leistung. Brennan unternahm zwar viele richtige Schritte, aber er versäumte es, sich auf die adaptive Natur der Herausforderungen einzulassen und einen überzeugenden Zukunftsentwurf zu entwickeln. Geduldige Investoren gaben ihm 15 Jahre, aber am Ende zwangen sie ihn, die finanziellen Geschäftsbereiche abzustoßen. An diesem Punkt verlor das Unternehmen einen seiner Top-Executives, Phillip Purcell, und mit ihm gingen nicht nur die Bereiche Dean Witter und Discover Card, sondern auch eine Vision davon, wie mächtig diese im Rahmen einer Fusion mit Morgan Stanley sein könnten. Zum Teil ist es dem längsten Haussemarkt in der amerikanischen Geschichte (kleine Investoren kamen scharenweise zu Dean Witter, und der Kreditkarteneinsatz erreichte Rekordwerte) zu verdanken, dass Brennans Zukunftskonzept am Ende Realität wurde, wenn auch in einem anderen Kontext, als er es sich gewünscht hätte.

Sears unerfüllte Zukunft endete nicht mit Brennan. Arthur Martinez hätte die Möglichkeiten nutzen können, die in seiner Reichweite lagen. Eine davon wäre gewesen, den Markt für Baumärkte zu dominieren – der mittlerweile in den Händen von Home Depot ist. Im Jahr 1992, als Martinez den Posten des CEO übernahm, machte Home Depot dem viermal größeren Unternehmen Sears ein Fusionsangebot.[a] Sears' Filialen hatten bereits stark an Boden verloren gegenüber Konkurrenten wie Wal-Mart und Kmart, waren aber in den Kategorien Großgeräte, Farben, Elektrogeräte, Werkzeug und Autozubehör immer noch landesweit führend. Martinez nahm Home Depot nicht ernst – und er versäumte es, eine neue Struktur zu schaffen, die es seinem Unternehmen erlaubte, von diesen Vorteilen zu profitieren.

Eine andere verpasste Gelegenheit war die Einstellung des Kataloggeschäfts im Jahr 1996 – eine Abschreibung von zwei Milliarden US-Dollar. Dies geschah anderthalb Jahre, nachdem der E-Commerce als Vertriebskanal sichtbar in Erscheinung getreten war. Sears' traditionelles Katalogformat war sicherlich nicht mehr taufrisch, aber es belegte in der amerika-

---

[a] Bernie Marcus und Arthur Blank, Built from Scratch, Times Book, New York 1999, S. 173.

nischen Psyche eine Nische als »Anbieter von nahezu allem und jedem« (eine Position, wie sie Amazon.com heute anstrebt). Martinez betrachtete das Kataloggeschäft nach konventionellen Maßstäben und nicht als Plattform, von der aus sich ein radikal anderes Geschäftsmodell aufbauen ließ.

Management aus der Zukunftsperspektive ist eine wesentliche Ausdrucksform adaptiver Führung. Wie wichtig es ist, eine überzeugende Zukunftsvorstellung zu entwickeln, wird klar, wenn wir die Konsequenzen ihres Fehlens betrachten.

Konstellation aus konzertierter Handlung zusammen. Eine klare Vision bewirkt, dass der Glaube an die Zukunft die tägliche Aktivität beflügelt. Das lässt sich besonders gut durch »Rückwärtsprojektion« erreichen.[18] Stellen Sie sich ein besonders ambitioniertes Ziel vor, beispielsweise die Verwandlung von Sears' Kataloggeschäft in eine führende Position im E-Commerce. Formulieren Sie das Ziel so konkret und plastisch wie möglich. Beschreiben Sie anschließend die Geschichte im Rückblick, als ob alles schon Wirklichkeit wäre. Das ist Management aus der Zukunft.

Der angestrebte Fitnessgipfel muss zwei Kriterien erfüllen: (1) Er muss ein gewagtes und interessantes Ziel darstellen – etwas, das sich nicht ohne eine außergewöhnliche Kraftanstrengung erreichen lässt, die Mühe jedoch wert ist. (2) Dieses Ziel muss konkret und plausibel sein. Es sollte überzeugend genug sein, damit sich die Menschen seine Perspektive zu Eigen machen. Am besten wirken Ziele, die sich visuell veranschaulichen lassen (die Olympischen Spiele nach Atlanta bringen) oder besonders einfach sind (Toyotas Ziel einer perfektionierten Herstellung). Vergleichbar mit der Entschlossenheit des Marathonläufers, die Ziellinie zu erreichen, setzen zugkräftige Vorstellungen von der Zukunft die Mühe, die wir mit ihrer Verwirklichung haben, in einen neuen Zusammenhang. Der Glaube an die Zukunft treibt uns immer weiter. Zudem muss das Ziel, wie wir gesehen haben, in den Menschen als seltsamer Attraktor widerhallen. Es muss an tief empfundene Sehnsüchte anknüpfen und dem Leben jedes Einzelnen einen Sinn verleihen.

Winston Churchills »Finest Hour«-Rede erfüllt diese beiden Kriterien und ist ein eindrucksvolles Beispiel. Churchill hielt sich nicht lange mit der deutschen Bedrohung und der unmittelbar bevorstehenden Invasion Englands durch Hitler auf. Er verschwendete seine Rhetorik auch nicht auf die ferne Aussicht einer Kapitulation Hitlers. Stattdessen zeichnete er ein Bild, das zugleich erstrebenswert und konkret war; er beschrieb nicht nur die Herausforderung des Leidens und Standhaltens, sondern er sagte auch, was die Briten über ihr Wesen ausdrückten, wenn sie dies taten. Dies harmonierte mit einem seltsamen Attraktoren in der britischen Psyche – Stolz und ein tiefer Sinn für Geschichte:

»Hitler weiß, dass er uns auf dieser Insel brechen muss oder den Krieg verlieren wird. Wenn wir ihm widerstehen können, wird ganz Europa frei sein, und das Leben der Welt kann sich in weite, sonnige Höhen weiterentwickeln. Andernfalls wird die ganze Welt, mitsamt den Vereinigten Staaten und allem, was uns lieb und teuer ist, in den Abgrund eines neuen Mittelalters versinken, das durch das Licht einer pervertierten Wissenschaft nur umso düsterer und langgezogener sein wird. Wir wollen deshalb unsere Pflicht tun und uns so verhalten, dass man, falls das Britische Imperium und sein Commonwealth 1000 Jahre überdauern sollte, einst sagen wird: ›Dies war unsere beste Stunde.‹«[19]

Ist es nicht paradox? Der Weg führt nicht von der Gegenwart in die Zukunft, sondern von der Zukunft in die Gegenwart. Es funktioniert, weil der Fitnessgipfel ein Zielpunkt ist, der die Mühe wert ist. Der seltsame Attraktor leitet seine Kraft aus Gefühlen, Leidenschaften und Bestrebungen ab, und diese Faktoren verändern gemeinsam das Geschehen der Gegenwart. Indem wir uns die Zukunftsperspektive zu Eigen machen, entdecken wir das, was latent in uns verborgen ist und nach Ausdruck strebt.

Handeln und Sein

Wie die Beispiele von den Olympischen Spielen und Churchills Rede suggerieren, bietet das Management aus der Zukunftsperspektive einen Rahmen für das *Handeln* ebenso wie für das *Sein*. Das ermöglicht uns ein Verständnis der tieferen Schichten der Meisterschaft dieser Disziplin. Im Zusammenhang mit den Olympischen Spielen in Atlanta bestand der Aspekt des Handelns in der Ausrichtung der Spiele. Für den Erfolg ausschlaggebend war jedoch, wer Payne und seine Mitarbeiter in dieser Zeit *waren*. Das erinnert uns an das, was wir zuvor über den Kendo-Unterricht gesagt haben.

Ralph S. Larson, CEO von Johnson & Johnson, scheint bei seiner Tätigkeit stets Folgendes im Kopf zu haben: »Die in unserem Credo verkörperten Kernwerte sind möglicherweise ein Wettbewerbsvorteil, aber das ist nicht der Grund, warum wir sie haben. Wir haben sie, weil sie für uns definieren, wofür wir stehen, und wir würden an ihnen auch dann festhalten, wenn sie in bestimmten Situationen einen Wettbewerbsnachteil darstellten.«[20]

Ein Credo stammt häufig von einem Gründer oder einer Führungspersönlichkeit. In der Regel jedoch wird es von einer breiten Gemeinschaft getragen und wachgerufen, indem es auf einprägsame Weise artikuliert wird. Ausschlaggebend ist, dass es das *Sein* der Menschen prägt, unabhängig von den Mühen und Anstrengungen schwieriger Unternehmungen. Besonders wichtig ist, dass das Credo – oder die »Zukunft« – nicht auf eine Person beschränkt ist, die als das »Gruppengewissen« fungiert. Das Credo muss vielmehr ständig von allen Mitgliedern neu erzeugt und gemeinsam getragen werden.

4. Fantasievolle Zuständigkeit belohnen

Kreative Zuständigkeit ist eine wichtige Disziplin für Selbstorganisation und Emergenz. Diese Disziplin ist eines der »Werkzeuge«, mit denen wir ein lebendes System stören, aber nicht lenken.

Am 2. und 3. Januar 1999 zwang ein Schneesturm zur Schließung des Flughafens von Detroit, mit der Folge, dass viele abgehende Flüge storniert wurden. Mit Schneepflügen wurden Landebahnen frei gehalten, und viele eintreffende Flugzeuge konnten im Lauf des Abends landen. Die meisten Fluggesellschaften – United Airlines, TWA und American Airlines – waren in der Lage, ihre Flugzeuge an die Gates heranzufahren und die Passagiere mit geringer Verspätung auszuladen. Nicht so Northwest Airlines.

In einem der größten PR-Debakel in der Geschichte der Fluggesellschaften schien das Bodenpersonal von Northwest auf dem Flughafen von Detroit wie in Untätigkeit und Unentschlossenheit erstarrt zu sein. 8000 Passagiere (von denen viele fünf oder sechs Stunden in der Luft verbracht hatten) waren buchstäblich eingesperrt in 30 Northwest-Flugzeugen und mussten achteinhalb Stunden ohne Essen, Wasser oder funktionierende Toiletten ausharren. Ein Passagier erlitt einen Diabetesschock. Die Mütter hatten nicht genug Nahrung und Windeln für ihre Babys. Ein aufgebrachter Executive spürte mit seinem Mobiltelefon den CEO von Northwest auf (wobei er ihn mitten in der Nacht weckte) und bat ihn um Hilfe. Kämpfe brachen aus. Passagiere drohten damit, die Notausgänge aufzubrechen. Die Piloten schrien über Funk das Bodenpersonal an, die Flugzeuge an die Gates zu ziehen, bevor die Situation völlig unkontrollierbar wurde.[21]

Eine Untersuchung im Kongress, äußerst kritische Berichte des Transportministeriums und vier Gerichtsurteile befanden Northwest Airlines mehrerer Unterlassungen für schuldig. Indem sich die Verantwortlichen streng an die »Vorschriften« für Bodenoperationen und die »Regeln« für die Passagiersicherheit hielten, ignorierten sie viele mögliche Lösungen. Sie hätten die Flugzeuge in die Nähe der Gates bringen und die Passagiere auf dem Rollfeld absetzen können; oder sie hätten sie auf dem Flugfeld aussteigen lassen und mit Bussen zu den Terminals bringen können. Alternativ hätten sie Servicefahrzeuge mit Essen, Wasser, Videos, Babynahrung und Windeln zu den Flugzeugen schicken können; oder die Flugzeuge hätten Detroit verlassen und nahe gelegene Flughäfen anfliegen können.[22]

Die Geschichte von Northwest interessiert uns wegen der völligen Abwesenheit der lebende Systeme auszeichnenden Fähigkeit zur Selbstorganisation. Der wesentliche Grund war, dass Maschinenmodell und Social Engineering alle Intelligenz aus jenen »Knoten« vertrieben hatten, die in dieser Situation plötzlich improvisieren mussten. Die Steifheit von Northwest erwies sich als Gift für jedes intelligente Leben.

Wir alle haben schon kleinere Versionen des Northwest-Debakels erlebt. In dem Film *Five Easy Pieces* bestellt Jack Nicholson bei einer mürrischen Kellnerin eine Scheibe Toastbrot. Sie antwortet: »Wir servieren hier kein Toastbrot.« Nicholson bestellt daraufhin ein »Hühnersalatsandwich auf Toastbrot, aber lassen Sie den Hühnersalat weg.«[23]

Aus der Perspektive eines lebenden Systems sind diese Ereignisse Auswüchse einer sehr engen Interpretation von Verantwortung, die bis in ihr unlogisches Extrem getrieben wird. Regeln und Prozeduren, die nicht durch den allgemeinen Menschenverstand gefiltert werden, werden so frustrierend wie einige der Telefonmenüs, mit denen wir uns von Zeit zu Zeit herumschlagen. Diese Vorkommnisse machen uns wütend, weil kein Raum für eigenverantwortliche Entscheidungen und Lageeinschätzungen bleibt.

In jener Nacht in Detroit mangelte es an fantasievoller Verantwortlichkeit. Andernfalls hätte es (1) ein Verständnis für den größeren Zusammenhang und (2) Mindestniveaus der Meisterschaft gegeben, die es dem Operation Center von Northwest erlaubt hätten, Aufgaben mit der Zuversicht zu delegieren, dass die Zuständigen das Richtige tun würden. Diese Zutaten hätten Northwests Funktionsweise von »gehorchen und ausführen« auf »antizipieren und vorbeugen, interpretieren und improvisieren« umgestellt.

Den Beschäftigten von Northwest Airlines fehlte sowohl der Kontext als auch das Können, um das Erforderliche zu tun. Das System verhielt sich wie eine stereotype Armee – indem es gedankenlos und sklavisch Doktrin und Befehlskette respektierte. Ausgerechnet die US Army jedoch hat sich zu ganz anderen Managementhöhen aufgeschwungen. Angesichts der Tatsache, dass sie mit weit gefährlicheren und schwerer vorhersehbaren Bedingungen rechnen muss als Northwest in jener Nacht auf dem Flughafen von Detroit, trainiert die Army ihre Soldaten so, dass sie unvorhergesehene Situationen zu ihrem Wettbewerbsvorteil nutzen können.

Die Disziplin der fantasievollen Verantwortung ist fester Bestandteil der von der US Army praktizierten After Action Reviews (AAR). Wie bei anderen Disziplinen wird der gültige Kontext niemals dem Zufall überlassen. Jedem Einsatz geht die Bekanntgabe der Intention des Kommandeurs voraus. Stellen Sie sich vor, wie die Beschäftigten von Northwest mit den Ereignissen in Detroit hätten umgehen können, wenn der CEO des Unternehmens, John Dasburg, seine »Intention« während des Schneesturms in der Möglichkeit gesehen hätte, die Treue der Kunden zu gewinnen, und dies klar verkündet hätte.

Wie wir verdeutlicht haben, gibt sich die US Army alle Mühe, jede wesentliche Kampffähigkeit in konkrete Aufgaben zu übersetzen, diese unter diversen Bedingungen zu testen und Mindeststandards zu definieren. Lange bevor die Soldaten am NTC den Ernstfall simulieren, wurden sie schon in diesen Aufgaben, Bedingungen und Standards gedrillt.

Bei der Einrichtung von fantasievoller Zuständigkeit lauten die ersten Fragen folgendermaßen:

- Welches ist der größte Nutzen des im Unternehmen latent vorhandenen Urteilsvermögens?
- Wo besteht Notwendigkeit für eine Grundverlässlichkeit?

Die Antworten richten sich danach, wie sich das Unternehmen von anderen unterscheiden will. Bei Federal Express lautet das Wertversprechen: »Garantierte Auslieferung bis 10:30 Uhr des Folgetags.« Improvisationsgeschick und eigenverantwortliche Entscheidung sind beim Auslieferungspersonal ausdrücklich erwünscht, nicht jedoch bei der IT-Einheit, die Cosmos, das automatische Tracking-System von FedEx, betreut, und genauso wenig bei den Piloten oder im Logistiksystem in der Zentrale in Memphis. So ist auch bei Sears eigenverantwortliches Handeln bei den Verkäufern erwünscht, die auf die Anfragen der Kunden reagieren, nicht jedoch in den Lagern oder in der Bestellabteilung. Shell wünscht sich Improvisation bei der Vermarktung seiner Downstream-Produkte und bei der Suche nach ungenutzten Wachstumschancen; bei der Raffinerieproduktivität und -sicherheit, den Tiefseebohrungen und dem Betrieb der sechs Milliarden US-Dollar schweren Erdgasverflüssigungsanlagen steht jedoch Verlässlichkeit an oberster Stelle.

Fantasievolle Zuständigkeit beginnt mit der philosophischen Einsicht, dass Verantwortlichkeit und Improvisation gleichermaßen unerlässlich sind. Die zweite Stufe der Meisterschaft umfasst die Erzeugung und Verbreitung der Intention des Kommandeurs und die Umsetzung eines detaillierten Programms, das ein Mindestkompetenzniveau sicherstellt. Die dritte Stufe besteht im Loslassen – damit diese Disziplin die Selbstorganisation stärkt und die verteilte Intelligenz freisetzt, die jetzt möglich ist.

5. Aus Krisen Lernfelder entwickeln

Das Lernen aus Schwierigkeiten ist eine Disziplin, die sich besonders für eine Welt voller unvorhersagbarer Ergebnisse empfiehlt – einer Welt, in der ein lebendes System gestört, aber nicht vollständig gelenkt werden kann. Weil das Unerwartete – die Widrigkeit – garantiert ist, handelt diese Disziplin davon, regelmäßig saure Zitronen zu leckerem Zitronenbaiser zu verarbeiten.

Die Sicherheit der Fluggesellschaften setzt die Disziplin des Lernens aus misslichen Erfahrungen voraus. Jedes Flugzeugunglück oder -beinaheunglück wird gründlichst analysiert, um den Grund (technisches oder menschliches Versagen) zu bestimmen. Das Resultat ist eine weltweite Luftsicherheit, die weit über Six Sigma – das heißt, drei Fehler auf eine Million – hinausgeht.[24] Dieses Beispiel illustriert, wie die Kombination von menschlicher Intention und Unternehmensgestaltung uns helfen kann, aus Fehlern zu lernen. Der nutzbringende Umgang mit Widrigkeiten ist eine wichtige Fähigkeit im Umfeld des Chaos. Auf diese Weise können Unternehmenseinheiten im Rahmen der Selbstorganisation von Fehlern lernen, ergebnislose Anstrengungen reduzieren und den destruktiven Verweigerungstendenzen, die gelegentlich in Gruppen die Oberhand gewinnen, entgegensteuern.

Krisen positiv zu nutzen, ist schwerer, als es auf den ersten Blick scheinen mag. Das Problem beginnt bei unserer menschlichen Natur. Fehler und Niederlagen können unversehens unsere allzu menschliche psychologische Verdrahtung zerstören. Leider ist es so, dass wir angesichts von Rückschlägen dazu neigen, irgendwem oder irgendetwas die Schuld zuzuschieben: uns selbst (Schuldgefühle), anderen (Schuldzuweisungen) oder der Situation (Resignation und Fatalismus). Bewusste Disziplin ist notwendig, um diesen Versuchungen zu widerstehen. Ohne eine entschlossene Anstrengung, unsere Selbstfixierung zu überwinden, fällt es schwer, nicht in ein Defensivverhalten zurückzufallen. Andernfalls überkommen uns möglicherweise Angst, Mutlosigkeit und andere Gefühle, die angesichts der aktuellen Herausforderung kontraproduktiv sind. In diesem psychologischen Bermudadreieck verschwinden wertvolle Fakten und Zusammenhänge, und das produktive Lernen bleibt auf der Strecke.

Bei der Disziplin des Lernens aus Widrigkeiten geht es nicht etwa darum, Krisensituationen lediglich zu beschönigen. Freilich, wenn wir »Fehlschlag« neu definieren, klingt das so, als ob wir die Mitarbeiter aus der Verantwortung entlassen. Aber wenn die Mitarbeiter merken, dass sie gefahrlos die Verantwortung für Fehlschläge übernehmen können, reicht das schon aus. Sobald ein Klima entsteht, das es den Mitarbeitern erlaubt, Fehlschlägen offen ins Auge zu blicken, werden sie fast ausnahmslos die richtigen Korrekturen vornehmen. Die »Disziplin« ist dazu da, dieses Klima zu erzeugen.

Die Soldaten am National Training Center (NTC) der US Army wissen von Beginn an, dass sie gegen einen Feind kämpfen werden, der viel zäher ist als alles, was sie im Ernstfall zu gegenwärtigen haben. Die 2600 Mann starke Truppe, gegen die sie kämpfen müssen, hat sich seit mindestens einem Jahr mit dem Terrain vertraut machen können und kennt jeden Quadratzentimeter. Die Betreuer erinnern die Gasteinheiten ständig daran, dass es bei den Manövern nicht ums Gewinnen, sondern ums Lernen geht. Zweck der Veranstaltung ist, dass die Soldaten lernen, Niederlagen in einen neuen Kontext zu stellen und als eine Quelle für bedeutsame Lerneffekte zu verstehen. Tag für Tag sprechen die

Aus Widrigkeiten lernen:
After Action Reviews[a]

Die After Action Reviews (AAR) bilden den Kern der Veranstaltungen am National Training Center (NTC). Jeden Nachmittag erhält der Kommandeur der Brigade, die gerade ihr Training absolviert, eine Anweisung wie »durchbrecht die feindliche Verteidigung« oder »verteidigt euren Bereich gegen einen überlegenen Angreifer«. In den engen Kommandozelten studieren 30 bis 40 Stabsoffiziere und Befehlshaber der Kampfeinheiten die Situation und versuchen, eine Gewinnstrategie festzulegen. Am späteren Nachmittag wird diese Strategie an die 3000 Soldaten weitervermittelt, die über viele Quadratkilometer rauen Geländes verstreut sind. Panzerbesatzungen und Infanterieeinheiten werden instruiert, Minenfelder gelegt, Artillerie und Hubschrauber koordiniert und die Aufklärung gestartet. Von Mitternacht an beginnt von der eigenen und der »feindlichen« Seite der Vorstoß.

Zur Dämmerung ist die Schlacht in vollem Gang. Der »Feind« (das 11. gepanzerte Kavallerieregiment) ist permanent in Fort Irwin stationiert. Es kennt das Gelände, verhält sich unvorhersehbar und bringt der Trainingseinheit fast immer eine vernichtende Niederlage bei. Jedes Ereignis wird protokolliert. Leistungsfähige Videokameras zoomen von Berggipfeln aus in das Geschehen. Mittels einer ausgefeilten Lasertechnik wird jede abgefeuerte Waffe registriert und jede »getroffene« Einheit elektronisch aus dem Gefecht gezogen. Auf Audiobändern wird die gesamte Funkkommunikation festgehalten. Um elf Uhr vormittags steht der Ausgang fest. Binnen 90 Minuten versammeln die Betreuer ihre Kampfeinheiten in dem Geländeteil, der für den Schlachtverlauf des Tages ausschlaggebend war.

Wir wollen uns den Verlauf eines AAR genauer ansehen. Eine Kompanieeinheit aus zwei Infanteriezügen – samt zwei Panzern, vier gepanzerten Personentransportern und einem HMMV (einer modernen Version des Jeeps) – wurden im Schatten einer Wüstenerhebung in einem engen Kreis zusammengezogen. Die Besatzungen lehnen sich gegen ihre Panzerketten, und über der Antenne des HMMV hängt ein Schaubild. Es handelt sich bereits um den fünften Kampftag, und alle sind erschöpft. Der Betreuer hat mit Steinen und Zweigen die Bewegungen der Einheit auf dem Boden nachgezeichnet. Die improvisierte Nachstellung des Manö-

---

[a] R. Pascale, Protokollnotizen von Gesprächen am National Training Center, Fort Irwin, Kalifornien, Frühjahr 1996.

vers verdeutlicht, dass diese Einheit in der heutigen Schlacht vernichtend geschlagen wurde. Der Betreuer bittet einen Sergeanten nach vorne, um die Position der Panzereinheit auf dem Sandplan anzugeben und die Aufgabenstellung der Einheit zu erklären.

Sergeant: Unser Auftrag war es, den Feind beim Ziel K-2 zu vernichten.

Betreuer: Warum war das wichtig? Welche Rolle spielte Ihr Panzer in diesem Geschehen?

Sergeant: Ich kann es nicht genau sagen.

Betreuer: Kann irgendwer helfen?

Die anfänglich zögerlichen Kommentare weiten sich bald zu einer wahren Diskussionsflut aus. Dabei wird immer deutlicher, dass nur der zuständige Leutnant die Mission verstanden hatte. Eine Koordination der einzelnen Panzer und Fahrzeuge hatte nicht stattgefunden, und niemandem war ein bestimmter Bereich zum intensiven Beschuss zugewiesen worden. Auch war niemandem klar gewesen, dass die Hauptaufgabe der Einheit darin bestanden hatte, die feindliche Kolonne von einem schwachen Punkt der eigenen Verteidigung in eine Zone abzudrängen, die in der Reichweite einer größeren Zahl von Panzern und Artilleriegeschossen lag.

Die wichtigsten Lektionen für den nächsten Tag werden auf der Schautafel verzeichnet. Die Soldaten erhalten ein Bild von dem Geschehen, an dem sie teilgenommen haben, ohne die Zusammenhänge zu durchschauen. Alle helfen mit, dieses Bild zusammenzutragen; Videoaufzeichnungen und Beobachtungen des Betreuers vervollständigen es. Jeder Tag hat sein Schwerpunktthema. So lernen die Trainingsteilnehmer beispielsweise, die Bedeutung des Gesamtüberblicks zu verstehen. Sie werden ermuntert, den eigenen Verstand einzusetzen und sich stets in die Rolle eines unkooperativen Feindes hineinzuversetzen. Sie werden darauf gedrillt, sich so vorzubereiten, dass sie sich durch Überraschungen nicht mehr überraschen lassen. Dazu müssen sie sich von hierarchischen Strukturen lösen, Kritik gegenüber offen sein und als Team zusammenarbeiten.

Brigadegeneral W. Scott Wallace, ehemaliger Kommandeur des NTC, erklärt: »Die After Action Reviews haben die US Army demokratisiert. Sie haben die Disziplin begründet, ständig alles zu hinterfragen, was wir tun. Vor allem haben sie in vielen an hierarchische Befehlstrukturen gewöhnte Offiziersgenerationen die Bereitschaft geweckt, die Vorteile der verteilten Intelligenz zu nutzen. Sie haben uns gelehrt, uns niemals zu streng an den Schlachtplan zu halten, sondern flexibel genug zu bleiben, von unerwarteten Augenblickssituationen zu profitieren, wie sie sich in der Konfusion des Schlachtgeschehens unweigerlich ergeben.«

Der Erfolg des NTC und der After Action Reviews zeigt, dass es möglich ist, aus Fehlern und Krisen zu lernen. Dieses Protokoll lässt sich folgendermaßen auf jedes Unternehmen und jede Organisation übertragen:

1. Nehmen Sie ein Team von Mitarbeitern, die aus verschiedenen Funktionen und Hierarchieebenen stammen, und unterwerfen Sie es einer ausgedehnten, intensiven und handlungsbasierten Lernerfahrung. Geben Sie ihm ein äußerst anspruchsvolles Projekt oder einen zähen Rivalen. Geeignete Bedingungen werden alte Verhaltensweisen auflösen und die Bereitschaft schaffen, ein neues Verständnis und neue Verhaltensweisen zu entwickeln.
2. Vermeiden Sie Subjektivität und Diskussionen. Präsentieren Sie harte Fakten zu dem jeweiligen Geschehen. Lassen Sie die Fakten, nicht die Betreuer die Lehrmeister sein.
3. Engagieren Sie erstklassige Moderatoren (Betreuer), die das Geschehen kenntnisreich beurteilen können. Gehen Sie nach sokratischer Manier vor und fördern Sie mit Fragen die Selbstentdeckung. Damit lassen sich weit bessere Resultate erzielen als mit Kritik.
4. Stellen Sie Erfolg oder Misserfolg nicht in den Mittelpunkt der Lernerfahrung. Konzentrieren Sie sich vielmehr darauf, wie viel jeder Einzelne lernen kann. Gestalten Sie den Lernprozess angstfrei.

Betreuer über den Nutzen des »kontrollierten Scheiterns«, bis die Soldaten schließlich Rückschläge als Ausgangspunkt für Fortschritte begreifen.

Das Lernen aus Krisen ist nicht auf die US Army beschränkt. Albert Yu ist Senior Vice President von Intels Microprocessor Group, der Einheit, die jenen fortgesetzten Strom von Durchbrüchen liefert, mit dem das Unternehmen seinen unendlichen Appetit nach der »nächsten großen Idee« stillt. Wie wir wissen, resultiert Intels Wettbewerbsstärke aus der Entwicklung immer leistungsfähigerer Mikroprozessoren in immer kürzerer Zeit. Yu, der für ein Klima sorgt, in welchem dies möglich ist, wird häufig nach dem Schlüssel zu Intels außerordentlicher Erfolgsserie gefragt. Seine Antworten kommen für seine Gegenüber überraschend. Er spricht nicht über die Rekrutierung brillanter Köpfe, über Aktienoptionen, um diese Mitarbeiter zu halten, oder über kluge Techniken, um die Kreativität zu erhöhen. Er spricht über Krisen:

»Im triumphalen Fehlschlag steckt ein großes Potenzial. Krisen sind Teil der Kultur der Erneuerung. Wenn Sie sie akzeptieren, gehen Sie gestärkt daraus hervor. Der berühmte Pentiumfehler von 1994 war vernichtend, und wir durchliefen alle Stadien der Zerknirschung: Leugnung, Ärger, Depression, Akzeptanz. Es war ein für das Unternehmen und mich persönlich unglaublich schmerzvoller Prozess. Aber am Ende haben wir davon profitiert. Wir haben bessere Methoden entwickelt, wie wir unsere Technologie testen können, bevor sie unser Haus verlässt. Wir orientieren uns heute weniger am Produkt, als vielmehr am Kunden. Die Krisenzeit hat geholfen, Barrieren abzubauen und den Teamgeist unter den Mitarbeitern zu stärken. Heute können wir zehnmal schneller auf Krisen reagieren als damals.«[25]

Der legendäre Sam Walton von Wal-Mart verfolgte eine ähnliche Philosophie. Als er sich über die After Action Reviews der U.S. Army unterrichten ließ, bemerkte er, dass Wal-Mart seit Jahren eine ähnliche Methode anwandte. Executives und Filialmanager kommen jeden Samstag nach Bentonville, Arkansas, um sich einen Echtzeit-Überblick über die Ergebnisse der Filialen im ganzen Land zu verschaffen. Diese sehr realen und praxisbezogenen Treffen dienen dazu herauszufinden, was funktioniert und was nicht. Als Sam Walton gefragt wurde, warum Wal-Mart so erfolgreich war, antwortete er: »Wir lernen schneller aus Fehlern als andere.«[26]

Das Lernen aus Krisen ähnelt dem Kajakfahren auf Wildwasserbächen. Bei der Navigation durch die Stromschnellen gilt es, der Versuchung zu widerstehen, durch ein langsames Tempo Hindernissen auszuweichen. Wenn wir uns zu langsam bewegen, können wir nicht mehr manövrieren. Wir müssen unser Tempo vielmehr der Strömung anpassen. Wir dürfen nicht aufhören zu paddeln und uns wieder aufzurichten, wenn wir kentern (hoffentlich sind wir das nächste Mal klüger). Im Wildbach des heutigen Wettbewerbs besteht die beste Strategie darin, stets in Bewegung zu bleiben und unterwegs zu lernen. Und dieser handlungsorientierte Lernprozess erfordert nicht viel Zeit.

Scheitern mit Sicherheitsnetz

Trotz des erklärten Wunsches vieler Unternehmen nach »diskontinuierlichen« Verbesserungen, was Wachstumsraten, Qualität, Kosten oder Zykluszeiten betrifft, sind diese Ziele für gewöhnlich an eine unausgesprochene Vorbedingung geknüpft: keine Krisen. Die Ziele müssen sich mit sicheren Mitteln und ohne ungerufene Überraschungen verwirklichen lassen. Das Problem dabei ist, dass sich wirkliche Durchbrüche selten ohne zwischenzeitliche Rückschläge einstellen. Wenn wir echte Durchbrüche haben wollen, ist es unerlässlich, dass wir die Absicherungsmechanismen entfernen und stattdessen ein Sicherheitsnetz für das Scheitern schaffen.

Wir verwenden hier das Wort *Krise* statt *Problem*, um damit anzudeuten, dass die aufwühlenden Begleitumstände diskontinuierlicher Veränderung eines besonderen Verständnisses bedürfen. Probleme versuchen wir in der Regel möglichst schnell aus dem Weg zu räumen. Wie bereits erwähnt, suchen wir dabei gern nach einem Schuldigen. Aber häufig lernen die Unternehmen aus dem *Prozess* der Annäherung an ein Ziel mehr als aus dem Passieren der Zielmarke. Das ist die Essenz des Lernens aus Krisen. Statt Krisen zu unterdrücken oder zu vermeiden, sollten wir sie als wünschenswerte Zwischenschritte begreifen, die uns helfen, verborgene Parameter oder Verhaltensmuster wahrzunehmen, die verändert werden müssen, wenn wir den angestrebten Quantensprung meistern wollen.

Geplante »Krisen«

Wir wollen uns einige Situationen ansehen, in denen Krisen zur etablierten Praxis gehören. Japanische Produktionseinrichtungen verwenden mehrere Instrumente, die Krisen erzeugen – sie halten beispielsweise ein ganzes Fließband an, wenn ein Operator einen Fehler entdeckt. Auf diese Weise ist natürlich sichergestellt, dass Fehler nicht unter den Teppich gekehrt werden können, und genau das ist auch der Punkt. Einerseits erscheint uns die Maßnahme extrem: Ein Defekt kann zu Tausenden verlorener Produktionseinheiten führen, wenn das gesamte Fließband angehalten wird. Warum lässt man es nicht laufen und behandelt die Defekte später? Die Antwort der japanischen Fabriken bestätigt, was wir hier ständig betonen: Eine Dramatisierung von Krisen ist der schnellste Weg, um die ursächlichen Missstände zu beheben.

Leistungsverstärker

Jede Disziplin, die dieses Namens würdig ist, fördert Bewusstsein, Aufmerksamkeit und Lernbereitschaft. Die Disziplin des Lernens aus Krisen profitiert von Protokollen, die uns die Krise unmittelbar zu Bewusstsein bringen. Wir nennen sie »Leistungsverstärker«.[27]

Wenn das bereits erwähnte mexikanische Zementunternehmen Cemex einen zehnprozentigen Preisnachlass auf jeden Kubikmeter Zement gewährt, der gegenüber dem vereinbarten Zeitpunkt um mehr als 20 Minuten zu spät geliefert wird, untermauert es damit nicht nur seinen Servicestandard, es fordert seine Kunden geradezu auf, diesen Standard zu kontrollieren. Wenn Domino's Pizza eine Gratispizza verspricht, falls eine Bestellung nicht innerhalb von 30 Minuten eintrifft, handelt es sich um das gleiche Prinzip.

Eine gute Methode, in einem Unternehmen Lernprozesse auszulösen, besteht darin, es mit Nachdruck auf die Einhaltung seiner Kundenversprechen zu verpflichten. Das Beratungsunternehmen Bain & Co. hat dokumentiert, dass US-amerikanische Unternehmen im Schnitt alle fünf Jahre die Hälfte ihrer Kunden verlieren. Diese Statistik kommt für die meisten Menschen überraschend. Dabei sind Daten über Kundenabwanderung ebenso wie über Mitarbeiterfluktuation reichlich vorhanden und für jedermann zugänglich, der sich darum bemüht. Das geringe Interesse der Unternehmen ist ein Anzeichen für die wirkungsvollen Verdrängungsmechanismen, die eine positive Verarbeitung von Krisen verhindern. Das ist der Grund, warum diese Disziplin so unerlässlich ist.

Die erste Stufe des Lernens aus Fehlschlägen stellt die Krise in einen neuen Kontext und interpretiert sie als Lernchance. Dazu müssen alte Normen und Prozeduren revidiert werden, die Fehler unverhältnismäßig bestraft und den Zugang zu ihrem instruktiven Potenzial verstellt haben.

Auf der zweiten Meisterschaftsstufe werden Mechanismen, die die Störfunktion der Fehler verstärken, und Methoden (wie AAR) eingeführt, die den Lernprozess fördern. Beispiele dafür sind die US Army, Toyota, Domino's Pizza, Cemex und Intel. Alle nutzen Krisen und schaffen ein konstruktives Lernklima.

Die dritte Stufe – am deutlichsten bei Toyota, Intel und dem National Training Center der US Army zu beobachten – macht Fehlschläge zu einem integralen Designbestandteil. Sobald wir von der Prämisse »Krisen sind die besten Lehrer« ausgehen, sind wir bereit, schwierige Herausforderungen gerade *wegen* der Rückschläge, die wir bei ihrer Bewältigung durchlaufen, willkommen zu heißen.

6. Beharrliche Unzufriedenheit fördern

Die Disziplin der permanenten Unzufriedenheit mit dem Erreichten unterstützt sämtliche vier Grundprinzipien lebender Systeme. Aber sie weckt problematische Assoziationen: Reengineering, mit der Folge, dass nur noch jeder zweite Mitarbeiter übrig bleibt und die Arbeit von zweien erledigt; Stretch-Ziele, die es den Managern erlauben, in aller Selbstverständlichkeit unerfüllbare Anforderungen zu stellen; und ständige Unzufriedenheit, die der Tyrannei ein respektables Gesicht verleiht. Al Dunlop, ehemaliger CEO von Sunbeam, quälte, demütigte und hetzte seine Mitarbeiter im Namen einer »rustikalen Zuneigung«.

Die Versuche von Sears, Shell und der US Army, beharrliche Unzufriedenheit in ihrer Organisationen zu verankern, unterscheiden sich deutlich von diesen Beispielen. Sie sind nicht dazu gedacht, Angst zu erzeugen. Beharrliche Unzufriedenheit manifestiert sich in jedem Beschäftigten in der Frage: »Kann ich etwas zur Verbesserung der Unternehmensleistung beitragen?« Es handelt sich um einen inneren Drang, keine Ermahnung.

Beharrliche Unzufriedenheit ist eine Disziplin, die der Tendenz lebender

Systeme in Richtung Selbstgenügsamkeit und Homöostase entgegenwirkt. In dieser Hinsicht unterstützt sie alle vier besprochenen Prinzipien. Sie bedeutet mehr als die Aufstellung unrealistischer Ziele, die die Beschäftigten in Verzweiflung, Zynismus und Erschöpfung treiben. Beharrliche Unzufriedenheit ist im Kern das Streben nach Spitzenleistung. Wir können sie am deutlichsten bei olympischen Athleten beobachten, die die Leidenschaft für die Verbesserung der eigenen Leistung verinnerlicht haben. Ein Werbeslogan von Nike hat dies einmal gut zum Ausdruck gebracht: »There is no finish line.«

Die After Action Reviews (AAR) basieren auf der Vorstellung, dass sich die Menschen in allem, was sie tun, verbessern können – und in den meisten Fällen in dramatischem Umfang. Mit bestimmten Verfahren werden die Fähigkeiten eines Unternehmens oder einer Organisation ständig herausgefordert und die Aufmerksamkeit auf ungelöste Fragen statt auf beruhigende Antworten gelenkt. Die Betreuer der US Army betonen ununterbrochen die Übertragbarkeit der After Action Reviews auf das Leben außerhalb des NTC. Nach einer Weile verinnerlichen die Trainingsteilnehmer die Agenda. Die Soldaten nehmen sie mit an ihre Heimatstandorte – und zu sich nach Hause. Mittels der AARs können alle Ebenen der Organisation erkennen, dass es für den Erhalt der Vitalität nicht reicht, lediglich »akzeptable Leistungsniveaus« zu erreichen. Wer diese Disziplin verinnerlicht, lebt mit einer starken kreativen Spannung und genießt diesen Zustand.

Aus der *Fortune*-Liste der meistbewunderten US-amerikanischen Unternehmen lässt sich eine starke Korrespondenz zur Disziplin der beharrlichen Unzufriedenheit erkennen. Johnson & Johnson (ungeachtet der zuvor beschriebenen Fehlentscheidungen beim Stent) und General Electric sind zwei gute Beispiele. Beide Unternehmen haben unterschiedliche Produkte und Kunden, aber sie beschäftigen Teams von Gutachtern, die die einzelnen Geschäftseinheiten jeweils mehrere Monate lang besuchen und kontinuierlich beobachten. Sie stellen bohrende Fragen, schauen weit hinter die finanzielle Fassade aus Berichten und Kennzahlen und lösen einen Prozess der gründlichen Selbstbefragung auf allen Ebenen aus. Die besuchten Einheiten können die Intensität des Erlebnisses und die Bedeutung bestätigen, die dieser Prozess für ihre Leistungskultur hatte. Das unablässige Streben schlägt sich in der inneren Einstellung nieder.

Unablässige Innovation bei Capital One

Capital One gehört zu den großen Erfolgsgeschichten der vergangenen Jahre. Die einstige Abteilung für Finanzdienstleistungen einer kleinen Bank in Virginia wurde Anfang der 90er Jahre zu einer eigenständigen Publikumsgesellschaft. Sie konzentrierte sich auf das Kreditkartengeschäft, erweiterte den Stamm der Kartenhalter von 1,5 auf 17 Millionen und erreichte bis 1998 elf Prozent der US-amerikanischen Haushalte. Das Anlagevermögen wuchs unterdessen auf 17 Milliarden US-Dollar; heute gehört das Unternehmen zu den zehn größten Kreditkartenbetreibern in den Vereinigten Staaten und erreicht eine Eigenkapitalrendite von nahezu 25 Prozent.[28]

Capital One ist eine gutes Beispiel für Selbstorganisation. Auch die Disziplin der permanenten Unzufriedenheit nimmt das Unternehmen sehr ernst. Es hat sich seine Nische geschaffen, indem es leistungsfähige Informationstechnologie mit sehr agilen Expertenteams kombinierte, um den Kunden mit intelligenten Massenmarketingmethoden Kredite zu verkaufen. Das Besondere an der verwendeten Strategie ist die Fähigkeit, tagtäglich dutzende so genannter »Experimente« durchzuführen.

Ein »Experiment« ist ein durch geografische Parameter, Preis und anfängliche Zinsrate definierter Markttest. Es ist in seiner Ausdehnung und in seinem Aufwand beschränkt. Mittels eines komplexen Algorithmus ermittelt Capital One rasch die erfolgreichsten Varianten und stoppt die übrigen.

Phillip Anderson, Associate Professor der Amos Tuck School of Business am Dartmouth College, beschreibt den Ideenwettbewerb bei Capital One als »Darwinismus«. Wir lesen: »Die 5000 Kreditkartenangebote (und anderen Finanzpakete), die Capital One heute vermarktet, gingen irgendwann als Sieger aus einem intensiven Wettbewerb um Aufmerksamkeit und Ressourcen hervor. Capital One befindet sich am Rand des Chaos in jenem »Sweet Spot«, wo die Vielzahl der Experimente zu 99 Prozent Blindgänger, einige bescheidene Gewinner, wenige große Gewinne und gelegentlich ein unglaublich Gewinn bringendes Konzept hervorbringen.«[29] Zu diesen Erfolgen gehörte der Vorstoß des Unternehmens in die drahtlose Kommunikation. Es hat sich mittlerweile zum größten Direktvermarkter von Mobilfunkdienstleistungen in den Vereinigten Staaten entwickelt.

Die Grundlage für den Erfolg von Capital One bildet jenes System der beharrlichen Unzufriedenheit:

- Die Mitarbeiter bekommen einen »Innovationsauftrag«. Ihre Aufgabe besteht darin, Ideen zu entwickeln und zu fördern. Sie sollen alles ignorieren, was sie von ihrem gegenwärtigen Projekt ablenkt.
- Jeder ist für die Fehler und Probleme verantwortlich, die dabei auftreten. Schuldzuweisungen an andere sind nicht erlaubt. Ein wichtiger Aspekt der Aufgabe ist die gemeinsame Verantwortungsübernahme, wenn Fehler gemacht werden oder etwas schief geht.
- Die Mitarbeiter des Unternehmens betrachten sich eher als Entrepreneure, die sich bemühen, Kunden zu identifizieren und zufrieden zu stellen, denn als Arbeiter in einer Befehlskette. George Overholser, Vice President of New Business, bemerkt: »Es ist beängstigend. Die oberen Führungskräfte haben wenig Vorstellung von dem, was die Mitarbeiter jeden Tag tun. Diese unterstehen gewissermaßen direkt dem Markt.«[30]

- Capital One kombiniert Action Labs mit »Reise nach Jerusalem«. Die Teams konzentrieren sich auf Projekte, und das Management lässt die Teams ständig rotieren. Auf diese Weise wird die gegenseitige Befruchtung gefördert. Die nächste Rotation findet spätestens dann statt, wenn eine Gruppe zu viele ähnlich lautende Vorschläge produziert.
- Die erforderliche Vielfalt wird durch einen ausreichenden Austausch zwischen außen und innen gewährleistet. Ein Netzwerk von Risikokapitalunternehmen wurde aufgebaut, um Geschäftsideen zu identifizieren, die sich mit Capital Ones Direktmarketingfähigkeiten vermarkten lassen. Interne Mitarbeiter können zeitweise in diesen externen Partnerunternehmen eingesetzt werden.
- Die wichtigste Leistungskennzahl ist der prognostizierte und der realisierte Kapitalwert eines Kunden während seiner Lebenszeit. Jeder Mitarbeiter wird jedoch zusätzlich zweimal im Jahr nach seinen sozialen Fähigkeiten – Kundenbeschaffung, Mitarbeiterrekrutierung und Projektmanagement – bewertet. Die Boni richten sich nach so genannten »Verhaltensankern«.
- Capital One investiert mindestens 20 Prozent der Zeit des Top-Managements in die Rekrutierung. Das Unternehmen ist höchst wählerisch. Es ist nur an den Spitzenabsolventen der besten Business Schools und an Studenten mit überdurchschnittlichen Zwischenzeugnissen interessiert.[31]
- Capital One navigiert hart an der Schattenseite dieser Disziplin. Wie bei anderen Unternehmen (zum Beispiel Toyota, General Electric, Goldman Sachs und Honda) ist eine solche Intensität nicht jedermanns Geschmack. Beharrliche Unzufriedenheit kann sehr beanspruchend sein.

Big Square

Das wichtigste Symbol für das Streben von Capital One nach beharrlicher Unzufriedenheit ist ihre Visualisierung. »Unsere obersten Führungskräfte haben Jahre damit zugebracht, das so genannte ›Big Square‹ bekannt zu machen«, sagt Overholser. »Es ist das Gegengift zu den Übeln der Einförmigkeit. Die Mitarbeiter laufen mit angesteckten ›Big Square‹-Buttons herum.«[32] Das »Big Square« ist ein Symbol für die beharrliche Unzufriedenheit. Seine Seiten sind durch vier konkurrierende Ziele definiert: *Wirtschaftlichkeit, Kundenzufriedenheit, Mitarbeiterzufriedenheit* und *Wachstum*. Die Betonung jeder dieser Dimensionen ist in der Entfernung der einzelnen Ecken des Vierecks vom Zentrum versinnbildlicht. »Wir wollen zu jeder Zeit ein Quadrat sehen«, sagt Overholser. »Sobald seine Form nicht länger einem Quadrat gleicht, sind wir bereit, eine Dimension zurückzunehmen, um die Balance wiederherzustellen.«[33]

Der erste Schritt in Richtung beharrlicher Unzufriedenheit besteht in der Festlegung ambitionierter Ziele. Die Idee dabei lautet: Läuft man einen Marathon in kurzen Sprints, dann können dieses Sprints erfrischend sein. Die zweite Stufe der Meisterschaft handelt vom »Big Square« – einem System von Methoden und Belohnungen, die die Grenzen nach außen verschieben, ohne dem Zentrum die Kontrolle zu entreißen. Die dritte Stufe ist wie bei den übrigen Disziplinen individueller Natur. Beharrliche Unzufriedenheit wird zu einem verinnerlichten Zustand der Wachsamkeit, zu einer ständigen Lernbereitschaft.

13

Reziprozität: Die Entwicklung eines neuen Sozialvertrags

Reziprozität ist die wichtigste Disziplin, und sie lässt sich am schwersten kodifizieren und etablieren. Sie ist unabdingbar für ein kooperatives Arbeitsklima. Reziprozität liefert die Verbindungen, auf deren Basis die verteilte Intelligenz in einem lebenden System zum allgemeinen Wohl zusammenwirken kann. Je stärker diese Verbindungen, desto ausgeprägter sind die adaptiven Fähigkeiten des Organismus.

In der Natur sind reziproke Beziehungen ein häufiges Phänomen. Kapitel 5 führte an, wie durch überraschende symbiotische Beziehungen zwischen verschiedenen Arten »neue Ziele« entstehen. Reziprozität ist zudem eine wichtige Voraussetzung für die Kooperation innerhalb der Arten, beispielsweise bei der Jagd (Ameisen, Bienen, Termiten, Löwen, Hyänen und so weiter). Der uns als Leierkastenbegleiter bekannte Kapuzineraffe Südamerikas jagt gelegentlich in Gruppen kleinere Säugetiere. In der Regel fängt nur ein Affe die Beute, aber die ganze Gruppe teilt sich das Fleisch. Besonders relevant für unser Thema sind neuere Studien, wonach die Reziprozität situationsbedingt ist – je nachdem, ob das gemeinsame Vorgehen notwendig ist, um die Nahrung zu bekommen. Die Regel der Natur scheint zu lauten: Was von der Gruppe erworben wurde, muss auch der ganzen Gruppe zugute kommen. Kapuzineraffen, die sich ihre Nahrung allein beschafften, teilten sie auch nicht mit ihren Kameraden.[1]

Das Dilemma der Reziprozität

Das Ziel der Reziprozität ist es, sicherzustellen, dass die Mitarbeiter eines Unternehmens ihrem Beitrag entsprechend belohnt werden. Ohne diese Gegenseitigkeit ist es schwierig, das Engagement der Mitarbeiter langfristig zu erhalten. Reziproke Regelungen müssen robust genug sein, um auch in Perioden des Stresses und des Ungleichgewichts fortzubestehen. Das ist besonders wichtig bei Unternehmen, die sich in einem turbulenten Umfeld behaupten müssen, mit der Folge, dass die Erwartungen der Arbeitgeber und Arbeitnehmer häufig stark fluktuieren. Diese Spannungen resultieren aus dem Zusammentreffen von mindestens fünf Faktoren:

1. Die Unternehmen müssen agil sein, um zu überleben. Die idealen Beschäftigungskonditionen müssen flexibel genug sein, damit das Unternehmen nicht Mitarbeiter mit Fähigkeiten bezahlen muss, die es nicht länger braucht.
2. Auch wenn die Unternehmen heute nicht mehr bereit sind, langfristige Verpflichtungen gegenüber ihren Mitarbeitern einzugehen, erwarten sie von diesen höheren Einsatz. Die Philosophie ähnelt derjenigen professioneller Sportteams: »Wir können euch morgen verkaufen, aber wir erwarten, dass ihr euch heute die Seele aus dem Leib spielt.«
3. Nach zwei Jahrzehnten des Downsizings sind die Beschäftigten vorsichtig geworden. Sie sind nicht mehr bereit, ihr Schicksal von den Launen eines einzigen Unternehmens abhängig zu machen.
4. Die Natur der Wissensarbeit gleicht die Machtbalance wieder aus. Die Beschäftigten werden in den wissensintensiven Bereichen zunehmend zur wichtigsten Wettbewerbsquelle. Wenn sie das Unternehmen verlassen, nehmen sie schwer ersetzbares Expertenwissen und intellektuelles Eigentum mit sich fort.
5. Die Besitzrechte am Unternehmen verteilen sich über die Unternehmensebenen. Employee Stock Ownership Plans (ESOP), steuervergünstigte Altersversorgungspläne, Aktienoptionen und betriebliche Altersvorsorge sind für ein immer weiteres Spektrum von Beschäftigten verfügbar. Solche Maßnahmen stellen in gewissem Grad eine Besitzumverteilung dar; vor allem aber motivieren sie die Beschäftigten, sich intensiver mit den Entscheidungen des Managements auseinander zu setzen.

Dieses Kapitel untersucht zwei Aspekte der Reziprozität. Die Unternehmen müssen jeweils eigene Arrangements entwerfen. Am Beispiel von fünf sehr verschiedenen Unternehmen – Southwest Airlines, United Airlines, Toyota, Intel und Hewlett-Packard – werden wir zeigen, wie sich mittels eines disziplinierten Reziprozitätsansatzes ein hohes Niveau an Engagement und Commitment seitens der Mitarbeiter mit der unternehmerischen Notwendigkeit zu adaptiver Veränderungsarbeit vereinbaren lässt.

Das Schauspiel der Reziprozität

Das Drehbuch der Reziprozität kennt drei Protagonisten: (1) das Unternehmen, (2) den Mitarbeiter und (3) die Gesellschaft. Die Unternehmen versuchen alles zu tun, um zu überleben und zu gedeihen. Sie müssen einerseits für eine flexible Kostenstruktur (Begrenzung der Personalkosten) sorgen, andererseits aber den Einsatz, die Intelligenz und die Loyalität der Mitarbeiter fördern und gebührend belohnen.

Die Überlebenden der vergangenen Downsizings haben sich mittlerweile in ihre neue Unabhängigkeit und Freiheit hineingefunden. Sie haben am eigenen Leib erlebt (oder beobachtet), dass sie bei keinem Unternehmen sicher sein können, dass ihnen bittere Erfahrungen, Kündigung, Orientierungslosigkeit oder Verlust von Selbstachtung und sozialer Identität nicht erspart bleiben. Folglich definieren heute viele Beschäftigte ihre berufliche Laufbahn als eine Folge von Tätigkeiten für verschiedene Arbeitgeber.

Der Entwurf eines authentischen Reziprozitätscodes setzt damit an, die Erwartungen der Beschäftigten nicht dem Zufall zu überlassen. Aus der Sicht der Beschäftigten muss die Reziprozität fünf Aspekte umfassen. Laut James C. Collins, ehemals Lecturer an der Stanford Business School, handelt es sich dabei um »Freiheit und Selbstbestimmung in der eigenen Arbeit, Sinnstiftung und Beteiligung sowie Wohlstandserzeugung durch die Arbeit.«[2] Die Reziprozität muss zudem den Unternehmen die nötige Flexibilität garantieren. Die dynamischen Modelle lebender Systeme sind hier nützlich, weil die Natur diesen Jonglierakt besonders gut beherrscht.

Wie in den besten Drehbüchern bestehen zwischen den Protagonisten die vielfältigsten Beziehungen. Das macht die Entwicklung eines funktionierenden Reziprozitätscodes umso schwieriger. Die Unternehmen müssen ihre Mitarbeiter eng zusammenschweißen, wenn sie Bestleistungen erbringen wollen. In Zeiten des notwendigen Personalabbaus sind diese kollektiven Aktivitäten angesichts von engen Fristen, empfindlichen wettbewerblichen Konsequenzen aus Fehlschlägen und erhöhten Leistungsanforderungen besonders wichtig. Das moderne Unternehmen muss die Kunst beherrschen, aus den Mitarbeitern eine eingeschworene Gemeinschaft zu schmieden, wenn es seine Ziele erreichen will. Das kann nur gelingen in einer Atmosphäre des gegenseitigen Vertrauens, des Engagements, der Einigkeit und des persönlichen Einsatzes. Die Gesellschaft bildet die Kulisse, vor der diese Herausforderungen zu sehen sind.

Das Schaffen solch enger Bande unter den Mitarbeitern schützt das moderne Unternehmen jedoch noch nicht vor anderen Wettbewerbsgefahren. So helfen beispielsweise das flexibelste Beschäftigungsmodell und der größte Einsatz der Beteiligten nichts gegen technologische Schwächen oder hohe Kosten. Unter diesen Umständen hat das Überleben des Unternehmens immer wieder Priorität vor der individuellen Arbeitsplatzsicherheit. Erfolgreiche Unternehmen sind deshalb nicht nur auf die Kunst angewiesen, Bande zu schmieden, sondern sie müssen auch den nötigen Willen aufbringen, sie wieder zu lösen (Entlassungen vorzunehmen).

Die Rolle des dritten Elements, der Gesellschaft, stellt ein wichtiges Puzzleteil dar. Die Gesellschaft bildet den Kontext in Bezug auf das erforderliche Maß an Reziprozität. Kulturelle Normen bremsen oder verstärken die Erwartungen der Mitarbeiter und die Ambitionen der Unternehmen. Bis heute rechnet das gesellschaftliche Bewusstsein die mit dem Arbeitsleben verbundenen Gefühle von Trauer und Verlust nicht zu den schmerzhaftesten menschlichen Erfahrungen wie etwa Scheidung oder Tod eines geliebten Menschen.

Diese Problematik ist in den Vereinigten Staaten noch verschärft. Laut Ray Oldenburg, Autor des Buches *The Great Good Place*, hängt eine gesunde und ausgeglichene gesellschaftliche Identität seit jeher von drei Faktoren ab: Familie, Arbeit und einem »dritten Ort«. Dieser dritte Ort ist in England der Pub, in Frankreich das Straßencafé und das Bistro, in Spanien die Tapas-Bar, in Italien und Österreich das Café und in Deutschland der Biergarten. In Japan erfüllen private Feierabend-Bar und Cocktail-Klub diese Aufgabe.[3]

Die wichtigsten Anforderungen an den dritten Ort lauten: (1) Es handelt sich um neutrales Gebiet; (2) der berufliche Rang spielt keine Rolle; (3) wichtigster Programmpunkt ist das Gespräch mit jedermann (nicht Musik oder Videospiele); (4) es gibt ein regelmäßiges Stammpublikum und (5) es besteht Gelegenheit zu unverbindlichem zwischenmenschlichem Austausch.[4] (Die US-Fernsehserie »Cheers« stellt genau so eine Institution vor.) Der dritte Ort bietet Neuigkeiten, Lebensperspektiven, »seelisches Tonic« (in Oldenburgs Worten) und Freunde »zuhauf«, was die Sozialisierung mit einer offenen Gruppe statt einer festen Clique unterstreicht.

Das Problem in den Vereinigten Staaten ist, dass der dritte Ort – den einst die Kirchen, Nachbarschaftsgruppen und das lokale Wirtshaus bildeten – weitestgehend verschwunden ist. Gerade das ist es, was in den Vereinigten Staaten lebende Europäer in ihrer neuen Umgebung häufig am meisten vermissen. Oldenburg schließt daraus: »Ohne den dritten Ort kann eine Gesellschaft nicht jene Beziehungen und jene Vielfalt der menschlichen Kontakte pflegen, die für ein psychisch ausgeglichenes Leben wesentlich sind.«[5] Und das ist der entscheidende Punkt: Für die meisten Nordamerikaner gibt es nicht nur keinen dritten Ort, auch Familie und Nachbarschaft haben ihre Bedeutung als Gegengewicht zum Arbeitsleben im Lauf der vergangenen vier Jahrzehnte weitgehend eingebüßt. Zurück bleibt eine Leere. Dieser Umstand verschärft die Probleme, vor denen die Unternehmen und ihre Mitarbeiter stehen, und verstärkt das Bedürfnis nach Reziprozität.

Hinzu kommt, dass die existierenden gesellschaftlichen Normen wenig hilfreich sind. Wenn das Unglück zuschlägt, bekommen wir häufig Klischees zu hören (oder äußern sie selbst), wie »es ist ja nur ein Job«, »es trifft jeden einmal« oder »die Arbeit sollte im Leben keine so wichtige Rolle spielen«. Solche Ansichten unterdrücken lediglich unsere Gefühle und verhindern einen Verarbeitungsprozess, der emotionalen Raum für eine anschließende Genesung schaffen könnte. Das gesellschaftliche Bewusstsein muss sich verändern, wie dies in den vergangenen Jahren bei ehemals tabuisierten Themen wie Alkoholismus und Kindesmissbrauch geschehen ist, damit die Bewältigung von Brüchen im Arbeitsleben enttabuisiert wird. Eine solche Veränderung könnte sich positiv auf unsere Suche nach innerer Reziprozität, der ultimativen Quelle seelischer und emotionaler Entwicklung, auswirken.

Der Freiwillige in jedem von uns

Wie wir gesehen haben, ist Reziprozität in der Natur weit verbreitet. Sie ist ein zentraler Faktor jeder Zivilisation und kommt bei Säugetieren, insbesondere Primaten wie Pavianen, Schimpansen, Gorillas und anderen Affen häufig vor. Die Reziprozität stellt sicher, dass Gefälligkeiten erwidert und soziale Verpflichtungen eingehalten werden.

Die Reziprozität ist besonders wichtig, wenn das, was dabei ausgetauscht wird, immaterieller oder schwer quantifizierbarer Art ist – Vertrauen, Fleiß, Commitment, Kreativität. Wir können uns unser Pfund Fleisch nehmen. Aber die Herausgabe eines Gramms Commitment oder originelles Denken lässt sich kaum erzwingen. Ein solcher Austausch muss freiwillig erfolgen.

Peter F. Drucker stellte fest, dass die meisten engagierten Menschen im Kern »Freiwillige« sind, auch wenn sie für ihre Arbeit bezahlt werden.[6] Wir entscheiden zumeist mehr oder weniger freiwillig, wo wir arbeiten und in welche Richtung sich unser Leben entwickelt. Aber wir bestimmen auch, wie viel wir uns jeden Tag einsetzen. In diesem Sinn sind wir »Freiwillige«. Als intelligente Knoten in einem lebenden System entscheiden wir allein darüber, wie viel wir von uns selbst in eine bestimmte Tätigkeit investieren wollen. Die Reziprozität ist die wichtigste unter allen Disziplinen, weil sie die Bedingungen definiert, unter denen wir bereit sind, uns mit ganzer Kraft für ein Unternehmen zu engagieren.

John Sealy Brown von Xerox PARC hat festgestellt, dass sich Enthusiasmus und Commitment nicht erzwingen lassen. Die Beschäftigten, sagt er, »entscheiden auf freiwilliger Basis, in welchem Maß sie sich für ihre Tätigkeit oder ihre Kollegen einzusetzen bereit sind.«[7] Jeff Pfeffer von der Stanford University hat gezeigt, dass leistungsfähige Unternehmen ausgefeilte Strategien der Gegenseitigkeit verwenden, die Commitment, Leistung, Ehrlichkeit und Teamarbeit belohnen. Sie tun dies, weil sie erkannt haben, dass ihr Erfolg wesentlich davon abhängt, gute Mitarbeiter im Unternehmen zu halten.[8] Die Unternehmen, die in der alljährlichen *Fortune*-Umfrage einen Platz unter den »100 Unternehmen, für die es sich am besten arbeitet« erreichen, haben ohne Ausnahme einen Gegenseitigkeitscode entwickelt, und ihre Erträge liegen nicht von ungefähr um zehn Prozent über denen vergleichbarer Unternehmen: 27 Prozent gegenüber einem Durchschnitt von 17 Prozent.[9]

Eine effektive gemeinsame Tätigkeit setzt also voraus, dass wir talentierte Mitarbeiter auswählen (ein teures und zeitintensives Unterfangen), diese an das Unternehmen und aneinander binden (Stichwort Sozialisation) und sie einzeln und als Gruppen in ein Netzwerk einbinden, welches weiß, »was zu tun ist, und wie dies am besten zu geschehen hat«. Fast jede echte Teamarbeit braucht eine gemeinsame Zielvorstellung und die Entwicklung effektiver Gruppennormen. Ohne diese wichtigen Voraussetzungen ist es schwierig, die rauen Kanten der Individualität abzuschleifen, um zu einer gemeinsamen Richtung zu kommen. Das ist nichts, was sich aus dem Ärmel schütteln lässt.

Reziprozität in Vergangenheit und Zukunft

Einst waren die Unternehmen wie Ozeanschiffe. Jeder, der eine Koje ergattern konnte, fuhr seine Laufbahn ab und verließ das Schiff erst im Ruhestandsalter. Im Gegenzug zu Treue, Einsatzbereitschaft, und so mancher Nachsicht gegenüber den Launen eines schwierigen Bosses genossen die Beschäftigten von Sears, Shell und der US Army, um nur einige zu nennen, implizite, wenn nicht gar explizite, Arbeitsplatzsicherheit.

Das war einmal. Heute sind die Unternehmen und ihre Beschäftigten vorsichtig geworden mit lebenslangen Zusagen. Der Bestseller *The Organization Man* (1956) von William H. Whyte erinnert uns daran, wie sehr sich die Dinge geändert haben. In seiner Beschreibung des Reziprozitätscodes der 50er Jahre porträtiert Whyte Zustände, die uns heute unvorstellbar erscheinen:[10]

»Die fundamentale Prämisse des Executives neuen Stils lautet schlicht und einfach, dass die Ziele des Einzelnen und die Ziele des Unternehmens am Ende identisch sind. Die Vertreter der jüngeren Generation kennen keinen Zynismus hinsichtlich des ›Systems‹ und wenig Skepsis. ... Sie vertrauen implizit darauf, dass das Unternehmen ebenso wie sie selbst daran interessiert ist, von ihren besten Qualitäten zu profitieren, sodass sie ihr Schicksal getrost dem Unternehmen anvertrauen können. ... Der durchschnittliche junge Mensch geht von der Vorstellung aus, dass seine Beziehung zum Unternehmen ewig halten wird.«

Die Zeiten haben sich wahrlich geändert, aber die heutigen Daten ergeben kein einheitliches Bild. Richtig ist, dass eine Welle von Restrukturierungen und Downsizings in den 80er Jahren Zigmillionen US-Amerikanern den Arbeitsplatz gekostet hat. Die Finanzwelt, die diese Verjüngungskuren anfangs begrüßte, bekam später Zweifel. Die Medien unterzogen die Entscheidungen und Ergebnisse der Unternehmensmanager einer genaueren Prüfung, und die Nachrichten darüber füllten zunehmend die vorderen Zeitungsseiten. Eine Studie des *Wall Street Journal* über Unternehmen, die ein Downsizing durchgeführt hatten, ergab, dass zwei Drittel von ihnen binnen drei Jahren ihren Vergleichsunternehmen bei der Marktkapitalisierung um 20 bis 50 Prozent hinterherhinkten. Nur wenig mehr als die Hälfte erreichte unter dem Strich Gewinnverbesserungen.[11] Im Rückblick erwies sich Downsizing für viele Unternehmen bestenfalls als kurzfristige Lösung.

Sears ist dafür ein gutes Beispiel. Im Vorfeld des Downsizings entließ Brennan 50 000 Beschäftigte. Anschließend sank die Eigenkapitalrendite, und das Unternehmen verlor an Schwung.[12] AT&T verzichtete zwischen 1986 und 1996 auf 120 000 Arbeitsplätze – sowie auf Gewinne in Höhe von 15 Milliarden US-Dollar.[13] Kodak führte zwischen 1982 und 1996 sechs Downsizings durch. Insgesamt verlor das Unternehmen dabei 15 000 Arbeitsplätze und 2,5 Milliarden US-Dollar an Abschreibungen. In dieser Zeit blieb der Umsatz unverändert, während sich der Gewinn halbierte und die Aktie fiel.[14]

Diese Entwicklungen gingen an den zunehmend wachsamen – und besorgten – Beschäftigten nicht spurlos vorüber. In der US-amerikanischen Unternehmenslandschaft schien sich ein »New Deal« zu vollziehen, deren Grundsätze folgendermaßen lauteten:[15]

- Wir wissen nicht, wie lange wir im Geschäft sein werden.
- Wir können nicht garantieren, dass wir nicht von einem anderen Unternehmen geschluckt werden.
- Wir können keine Beförderungen oder regelmäßigen Gehaltserhöhungen versprechen.
- Wir können keine Beschäftigung bis zum Rentenalter garantieren.
- Wir können keine Rente garantieren.
- Wir wissen, dass wir von unseren Beschäftigten keine bedingungslose Treue erwarten können, und wir legen auch keinen Wert darauf.

Falls es jemals einen Beschäftigungsvertrag gegeben hatte, so signalisierten die Downsizings von Spitzenunternehmen zusammen mit den damit implizierten Bedingungen und Konditionen, dass mittlerweile auf nichts mehr Verlass war. Jeder musste für sich selbst sorgen. Die Beschäftigten waren gut beraten, wenn sie ihr Schicksal nicht länger der trügerischen Treue und dem zweifelhaften Urteil der Branchenführer anvertrauten.

Viele, die ihre traditionellen Arbeitsplätze verloren hatten, schlugen den Weg der Selbständigkeit ein. Seit 1980 hat sich die Zahl der Selbständigen in den Vereinigten Staaten auf 16 Prozent der berufstätigen Bevölkerung oder 25 Millionen Menschen verzehnfacht. Viele so genannte Zeitbeschäftigte arbeiten ununterbrochen; mit der Charakterisierung ihrer Tätigkeit als zeitweilig entledigen sich die Unternehmen der mit einer permanenten Beschäftigung verbundenen moralischen und finanziellen Verantwortung. Nicht wenige von ihnen haben ihren Arbeitsplatz zu Hause oder im Auto und sind per Telefon und Modem mit dem Unternehmen verbunden. Die Zahl der nicht traditionellen Beschäftigten hat sich in den letzten zehn Jahren um 240 Prozent erhöht. Manpower, der größte Zeitarbeitsvermittler der Vereinigten Staaten, beschäftigt 600 000 Menschen.[17] Das Outsourcing hat heute ein Volumen von 100 Milliarden US-Dollar. Über 90 Prozent der Unternehmen lassen mindestens eine Dienstleistung von Fremdanbietern erbringen.[18] »Zeitarbeit« und »Selbständigkeit« sind jedoch in der Regel mit weniger Prestige verbunden als die Zugehörigkeit zu einer etablierten Institution.

Neben diesen eher ernüchternden Trends gibt es auch gute Nachrichten. Während der letzten zwei Jahrzehnte erlebten die Vereinigten Staaten den längsten wirtschaftlichen Aufschwung in ihrer Geschichte, und die Auswirkungen dieser Veränderungen sind in der Mehrzahl positiv. Zwischen 1980 und 1995 erzeugten die Vereinigten Staaten mit einem kleineren Arbeitskräfteangebot 26 Millionen neuer Stellen gegenüber neun Millionen Stellen in der Europäischen Union. Gegenwärtig liegt die Arbeitslosenrate in den Vereinigten Staaten bei 4,5 Prozent, in Europa hingegen bei 11 Prozent.

Diese Zahlen scheinen zu belegen, dass die neue Flexibilität im Verhältnis zwischen Arbeitgebern und Arbeitnehmern zwar gewisse soziale und psychologische Probleme mit sich bringt, gleichzeitig jedoch die Wettbewerbsfähigkeit erhöht, die Arbeitslosenzahlen senkt und der Wirtschaft zum Aufschwung verhilft. Unnötige Härten mag es in Zeiten, in denen das Pendel zu weit ausschwang, gegeben haben. Aber die Statistiken lassen keine Apokalypse erkennen. Die Herausforderung der Reziprozität besteht somit weniger darin, massive soziale Verwerfungen abzufangen, als vielmehr spezifische Beziehungen zu schneidern, um die Bedürfnisse der Arbeitgeber und Arbeitnehmer auf einen Nenner zu bringen.

»Reziprozität«:
Eine Lösung sucht ein Problem?

Wenn es der Mehrheit besser geht, wenn die Arbeitgeber agiler und die Beschäftigten hinreichend wachsam sind, warum sollten wir uns damit nicht zufrieden geben? Die Antwort hängt davon ab, wie viel wir uns von den Knoten der Intelligenz erwarten. Wenn die Herausforderungen in erster Linie operativer Natur wären (Verbesserung einer bereits bekannten Formel), könnten wir hier Halt machen. Wie wir jedoch gesehen haben, müssen sich die Unternehmen mit zahlreichen adaptiven Herausforderungen herumschlagen. In diesem Bereich müssen die Verbindungsstränge zwischen Unternehmen und Beschäftigen erheblich verstärkt werden, um die kollektive, bislang ungenutzte Intelligenz freizulegen und die Entschlossenheit zu erzeugen, die notwendig ist, um die Leistung auf das nächsthöhere Niveau anzuheben.

Als Peter Drucker den Begriff des *knowledge worker* prägte, dachte er an ausgewiesene Expertenberufe wie Ingenieure, Manager, Softwareprogrammierer und so weiter.[19] Selbst nach dieser engen Definition machen die »Wissensarbeiter«, die hauptsächlich mit der Erzeugung und Verbreitung von Ideen und Informationen beschäftigt sind, 35 bis 40 Prozent aller Beschäftigten aus.[20] Diese Mitarbeiter werden zunehmend zur einflussreichsten »Klasse« (wenngleich die Gehälter ihren überproportionalen Beitrag zur Wertschöpfung nicht immer widerspiegeln!). Es ist vermutlich nicht übertrieben zu sagen, dass die Wissensarbeiter für rund zwei Drittel des in den letzten zehn Jahren erzeugten Reichtums verantwortlich sind, und dieser Anteil nimmt weiter zu.

Aus der Perspektive der lebenden Systeme sind *alle* Beschäftigten Wissensarbeiter – ein Konzept, mit dem Nissan und Toyota sehr wohl vertraut sind.[21] Und wenn wir uns Soldaten nicht als Wissensarbeiter vorstellen können, dann ist die US Army doch davon überzeugt. Die meisten modernen Krieger bedienen eine teure und technisch ausgefeilte Ausrüstung, und sie tun dies in lebensbedrohlichen Situationen. Wie wir bereits beschrieben haben, wird von ihnen erwartet, dass sie von ihren Instrumenten und Talenten im Kontext der Selbstorganisation Gebrauch machen. Deshalb investiert die Army nicht nur in die technische Ausbildung, sondern auch in den Aufbau starker, auf Gegenseitigkeit beruhender Beziehungen. Die US Army hat in Vietnam gelernt, dass von Zuneigung getragene Beziehungen (nicht Patriotismus) Zuversicht, Mut und Commitment ermöglichen.[22]

Sears hat gelernt, die eigenen Verkäufer (von denen viele auf Teilzeitbasis arbeiten und nur die Hälfte einen Schulabschluss besitzt) als Wissensarbeiter zu betrachten. Ihre Fähigkeit, auf Kunden zuzugehen und spontan Lösungen zu finden, war eine entscheidende Voraussetzung, um erneut Kunden an das Unternehmen zu binden. Und als *Industry Week* die besten Fertigungsbetriebe in den Vereinigten Staaten im Zeitraum von 1991 bis 1996 ermittelte, hieß es: »Eine offene, inspirative und vertrauensvolle Beziehung ist unerlässlich, um Motivation zu erzeugen und das lang unterschätzte Wissen und Potenzial der Belegschaft freizusetzen.«[23]

Hier gibt es eine ironische Facette. Karl Marx war der Ansicht, dass die Produktionsmittel den Arbeitern gehören sollten. Seine Prophezeiung hat sich mittlerweile erfüllt. Und dies alles vollzieht sich unter dem Vorzeichen eines wissensbasierten Kapitalismus, dessen Produktionsmittel wir zwischen den Ohren haben.

Reziprozität im Himmel

Bei wissensbasierten Branchen denken wir nicht sofort an die Fluggesellschaften. Dabei verfolgt der Emporkömmling Southwest Airlines seit Jahrzehnten ebendiese Strategie: Das Unternehmen betrachtet seine Beschäftigten – nicht nur seine Piloten und Mechaniker – als Wissensarbeiter, und es erwartet von ihnen, dass sie ihren Beitrag zum unverwechselbaren Profil der Fluggesellschaft leisten. Für das Abfertigungspersonal und die Flugbegleiter bedeutet dies ebenso, sich an der Säuberung der Flugzeuge oder an der Gepäckverladung während der kurzen Bodenzeiten zu beteiligen, wie Spaß zu haben.

Die Auffassung von Arbeit als Spiel gehört zu den fundamentalen Grundsätzen von Southwest. Das Unternehmen ist für Flugbegleiter bekannt, die die Passagiere damit überraschen, dass sie plötzlich aus Gepäckfächern auftauchen, die Sicherheitshinweise zur Melodie der Wilhelm-Tell-Ouvertüre singen, während des Fluges schockierende Ankündigungen machen, wie beispielsweise die, dass alle Plastikbecher zum Gang durchgereicht werden mögen, damit sie für die nächsten Passagiere wieder verwertet werden könnten, oder die potenziellen Raucher auf den Steuerbordflügel bitten, wo man sie mit »Gone with the Wind« unterhalten werde.[24]

Der ganze Klamauk basiert natürlich auf einem höchst disziplinierten Betrieb, der Southwest eine um 25 Prozent unter dem Branchenmittel liegende Kostenstruktur garantiert (sieben US-Cent pro Sitzplatz und Meile gegenüber einem Durchschnitt von 9,5 Cent). Southwest befördert pro Mitarbeiter 2443 Passagiere im Jahr; der Standard liegt bei 1000 Passagieren.

Die Fluggesellschaft verstand, dass sie das, was sie nicht im Angebot hatte (wie beispielsweise Mahlzeiten und Sitzplatzreservierungen), kompensieren musste. Sie tut dies mit ihren niedrigen Ticketpreisen und dem freundlichen und engagierten Service. Southwest wählt jedes Jahr unter 150 000 Bewerbern 5000 neue Mitarbeiter aus. (Statistisch ist es einfacher, an der Harvard University zugelassen zu werden!) Die Anwärter müssen zehn Referenzen beibringen, einen improvisierten Sketch vorführen und ein dutzend Interviewer bezirzen. Das Unternehmen sucht extrovertierte, teamfähige, flexible und belastbare Mitarbeiter. Aus der Überzeugung heraus, dass Ehrlichkeit und Einsatzfreude gewissermaßen »in den Genen« wurzeln, umwirbt Southwest Ehepartner und Familienmitglieder. Alle Beschäftigten besitzen Unternehmensaktien.[25]

Die Executives – und ganz besonders CEO Herb Kelleher – sind bodenständig und zugänglich. Kelleher versucht tatsächlich, jeden Mitarbeiter mit Namen zu kennen. Steve Lewins, ein Wertpapieranalytiker, der Kelleher seit dem Start von Southwest im Jahr 1971 beobachtet, sagt: »Ich halte Herb für brillant, charmant, gewitzt und konsequent. Er ist jener Typ von Manager, der mit einem Mechaniker bis morgens um vier in irgendeiner Bar ausharrt, um einem Problem auf den Grund zu gehen. Anschließend tut er alles, damit es behoben wird.«[26]

Hier wird allmählich deutlich, wie Southwest Reziprozität versteht: zugängliche Executives, sorgfältige Mitarbeiterauswahl, die Erwartung, dass jeder Beschäftigte weit über seinen Jobumfang hinaus Einsatz zeigt, Beteiligung am Unternehmenskapital und die unzweideutige Botschaft an die Mitarbeiter, dass sich das Unternehmen ihrer Bedeutung bewusst ist. Anders als die meisten Unternehmen setzt Southwest die Mitarbeiter an die erste, die Kunden an die zweite und die Aktionäre an die dritte Stelle. Die Begründung lautet: Wenn die Beschäftigten glücklich sind, folgt alles Übrige von selbst. Die meisten anderen Unternehmen setzen diese Prioritäten in der umgekehrten Reihenfolge an.

Ein freundlicherer Himmel

United Airlines beobachtet das Southwest-Modell aufmerksam. Nach Jahren der Streiks, Unruhen, Verluste und unzufriedenen Kunden kauften 1994 die Beschäftigten ihr Unternehmen für 4,9 Milliarden US-Dollar. Wall-Street-Analysten, Gewerkschaftsführer und viele Beschäftigte standen diesem Schritt skeptisch gegenüber. Teil der Vereinbarung war, dass der unpopuläre Chairman und CEO Stephen Wolfe seinen Posten dem ehemaligen Vice Chairman von Chrysler Gerald Greenwald abtrat.

Die Beschäftigten handelten im Gegenzug zu einer Gehaltsminderung von durchschnittlich 15 Prozent eine Unternehmensbeteiligung von 55 Prozent und drei Direktorenposten aus. Mit diesen neuen Bedingungen war ein Fundament gelegt, das es den Gewerkschaftsvertretern ermöglichte, ihre antagonistische Haltung aufzugeben und sich mit dem Erfolg des Unternehmens zu identifizieren.[28]

Aus diversen Gründen hielt ein neuer Geist Einzug. Die Produktivität der 83 000 Beschäftigten stieg deutlich an, die Missstände verringerten sich, und die Fluglinie holte sich beträchtliche Marktanteile von ihren nächsten beiden Rivalen, American Airlines und Delta Airlines. Heute ist United Airlines unbestritten die größte US-amerikanische Fluggesellschaft, und häufig auch die profitabelste. Sie übertrifft die Großen der Branche auf fast allen Feldern, von Gewinn je Mitarbeiter über Wachstum bis zur Aktienbewertung.[29]

Um dieses lebende System neu zu beleben, war viel mehr nötig als der beschriebene Deal. Gerald Greenwald war die geborene »adaptive Führungskraft«. Er wandte sich unmittelbar an die Beschäftigten, um ihnen den Weg zu weisen. Er schuf dutzende von Action Labs, die er mit Vertretern aus allen Unternehmensebenen bestückte. Diese Teams behandelten sämtliche Fragen vom Cash Management bis zur Reduzierung des Krankenstands. Der gemeinsame Nenner dieser und anderer Aktionen bestand aus Kooperation, geteilten Gewinnen und Gegenseitigkeit.[30]

Die Investoren fürchteten, dass die Beschäftigten von United Airlines vor den harten Entscheidungen zurückschrecken würden. Sie irrten. Im Jahr 1995 implementierte das Unternehmen reibungslos das Electronic Ticketing und kam damit American Airlines zuvor, obwohl letztere Fluggesellschaft traditionell in der Informationstechnologie die Nase vorn hatte. Als ein Pilotenengpass auftrat, stimmte die Pilotengewerkschaft längeren Arbeitszeiten zu, um Flugstreichungen zu vermeiden. »Wenn wir offen über unsere Interessen reden und versuchen, die Probleme zu lösen, sind wir gegenüber anderen Unternehmen im Vorteil«, sagt ein Boeing-727-Kapitän. Eines der Action Labs, das den Bodenbetrieb von United Airlines in Salt Lake City untersuchte, schlug vor, für das Verladen von Skiern im Winter Zusatzkräfte einzustellen. Obwohl der Gewerkschaftstarif für das Bodenpersonal bei Überstunden einen Stundenlohn von 38 US-Dollar vorsah, empfahl das Team »Zeitarbeitskräfte« auf einer Basis von sieben US-Dollar pro Stunde.[31]

Jahrelang hatten die Reinigungskräfte gefordert, die Aschenbecher in den Sitzlehnen zu verschließen. (Rauchen ist nicht länger erlaubt.) Susan Chandler berichtet, wie eines Tages im Rahmen der neuen Reziprozität »James Goodwin, damaliger President [und seit Greenwalds Pensionierung CEO] von United, bei der Tätigkeit der Gepäckverlade- und Reinigungskräfte mithalf – wie er es einmal im Monat zu tun pflegte. Bei dieser Gelegenheit musste er mit den Fingern einen dicken Kloß feuchten Kautabaks aus einem Aschenbecher klauben. Die Deckel wurden umgehend versiegelt.«[32]

Ein Action Lab machte sich über die Verbesserung der »Verlässlichkeit« der Mitarbeiter und die Reduzierung der Fehlzeiten Gedanken. Eine Empfehlung lautete, dass die Piloten und Flugbegleiter die Möglichkeit erhalten sollten, Einsatzzeiten mit ihren Kollegen zu tauschen. Außerdem wurde vorgeschlagen, zweimal im Jahr unter den Mitarbeitern, die sechs Monate lang nicht gefehlt hatten, 25 000 US-Dollar oder einen Cherokee-Jeep zu verlosen. Ergebnis: Von März bis Dezember des ersten Jahres nach Einführung des Programms hatten 32 000 Beschäftigte – 40 Prozent der Belegschaft – keine Fehlzeiten. Krankheitsausfälle und unentschuldigte Abwesenheit gingen um 17 Prozent zurück.[33]

Im Zuge der neuen Reziprozität überraschte Greenwald Beobachter damit, dass er die Beschäftigten in sämtliche Vorüberlegungen zu einer angedachten Übernahme von USAir einbezog. »Statt der üblichen Geheimniskrämerei um Fusionsgespräche«, sagt ein Branchenbeobachter, »suchte Greenwald, der wie alle anderen Beschäftigten seine Mitarbeiter-ID an einer Halskette trug, das Gespräch mit den Gewerkschaftsführern. Diese wiesen auf die verheerende Bilanz der meisten Fusionen im Flugbereich hin, vor allem infolge von Problemen bei der Verschmelzung der gewerkschaftlichen Gehaltsklassenlisten. Greenwald hörte aufmerksam zu – und nahm sein Übernahmeangebot zurück.«[34] Die Gewerkschaftsvertreter waren von der Tatsache ihrer Einbeziehung ebenso beeindruckt wie vom Resultat. Nach Greenwalds Pensionierung stand, wie in allen fragilen Systemen, die Frage im Raum, ob sich die Unternehmensspitze auch weiterhin den Mitarbeitern gegenüber so aufgeschlossen zeigen werde.

Sowohl für United, als auch für Southwest ist die Frage der Kapitalbeteiligung der Mitarbeiter eine wichtige Komponente der neuen Gegenseitigkeit. In diesem Kontext muss »Beteiligung« neu konzipiert werden. Selbst die traditionellen Beteiligungsformen verändern sich. Microsoft – mit einem gegenwärtigen Marktwert von 88 Milliarden US-Dollar – hat sich stets komplett selbst finanziert. Bill Gates gründete das Unternehmen ursprünglich, um seinen Beschäftigten Aktien geben zu können.[35] Im Dezember 1999 investierten die gewerkschaftlichen Pensionsfonds zwei *Billionen* US-Dollar in US-amerikanische Unternehmen.[36] Die Manager dieser Pensionsfonds machen zunehmend von ihrem Mitspracherecht Gebrauch, wenn Unternehmen chronisch unbefriedigende Leistungen zeigen. Zwischen diesen beiden Beispielen finden wir steuervergünstigte Altersversorgungspläne und andere Aktienprogramme für Mitarbeiter, die den Begriff der Beteiligung mit neuem Leben füllen.

Die Vorstellung vom Unternehmen als lebender Einheit hilft uns dabei, weniger konventionelle Definitionen von »Beteiligung« zu durchdenken. Dabei ignorieren wir auch nicht die Tatsache, dass die Unternehmen ebenso finanzielle Verantwortlichkeiten sowie Anteilseigner haben, denen die Vermögenswerte des Betriebs formell gehören. *Alle* lebenden Organismen sind jedoch bestrebt, ihr eigenes Überleben zu sichern. Es ist gut dokumentiert, dass die Mitarbeiter von Unternehmen regelmäßig und in Ausübung ihres Eigeninteresses die Direktiven des Managements in einer Weise zu interpretieren versuchen, die ihnen gestattet, ihren Einfluss auf Entscheidungen, von denen sie direkt betroffen sind, zu verstärken. Die Beschäftigten verhalten sich in ihrem Unternehmen (ihrem »selbst bewohnten Eigentum«) gewissermaßen wie die Bienen im Bienenstock der Komplexität. Sie tun ihre Schuldigkeit, um den Imker zufrieden zu stellen, und widmen ihre Energie gleichzeitig Dingen, die ihre Eigeninteressen betreffen. Gewinne und Renditen sind die Nebenprodukte der Fähigkeit des Unternehmens, die Interessen *aller* Beteiligten in Einklang zu bringen.

Reziprozität und die Fabrik der Zukunft

Dave Marsing – Plant Manager von Intels zwei Milliarden US-Dollar teurer Fabrikationsanlage (»Fab«) in der Nähe von Albuquerque – residiert am Epizentrum eines der anspruchsvollsten Jobs in der amerikanischen Industrie und der größten Halbleiterfabrik der Welt. Marsing, der sich selbst als »Transformationsvirus« bezeichnet, strahlt eine Ruhe aus, die auf den ersten Blick nicht mit den Risiken, denen sein Unternehmen jeden Tag ausgesetzt ist, vereinbar zu sein scheint.[37] Ein einziger Fehler auf einer einzigen 20 Zentimeter langen (mit Hunderten von Mikroprozessoren bedeckten) Siliziumscheibe kostet Intel eine Viertelmillion US-Dollar, und tausende davon durchlaufen die Bänder jeden Tag. Eine falsch installierte Komponente im automatischen Fließband, und die gesamte Serie landet in der Reparaturstation. Im Fab genügen ein Staubfussel, eine leicht aus dem Lot geratene Maschine, ein Moment der Unachtsamkeit, um die Siliziumscheibe unbrauchbar zu machen. Wenn ein Auto auf dem Fließband Totalschaden erleidet (was nie vorkommt), kostet das 15 000 US-Dollar; eine Siliziumscheibe kostet das Fünfzehnfache! Und dennoch bewegt sich Marsing durch Routineproduktion und nervenstrapazierende Produkteinführung, als wäre nichts dabei. [38]

Intels Fab (und ähnliche Betriebe in dieser und anderen Branchen) ist ein Magnet für Wissensarbeiter. Marsing versteht es meisterhaft, ihr Potenzial freizusetzen. Über die Kunst und Wissenschaft der Reziprozität äußert er sich folgendermaßen:

> »Wenn das Ziel darin besteht, die Gewinne zu maximieren«, so führt der beste Weg über glückliche Mitarbeiter, die für ihre Arbeit motiviert sind. Das erreichen wir, indem wir Menschen unterschiedlichen Typs zusammenbringen, ihnen erlauben, sie selbst zu sein, sie auf die große Unternehmensvision einschwören und ihnen im Übrigen den Freiraum lassen, den sie brauchen, um kreativ zu sein. Denn wenn wir radikale Denkveränderungen und Innovationen anstreben – und etwas anderes bleibt uns in dieser Branche gar nicht übrig –, dann müssen wir diese

Aspekte in der Persönlichkeit jedes Beschäftigten kultivieren. Angenommen, ein Unternehmen kann aus allen eigenen und fremden Erfahrungen lernen. Das Resultat ist eine Art von Vermögenswert: Wissen. Wenn dazu eine Mitarbeiterführung kommt, die die Beschäftigten als das akzeptiert, was sie wirklich sind, und sie motiviert, ihr Potenzial auszuschöpfen, dann erhalten wir etwas wahrlich Außergewöhnliches. Denken Sie nur, was ein Unternehmen wie Intel mit seinen 35 000 hochgradig intelligenten Mitarbeitern leisten könnte, wenn es jemals diese Kombination zustande bringen würde.«[39]

Wie wir bereits feststellten, suchen sich die Mitarbeiter ihr Unternehmen in der Regel freiwillig aus. Und freiwillig sind sie jeden Tag von neuem bereit, jenes Quantum Energie und Commitment einzubringen, das dem Unternehmen zu seinem Wettbewerbsvorsprung verhilft. Marsings Ausprägung der Reziprozität gründet auf seiner Überzeugung, dass die Beschäftigten dann zu diesem »freiwilligen« Einsatz bereit sind, wenn ihre Arbeit sie innerlich befriedigt. Er weiß auch, dass diese Vereinbarung nur dann funktioniert, wenn die Beschäftigten verstehen, wohin sich das Unternehmen entwickelt, und wenn sie in der Gestaltung seiner Zukunft ein Mitspracherecht haben.

Die besten industriellen Forschungslabors der Welt

Kaum ein Beispiel illustriert den Zusammenhang zwischen Reziprozität und der Erneuerung lebender Systeme besser als die Transformation der Hewlett-Packard Laboratories (HP Labs). Diese im kalifornischen Palo Alto angesiedelte Einrichtung befindet sich in einer der härtesten Umgebungen in Bezug auf Mitarbeiterbindung und -motivation. Hewlett-Packard konkurriert um Talente in einer Gegend, die einen unbändigen Hunger nach IQ-Punkten hat. Bedenkt man zusätzlich, mit welchen Sirenenklängen das im Überfluss vorhandene Risikokapital um Ideen und potenzielle Unternehmen wirbt, dann bekommt man eine Vorstellung davon, wie sehr jeglicher Erfolg von einem robusten Reziprozitätscode abhängt.

Joel Birnbaum, Director der HP Labs und Senior Vice President of Research and Development, sah sich 1993 seinen Betrieb genauer an und war vom Ergebnis wenig erfreut. Leistungsfähige Forschungseinrichtungen waren ihm nicht unvertraut.[40] In den 80er Jahren war er eine führende Kapazität in den Laboratorien von IBM gewesen, und er galt bei vielen als der Pionier der RISC-Architektur. Bei HP hatte er zusammen mit Lew Platt seine Vision von einem großen Computergeschäft verwirklicht. Aber nach den Ergebnissen einer neueren Umfrage unter den Beschäftigten zu urteilen, gab es zwischen den einzelnen Technologiesparten in den HP Labs kaum Kooperation, und die Kommunikation innerhalb der Bereiche verlief vorrangig vertikal. Es gab keine aufeinander abgestimmten Verfahren zur Leistungsmessung. Das machte die Ressourcenzuteilung und den Beförderungs- und Belohungsprozess hochgradig subjektiv. Zudem empfanden die Mitarbeiter der HP Labs wenig Stolz hinsichtlich der erreichten Qualität, und nur wenige sahen sich im Branchenvergleich an herausragender Stelle stehen.

In den HP Labs arbeiteten die besten und talentiertesten Leute – ein ausgesuchter Stamm von Wissensarbeitern. Aber mit den gewöhnlichen Anreizen, wie beispielsweise überdurchschnittlichem Gehalt und Aktienbeteiligung, ließen sich die Wissenschaftler und Ingenieure nicht auf Dauer bei HP halten. Aus Birnbaums Sicht war das Innovationstempo zu langsam, sodass wertvolles Talent verloren ging. Um wieder Schwung in den Laden zu bekommen, waren drei Dinge erforderlich: Richtungsänderung, Resozialisierung und Reziprozität.

Birnbaum erkannte, dass er es mit einer adaptiven Herausforderung zu tun hatte. Er bat Barbara Waugh, eine frühere Bürgerrechtsaktivistin, ihm beim Transformationsprozess zu assistieren. Er verlieh ihr den Titel Worldwide Change Manager. Schwieriger war die Frage, wie die Tätigkeit tatsächlich aussehen sollte und wie Veränderungen bewirkt werden konnten.

Im Lauf der nächsten Monate erzeugten Waugh und Birnbaum, unterstützt von vielen Experten von HP Labs, ein »Design for Emergence«. Diese Aktivitäten waren ein Paradebeispiel dafür, wie ein Unternehmen die Ideen der lebenden Systeme auf höchst fantasievolle Weise umsetzen kann. Zu den Highlights gehörte die Initiierung eines Gesprächs mit den 1200 Mitarbeitern (900 Wissenschaftler und Ingenieure und 300 Unterstützungskräfte), um die erforderliche Entschlossenheit zu erzeugen, um das »weltbeste industrielle Forschungslabor« zu werden.[41] Dutzende von Mitarbeiterinitiativen und sorgfältig inszenierten Veranstaltungen verliehen dem Vorhaben Authentizität und Schwung.

Vier Jahre später hatten sich die HP Labs zu einem vitalen Kommunikationsnetz entwickelt. Die hier entwickelte Vision (oder Zukunft) hatte fünf neue Geschäftsplattformen ins Leben gerufen, die erheblichen finanziellen Nutzen brachten. Innerhalb von HP Labs hatte man quer durch die Technologiesparten verlässliche Kriterien und Maßstäbe eingeführt und erstmals Peer-Vergleiche und Freundschaftswettbewerbe geschaffen. Die Entwicklung der HP Labs demonstriert eindrücklich die Wirksamkeit des Konzepts der lebenden Systeme und die Bedeutung der Reziprozität für den Transformationsprozess.

Barbara Waugh beschreibt einige ihrer Erfahrungen aus diesem Prozess folgendermaßen:[42]

»Es gab Dinge, die wir intuitiv taten, und die sich als außerordentlich wichtig erwiesen. Erstens lernten wir, uns nicht zu sehr zu exponieren, sondern unter Radarhöhe zu bleiben und eher minimalistisch vorzugehen; Entwicklungen nachzuhelfen, statt sie erzwingen zu wollen; Widerstand zu erwarten und ihn als gültige Reaktion anzuerkennen; mit den Innovatoren und frühen Anwendern zusammenzuarbeiten. Kleindimensionale, kurzfristige und von der Leidenschaft der Mitarbeiter getragene Initiativen bewirken eine großdimensionale, langfristige Transformation. Aus Everett Rogers' Arbeiten über die Verbreitung innovativer Ideen wissen wir, dass eine Innovation, die von drei Prozent der Gesamtbevölkerung akzeptiert wird, nicht mehr verschwindet. Wenn diese Zahl auf 15 bis 20 Prozent steigt, ist sie nicht mehr aufzuhalten. Die Erfahrungen von HP bestätigen diese Befunde.

Zweitens geht es darum, Widerstand mittels veränderter Denkweisen zu überwinden. Indem wir alles, woran wir arbeiten, in den nächst größeren Zusammenhang stellen, erleichtern wir es allen Beteiligten, die Dinge mit neuen Augen zu sehen.

Drittens müssen wir »die Veränderung vorleben, die wir sehen wollen«. Wenn wir uns mehr Risikobereitschaft wünschen, müssen wir selbst mehr Risiken eingehen. Wenn wir uns mehr gegenseitige Toleranz und mehr Verständnis für die gegenseitigen Ideen wünschen, müssen wir selbst tolerant sein. Wenn wir wollen, dass unsere Leute größere Träume haben, müssen wir selbst mehr träumen. Und wenn wir wollen, dass sie sich ganz und gar einbringen, müssen wir uns selbst rückhaltlos einbringen.

Viertens ist Zuhören und Nachfragen wichtiger als Reden und Werben. Immer wenn wir uns zu sehr an unseren Terminplan klammerten, verloren wir die Wirklichkeit aus den Augen. Nicht zu wissen, was geschehen soll, ist unter Umständen besser, als es allzu genau zu wissen. Denn nur dann geben wir anderen den nötigen Freiraum, um neue Ideen hervorzubringen und zu verwirklichen.«

Birnbaums erster Schritt war ungewöhnlich: Er verkündete seine Vision nicht in der Aussageform. Vielmehr verwendete er die Frageform, um über die Zielsetzung der Arbeit der HP Labs zu sprechen. Statt zu missionieren, scharte er Wissenschaftler und Hilfspersonal – Gläubige ebenso wie Skeptiker – um sich und fragte: »Will irgendwer ›der Beste‹ sein? Was bedeutet es, ›der Beste‹ zu sein?« Er führte diese Gespräche mit Mitarbeitern im Rahmen von Town Hall Meetings (bei denen er mit fast allen Beschäftigten persönlich in Kontakt kam) in Kalifornien, England und Japan. Für die Vertiefung des Dialogs wurde eigens eine Website eingerichtet. Die eintreffenden Kommentare füllten alles in allem 800 eng bedruckte Seiten.[43]

Die Herausforderung lautete nun folgendermaßen: Wie können wir dieses

Echo nutzen, um das gerade begonnene Gespräch voranzubringen? Waugh griff auf ein Konzept aus ihrer Zeit als Gesellschaftaktivistin mit dem Namen »Lesetheater« zurück. Im April 1994 fand die Einführungsvorstellung statt. »Ich wählte Zitate aus, die die wesentlichen Ansichten, die Leidenschaft und den Charakter unserer Leute wiedergaben, und verwob sie zu einem Bühnenstück über die HP Labs«, erzählt sie. »Dann ließ ich Manager die Zitate der Ingenieure vortragen, die Ingenieure die der Unterstützungskräfte und so weiter. Wir luden unsere obersten drei Managerebenen (ungefähr 40 Personen) zu einer Vorschau ein. Am Ende herrschte langes Schweigen. Dann begannen sie zu klatschen. Zur Pause wurde klar, wie aufgeregt sie waren: ›Ich habe es wirklich begriffen.‹ ›Ich weiß jetzt, worum es geht.‹«[44]

Das Lesetheater führte unter anderem zu einem radikal neuen Strategieplan für die HP Labs. Die Town-Hall-Diskussionen und das anschließende Echo hatten in dem Konsens gemündet, dass die gesetzten Ziele nicht ehrgeizig genug waren. Statt sich mit der Rolle des Think Tank zu begnügen, könnte die Einrichtung ihre diversen Fähigkeiten, ihre kollektive Fantasie und Intelligenz dazu verwenden, eine Reihe neuer Geschäftsplattformen für Hewlett-Packard zu definieren. Dadurch erhielt das Unternehmen neuen Schwung. »Wie aus dem Zauberhut« kamen hunderte von Ideen und Initiativen hervor. Die nächste Aufgabe bestand darin, konkrete Vorschläge daraus zu machen.

Wie wir in früheren Beispielen gesehen haben, haben Zufälle häufig überraschende Konsequenzen. Die Manager der HP Labs trafen sich regelmäßig. Die Organisatoren dieser Zusammenkünfte luden jedes Mal irgendeinen »interessanten Vortragenden« ein. Waugh erzählt:[45]

»Was wäre, wenn wir statt eines großen Redners einen guten Zuhörer einladen würden, der es verstünde, den Teilnehmern ihre Visionen von HPs Zukunft unter Einbeziehung der in den HP Labs entwickelten Technologien zu entlocken? Ich probiere die Idee also aus. Joel [Birnbaum] hat Zweifel, ob sie bei den Teilnehmern gut ankommen wird, aber er willigt ein, es auszuprobieren.

Mein Partner für die »verrücktesten« Projekte ist unser strategischer Planer. Er kennt sich mit den Technologien der HP Labs aus und weiß, welche Zukunft ihnen verheißen sein könnte. Er unterstützt meine neueste Kaprize rückhaltlos. Wir verbringen acht Stunden mit der Vorbereitung unseres Zuhörerkandidaten auf die halbstündige Kostümprobe mit Birnbaums Leuten. Binnen 15 Minuten hat er sie alle in seinen Bann gezogen. Er wird für die Veranstaltung engagiert.

Wir lassen den ›interessanten Zuhörer‹ auf der großen Veranstaltung auftreten. Das obere Management entdeckt Zusammenhänge, die es nie zuvor gesehen hat. Es existieren ohne Zweifel Kerntechnologien, die eine alternative Zukunft versprechen. In sie muss investiert werden, ganz gleich, welche Zukunft das Unternehmen verfolgt. Die Forschungsagenda gewinnt allmählich Konturen.«

Im Anschluss an diese Sitzung machten sich Birnbaum und Waugh Gedanken darüber, wie sie die Line Executives (die die Geschäftsbereiche von HP leiten) für die neuen Zukunftsvorstellungen (»Five Futures«) gewinnen könnten. Ließe sich das Material auf verbindlichere Weise präsentieren als mittels der üblichen Textmonologe? Waugh beschreibt die Entwicklung der Ereignisse folgendermaßen:[46]

»Gegen Ende eines jeden Jahres veranstalten die HP Labs einen Jahresrückblick. Die Directors bereiten einen Standardbericht für den CEO und sein Team zum Ablauf des vergangenen Jahres und der erwarteten Entwicklung im nächsten Jahr vor. Der strategische Planer und ich erinnern Joel daran, dass unser CEO uns einst vorhielt, die HP Labs seien ›Disneyland für Erwachsene‹. Warum sollten wir das nicht aufgreifen? Warum nicht die Mitarbeiter als ganze Menschen einbeziehen, das Kind in jedem von ihnen ansprechen und diese Energie und diese Perspektive in die strategische Diskussion einfließen lassen? Joel hat Zweifel, aber er hört zu und lässt sich auf einen Kompromiss ein. Wir werden beides kombinieren: vormittags eine verkürzte traditionelle Veranstaltung, nachmittags Disneyland (das heißt, jede der ›Five Futures‹ erhält einen eigenen Raum und wird wie eine Themenausstellung präsentiert). Als Joel am Vorabend die im Disney-Stil ausgestatteten Themenräume inspiziert, fragt er: ›Sind Sie sicher, dass dies funktioniert? Wir können es immer noch abblasen ...‹ Wir versuchen ihn davon zu überzeugen, dass alles großartig werden wird, und legen uns anschließend weitere drei Stunden fieberhaft ins Zeug, bevor uns schließlich klar wird, dass ein Desaster keineswegs ausgeschlossen ist. (Wenigstens geben wir ein gutes Beispiel von Risikobereitschaft!)
Am nächsten Tag hefte ich mich CEO Lew Platt an die Fersen, als dieser den Raum ›HP the Medical Company‹ betritt, in welchem HPs Zukunftspotenzial im Bereich der Medizintechnik präsentiert wird. Er lässt seinen Blick über das in der hinteren Raumhälfte hängende Skelett und die Lab Directors in Laborkitteln und mit Stethoskopen gleiten, setzt sich hin, zieht sein Jackett aus, lockert seine Krawatte und streckt die Beine aus. 15 Minuten später steckt er mitten in einer hitzigen Debatte über HPs Zukunft in der Medizintechnik. Welch ein Unterschied zu den traditionellen Annual Reviews. Später erzählt Joel, dass dies der beste Jahresrückblick war, an dem er je teilgenommen hat, und dass die HP Labs ihm die Informationen liefern, die er und sein Team benötigen, um wirklich ihren Job zu tun – herauszufinden, wie das Unternehmen HP in fünf Jahren aus-

sehen wird. Er und seine Leute diskutieren anhand der präsentierten Schaubilder die Entwicklung der nächsten sechs Monate. Aus allen fünf Visionen entwickeln sich innerhalb von drei Jahren wichtige Geschäftsbereiche von HP. Dadurch verstärkt sich die spartenübergreifende Zusammenarbeit innerhalb der Labs. Der Arbeitsumfang und die Kooperation nehmen um 40 Prozent zu.

Indem wir die Mitarbeiter, ganz gleich ob Line Executives oder Laborangestellte, als ganze Menschen ansprechen, bringen sie sehr viel mehr Kreativität in die strategische Entscheidungsfindung ein. Wir fragen uns: Was würde uns alles fehlen, wenn die Mitarbeiter nur den Teil ihrer Person zur Arbeit mitbrächten, den wir gemeinhin mit »Arbeit« verbinden? Wenn wir ein lebendes System transformieren wollen, müssen wir den ganzen Menschen einbeziehen.«

Wie diese Erzählung vermuten lässt, hatte sich das Tempo der kulturellen Veränderung und Innovation in den HP Labs bis Ende 1996 erheblich beschleunigt. Dutzende von Ingenieuren in funktionsübergreifenden Teams setzten sich mit komplizierten technologischen Problemen auseinander. Birnbaum hatte sich unter anderem zum Ziel gesetzt, jungen Talenten mehr Freiraum für eigene Initiativen zu geben. Waugh, die durch Jerry Sternins bereits erwähnten Erfolg in Vietnam auf das Konzept der Positive Deviance aufmerksam geworden war, beschloss, die Idee auf die HP Labs zu übertragen:[47]

»Positive Deviance: nicht mit von außen oder gar von oben importierten Ideen beginnen, sondern herausfinden, was sich innerhalb des Systems entwickelt.

Chandrakant Patel ist ein Ingenieur in den HP Labs. Er war an einer der ursprünglich 36 Gruppen beteiligt, die sich in den ersten sechs Monaten herausbildeten, nachdem wir beschlossen hatten, die HP Labs zur weltweit führenden Einrichtung ihrer Art zu machen. Als er und ein anderer Ingenieur bemerkten, dass die Mitarbeiter an der Kaffeemaschine nicht miteinander sprachen, beschlossen sie, so genannte »Chalk Talks« – informelle Freitagnachmittagsgespräche zu einem vorher angekündigten technischen oder sozialtechnischen Problem – zu veranstalten. Im Lauf von zwei Jahren fanden 35 dieser Gespräche statt, deren Themen von der Größe des Universums bis zur Zukunft des Siliziums reichten. Einige dieser Themen mündeten in wöchentlichen abteilungsübergreifenden Konferenzgesprächen.

Nachdem Chandra als einfacher Ingenieur (ohne Budget und ohne formale Autoritätsposition) ein maßgebliches Programm für die gesamte Abteilung ins Leben gerufen hatte, beschloss er, sich einem Thema zu widmen, das ihm besonders am Herzen lag: der Wärmetransfer im Computergehäuse. Weil sich in den HP Labs kaum jemand für das Thema interessierte, war Chandra auf Gleichgesinnte aus den übrigen Abteilungen angewiesen. Zusammen mit sechs Mitstreitern setzte er eine zweitägige Zusammenkunft an, zu der weitere Interessierte eingeladen wurden. Und plötzlich organisierten sich mehr als 100 Menschen rund um das Thema Wärmetransfer!

Chandra ist nur eines von vielen Beispielen von Positive Deviance – wie jemand aus dem System heraus Veränderungen bewirken und zu einem Vorbild für andere werden kann. Als langjähriger Mitarbeiter der HP Labs mit Interessenschwerpunkt Kühlung suchte und fand Chandra einige wenige Gleichgesinnte. Als sie die Einladung zu der zweitägigen Gesprächsveranstaltung über E-Mail und Homepage verbreiteten, gaben sie Kollegen überall im System die Möglichkeit, sich als »Positive Deviants« (die, anders als ihre Umgebung, an diesem Thema interessiert waren) zu outen. Als die anfangs schwachen Verbindungslinien stärker wurden, wurde daraus ein entscheidender Veränderungsmotor. Über Telefongespräche, Newsletter und eine jährliche Konferenz entwickelte er sich zu einem mächtigen Faktor innerhalb des Systems. Keine hohe Führungskraft war erforderlich, um diese Veränderungen voranzutreiben – wenngleich sich mit der Zeit nicht wenige der Gruppe anschlossen!

Eine auf Selbstorganisation basierende Transformation setzt den deutlichen Bruch mit der traditionelleren Vorgehensweise voraus. Letzterer zufolge sind es die Berater und die Führungskräfte, die viel wissen und viel tun. Sie konzipieren und leiten Offsite-Veranstaltungen, engagieren Reengineering-Teams, entwickeln Pläne, die von oben durch das Unternehmen weitergereicht werden, und installieren Systeme, um sicherzustellen, dass alles nach Plan verläuft. Mittels Scorecards werden Vorsatz und Ergebnis miteinander verglichen. Wir haben fast nichts davon unternommen.

Zu Anfang wussten wir nicht, was unter »weltbester industrieller Forschungseinrichtung« zu verstehen war, wie wir dahin gelangen konnten, und ob dies überhaupt erstrebenswert war. Damit war ein weites leeres Feld geschaffen, und jeder war eingeladen, auf seiner jeweiligen Ebene am Spiel teilzunehmen. Joel und sein Team übertrugen das Gespräch auf das gesamte Unternehmen. Die Aufgabe des Change Agents ist es zuzuhören, den Spiegel hinzuhalten und das Ganze für die Teile sichtbar zu machen.

Wir wollen die Lage mit etwas Abstand betrachten. Was hatten die anfänglichen, HP-weiten Chalk Talks bewirkt? Alle Anwesenden wollten das Gespräch nach Ende der Sitzung fortsetzen, und so kümmerte sich eine kleine Gruppe um die Durchführung eines wöchentlichen Konferenzgesprächs. Welche Konsequenz hatte dies? Aus der Kerngruppe wurde das

Cool Team. In fortgesetzten Gesprächen schufen sie ein neues Technologietransfermodell: gemeinsame Technologieerzeugung! Auf diese Weise bewegte sich alles viel schneller, als wenn die Entwicklungen in abgegrenzten Räumen stattgefunden und erst in fertigem Zustand die Runde gemacht hätten. Chandras kleine Gruppe entwickelte proprietäre, wegweisende Kühltechnologie. Welche Möglichkeiten waren dadurch geschaffen? HP konnte sich im Markt für High-End-Server schärfer profilieren, was mit zusätzlichen Millionengewinnen zu Buche schlug.

Wenn Sie Chandra fragen: »Brachten die Chalk Talks Millionengewinne?«, erhalten Sie ein klares »Nein« zur Antwort. Wenn Sie ihn aber fragen, ob die Millionen auch ohne die Chalk Talks geflossen wären, lautet seine Antwort: »Höchstwahrscheinlich nein!« Das Paradigma der lebenden Systeme macht es möglich, dass etwas geschieht. Kausalität spielt dabei keine Rolle. Indem wir das periphere Geschehen aufmerksam verfolgen, können wir Aktivitäten fördern, die andernfalls unbemerkt bleiben oder lediglich eine Nebenrolle spielen würden.«

Vier Jahre später vermittelten die HP Labs ein Bild, als hätten sie Viagra genommen. Ein lebhaftes Kommunikationsnetz hatte sich in alle Richtungen entwickelt. Die Labs hatten eine Vision von Hewlett-Packard entworfen. Die Folge waren, wie bereits erwähnt, wichtige neue Geschäftplattformen – digitale Bildverarbeitung, Automation und so weiter. In ihrer Summe haben diese Bereiche zusätzliche Erträge von mehr als einer Milliarde US-Dollar eingebracht.[48]

Die HP Labs bilden einen geeigneten Abschluss für dieses Buch. Wir haben hier bereits bekannte Stichworte wieder aufgegriffen: Störung des Gleichgewichts, Navigation am Rand des Chaos, Kultivierung von Selbstorganisation und Emergenz, und vor allem die hohe Kunst, ein lebendes System zu stören – ohne die Erwartung, es auf rationale Weise lenken zu können.

Wissensbasierter Wettbewerb verlangt von uns nicht weniger, sondern mehr Einsatz, und die Notwendigkeit, sich voll in die Arbeit einzubringen, nimmt paradoxerweise umso mehr zu, je unsicherer dieser Arbeitsplatz wird. Vielleicht arbeiten Sie für Intel, Sears, Hewlett-Packard oder Shell, aber bringen Sie sich wirklich mit ganzem Herzen und ganzer Leidenschaft ein? Welche Form von Gegenseitigkeit ist notwendig, um Ihnen die Motivation zu geben, die Extrameile zu gehen und Unmögliches möglich zu machen? Es existieren keine Abkürzungen oder Patentrezepte. Die Herausforderung lautet, in diesem Kontext alles zu geben und sich mit ganzem Herzen zu engagieren – ein nicht ungefährlicher Sport.

Jede der sieben Disziplinen kann für sich allein stehen, aber ihre größte Wirkung liegt in ihrem Zusammenspiel.

- *Tief greifendes Verständnis* bildet die Basis für die erforderliche Dringlichkeit und fördert die Handlungsbereitschaft.
- *Kompromisslose Offenheit* ist unverzichtbar, um Ungleichgewicht zu erzeugen und in einer Welt am Rand des Chaos zu bestehen.
- *Eine explizite Zukunftsvorstellung* definiert ein Ziel, das die Menschen anzieht.
- *Fantasievolle Verantwortung* (die Kombination von zuverlässiger Leistung und Improvisation) hat Einfluss darauf, wie sich Selbstorganisation manifestiert.
- *Krisen* helfen uns, aus unseren Schwächen zu lernen.
- *Beharrliche Unzufriedenheit* schärft unsere Handlungsfähigkeit und eröffnet ungeahnte Möglichkeiten.
- *Reziprozität* hält ein lebendes System trotz aller divergenten Spannungen zusammen.

Auf all diese Faktoren gleichzeitig zu achten, ist eine Aufgabe, die viel Kraft erfordert. Sobald die Methoden jedoch vertraut sind, geht vieles leichter von der Hand. Ein lebendes System lebendig zu halten, ist bei aller harten Arbeit aufregend, lohnend und unverzichtbar.

Für diese Ausgabe haben wir im nächsten Kapitel ein deutsches Fallbeispiel beigefügt. Es zeigt, dass sich die in diesem Buch beschriebenen Prinzipien sehr gut im Kontext eines deutschen Produktionsstandorts aus der Hightech-Branche veranschaulichen lassen und beweist, dass diese Prinzipien auch dann mit Erfolg angewendet werden können, wenn das Konzernumfeld nach anderen Richtlinien arbeitet.

14

Adaptive Herausforderungen
im Flugzeugbau
Dr. Martin Herrmann

Das Werk Augsburg ist ein Produktionsstandort der EADS, in dem Flugzeugkomponenten hergestellt und montiert werden. In den letzten zwölf Jahren machte es eine Achterbahnfahrt mit, bei der es Gefahr lief, aus der Bahn zu fliegen und, wie andere Werke, im Rahmen der Restrukturierung der DASA zwischen 1992 und 1996, geschlossen zu werden.

Es gab Phasen, in denen der fünfjährige Geschäftsplan dreistellige Millionenverluste aufzeigte, eine Benchmarkingstudie 1994 zeigte fast einen 30-Prozent-Abstand zu den Weltbesten. In den Jahren 1996 bis 1997 wagte man sich trotz der damit verbundenen Risiken an eine radikale Transformation. Das Wagnis gelang, das Werk gehört heute zu den profitabelsten der EADS und ist in einigen Fertigungsfähigkeiten weltweites Benchmark. Es hat eine gesunde Auslastung und reagiert flexibel auf Veränderungen im Umfeld.[1]

Die vier Phasen

Die Geschichte des Werkes in den letzten zwölf Jahren lässt sich anhand der im Buch formulierten Prinzipien in vier Phasen teilen.

1. Tödliches Gleichgewicht:

Das Werk Augsburg ist ein Standort mit Tradition. Hier wurden bereits im Jahr 1917 die ersten Flugzeuge hergestellt und im Jahr 1942 baute man dort das erste Düsenflugzeug der Welt, die ME-262. Ende der 80er Jahre war Augsburg – vorwiegend für die Produktion von Tornados im Auftrag des Verteidigungsministeriums – mit 2500 Mitarbeitern auf einem seit 20 Jahren anhaltenden Erfolgskurs. Seit 1989 wurde die Lage zunehmend schwieriger. Nach dem Fall der Mauer und aufgrund der veränderten Machtverhältnisse in Osteuropa wurden die Verteidigungsetats eingefroren, alle strategischen Szenarien waren in

Veränderung begriffen. Es gab keine zusätzlichen Aufträge für den Bau von Tornados, gleichzeitig wurde die Entscheidung über den Bau des Eurofighters vertagt und die Aufträge im zivilen Luftfahrtgeschäft gingen als Folge des Golfkriegs zurück. Es war offensichtlich, dass die einstmals komfortable Auslastung durch die Fertigung militärischer Flugzeuge nie mehr den bisherigen Umfang annehmen würde. Für die einzige Alternative, die Konversion in die Fertigung und Montage ziviler Flugzeugkomponenten, war man jedoch nicht produktiv genug. Zudem war das Werk auf die Abwicklung von Projekten nach dem so genannten Cost-Plus-Verfahren ausgerichtet. Es gab keine Konkurrenz, und man musste dem öffentlichen Auftraggeber gegenüber nur nachweisen, dass die gesetzlichen Richtlinien eingehalten wurden. Auf diese Kosten gab es dann einen Gewinnaufschlag.

Ein banales Beispiel: Das Werk verdiente auf diese Weise sogar noch am Strom für die Lampen, die über Nacht nicht ausgeschaltet wurden.

Der Fokus von EADS Augsburg war nach außen gerichtet, die Erhöhung der Produktivität eine ungewohnte Perspektive. Wettbewerbsfähigkeit war lange Zeit ein Fremdwort.

Die Organisation war streng funktional und zentralistisch ausgerichtet. Es gab die Planungsabteilung, die Steuerungsabteilung und die Fertigung. Der Garant für den kommerziellen Erfolg war aber für Jahrzehnte eine kleine Gruppe von Mitarbeitern in der Finanzabteilung, die die Nachweisführung der abrechenbaren Kosten vornahm. Das Werk Augsburg stand Anfang der 90er Jahre ohne Wettbewerbsfähigkeit und verfangen im tödlichen Gleichgewicht kurz vor der Schließung.[2]

2. Operatives Management:

Im Jahr 1992 schickte der damalige Luftfahrtvorstand der DASA und heutige Bahnchef Hartmut Mehdorn den Manager Gerhard Bock nach Augsburg, um trotz der zu erwartenden katastrophalen Verluste eine Sanierung des Werkes zu versuchen. Gerhard Bock ist ein zupackender und erfahrener Manager. Er analysierte die Situation und setzte eine Reihe schmerzhafter Veränderungen in sehr kurzer Zeit um: Abbau des Personals von 2500 auf 1500 Mitarbeiter, Streichung von Vergünstigungen, Reorganisation, Sicherung zusätzlicher Airbusaufträge sowie Investitionen in Technologie und Prozesse. Diese Maßnahmen verschafften dem Werk Augsburg eine kleine Verschnaufpause, reichten aber bei weitem nicht aus. Die milliardenschweren Verluste der DASA (1995 waren es allein 4,2 Milliarden Mark)[3], das Ausbleiben eines Vertrags über die Serienfertigung des Eurofighters und die schwierigen Marktbedingungen führten dazu, dass die Bedrohung sogar noch zunahm. Gerhard Bock erinnert sich:

»Als wir realisierten, dass die bisherigen Restrukturierungsmaßnahmen nicht ausreichen würden, uns langfristig überlebensfähig zu halten, beschäftigte mich eine Frage: Warum kommen die Effekte nicht wie erhofft, wenn du an der Organisationsschraube drehst und in Produktionstechnologie und DV investierst? Ich reflektierte meine über 30-jährige Berufserfahrung. Die Antwort war dann eher einfach. Wirkliche und nachhaltige Effekte erreichen wir nur, wenn es uns gelingt, die Mitarbeiter in einem nie da gewesenen Maß einzubinden. Aber wie sollten wir das angehen? Ich hatte den Ruf eines harten Sanierers und mein Team war auch nicht gerade für seine Samthandschuhe bekannt. Zwei Dinge standen jedenfalls fest: (1) Wir mussten in zwei Jahren auf dem Weltmarkt konkurrenzfähig sein und bleiben. (2) Wir mussten das mit unseren Mitarbeitern erreichen. Und das hieß, dass wir viel tiefer gehende Veränderungen vornehmen mussten als bisher.«[4]

3. Veränderungsarbeit am Rand des Chaos:

Als Konsequenz initiierte Bock das Projekt A-Top 98. Um die nötige Innovationsfähigkeit zu erzeugen, lenkte er das Werk mit dem Projektteam an den Rand des Chaos. Innerhalb von zwei Jahren wurde es mithilfe von radikalen Maßnahmen wieder auf die Füße gestellt: Übergang von einer zentralistischen funktionalen zu einer prozessorientierten fraktalen Organisation, Reengineering der Kernprozesse, interne Neuausschreibung von über 100 Führungspositionen, Ablösung der zentralen IT-Strukturen durch dezentrale IT-Systeme verbunden durch einen elektronischen Marktplatz, tief greifende und anhaltende Veränderung der Organisationskultur. Trotz der großen Risiken und Schwierigkeiten gelang es zuletzt, alle Projektziele zu erreichen und als Konsequenz der Umstellungen die Produktivität des Werkes zu verdoppeln.[5]

4. Raue Fitnesslandschaft:

Das Umfeld ist seit damals nicht freundlicher geworden. Erhöhung der Auslieferung von Airbus um mehr als 100 Prozent, Übergang von DASA zu EADS, Herauslösen von Airbus als eigenständige Firma und damit verbundener Übergang des Werkes Augsburg zum Unterlieferanten und schließlich das Zurückfahren der Produktion nach dem 11. September 2001 sind nur einige der Herausforderungen in einer zunehmend rauen Fitnesslandschaft gewesen. Aber das Werk Augsburg hat seit seinem bewussten Übergang zum komplex-adaptiven System diese Herausforderungen gut gemeistert und seine Fähigkeiten, in rauem Umfeld zu bestehen, bewiesen.

Die eigentliche Veränderungsphase war die Phase drei. Wir wollen einige wesentliche Aspekte hervorheben, um den Umbruch zu analysieren.

Keimzelle Action Lab

Ende 1995 hatte sich die Werksleitung entschieden, sich den Herausforderungen zu stellen und von einem Projektteam ein komplett neues Geschäftsmodell entwickeln zu lassen. Man entschied sich für die Action-Lab-Methode, da sie versprach, aufbauend auf der Intelligenz der Labormitarbeiter, in kurzer Zeit radikale Lösungen hervorbringen zu können.

Gerhard Bock hatte die Ziele klar formuliert: innerhalb von zwei Jahren Konkurrenzfähigkeit auf dem Weltmarkt, und zwar mit den eigenen Leuten. Mehr Vorgaben existierten nicht, aber diese galt es kompromisslos zu verfolgen. Automatisch richtete sich deshalb das Augenmerk auf die innerbetrieblichen Strukturen. Sie waren rigide, hierarchisch, undurchlässig und für die Zukunft ungeeignet. Der zentralistische Machtstrom musste unterbrochen, ein völlig neues Konzept gefunden werden, und es war von vitaler Bedeutung, die Mitarbeiter einzubeziehen.

Hier müssen wir einen Moment innehalten, um diesen Punkt genauer zu betrachten. Traditionell strukturierte Betriebe, zu denen das Werk Augsburg auch gehörte, wurden von jeher hierarchisch geführt. Ganz oben war das Hirn und die Macht, dort wurden Visionen formuliert, Kontexte geschaffen und Entscheidungen getroffen, die in Form detaillierter Vorschriften an die unteren Stellen weitergeleitet wurden. Die Mitarbeiter in der Fertigung, die eigentlichen produktiven Kräfte, waren von wirklicher Mitsprache ausgeschlossen. Dieses System beruhte in seinen Grundstrukturen noch auf den Prinzipien des Feudalismus: alle Macht beim König, und der gibt kleinere Portionen davon nach unten weiter, bis hin zum Bauern und Handwerker. Letztere halten zwar die gesamte Wirtschaft am Laufen, doch bleiben sie lediglich Ausführende und Betroffene im Spiel der Macht.

Genauer betrachtet erweist sich Social Engineering als nichts anderes als die modernisierte Spätform dieser Struktur. Forschern der Komplexität wie Richard Pascale verdanken wir die Erkenntnis, dass diese Strukturen verwandelt werden müssen, um die Innovationsfähigkeit und Leidenschaft der Mitarbeiter freizusetzen.[6]

Anfang Januar 1996 begann das Action-Lab-Team mit seiner Arbeit. Neun fähige Führungskräfte verschiedener Disziplinen mit hoher sozialer Akzeptanz wurden von ihren Aufgaben freigestellt und bekamen drei Monate Zeit, die Grundzüge eines neuen Geschäftsmodells zu entwickeln.

Zu Beginn des Action-Labs wurden einige anfangs ungewohnte Arbeitsprinzipien vereinbart:

80/20 Regel: Sie besagt, dass 80 Prozent aller Probleme in 20 Prozent der Zeit gelöst werden können. Detailarbeit und endgültiges Ausfeilen machen

Prozesse erst langwierig. Das bedeutete konkret, gar nicht erst zu versuchen, alle Aufgaben bis ins Letzte zu lösen, sondern mit wenigen Regeln den größten Teil der Situationen zu meistern.

Timebox: Nimm ein Drittel der benötigten Zeit, um bestimmte Probleme zu lösen. Da geht das Adrenalin hoch, die Kreativität blüht auf, man arbeitet spontan, lebendig und wach. Viele Menschen machen das unbewusst, indem sie ihre Aufgaben so lange aufschieben, bis es fast zu spät ist.

Prinzip Rechts nach Links: Hier geht es darum, nicht das Bestehende zu analysieren, sondern eine Vision zu entwickeln: Wie sieht unsere Arbeit aus, wenn wir der weltweite Benchmark sind? Von diesem Zukunftsentwurf beginnend, verfolgt man die Schritte stufenweise zurück bis zur Gegenwart.

Hand am Puls: Alle zwei Wochen findet ein Treffen zwischen Action-Lab-Team und Werksleitung statt. Es werden keine perfekten Konzepte besprochen, sondern Entwürfe. Das bringt Flexibilität und eine neue, offene Art der Kommunikation. Fällige Entscheidungen werden sofort getroffen.

Die Teammitglieder begannen mit einer Mischung aus Enthusiasmus und Skepsis mit der Arbeit.

>»Einerseits waren wir begeistert! Wir sollten innerhalb weniger Wochen ein grundlegend neues Geschäftsmodell entwickeln und im Anschluss konsequent einführen. Aber wie würde das gehen? Mit Kollegen, mit denen wir seit Jahren in funktionale Kämpfe verstrickt waren? Mit Chefs, die uns als Interessenvertreter ihrer Abteilung sahen? Mit einem autoritätsgewohnten Werksleiter, der normalerweise kein Konzept durchgehen ließ, das er nicht selbst zum großen Teil mitentwickelt hatte? Die Dringlichkeit der Aufgabe war allen klar, aber wir hatten auch gehörigen Respekt davor. Seit Jahren hatten wir im bestehenden Geschäftsmodell gearbeitet und konnten uns nicht vorstellen, dass man alles auch ganz anders machen kann.«[7]

Nach der Besprechung einiger Fallstudien, nach Best-Practice-Besuchen, Brainstormingsitzungen und intensiver konzeptioneller Arbeit in Kleingruppen schälten sich die ersten Umrisse heraus. Es musste gelingen, prozessorientiert zu arbeiten, die Dominanz der Finanzabteilung zu durchbrechen und die komplexen und aufwändigen Planungs- und Steuerungsprozesse so zu vereinfachen, dass tatsächliche Flexibilität und Kreativität wieder möglich wurden. Es konnte nicht darum gehen, in einem dicken Handbuch das neue Geschäftsmodell detailliert zu beschreiben, sondern entscheidend war, die Grundprinzipien auf wenigen Seiten zu formulieren und sie in einem nächsten Schritt so weit zu detaillieren, dass die Umsetzung beginnen konnte. Die restliche Detaillierung durfte der kreativen Intelligenz der Mitarbeiter vor Ort überlassen werden.

Nach langen Diskussionen einigte sich das Laborteam auf zwei Grundprinzipien:

Schaffe um abgrenzbare Baugruppen und/oder Fertigungsprozesse weitestgehend autarke organisatorische Einheiten (Fraktale) und statte sie so aus, als wären sie eigenständige Unternehmen.

Etabliere eindeutige Kunden-/Lieferantenbeziehungen, in denen die Kunden vorgeben, was sie wann in welcher Menge brauchen und es von den Lieferanten taggenau bekommen.

Durch die Installierung dieser einfachen Richtlinien würde sozusagen mit einer Handbewegung der ganze Katalog althergebrachter Steuerungsstrukturen weggefegt und gleichzeitig das gesamte Unternehmen an den Rand des Chaos gestoßen. Wir erinnern uns an die Computersimulationen von Chris Langton, die ergaben, dass die richtige Art und Anzahl von Regeln die lebendigsten Muster erzeugen, nämlich Zustände am Rand des Chaos. Es sind ambivalente Zustände, in denen noch genügend Ordnung herrscht, um nicht im Chaos zu versinken, aber auch genügend Unordnung, um Vielgestaltigkeit und Anpassung zu erlauben.[8]

Das alles verlief nicht ohne Schwierigkeiten. Es gab heftigste Auseinandersetzungen im Team und mit der Werksleitung, die im Wesentlichen um die Fragen kreisten: Kann das funktionieren? Was bedeutet es, wenn wir den zentralen Überblick über die Prozesse abschneiden und auf die Wirksamkeit der herausdestillierten Prinzipien und die Fähigkeit der Mitarbeiter vertrauen, die neuen Prozesse ins Laufen zu bringen und am Laufen zu halten? Entscheidend dafür, diese Prinzipien in ihrer Klarheit zu formulieren und beizubehalten, war die unnachgiebige Forderung des Werksleiters am formulierten Ziel – also Wettbewerbsfähigkeit auf Weltmarktniveau – festzuhalten. Allen Beteiligten war klar, dass das nur mit einem radikalen Ansatz zu erreichen war und Kompromisse zwischen altem und neuem Modell im besten Fall zu mittelmäßigen Ergebnissen führen würden. Langsam wuchs auch das Vertrauen innerhalb des Teams, unter schwierigen Bedingungen standzuhalten.

Man machte sich an die Arbeit, die Konsequenzen der zwei Grundprinzipien auf das gesamte Geschäftsmodell zu durchdenken. Was bedeutete ihre Umsetzung für die Organisation, für die Informationstechnologie, das Rechnungswesen, die Managementsysteme? Immer wieder gab es Versuche, an vertrauten Verfahren festzuhalten und damit die Stringenz des neuen Entwurfs zu durchbrechen. Vor allem die Finanzabteilung tat sich schwer, ihre bisherige Dominanz aufzugeben und sich mit der neuen Rolle als Unterstützer abzufinden.

Die vom Projektteam erkannte Notwendigkeit, eine tief greifende Reorganisation zu durchdenken und ein neues Organisationsmodell zu formulieren, führte dann fast zum Projektabbruch. Der gefährliche tote Punkt war erreicht, als die Werksleitung die weit reichenden Konsequenzen der Veränderungen erkannte. Sie hatte sich ja für große Fortschritte und radikales Vorgehen ausgesprochen, aber Theorie ist das eine, und plötzlich die eigenen Kompetenzen gefährdet zu sehen, etwas anderes. Die Erkenntnis, dass die Neustrukturierung vor keinem Halt macht, dass sich jeder exponieren und einem persönlichen Risiko aussetzen musste, was auch bedeuten kann, die eigene Zukunft radikal hinterfragen zu müssen, war eine schockierende Erfahrung. Über die größten Schwierigkeiten half immer die Entschlossenheit des Werksleiters hinweg, am gesteckten Ziel ohne Abstriche festzuhalten. Die Anziehungskraft dieses Zieles setzte sich durch, nicht zuletzt mithilfe der inzwischen erstarkten Fähigkeit der Teammitglieder, die eigenen Chefs zu hinterfragen und die mit den Projektzielen verbundenen Werksinteressen höher zu bewerten als die Bereichsinteressen.[9]

In der Rückschau sind in dieser Laborphase alle wesentlichen Konzepte entwickelt und in der neu entstandenen Streitkultur so durchdrungen worden, dass die Key-Player die Grundprinzipien noch im Schlaf hätten vermitteln können. Es war eine Keimzelle für die neue Arbeitsweise entstanden, die im Verlauf ihrer Entstehung den eigenen Entstehungsprozess gleich mitreflektiert und bewusst verstanden hatte. Für die weitere Detaillierung und Umsetzung ging es jetzt darum, die inzwischen verinnerlichten Lektionen und Prinzipien maßgeschneidert auf die jeweiligen Situationen und Mitarbeiter anzuwenden. Dabei wurden die unvermeidlichen Missverständnisse und Krisensituationen als Treibstoff für die Umsetzung verstanden und nicht als Hinderungsgrund für den Erfolg.

Und jedem Anfang wohnt ein Zauber inne ...[10]

Wir alle haben es erlebt. Eine große Reorganisation wird angekündigt, die Bedeutung und Logik wird vermittelt und dann hat uns der Alltag auch schon wieder eingeholt, es werden doch nur ein paar Kästchen umgehängt, vorhersagbare Personalverschiebungen werden vorgenommen, die Machtbastionen neu zementiert. Auf diese Weise sind schon viele organisatorische Veränderungen als Etikettenschwindel in die Geschichte eingegangen. Es war klar, dass die Umsetzung der neuen Organisation in Augsburg eine einmalige Chance war, den beabsichtigten Neuanfang auch spürbar zu machen. Das würde nur gelingen, wenn bestehende Seilschaften aufgebrochen würden und junge Talente eine Chance bekämen. Es ging darum, genügend Menschen zu finden, die den Zauber des Neuanfangs erleben und aus dieser Inspiration die schwierige Phase der Umsetzung bewältigen. Die Frage war wiederum: Welche wenigen Prinzipien verwenden wir im Reorganisationsprozess? Zwei Prinzipien blieben übrig: (1) Alle Führungspositionen (über 100) werden intern ausgeschrieben. (2) Der Ausschreibungsprozess wird nach klaren Kriterien fair, transparent und schnell durchgeführt. Neben der fachlichen Kompetenz ist die Motivation, das neue Geschäftsmodell erfolgreich zu machen, das entscheidende Auswahlkriterium. Gerhard Bock erinnert sich:

»Obwohl wir schon sehr viel Zeit und Energie in die Beteiligung der Mitarbeiter gesteckt hatten, glaubten viele noch, dass auch diese Welle über sie hinweglaufen würde. Diese Haltung wurde mit der Ankündigung der kompletten Ausschreibung aufgebrochen. Das war der Knackpunkt. Innerhalb des Konzerns habe ich das gar nicht an die große Glocke gehängt und die meisten, die später davon erfuhren, erklärten mich für verrückt. Es war sicherlich der mutigste Schritt in meiner Karriere.«[11]

In weniger als zwei Monaten wurden die Stellen ausgeschrieben, die Bewerbungen bearbeitet und die Positionen neu besetzt. Das gesamte Verfahren war transparent, man bemühte sich darum, mögliche Verlierer zu identifizieren, mit ihnen noch vor der offiziellen Verkündung zu sprechen und ihnen neue Perspektiven zu eröffnen. Falsch angewandt kann eine Ausschreibung aller wesentlichen Stellen zu Resignation und Zynismus führen. In Augsburg nährte die schnelle und faire Durchführung das Vertrauen in das neue Modell und überzeugte alle davon, dass es sich dieses Mal nicht um leere Versprechungen oder vorgeschobene Maßnahmen mit wenig Biss handelte. Diese Erkenntnis erzeugte das – für die weitere Umsetzung unverzichtbare – Commitment.

Verteilte Intelligenz in Augsburg

Es gibt genügend Beispiele von hervorragenden Grobkonzepten, mutig im Entwurf, überzeugend in der Konsistenz, die letztlich scheitern oder im Sand verlaufen. Deshalb muss man die Bedeutung der Vorbereitungsarbeit, die Formulierung klarer Strategien sowie die Stringenz und Kompromisslosigkeit in der Umsetzung unterstreichen. Viele Projekte scheitern an den eingefahrenen Verhaltensmustern des mittleren Managements und enden in einer Sackgasse, in der vom geplanten Erneuerungsprozess nur neue Etiketten und geänderte Aushängeschilder übrig bleiben. Auch das Augsburger Projekt geriet immer wieder in die Nähe solcher Gefahren. Mit Absichtserklärungen und schönen Worten ist es nicht getan, alle Privilegien müssen infrage gestellt, Kompetenzen neu definiert werden, und das bis hin zur Basis, um auch – und gerade dort – das Vertrauen und den persönlichen Einsatz der Mitarbeiter zu erreichen.

Die ersten Veranstaltungen in Augsburg, in denen die dritte Führungsebene über die Ideen des neuen Geschäftsmodells informiert werden sollte, hatten, kritisch betrachtet, ihre Ziele nicht erreicht. Die Teilnehmer waren zwar informiert worden, es gab auch Appelle, die Veränderungsbemühungen rückhaltlos zu unterstützen, die Teilnehmer sind sogar vom Werksleiter zu einer diesbezüglichen schriftlichen Erklärung aufgerufen und verpflichtet worden. All das hatte aber an der skeptischen Grundhaltung der Führungskräfte, die nicht am Action Lab beteiligt waren, nichts geändert. In der Projektarbeit hatte sich mittlerweile allerdings eine ganz neue Entschlossenheit entwickelt, die auch einen grundlegend anderen Kommunikationsstil zur Folge hatte, geprägt von direkt ausgetragenen Konflikten und einer Leidenschaft, Fortschritte zu machen.

Aber in der Gestaltung der Informationsveranstaltungen hatte man sich auf Bewährtes verlassen: Es dominierte immer noch das Denken des »Social Engineering«. Im Gegensatz dazu muss wirkliche Beteiligung drei aufeinander aufbauende Entwicklungsstufen durchlaufen, die sich in ihrer Tiefe und Wirksamkeit grundsätzlich von bloßer Informiertheit und pflichtschuldiger Teilnahme unterscheiden.

1. Gemeinsames Verständnis über Sinn und Folgen der Veränderung. Das bedeutet Verständnis für die Dringlichkeit der Veränderung, für die Vorgehensweise, den erarbeiteten Rahmen und die entwickelten Konzepte. Das bedeutet aber auch, bislang geheim gehaltene Fakten auszusprechen und die Situation nicht zu beschönigen.

2. Commitment für die erfolgreiche Umsetzung. Ein zweiter Schritt ist die Entschlossenheit einer kritischen Masse von Mitarbeitern, sich die entwickelten Konzepte zu Eigen zu machen, auf ihren Verantwortungsbereich zu übertragen und letztlich zum Erfolg zu verhelfen.

3. Krisen meistern. In Kapitel 12 haben wir Disziplinen vorgestellt, die adaptive Fähigkeiten in einer Organisation verankern. Eine davon ist die Disziplin, aus Krisen Lernfelder zu machen. Sie ist für die Phase der Umsetzung diskontinuierlicher Veränderungen entscheidend. Es geht darum, das Verständnis zu wecken, dass Krisen in der Umsetzung kommen werden und sie das Spielfeld sind, auf dem sich der Erfolg oder Misserfolg des Projekts entscheidet. Proaktiv angenommen, schärft sich anhand der Krisen das Verständnis und wird auf der Handlungsebene verankert, die dabei erzeugte »Hitze« führt zu einem »Unfreezing« bestehender Verhaltensmuster und die Krisenfelder werden damit zum Katalysator für die Zusammenarbeitsmodelle, die das Fortbestehen in Zukunft sichern.

Unter der Lupe

Besonders problematisch war der Anfang, als die erste Phase der Überzeugungsarbeit eingeleitet werden sollte. Aufgrund der unbefriedigenden Erfahrungen der ersten Informationsveranstaltungen gelangte man zu zwei Einsichten, die schließlich weiterhalfen. (1) Wir wissen nicht, wie wir wirkliche Beteiligung entwickeln können. Unsere bewährten Methoden sind dafür ungenügend. (2) Die Einbindung der Mitarbeiter ist so wichtig, dass wir sie zum Zentrum unserer Arbeit machen und herausfinden müssen, wie das in unserem Werk funktioniert.

Man arbeitete sich behutsam vor und konzentrierte sich zunächst auf die dritte Führungsebene, der das neu entwickelte Grundkonzept vermittelt werden sollte. Sie würden in einem nächsten Schritt bei der Detaillierung und Umsetzung mitarbeiten müssen. Fest stand, dass die gesamte Werksleitung und das Projektteam in die Vorbereitung und Durchführung mit eingebunden werden würden. Vorbereitungstreffen in den einzelnen Abteilungen, Interviews mit den Workshop-Teilnehmern über ihre Erwartungen und Befürchtungen wiesen dem Vorbereitungsteam den Weg.

Die Erwartungen waren berechtigterweise niedrig. Die meisten solchen Veranstaltungen haben tatsächlich keinen langfristigen Erfolg, mittlerweile haben es alle gelernt, sich den rhetorischen Ritualen zu unterziehen und dabei noch eine gute Figur zu machen. Als Tabuthemen galten die Offenlegung der tatsächlichen Zahlen und die Möglichkeit, das entwickelte Geschäftsmodell zu hinterfragen.

Die Moderation wurde von Peter Schwarz durchgeführt, einem anerkannten Experten, der in seiner unaufdringlichen Art und mit seinem natürlichen Charme ein glaubwürdiger Vertreter des neuen Modells war. Im Lauf der Veranstaltung wurden zur Überraschung der Teilnehmer alle wesentlichen Zahlen vorgelegt. Die Diskussionen um das Für und Wider des neuen Geschäftsmodells waren heftig und lang. Die Führungskräfte fühlten zum ersten Mal, dass sie wirklich ernst genommen wurden. Damit war die erste Phase – zumindest für die dritte Führungsebene – erfolgreich abgeschlossen. Das gemeinsame Verständnis war ausreichend, um mit der Umsetzung zu beginnen.

Der wesentliche Schritt zur Erzeugung des Commitments für die Umsetzung war die Art und Weise der Durchführung der Reorganisation, die wir oben beschrieben haben.[12]

Die dritte Phase zur Erzeugung wirklicher Beteiligung – Krisen meistern – läuft immer in Echtzeit. Was man als Vorbereitung tun kann, ist, das Verständnis zu erzeugen, dass kein Konzept die Realsituation beschreiben kann und dass deshalb jede Einführung von komplexen Veränderungen Krisensituationen hervorrufen wird, deren Lösung einen wesentlichen Teil der Konzeptdetaillierung darstellt. In einer Reihe von Miniworkshops spürte man typischen individuellen und kollektiven Verhaltensmustern in Krisensituationen nach, die in der Umsetzung auftauchen könnten. Mit Beginn der heißen Phase der Umsetzung gab es dann auch fast nichts anderes mehr als Krisen: Schwierigkeiten mit der Implementierung der neuen Software, fehlender Überblick über die Liefersituation, Missverständnisse in der neu entwickelten Kunden-Lieferanten-Kaskade.

Das größte Krisenfeld entstand, als zu alledem auch noch der Werksleiter Gerhard Bock (trotz seiner 60 Jahre) befördert wurde, und ein neuer Werksleiter an seine Stelle trat. Er kam aus einem Umfeld, wo zentrale Steuerung und Kontrolle groß geschrieben wurden und hatte enorme Schwierigkeiten, sich dem bereits laufenden Prozess anzupassen. Es entstand der Eindruck, dass er das Rad der Geschehnisse lieber zurückgedreht und das Ruder wieder selbst in die Hand genommen hätte. Aber dazu war es zu spät. Die Mannschaft war damit beschäftigt, Krisen zu meistern.

Alle, die an dieser Canyonfahrt – eine damals gern und häufig verwendete Metapher – beteiligt waren, sagen noch heute, dass sie in diesen entscheidenden Monaten mehr über das Geschäft, ihre Kollegen, über Führung und über sich selbst gelernt haben als in jeder Ausbildung.

Danksagungen

Ein Buch dieser Art erzählt, was jemand gedacht, nicht, wie er gelebt hat. Als der wichtigste »Verfasser« und einer von drei Gedankenpartnern in dieser Unternehmung durchlief ich dabei drei Phasen. Die erste begann mit einer programmatischen Rede, die ich 1995 in Prag hielt. Unter den hohen Gewölbebögen und den restaurierten barocken Verzierungen hatten sich dreihundert Vertreter aus Wirtschaft, Politik und Wissenschaft aus Asien, Europa und den Vereinigten Staaten eingefunden. Wie auf vielen ähnlichen Konferenzen in aller Welt waren sie auf der Suche nach Einsichten, wie sich Unternehmen und Organisationen beleben und erneuern lassen. Auf der Tagesordnung standen vorrangig optimistisch stimmende Erfolgsgeschichten und die neuesten Veränderungsmethoden.

Der Vortragssaal atmete Geschichte und war ohne Zweifel bereits vor Jahrhunderten Zeuge ähnlicher Versammlungen gewesen. Ich bat meine Zuhörer, sich dieses Auditorium mit Ärzten, Patienten und Heilern gefüllt vorzustellen, die zusammengekommen waren, um die Linderung einer Krankheit und die Verbesserung der menschlichen Gesundheit zu diskutieren. Vielleicht berichtete ein prominenter Arzt – ohne Mikrofon und moderne visuelle Hilfsmittel – über die jüngsten bahnbrechenden Entwicklungen beim Aderlass als Behandlung von Hautausschlägen, ein Patient pries die Heilkräfte von Salzbädern als Mittel gegen Schwindsucht, und eine Gruppe von Wunderheilern stellte die Arzneien und Gebete vor, die die Geburtsrisiken verminderten. Hätte es diesem Optimismus geschadet, wenn jemand die Frage gestellt hätte: »Gibt es einen unwiderlegbaren Beweis dafür, dass es uns gelingen wird, die menschliche Lebensdauer zu verlängern?« Zwar gibt es keine systematischen Daten über die damalige Lebenserwartung, Schätzungen gehen aber von durchschnittlich 42 Jahren für Männer und 32 für Frauen (vor allem wegen der Geburtsrisiken) aus. Periodische Ausbrüche der Pest drückten diesen Durchschnitt noch zusätzlich. Es sollten noch Jahrhunderte unbeirrten Forschens in den medizinischen Wissenschaften vergehen, bevor es gelang, diese Statistik spürbar zu verbessern. Die Medizin lernte, strenge Wirksamkeitsbeweise zu fordern, bevor eine Heilungsweise im großen Stil angewandt wurde.

Kehren wir zu unserer Konferenz im 20. Jahrhundert zurück. Würde heute jemand eine ähnliche Frage hinsichtlich unserer Erfolge beim Erhalt der Vitalität von Unternehmen und Organisationen (oder der Wiederherstellung dieser Vitalität) stellen, wäre die Antwort vermutlich ähnlich irritierend. Der Vielzahl der Konzepte und Berater zum Trotz zeigen Erhebungen immer wieder, dass 70 bis 80 Prozent aller Erneuerungsversuche scheitern und dass die Lebenserwartung der Unternehmen sogar sinkt. Die durchschnittliche Lebensdauer eines westlichen Unternehmens beträgt heute 35 bis 40 Jahre – die Hälfte der menschlichen Lebenserwartung in den entwickelten Gesellschaften. Diese Statistik belegt eindrücklich, wie wenig wir unserer Aufgabe gewachsen sind. Was im Bereich der Veränderung von Unternehmen als Expertise gehandelt wird, ist häufig anekdotisch, spekulativ oder schlicht und einfach falsch.

Die Erfahrung der Prager Konferenz mündete in einer irritierenden Frage: Vielleicht wissen weder die Verkäufer von Erneuerungsprozessen (die Autoren und Berater) noch die Käufer (die Executives) wirklich, was sie tun, um ihr Unternehmen erfolgreich neu zu erfinden. Die Managementmoden kommen und gehen. Die Moden des vergangenen Jahres sind nicht verlockender als Sushi von gestern. Wir geben die alten auf und verschlingen die neuen; der Hunger bleibt dennoch ungestillt.

Die Prager Erfahrung akzentuierte das Streben nach besseren Wegkarten, Rahmenkonzepten und Werkzeugen. Daraus entwickelte sich die zweite Phase der Unternehmung, bei der ich von Mark Millemann und Linda Gioja unterstützt wurde. Als »Schriftführer« und Akademiker im Team fiel mir die Rolle zu, Ideen, die sich aus einer Reihe von Treffen im Lauf der anschließenden Jahre herauskristallisierten, in Worte zu fassen. Meine Kollegen lieferten frische neue Ideen aus der Beratungspraxis, die aus gescheiterten und gelungenen Veränderungsbemühungen resultierten. Unter anderem entstand daraus ein Artikel über die organisatorische Agilität für die *Harvard Business Review* (November/Dezember 1998). Diese Ideen wurden in den Kapiteln 11, 12 und 13 ausführlich behandelt.

Teil drei der Geschichte begann damit, dass Mitautorin Linda Gioja sachte, aber eindringlich eine Reihe von Ideen propagierte, die aus der Arbeit am Santa Fe Institute entstanden waren. Meine anfängliche Reaktion auf diese Themen (eine Untersuchung der gemeinsamen Eigenschaften aller lebenden Dinge) war kaum verhohlene Skepsis. Es ist schwierig, neue Pfade der Managementkunst zu entdecken, und erst recht, sie zu beschreiten. Eine Reihe von viel versprechenden Verzweigungen führen auf labyrinthische Abwege. Meistens resultiert daraus vergänglicher Managementjargon – reich an Metaphern, aber von schwacher praktischer Bedeutung. Ich stellte mich also taub gegenüber den Vorschlägen aus Santa Fe und beackerte traditionelleren Boden.

Da griff jedoch der Zufall ein. Die Erkrankung eines Redners brachte mir die Einladung für einen Vortrag am Santa Fe Institute ein. Ich akzeptierte unter der Bedingung, dass das Thema lautete: »Die Irrelevanz der Komplexitätswissenschaft für das Management.« Es folgte eine hitzige Diskussion. Das Institute bot mir ein Engagement als Visiting Scholar an. Nach zwei Jahren und einem gründlichen Studium der Literatur zur Komplexität bildeten sich im Nebel allmählich die Umrisse einer Relevanz heraus. Daraus entstanden die wesentlichen Prinzipien und die thematische Struktur dieses Buches. Viele haben zu seinem Zustandekommen beigetragen. An vorderster Stelle sei Nobelpreisträger Murray Gell-Mann genannt, dessen geduldige Unterstützung und guten Ratschläge das Buch bereits im Frühstadium maßgeblich geprägt haben. Während meiner Zeit in Santa Fe wurde ich fachlich und ideell von Brian Arthur und Stuart Kauffman unterstützt.

Im weiteren Verlauf des Schreibprozesses profitierte ich stark von der redaktionellen Hilfe von Morris Coyles (deren Auge für den logischen Ideenfluss und Redundanzen untrüglich ist) und Gründungspartnerin Donna Carpenters (deren Sinn für die strategische Ideenvermittlung und Beherrschung der englischen Sprache sehr zur Klarheit der Darstellung beigetragen haben). Random-House-Herausgeber John Mahaney war seit dem Konzeptstadium an diesem Werk beteiligt und hat persönlich entscheidend dazu beigetragen. Andersen-Consulting-Partner Reinhart Zeigler und Donald Chartier sowie Jerry Sternin und Ann Carol Brown haben ebenfalls im Manuskript gelesen und viele Verbesserungen vorgeschlagen. Ich danke Dr. Constance Sewing für ihren unschätzbaren Recherchebeistand und Barbara Kaufman für ihren außergewöhnlichen Einsatz bei der Drucklegung dieses Buches.

Und schließlich möchte ich verschiedenen Executives danken, mit denen ich persönlich zusammengearbeitet habe und deren Geschichten das anschauliche Gerüst diese Buches liefern. Robert Shapiro von Monsanto gehörte zu den Pionieren der Anwendung der Lebenswissenschaften auf die Unternehmenserneuerung. Seine Erfolge bei der Transformation von Monsantos Unternehmenskultur waren maßgeblich beteiligt an meiner Bereitschaft, die Komplexität noch einmal mit ganz neuen Augen zu betrachten.

Außerdem möchte ich Chief-of-Staff General Gordan R. Sullivan von der US Army und seinem Executive Officer Colonel Michael V. Harper für die Einladung danken, ihre Pionieranstrengungen zur Anwendung des Konzepts der lebenden Systeme auf den militärischen Kontext zu beobachten. Ihre Gastfreundschaft ging weit über die Höflichkeit hinaus, die Forschern üblicherweise entgegengebracht wird. Sie ermöglichten mir mehrere Besuche im National Training Center der US Army, um die Übersetzung dieser Ideen in die Bedingungen des Schlachtfelds zu verfolgen.

Ich danke Steve Miller, Managing Director der weltweiten Ölproduktsparte von Royal Dutch Shell, einem mutigen Executive, der ein echter Partner wurde in der Erforschung der Bedeutung dieser Ideen für ein großes globales Unternehmen. Ich danke dem CEO von British Petroleum, Sir John Browne, und dem Chairman von Intel, Andy Grove, für die Möglichkeit der Zusammenarbeit in entscheidenden Momenten der Entwicklung ihrer beiden Unternehmen. Diese Phasen haben mein Denken hinsichtlich der Herausforderungen der Unternehmensführung und -erneuerung geprägt. Und schließlich danke ich ganz besonders Jack Welch von General Electric, der über die Jahre unserer Zusammenarbeit zu einem der einflussreichsten Lehrer meines Erwachsenenlebens wurde.

Richard Pascale
The Five Star Ranch
Pescadero, Kalifornien

Dieses Buch hat eine sechsjährige Entstehungsgeschichte. Es spiegelt das Wissen von unzähligen Menschen wider, die ihren Beitrag geleistet und unser Denken beeinflusst haben, und denen wir menschlich nahe gekommen sind. Wir wollen einige namentlich erwähnen, auch wenn wir uns des Risikos bewusst sind, dass wir andere übersehen, die gleichfalls einen Platz auf dieser Liste verdient hätten.

Als Erstes wollen wir unseren Kollegen und verwandten Seelen von der DiBianca-Berkman Group – Dave Laveman, Peter Blake, Tom D'Aquanni, Anton Lahnston und Laura Pedro – danken. Die Arbeit und das Commitment der Firma prägten von Anfang an unser Denken. Die Kollegen halfen uns, viele der Konzepte zu erkunden und zu entwickeln, die der heutigen Denkweise der Autoren zugrunde liegen. Während unserer Verbindung mit der DiBianca-Berkman Group entstand das so wichtige Konzept des »operating state«. Ein besonders herzlicher Dank geht an Bob Berkman und Vince DiBianca. Als Gründungspartner der Firma besaßen sie die Stärke der Überzeugung, uns von anderer Arbeit freizustellen, damit wir uns der Frühfassung dieses Buches widmen konnten – für eine kleine Firma immerhin ein beträchtliches finanzielles Engagement zugunsten unseres Vorhabens.

Der Erwerb der DiBianca-Berkman Group durch CSC Index beschleunigte die nächste Phase unseres Projekts. Getreu der innovativen Tradition der Firma lieferte CSC Index ein wichtiges Laboratorium für die Erzeugung neuer Ideen. Die Konzepte der »organisatorischen Agilität« und der »Disziplinen der Agilität« nahmen Form an. Allan Cohen und Jane Mermelstein, beide Kollegen von CSC Index, waren von Anfang an dabei und halfen, die Konzepte der Agilität innerhalb von CSC Index und auf dem Markt zu verbreiten. Ein besonderer Dank geht an Allan für seine vielen Beiträge, insbesondere das Konzept des »Design for Emergence« als ein »Design für die Gegenwart«; und an Jane für ihre Ausdauer in schwierigen Zeiten. Maßgebliche Führungskräfte von CSC Index begrüßten und förderten (damals) die Erforschung der Agilität: Tom Waite, Don Arnoudse, Bob Dantowitz, Steve Hoffman, Judy Rosen, Gary Gulden, Nick Vitalari, Jim Kennedy und Bob Morison. Und ein ganz besonderer Dank geht an Dave Robinson und Ron Christman für ihre Unterstützung des Projekts und ihre Einwilligung in die notwendigen Investitionen.

Die Praxis der Beratungstätigkeit bildet das Fundament unseres Denkens. Diverse Führungskräfte der Klientenunternehmen haben unser Wissen maßgeblich bereichert: John Fiedler und Geraldine Kinsella, Arthur Martinez und Tony Rucci, Steve Dorfman und Don Cromer, Jorge Tavares und Jeff Franks, Jack Gherty, Robert Sachse, Larry Haab und Dave Butts, Stan Bunn, Rich Sonstelie und viele andere.

Wir danken außerdem dem State of the World Forum für seine Unterstützung bei der Entwicklung mutiger Ausdrucksformen dieser Ideen und für die Gelegenheit, diese mit Weltklasseunternehmen in einem tiefen und weiten globalen Kontext zu testen und zu erkunden.

Wir danken unseren Kollegen – und Freunden, die viel beigetragen haben, mit uns zusammengearbeitet haben und bei der Arbeit mit Klienten behilflich waren: Gary Taylor, Marie Case, Jack Gilbert, Blaire Larson, Francois Austin, Philippe Declerck, Carolyn Hendrickson, Dan Miller und Richard Howells.

Ein besonderer Dank geht an alle, die uns Mut gemacht und uns in schwierigen Augenblicken beigestanden haben: Gary, Marie, Francois, Kate, Nancy, Diane, Patricia, Millie, Rachel. Danke, Donna und Glenda.

Wir gedenken einer teuren Freundin, Margaret Nichols, und ihrer leidenschaftlichen Tätigkeit als Superintendent of Schools in Eugene, Oregon.

Während Kollegen, Klienten und Freunde einen großen Beitrag leisten, sind es doch immer Familien, die es uns ermöglichen, unseren Träumen zu folgen. Ihnen widmen wir dieses Buch. Patricia und Geoffrey für ihre Selbstlosigkeit, permanente Ermutigung und Liebe, für das Geschenk von Ehen, die Raum lassen für jene Form von Selbstverwirklichung, wie sie aus der Arbeit erwächst. Und Zoe, Toby und Amber für die Inspiration, die sie für uns sind, und die Geduld, die sie gegenüber ihren viel beschäftigten Eltern zeigten.

Linda Gioja
Mark Millemann

Meinem Kollegen Anselm Magel danke ich für die Mitarbeit an der deutschen Ausgabe. Wir haben in unzähligen Gesprächen die verschiedenen Facetten dieses Buches durchgesprochen und ich verdanke ihm viele Anregungen. Hervorheben möchte ich auch die hervorragende Zusammenarbeit mit Birgit Krapf und Jens Schadendorf vom Econ Verlag. Nikolas Bertheau hat als Übersetzer großes Engagement und das nötige Sprachgefühl gezeigt. Katalin Fischer danke ich für ihre redaktionelle Hilfe.

Ein besonderer Dank geht an die Mitarbeiter der EADS im Werk Augsburg. Sie haben unter schwierigsten Umständen Großes geleistet und die produktive Zusammenarbeit bescherte mir wertvolle Erfahrungen. Dabei möchte ich zwei Personen hervorheben: Gerhard Bock hat als Werksleiter in stürmischen Zeiten den Rahmen gehalten und setzte sich auch ganz persönlich dem Veränderungsprozess aus. Peter Schwarz trug als Projektleiter durch seine Glaubwürdigkeit und Natürlichkeit entscheidend dazu bei, die unvermeidlichen Krisen zu meistern. Zum Schluss möchte ich meinen Söhnen Jonas und Benjamin danken. Sie sind meine wichtigsten Lehrer im Umgang mit Komplexität und die Inspiration meines Lebens.

Dr. Martin Herrmann
München

Anmerkungen

1 MANAGEMENT UND DIE RÜCKKEHR DER WISSENSCHAFT

1. Alex Trisoglio, »The Strategy and Complexity Seminar«, unveröffentlicht, London School of Economics, Juli 1995, S. 3. Die Arbeit bietet einen großartigen Überblick über den Zusammenhang zwischen Komplexität und Management. Es handelt sich um die beste verfügbare wissenschaftliche Abhandlung zu diesem Thema.
2. Siehe beispielsweise Mitchell Waldrop, *Complexity*, Simon & Schuster, New York 1992 (dt.: *Inseln im Chaos – Die Erforschung komplexer Systeme*, Rowohlt, Reinbek 1993); einen knappen Überblick gibt M. Gell-Mann, *The Quark and the Jaguar*, Freeman, New York 1994; ebenso J. Cleveland, J. Neuroth und P. Plastrik, *Welcome to the Edge of Chaos*, On Purpose Associates, Lansing 1996.
3. S. Kauffman, *At Home in the Universe*, Oxford University Press, Oxford 1995, S. 37.
4. A. a. O., S. 38–65
5. Einen Überblick zu diesem Thema bringt T. Petzinger, »A New Model for the Nature of Business«, *Wall Street Journal*, 26. Februar 1999, S. 81–82.
6. Es gibt diverse Literatur über diese bemerkenswerten Insekten. Siehe Edward O. Wilson, *The Insect Societies*, Belknap Press of Harvard University Press, Cambridge 1971; Edward O. Wilson, *Sociobiology*, Harvard University Press, Cambridge 1975; Richard Conniff, »The Enemy Within«, *Smithsonian*, Oktober 1998, S. 82–96.
7. Conniff, a. a. O., S. 92–94.
8. Id., S. 96.
9. Id., S. 92.
10. Siehe Gell-Mann, cf. Anm. 2, S. 16–24; ebenso Waldrop, cf. Anm. 2, S. 294–299.
11. H. Sherman und R. Schultz, *Open Boundaries*, Perseus, Reading 1998, S. 16 u. 67; Michael McMaster, *The Intelligence Advantage*, Knowledge Based Development, London 1995, S. 19; Danah Zohar und Ian Marshall, *Who's Afraid of Schrödinger's Cat?*, Morrow, New York 1997, S. 103; Trisoglio, cf. Anm. 1, S. 20.
12. Richard Pascale, Gespräche mit Stuart Kauffman, Santa Fe, New Mexico, Juli 1998.
13. Peter Katel, »Bordering on Chaos«, *Wired*, Juli 1997, S. 98–107. Siehe auch Thomas Petzinger, Jr., *The New Pioneers*, Simon & Schuster, New York 1999, S. 91–93; Anonymus, »Comment le groupe mexicain Cemex est devenu un titan de l'industrie du ciment«, *Le Temps*, 26. Oktober 1999, S. 31.

14. Richard Pascale, Notizen von Bios Fellows Meetings, Santa Fe, New Mexico, Juli 1998.
15. A. a. O.
16. Richard Pascale, Gespräche bei Monsanto mit Robert Shapiro, Pierre Huchuli und anderen hohen Führungskräften, St. Louis, Missouri, Fontainebleau, Frankreich, und Frankfurt am Main, 4. September 1997 – 18. Oktober 1999.
17. Siehe z. B. David Stipp, »The Voice of Reason in the Global Food Fights«, *Fortune*, 21. Februar 2000, S. 164–172; David Stipp, »Is Monsanto Worth a Hill of Beans?«, *Fortune*, 21 Februar 200, S. 157–160; Michael Pollon, »Potato 3.0«, *The New York Times Magazine*, 29. Oktober 1998, S. 46–47.
18. T. Petzinger, cf. Anm. 13, S. 18–19.
19. Walter Isaacon, »Who Mattered – And Why«, *Time*, 31. Dezember 1999, S. 60.
20. Richard Pascale, Gespräche mit Veränderungsberatungsteams von Price Waterhouse Coopers und Andersen Consulting, Oxford, England, und Colorado Springs, Colorado, 1997–1999.
21. Richard Pascale, Gespräche mit David Schneider, Partner, North American Change Practice, Price Waterhouse Coopers, Santa Fe, New Mexico, März 1998; Richard Pascale, Bios Fellows Meetings, cf. Anm. 14; R. Eccles und N. Nohira, *Beyond the Hype*, Harvard Business School Press, Cambridge 1992, S. 3–21; Darrel Rigby, »What's Today's Special at the Consultant Café?«, *Fortune*, 7. September 1988, S. 162.
22. J. Petzinger, cf. Anm. 5.

2 GLEICHGEWICHT IST TOD

1. Yvonne Baskin, »Yellowstone Fires a Decade Later«, *Bioscience*, Februar 1999, S. 93; Edwin Klester, Jr., »A Town Buries the Axe«, Juli 1999, S. 78.
2. Zum Gesetz von der erforderlichen Vielfalt, siehe W. Ross Ashby, *An Introduction to Cybernetics*, John Wiley & Sons, New York 1956). Zu den Gefahren des Gleichgewichts in lebenden Systemen, siehe John Holland, *Hidden Order*, Addison-Wesley, Reading 1995.
3. Bert Hölldobler und Edward O. Wilson, *The Ants*, Belknap Press of Harvard University Press, Cambridge 1990, S. 179 (dt.: *Ameisen – Die Entdeckung einer faszinierenden Welt*, Piper, München 2001); ebenso Jane Goodall, *Through a Window – My Thirty Years with the Chimpanzees of Gombe*, Houghton Mifflin, Boston 1990, S. 211–213.
4. Anonymous, »Dodo«, *Microsoft Encarta Encyclopedia 1993–1997*; siehe auch Joel Swerdlow, »Biodiversity – Taking Stock of Life« und Virginia

Moreli, »The Variety of Life«, gemeinsamer Artikel in *National Geographic*, Februar 1999, S. 27–28.

5. Moreli, Ebd., S. 26.

6. D. Depew und B. Weber, *Darwinism Evolving*, MIT Press, Cambridge 1996, S. 12–15.

7. Thomas Peters und Robert Waterman, *In Search of Excellence*, Harper & Row, New York 1982 (dt.: *Auf der Suche nach Spitzenleistungen – Was man von den bestgeführten US-Unternehmen lernen kann*, mvg, Landsberg am Lech, 8. Aufl. 2000).

8. R. Pascale, *Managing on the Edge*, Simon & Schuster, New York 1990, S. 16–17 (dt.: *Managen auf Messers Schneide*, Haufe, 1991).

9. R. Pascale, Gespräche mit James Cannavino, Dallas, Texas, Mai 1996.

10. Mitchell Waldrop, *Complexity*, Simon & Schuster, New York 1992, S. 220, 225–226 (dt.: *Inseln im Chaos – Die Erforschung komplexer Systeme*, Rowohlt, Reinbek 1993).

11. Jim Rohwer, »Japan's Debt Bomb Is Scarier Than You Think«, *Fortune*, 9. November 1998, S. 124–126.

12. Eine allgemeine Erörterung des Darwinismus findet sich in Depew und Weber, cf. Anm. 6.

13. A. a. O., S. 79.

14. Hölldobler und Wilson, cf. Anm. 3, S. 179; ebenso Goodall, cf. Anm. 3, S. 211–213.

15. Richard Pascale, Gespräche mit John F. Welch, Jr., Fairfield, Connecticut, 16. September und 8. Oktober 1983; 17. Juli, 15. August und 29. September 1984; 28. August 1985; 1. und 13. Juni 1988.

16. A. a. O.

17. Richard Pascale, Gespräche mit Steve Kerr, Chief Learning Officer, General Electric, Crotonville, Connecticut, Herbst 1996.

18. Richard Wolkomir, »Racing to Revive Our Embattled Elms«, *Smithsonian*, Juni 1998, S. 40-48.

19. David Stipp, »Biotech's Real Power Lies in Reading the Book of Life«, *Fortune*, 31. März 1997, S. 55.

20. Barbara Tuchman, *The Distant Mirror*, Knopf, New York 1978, S. 94, 196 (dt.: *Der ferne Spiegel – Das dramatische 14. Jahrhundert*, DTV, München 2000).

21. Alex Trisoglio, »The Strategy and Complexity Seminar«, unveröffentlicht, London School of Economics, Juli 1995, S. 24.

22. A. a. O., S. 23.

23. Id.

24. Michael Hiltzig, *Dealers of Lighting*, Harper, New York 1999.

25. Danah Zohar, *Rewiring the Corporate Brain*, Berrett-Koehler, San Francisco 1997, S. 77.

26. Richard Pascale, Interview mit Tony Rucce, Vice President of Human Ressources, Sears Headquarters, Hoffman Estates, Frühjahr 1995.

27. Gary Hamel, »Strategy as Revolution«, *Harvard Business Review*, Juli-August 1996, S. 69–82.

28. Depew und Weber, cf. Anm. 6, S. 6.

29. Zitiert nach Professor John Sterman, MIT, Cambridge, Massachusetts, 29. September 1999, auf der Grundlage von Irving Kotz, »Bending Perception, Book Review«, *Nature*, 1996, S. 412.

30. Mark Roudebusch, unveröffentlichte Forschungsergebnisse über die Fluktuation unter den Fortune 500, San Franzisco, Kalifornien, 1976–1996.

31. Are de Geus, *The Living Company*, Harvard Business School Press, Boston 1999, S. 2–3.

32. Ronald B. Heifetz, *Leadership Without Easy Answers*, Belknap Press of Harvard University Press, 1999, S. x–xi.

33. A. a. O., S. 2–9, 26–27.

34. Winston Churchill, *History of World War II – The Second World War, the Gathering Storm*, Houghton Mifflin, Boston 1948, S. 322–339.

35. A. a. O., S. 549–585.

36. Heifetz, cf. Anm. 32, S. 250–276.

37. A. a. O.

3 GESTÖRTES GLEICHGEWICHT BEI SEARS

1. Anonymus, »The 25 Top Manager of the Year«, *Business Week*, 8. Januar 1996, S. 54.

2. Richard Pascale, Gespräche mit Dan Laughlin, Vice President of Strategic Marketing, Sears, Hoffman Estates, Illinois, Oktober 1996.

3. Donald R. Katz, *The Big Store – Inside the Crisis and Revolution at Sears*, Viking, New York 1989, Kapitel 1–12; James C. Warthy, *Sharing an American Institution – Robert E. Wood and Sears, Roebuck*, University of Illinois Press, Urbana 1989; Boris Emmet und John E. Jevek, *Catalogues and Counters: A History of Sears, Roebuk and Company*, University of Chicago Press, Chicago 1950.

4. Katz, a. a. O., Kapitel 13–22; Richard Pascale, Gespräche mit Anthony Rucci, Senior Vice President of Human Ressources, Hoffman Estates, Illinois, Oktober 1996; Interviews bei Sears in Kalifornien, September 1996. Mark Millemann, Gespräche mit Arthur Martinez, Chicago, Illinois, and Phoenix, Arizona, 1993–1995.

5. Patricia Sellers, »Sears – In With the New, Out With the Old«, ein Interview mit E. Brennan und A. Martinez, *Fortune*, Oktober 1995, S. 97; John Greenwald, »Reinventing Sears«, *Time*, 23. Dezember 1996, S. 53–55.

6. Gespräche mit Rucci, cf. Anm. 4.

7. A. a. O.

8. Richard Pascale, Interviews bei Sears, cf. Anm. 4.

9. A. a. O.

10. A. a. O.

11. A. a. O.

12. Gespräche mit Rucci, cf. Anm. 4.

13. A. a. O.; Millemann, cf. Anm. 4.

14. A. a. O.

15. A. a. O.

16. Gespräche mit Rucci, cf. Anm. 4; Interviews bei Sears, cf. Anm. 4.

17. A. a. O., Millemann; Gespräche mit Martinez, cf. Anm. 5.

18. A. a. O.

19. A. a. O.

20. A. Rucci, S. Kirn und R. Quinn, »The Employee-Customer-Profit Chain of Sears«, *Harvard Business Review*, Januar/Februar 1998, S. 68–79.

21. Greenwald, cf. Anm. 5, S. 54.

22. Millemann, Gespräche mit Sears-Executives, Sommer 1999.

23. A. a. O.

24. Siehe z. B. Joseph B. Cahill, »Sears Agrees to Plead Guilty to Charges of Criminal Fraud«, *Wall Street Journal*, 9. Februar 1999.

4 AM RAND DES CHAOS

1. Siehe Patricia Shaw, »Intervening in the Shadow Systems of Organisations«, *Journal for Organizational Change Management*, Band 10, Nr. 3, 1997, S. 238. Zu den wissenschaftlichen Hintergründen dieses Prinzips siehe die Erörterung der Arbeiten Chris Langtons in Roger Lewin, *Life at the Edge of Chaos*, Macmillan, New York 1992, S. 50; siehe auch M. Waldrop, *Complexity*, Simon & Schuster, New York 1992, S. 146–147, 222–240 (dt.: *Inseln im Chaos – Die Erforschung komplexer Systeme*, Rowohlt, Reinbek 1993); Murray Gell-Mann, *The Quark and the Jaguar*, Freeman, New York 1994.

2. Richard Conniff, *Spineless Wonders*, Henry Holt, New York 1996, S. 38–56.

3. A. a. O., S. 40.

4. D. R. Hofstadler, *Godel, Escher, Bach – An Eternal Golden Braid*, Basic Books, New York 1979 (dt.: *Gödel, Escher, Bach – Ein endloses geflochtenes Band*, Klett-Cotta 2001).

5. A. a. O.

6. R. Conniff, cf. Anm. 2, S. 42.

7. A. a. O., S. 42.

8. A. a. O., S. 46–48.

9. A. a. O., S. 46.

10. Zitiert aus Conniff, a. a. O., S. 47.

11. A. a. O., S. 52–54.

12. Andy Grove, »Managing Segment Zero«, *Leader to Leader*, Winter 1995, S. 15–18. Groves Nachfolger Craig Barrett hat sich übrigens schon bald mit einer Reihe von Maßnahmen an den Rand des Chaos begeben. Siehe Anonymus, »The New Intel«, *Business Week*, 13. März 2000, S. 110–129.

13. W. Broecker et al., »20th Century Showdown of Ocean Currents«, *Science*, Band 286, Nr. 5442, 9. November 1999, S. 1132–1135.

14. Lewin, cf. Anm. 1, S. 52–54.

15. R. Eccles und N. Nohira, *Beyond the Hype*, Harvard Business School Press, Cambridge 1992, S. 3–21.

16. D. Depew und B. Weber, *Darwinism Evolving*, MIT Press, Cambridge 1996, S. 12–15.

17. Stuart Kauffman, »Antichaos and Adaptation«, *Scientific American*, August 1991, S. 82.

18. A. a. O., S. 82.

19. H. Sherman und R. Schultz, *Open Boundaries*, Perseus, Reading 1998, S. 16, 67.

20. Tests zeigen, dass es den Menschen psychologisch am besten geht in einer Umgebung mit nicht zu wenig und nicht zu viel Ordnung. Siehe Danah Zohar und Ian Marshall, *Who's Afraid of Schrödinger's Cat?*, Morrow, New York 1997, S. 103.

21. Ein guter Überblick über Attraktoren findet sich in Lewin, cf. Anm. 1, S. 19–22. Zu den drei Arten von Attraktoren siehe auch Gell-Mann, cf. Anm. 1, und Depew und Weber, cf. Anm. 16, S. 438–440.

22. Siehe Yahoo Finance, http://finance.yahoo.com, Profile, Vulcan Materials, NYSE.

23. Seltsame Attraktoren haben eine fraktale Dimension. Siehe Mohar und Marshall, cf. Anm. 20, S. 158.

24. Vision und Ziele von Whirlpools sind Teil des 1991 veröffentlichten »Worldwide Excellence System« des Unternehmens.

25. Richard Pascale, Gespräche mit Anthony Athos, Boston, Massachusetts, Herbst 1992.

26. T. J. Larkin und Sander Larkin, »Communicating Change«, undatierte Broschüre, Eigenverlag, S. 14; siehe auch R. Pascale, »Crisis and Transformation at Ford«, *Managing on the Edge*, Simon & Schuster, New York 1990, S. 116–141.

1. Siehe Robert Shapiros Letter to Shareholders, »Delivering on the Life Sciences Strategy«, Monsanto Annual Report 1998, S. 2–5. Als Shapiro 1992 diese Strategie adoptierte, betrat er gewissermaßen Neuland. Siehe auch R. Melcher und A. Barrett, »Fields of Genes«, Business Week, 12. April 1999, S. 68.
2. Nach Berichten von Mike Vinitsky, Director of Organizational Development, Nutrasweet Division of Monsanto, 1. September 1997.
3. Monsanto erbeutete große Marktsegmente von Rivalen. Siehe Capelli, Kerry, »Healing Novartis«, Business Week, 8. November 1999, S. 48.
4. R. Pascale, Gespräche mit Robert Shapiro und Interviews mit Monsanto-Executives, St. Louis, Missouri, September 1997; siehe auch R. Pascale, Notizen zu Shapiros Town-Hall-Präsentation, Big Cedar, Missouri, Januar 1997.
5. R. Pascale, a. a. O.; R. Pascale, Notizen zum Videomitschnitt von Shapiros erstem Town Hall Meeting, Big Cedar, Missouri, Januar 1997.
6. A. a. O.
7. A. a. O.
8. R. Pascale, Gespräche mit Pierre Hochuli, Director of Research, Monsanto, Frankfurt am Main, Oktober 1999. Siehe auch R. Pascale, Notizen zu einer Hochuli-Präsentation am INSEAD, Fontainebleau, Frankreich, Mai 1999.
9. A. a. O.
10. A. a. O. Siehe insbesondere Hochulis Zeitplan für den Neuerfindungsprozess laut Präsentation am INSEAD, Fontainebleau, Frankreich, Mai 1999, und an der McKinsey University, September 1999.
11. Scott Kilman, »Once Quick Converts, Farmers Begin to Lose Faith in Biotech Corps«, The Wall Street Journal, 19. November 1999, S. A1–A8; siehe auch John Barry et al., »Frankenstein Foods«, Newsweek, 13. September 1999, S. 33–35; Amy Barrett, »Fields of Genes«, cf. Anm. 1, S. 65.
12. A. a. O. Siehe auch David Stipp, »Less Than A Hill of Beans?«, Fortune, 21. Februar 2000, S. 160.
13. Michael Specter, »The Phasmageddon Riddle«, The New Yorker, 10. April 2000, S. 64–65.
14. R. Pascale, Interviews mit Hochuli, cf. Anm. 8.
15. Michael Pollan, »Potato 3.0«, New York Times Magazine, 25. Oktober 1998, S. 51.
16. »Why Ford Came Clean«, Newsweek, 22. Mai 2000, S. 50.

1. Die allgemeinen Hintergründe zu verstärkender und dämpfender Rückkoppelung finden sich in Danah Zohar und Ian Marshall, *Who's Afraid of Schrödinger's Cat?*, Morrow, New York 1997, S. 93, 145–147.
2. R. Pascale, Gespräche mit John Browne und Interviews bei Britsh Petroleum Exploration, November 1989 – April 1999.
3. A. a. O.
4. A. a. O.
5. A. a. O.
6. A. a. O.
7. A. a. O.
8. A. a. O.
9. A. a. O.
10. A. a. O.
11. Allgemeine Informationen zu Fitnesslandschaften finden sich in M. Gell-Mann, *The Quark and the Jaguar*, Freeman, New York 1994; siehe Roger Lewin, *Life at the Edge of Chaos*, Macmillan, New York 1992, S. 57–59.
12. R. Pascale, *Managing on the Edge*, Simon & Schuster, New York 1990, S. 245–259.
13. Kevin Kelly, »New Rules for the New Economy«, *Wired*, September 1997, S. 192–194.
14. Siehe John Sterman, »Learning in and About Complex Systems«, *Systems Dynamics Review*, Band 10, Nr. 2–3, Sommer-Herbst 1994, S. 291–330; Peter Senge, *The Fifth Discipline*, Doubleday, New York 1990, S. 4–9, Kapitel 9–12 (dt.: *Die fünfte Disziplin – Kunst und Praxis der lernenden Organisation*, Klett-Cotta, 2001); J. W. Forrester, *Industrial Dynamics*, MIT Press, Cambridge 1961.
15. Siehe S. Liebes, E. Sahtouris und B. Swimme, *A Walk Through Time*, Wiley & Sons, New York 1998, S. 38–64; R. Monastersky, »The Rise of Life on Earth«, *National Geographic Magazine*, März 1998, S. 58–81.
16. Liebes et al., a. a. O., S. 74–81; siehe auch Monastersky, a. a. O., S. 70–75.
17. Liebes et al., a. a. O., S. 74–81.
18. A. a. O.

7 SELBSTORGANISATION UND EMERGENZ

1. Neil Gross, »The Earth Will Don an Electric Skin«, *Business Week*, 30. August 1999, S. 134.
2. Kevin Kelly, *New Rules for the New Economy*, Viking-Penguin, New York

1998, S. 22 (dt.: *NetEconomy – Zehn radikale Strategien für die Wirtschaft der Zukunft*, Ullstein, 2001).

3. Thomas Petzinger, Jr., *The New Pioneers*, Simon & Schuster, New York 1999, S. 47; siehe auch Anonymus, »Pushing Adam Smith Past the Millennium«, *Wall Street Journal*, 21. Juni 1991, S. A-1.

4. Siehe S. Liebes, E. Sahtouris und B. Swimme, *A Walk Through Time*, Wiley & Sons, New York 1998, S. 32.

5. Ellen Licking, »Getting a Grip on Bacterial Slime«, *Business Week*, 13. September 1999, S. 98.

6. Thomas Canby, »Bacteria: Teaching Old Bugs New Tricks«, *National Geographic Magazine*, August 1993, S. 36–60.

7. Diese Beschreibung stützt sich auf Ergebnisse und Interviews in R. Pascale, »Tupperware«, Studienmaterial, Stanfort University, 1984.

8. Catherine Bender et al., »Predicting the Next Move of Flue Viruses«, *Science*, Band 286, Nr. 5446, 3. Dezember 1999, S. 1921–1925.

9. Zitiert nach Petzinger, *The New Pioneers*, cf. Anm. 3, S. 18.

10. Virginia Morrell, »The Variety of Life«, *National Geographic Magazine*, Februar 1999, S. 25–26; siehe auch Harriet Rubin, »Only the Pronoid Survive«, *Fast Company*, November 1999, S. 331.

11. Brian O'Reilly, »From Intel to Amazon«, *Fortune*, 26. April 1999, S. 182.

12. Scott Killman, »Once Quick Converts, Farmers Begin to Lose Faith in Biotech Crops«, *The Wall Street Journal*, 19. November 1999, S. A1-A8; David Stipp, »Is Monsanto Worth a Hill of Beans?«, *Fortune*, 21. Februar 2000, S. 160.

13. R. Pascale, Interviews with Richard Heimlich, Vice President of Strategic Planning zu Motorolas Anstrengungen, den japanischen Dumpingmethoden zu begegnen, Washington, D.C., 28. Oktober 1992.

14. Zitiert nach M. Waldrop, *Complexity*, Simon & Schuster, New York 1992, S. 106–108 (dt.: *Inseln im Chaos – Die Erforschung komplexer Systeme*, Rowohlt, Reinbek 1993).

15. A. a. O., S. 106.

16. A. a. O., S. 110–112.

17. A. a. O., S. 112.

18. D. Depew und B. Weber, *Darwinism Evolving*, MIT Press, Cambridge 1996, S. 430–432.

19. Kevin Kelly, »New Rules for the New Economy«, a. a. O., S. 23; siehe auch Petzinger, cf. Anm. 3, S. 34–35, 104.

20. David H. Wolpert et al., »Adaptivity in Agent Based Routing on the Internet«, *NASA-ARC-1C*, 1999, S. 122.

21. Kelly, cf. Anm. 2, S. 16.

1. R. Pascale, Gespräche mit Dee Hock, Pescadero, Kalifornien, 1997–1998; siehe auch Dee Hock, »The One-Horned Cow«, Rede vor der American Bankers Association, 18. Juli 1993; Stewart Dougherty, »Visa International – The Management of Change«, Fallstudie, Harvard Business School, 1981; Mitchell Waldrop, »The Trillion-Dollar Idea of Dee Hock«, *Fast Company*, November 1996, S. 76–86.
2. Wardrop, a. a. O., S. 70.
3. A. a. O., S. 77.
4. R. Pascale, Gespräch mit Anthony Athos zur Gregory-Bateson-Studie über AA, San Franzisco, Kalifornien, 29. April 1997; siehe auch R. Riessman und D. Carroll, *Redefining Self Help*, Jossey-Bass, San Franzisko 1995, S. 13–52.
5. R. Pascale, Interview mit Anthony Athos, Boston, Massachusetts, Winter 1993.
6. R. Pascale, Interview mit Carol Moeller zur Geschichte von MADD seit der Gründung durch Candy Lightner im Jahr 1981, Kona, Hawaii, März 1999.
7. F. Riessman und D. Carroll, cf. Anm. 4, S. ix.
8. Stephan H. Haeckel, *Adaptive Enterprises* Harvard Business School Press, Boston 1999, S. 42.
9. Annalee Saxenian, »Lessons From Silicon Valley«, *Technology Review*, Band 97, Nr. 5, 1994, S. 42. Siehe auch Virginia Postrel, »Resilience vs. Anticipation«, *Forbes ASAP*, 25. August 1997, S. 57–94.
10. A. a. O., S. 61.
11. R. Pascale, Gespräch mit Larry Kanarek, Partner bei McKinsey & Co., Washington, D. C., Winter 2000.
12. Virginia Postrel, »How the West Kicked Butt«, *Forbes ASAP*, 25. August 1997, S. 55.
13. Postrel, »Resilience vs. Anticipation«, cf. Anm. 9, S. 59; siehe auch Sanexian, cf. Anm. 9, S. 42–51; John Chisholm, »Silicon Valley vs. Route 128«, *Unix Review*, Band 12, Nr. 11, Oktober 1999, S. 15–23.
14. Melanie Warner, »Inside the Silicon Valley Money Machine«, *Fortune*, 26. Oktober 1998, S. 129–138.
15. Postrel, »Resilience vs. Anticipation«, cf. Anm. 9, S. 61, mit einem Zitat von Paul Koontz.
16. R. Pascale, Gespräche mit General Gordon Sullivan und anderen Armeeoffizieren, Pentagon, Virginia; Gespräche am National Training Center, Barstow, Kalifornien, 4./5. April 1994, 13./14. Februar und 6./7. Mai 1995 und 29. Oktober 1997.
17. George S. Patton, Jr., *War As I Knew It*, Houghton Mifflin, 1949, S. 357.

18. R. Pascale, Gespräche mit Sullivan, cf. Anm. 16.

19. R. Pascale, Gespräche am National Training Center, Barstow, Kalifornien, 6./7. April 1994, 13./14. Februar 1995, 6./7. Mai 1995.

20. Steffon Canback, »The Logic of Management Consulting«, *Journal of Management Consulting*, 1998, S. 3; siehe auch Jennifer Breshan, »The Latest in Suits«, *C.I.O.*, S. 174, wo eine jährliche Wachstumsrate von 20 Prozent dokumentiert ist.

21. Als Beispiel für jene Art von Medienberichterstattung, die einem Emergenzphänomen vorausgeht, siehe Joan Oreck, »Wanted for Adoptations, Worldwide Standards«, *Business Week*, 14. Juni 1999, S. 21. Zahlen zu den AIDS-Waisen in Afrika finden sich in Jeffery Barthotel, »The Plague Years«, *Newsweek*, 17. Januar 2000, S. 34–35.

22. Jasper Becker, »Zhou En Lai's Dark Secrets«, *South China Morning Post*, 26. Mai 1996. Siehe auch Maos »rotes Büchlein«, Mao Tsetung, *Quotations from Chairman Mao Tsetung*, Foreign Language Press, Beijing 1972 (dt.: Mao Tsetung, *Worte des Vorsitzenden Mao Tsetung*, Verlag Neuer Weg 1993). Zur Bedeutung der Struktur für die Selbstorganisation siehe Eric Beinhocker, »Strategy at the Edge of Chaos«, *McKinsey Quarterly*, Nr. 1, 1997, S. 30–34.

23. Siehe beispielsweise Bill Saporito, »The Revolt Against Working Smarter«, *Fortune*, 21. Juli 1986, S. 58–65. Dieser Artikel und andere akademische Studien beschreiben den Misserfolg dieser Programme bei General Motors Buick City, General Foods, P&G und Boeing.

24. Verweis auf Goldilocks und die drei Bären. »The porridge needed to be neither too hot nor too cold.« Dank an Murray Gell-Mann, der Seth Lloyd zitiert.

9 KOMPLEXE SYSTEME STÖREN

1. B. Gilbert, »Coyotes Adapted to Us, Now We Have to Adapt to Them«, *Smithsonian*, März 1991, S. 68–74.

2. A. a. O., S. 68–74.

3. Douglas A. Blackmon, »FedEx Pilots Trade Their Old Loyalties for a Tougher Union«, *Wall Street Journal*, 19. Oktober 1998, S. A-1. Siehe auch Nicole Harris, »Flying Into a Rage«, *Business Week*, 27. April 1998, S. 119.

4. R. Pascale, Gespräche mit FedEx-Gewerkschaftsführern nach dem Streikverzicht, 15. Dezember 1998; siehe auch Blackmon, cf. Anm. 2, S. A-1, A-10.

5. Siehe Peter Schuster, »How Does Complexity Arise in Evolution«, *Complexity*, 1996, S. 27; siehe auch M. Gell-Mann, *The Quark and the Jaguar*,

Freeman, New York 1994.

6. Thomas H. Davensport, »The Fad That Forgot People«, *Fast Company*, November 1999, S. 71–72.

7. Schuster, cf. Anm. 5, S. 27.

8. Zitiert aus Beinhocker, »Strategy at the …«, S. 32.

9. Niccolò Machiavelli, *The Prince*, Mentor Books of the New American Library, New York 1952, S. 49 (dt.: *Der Fürst*, Insel 2001).

10. Gespräche mit Murray Gell-Mann, Santa Fe, New Mexico, 16. Juli 1999; siehe auch Murray Gell-Mann, »What is Complexity«, *Complexity*, 1995, S. 17.

11. Jay Gould, »The Meaning of Punctuated Evolution and its Role in Validating a Hierarchical approach to Macro-evolution«, in R. Milkman (Hg.), *Perspectives on Evolution*, Harvard University Press, Boston 1982, S. 83–104.

12. Dieser zusammengesetzte Bericht wurde Pascale von Brian Arthur gegeben und von Michael Brown, ehemaligem CFO bei Microsoft, bestätigt, Santa Fe, New Mexico, Sommer 1998; er findet sich auch in Joel Kurtzman, »An Interview with Brian Arthur«, *Thought Leaders*, II. Quartal 1998, Ausgabe 11, S. 99.

13. Zitiert aus Alex Trisoglio, »The Strategy and Complexity Seminar«, unveröffentlicht, London School of Economics, Juli 1995, S. 34.

14. Einen vergleichsweise umfassenden Überblick über dieses Thema liefert Alfie Kohn, »Why Incentive Plans Cannot Work«, *Harvard Business Review*, September–Oktober 1993, S. 54-69; siehe auch Alfie Kohn, *Punished by Rewards*, Houghton-Mifflin, New York, 1993. Kohn zitiert Deming: »Bezahlung ist kein Motivator«.

15. Frederick Herzberg, *Work and the Nature of Man*, World Publishing, Cleveland 1966; siehe auch Kohn, *Punished by Rewards*, a. a. O., S. 50–51.

16. Belege für diese Behauptung finden sich in Kohn, »Why Incentive Plans Cannot Work«, cf. Anm. 14, S. 62-63.

17. Bei diesem Beispiel beziehen wir uns größtenteils auf Everett Rogers, *Diffusion of Innovations – Fourth Edition*, Free Press, New York 1995, S. 405–408. Die entscheidenden Untersuchungen stellte Dr. Pertti Pelto von der University of Connecticut an.

18. A. a. O., S. 407.

19. A. a. O.

20. A. a. O.

21. Brian Arthur verwendet die Analogie zu einem Casino. Siehe Brian Arthur, »Increasing Returns and the New World of Business«, *Harvard Business Review*, Juli–August 1966, S. 104.

22. Brian Arthur nennt im Gespräch Beispiele von Frozen Accidents; siehe Brian Arthur, »Positive Feedback in the Economy«, *Scientific American*,

Februar 1990, S. 95–99; siehe auch Lee Gomes, »QWERTY Spells a Saga of Market Economics«, *Wall Street Journal*, 25. Februar 1998.

23. R. Pascale, Gespräche mit Sun-Executives, Barcelona, Spanien, 10./11. November 1999; siehe auch David Bank, »The Java Sage«, *Wired*, Dezember 1995, S. 168.
24. Bank, a. a. O., S. 243.
25. A. a. O.
26. P. Kirkpatrick, »The New Player«, *Fortune*, 17. April 2000, S. 166.

10 SCHMETTERLINGE HÜTEN

1. Ron Winslow, »How a Breakthrough Quickly Broke Down for Johnson & Johnson«, *Wall Street Journal*, 18. September 1998, S. A-1, A-5; siehe auch R. Pascale, Gespräche mit Winslow, 16. November 1998; R. Pascale, Gespräche mit Robert Gussin, Corporate Vice President of Science and Technology, INSEAD, Fontainebleau, Frankreich, 23. Mai 1999.
2. Winslow, a. a. O., S. A-5.
3. A. a. O., S. A-1, A-5.
4. A. a. O., S. A-5.
5. A. a. O.
6. A. a. O.
7. A. a. O., S. A-5; siehe auch R. Pascale, Gespräche mit Robert Gussin, Corporate Vice President of Science and Technology, INSEAD, Fontainebleau, Frankreich, 23. Mai 1999.
8. R. Pascale, Gespräche und Feldstudien mit Jerry und Monique Sternin, Hanoi, Vietnam, Frühjahr 1996, und Boston, Sommer 1997, Herbst 1998.
9. A. a. O.
10. Siehe Katharine Mieshkowski, »Change – Barbara Waugh«, *Fast Company*, Dezember 1998, S. 146–157.
11. A. a. O.
12. R. Pascale, Interviews mit Shell-Executives in London und Den Hag, sowie in Kuala Lumpur, Prag, Houston, Rouen, 1996–1999.
13. R. Pascale, Interviews mit Steve Miller, London, Den Hag, Prag, Houston, Oktober 1997 – Juni 1999.
14. R. Pascale, Interviews mit Miller, a. a. O.
15. A. a. O.
16. A. a. O.
17. A. a. O.
18. A. a. O.
19. A. a. O.
20. A. a. O.

21. A. a. O.
22. A. a. O.
23. A. a. O.; siehe auch Mike Katzenbaum, ehemaliger Länderchef von Shell (Griechenland), London, 12. Februar 2000.

11 EMERGENZ PLANEN

1. Diese Metapher stammt von Mitautor Anthony Athos. Siehe Tracy Goss, Richard Pascal und Anthony Athos, »The Reinvention Roller Coaster«, *Harvard Business Reviews*, November-Dezember 1997, S. 98.
2. Russel Ackoff, zitiert aus Stephen H. Haeckel, *Adaptive Enterprise*, Harvard Business School Press, Boston 1999, S. 191.
3. Anne B. Fisher, »Making Change Stick«, *Fortune*, 17. April 1995, S. 121, 124.
4. Zitiert aus Fischer, a. a. O., S. 124.
5. A. a. O., S. 122.
6. A. a. O.
7. Eine allgemeine Darstellung von Organisationen als Gesprächsnetzwerke findet sich in der Pionierarbeit von Werner Ehrhardt, nachzulesen in Perry Pascarella, »Create Breakthrough Performance by Changing the Conversation«, *Industry Week*, 15. Juli 1987, S. 50–51. Lee Platt zitieren wir aus John J. Kao, »The Art and Discipline of Business Creativity«, *Strategy and Leadership*, Juli–August 1997, S. 11.
8. Zitiert aus R. Pascale, *Managing on the Edge*, Simon & Schuster, New York 1990, S. 152–153.
9. A. a. O., S. 153.
10. Richard Pascale, Gespräche mit Werner Ehrhardt, London, Herbst 1992.
11. A. a. O., S. 137.
12. R. Pascale, Gespräche mit Stuart Pimm, Santa Fe, New Mexico, 25. Juli 1998; siehe auch Kevin Kelly, *Out of Control*, Addison-Wesley, Reading 1994, S. 57–64.
13. Kelly, a. a. O., S. 61.
14. A. a. O., S. 62.
15. A. a. O., S. 61.
16. Michael A. Hiltzik, *Dealers of Lightening: Xerox PARC and the Dawn of the Computer Age*, Harper Collins, New York 1999. Siehe auch die Xerox-PARC-Website.
17. Everett Rogers, *Diffusion of Innovations*, Free Press, New York 1995, S. 357–363.
18. Zitiert aus Pat Dillon, »Failure is Just Part of the Culture of Innovation«, *Fast Company*, Dezember 1998, S. 137.

19. R. Pascale, Gespräche mit Steve Miller, London, Den Hag, Prag, Houston, Oktober 1997 – Juni 1999.
20. A. a. O.

12 DER EXTREMSPORT DER »DISZIPLIN«

1. Video-Interview mit Benoit Mandelbrot, *Fractals – The Colors of Infinity*, Newbridge Communications, New York 1997.
2. Margaret J. Wheatley, *Leadership and the New Science*, Berett-Koehler, San Franzisco 1992, S. 83, 114–115.
3. R. Pascale, *Managing on the Edge*, Simon & Schuster, New York 1990, S. 116–141.
4. CFI-Daten laut Anthony J. Rucci, Senior Vice President of Human Ressources, Sears, auf der 25. Jahreskonferenz des New York Human Ressources Institute, Februar 1997.
5. Umsätze der Mall-Stores im Vergleich zur Sears-Kreditkarte.
6. Gespräche mit Anthony Rucci, Vice President of Human Ressources, Sears, Chicago, Oktober 1996.
7. R. Pascale, *Managing on the Edge*, cf. Anm. 3, S. 51–87.
8. Alan Weber, »Learning for Change«, *Fast Company*, Mai 1999, S. 178.
9. Richard Pascale, *Patterns of Conflict Management*, Europa und USA, unveröffentlicht, 1995.
10. R. Pascale, Notizen vom Japanbesuch bei Intel, Tokio, Herbst 1986 und 1988.
11. R. Pascale, Gespräch mit Craig Barrett, a. a. O., 1988.
12. R. Pascale, Gespräch mit David Shrigley, a. a. O., 1988.
13. Allen R. Myerson, »Marathon Man of the Atlanta Games«, *New York Times*, 29. Februar 1996, S. B-1.
14. Joel Kurtzman, »Interview with Billy Payne«, *The Art of Taking Charge*, September 1997, S. 1–7.
15. A. a. O., S. 6.
16. D. Greising, »The Virtual Olympics«, *Business Week*, 29. 04. 1996, S. 950.
17. Kurtzman, cf. Anm. 14, S. 7.
18. Paul Roberts, »Group Genius«, *Fast Company*, Oktober-November 1997, S. 214.
19. Winston S. Churchill, *The History of World War II – Their Finest Hour*, Houghton Mifflin, Boston 1949, S. 134–135.
20. James C. Collins und Jerry I. Porras, »Building Your Company Is Vision«, *Harvard Business Review*, September–Oktober 1996, S. 60.
21. Susan Carey, »A Call to Mr. & Mrs. CEO«, *Wall Street Journal*, 28. April 1999, S. A-1.

22. A. a. O. Siehe auch Susan Carey, »U.S. Criticizes Northwest Air's Actions During Blizzard«, 3. Juni 1999, S. A-4.
23. Drehbuch von *Five Easy Pieces.*
24. Frederick F. Reicheld, »Learning from Customer Defections«, *Harvard Business Review,* März–April 1996, S. 60.
25. Pat Dillon, »Failure Is Just Part of the Culture of Innovation«, *Fast Company,* Dezember 1998, S. 136.
26. Dillon, a. a. O., S. 136.
27. Eine ausführliche Erörterung dieses Begriffs findet sich in James C. Collins, »Turning Goals into Results – The Power of Catalytic Mechanisms«, *Harvard Business Review,* Juli–August 1999, S. 71–83.
28. Eine exzellente Beschreibung von Capital One bietet Philip Anderson, »Seven Levels of Guiding Enterprise«, in John Henry Clippinger III (Hg.), *The Biology of Business,* Jossey-Bass, San Franzisco 1999, S. 141–151.
29. A. a. O., S. 142.
30. A. a. O., S. 144.
31. A. a. O., S. 148.
32. A. a. O., S. 147.
33. A. a. O.

13 REZIPROZITÄT: DIE ENTWICKLUNG EINES NEUEN SOZIALVERTRAGS

1. Anonymus, »Rewards Make Monkeys Helpful«, *Washington Post,* 1. April 2000, S. A-5.
2. James C. Collins, »Built to Flip«, *Fast Company,* März 2000, S. 139.
3. Roy Oldenberg, *The Great Good Place,* Paragon Home, New York, 1991, S. xv, 4.
4. A. a. O., das Zitat stammt von Seite xv, die Charakteristika des »Third Place« werden auf den Seiten 22-55 beschrieben.
5. A. a. O.
6. Florida, 10. April 1997. Siehe auch Peter F. Drucker, *Managing in Times of Great Change,* Dutton, New York 1995, S. 256–257, 275–276, 344 (dt.: *Management in turbulenter Zeit,* Econ, 1997).
7. John Seely Brown, »The People Are the Company«, *Fast Company,* November 1995, S. 80.
8. Joel Kurtzman, »An Interview with Jeff Pfeffer«, *Thought Leaders,* III. Quartal 1998, S. 85–93.
9. Linda Grant, »Happy Workers' High Returns«, *Fortune,* 12. Januar 1998, S. 8.
10. William H. Whyte, Jr., *The Organization Man,* Simon & Schuster, New York 1956, S. 129–131, zitiert nach John Seely Brown, cf. Anm. 7.

11. Siehe David Sanger und Steve Lohr, »The Downsizing of America«, *New York Times*, 9. März 1996; siehe auch Elizabeth Lesly und Larry Light, »When Layoffs Won't Turn the Tide«, *Business Week*, 7. Dezember 1992, S. 100–101.

12. A. a. O., 101.

13. Carol J. Loomis, »AT&T Has No Clothes«, *Fortune*, 5. Februar 1996, S. 77–80.

14. Lesly und Light, cf. Anm. 11, S. 101.

15. Mike Johnson und Mark Thomas, »Getting a Grip on Tomorrow«, Human Resource Management Conference, Paris, April 1997.

16. Siehe Jaclyn Fierman, »The Contingency Workforce«, *Fortune*, 24. Januar 1994, S. 306; siehe auch Daniel Pink, »Free Agent Nation«, *Fast Company*, Dezember-Januar 1998, S. 132-134; James Ally, »The Temp Biz Boom – Why It's Good«, *Fortune*, 16. Oktober 1995, S. 53-56; James Ally, »Where the Laid-Off Workers Go«, *Fortune*, 30. Oktober 1995, S. 45–47.

17. Fierman, a. a. O., S. 31.

18. John A. Byrne, »Has Outsourcing Done Too Far?«, *Business Week*, 1. April 1996, S. 25–27.

19. Joe Klein, »Rob Reich's Job Market«, *Newsweek*, 7. März 1994, S. 33.

20. Peter F. Drucker, *Managing in a Time of Great Change*, cf. Anm. 6, S. 76–91.

21. A. a. O., S. 71.

22. Zu den Details von Nissans Philosophie hinsichtlich der Fabrik in Sunderland, England, siehe R. Pascale, Notizen vom Besuch der Sunderland-Fabrik, 25. Januar 1994; siehe auch Peter Wickens, *The Ascendant Organization*, Macmillan, London 1995. Zu Toyota siehe Roger Trapp, »Toyota«, *Human Resources*, März–April 1996, S. 8–10; Paul Adler, »Time-and-Motion Regained«, *Harvard Business Review*, Januar–Februar 1993, S. 97–108.

23. Gespräch mit Colonel Michael H. Harper, Executive Officer von Chief of Staff General Gordon Sullivan, Pentagon, Virginia, März 1994.

24. Shelly Branch, »You Hired 'Em But Can You Keep 'Em«, *Fortune*, März 1998, S. 248.

25. Kenneth Labich, »America's Best CEOs«, *Fortune*, 2. Mai 1994, S. 43-52; siehe auch Kevin Kelly, »Southwest Flying High with Uncle Herb«, *Business Week*, 3. Juli 1998, S. 53–55.

26. Wendy Zellner, »Southwest's New Directions«, *Business Week*, 8. Februar 1999, S. 58–59.

27. K. Brooker, »Can Anyone Replace Herb?«, *Fortune*, 17. April 2000, S. 186-192.

28. Susan Chandler, »United We Own«, *Business Week*, 18. März 1996, S. 96–100; siehe auch Aaron Bernstein, »Why ESOP Deals Have Slowed to a Crawl«, *Business Week*, 18. März 1999, S. 1012.

29. Chandler, a. a. O., S. 97.

30. A. a. O., S. 97.

31. A. a. O.

32. A. a. O., S. 98–99.

33. A. a. O.

34. A. a. O., S. 99.

35. A. a. O.

36. Thomas Stewart, »Brain Power – Who Owns It, How They Profit From It«, *Fortune*, 17. März 1997, S. 107–112.

37. Aaron Bernstein, »Working Capital: Labor's New Weapon«, *Business Week*, 29. September 1997, S. 110–112.

38. Michael S. Malone, »Killer Results Without Killing Yourself«, *Fast Company*, November 1995, S. 129.

39. A. a. O., S. 125–132.

40. A. a. O., S. 132.

41. Richard Pascale, Gespräche mit Barbara Waugh, Palo Alto und Pescadero, Kalifornien, Frühjahr 2000; siehe auch Barbara Waugh, »Lead from Below«, unveröffentlicht, Mai 2000.

42. Pascale, Gespräche mit Barbara Waugh, a. a. O.

43. A. a. O.

44. A. a. O.

45. A. a. O.

46. A. a. O.

47. A. a. O.

48. Barbara Waugh und Kirstan Cobble, »Self Organized Transformation«, unveröffentlicht, 1997, S. 3–6.

49. Gespräche mit Waugh, cf. Anm. 41.

14 ADAPTIVE HERAUSFORDERUNGEN IM FLUGZEUGBAU

1. Martin Herrmann, Interviews mit Führungskräften der EADS, Juni 2002.

2. A. a. O.

3. Jahresbericht Daimler-Benz Aerospace 1995.

4. Martin Herrmann, Gespräch mit Gerhard Bock, Juni 2002.

5. Ders., Interviews mit Führungskräften der EADS, Juni 2002.

6. Der Abschnitt weist auf das Hauptwerk von N.Elias, *Über den Prozeß der Zivilisation*, Suhrkamp 1997.

7. Martin Herrmann, Interviews mit Führungskräften der EADS, Juni 2002.

8. Mitchell Waldrop, *Complexity*, Simon & Schuster, New York 1992, S. 220, 225–226 (dt.: *Inseln im Chaos – Die Erforschung komplexer Systeme*, Rowohlt, Reinbek 1993).

9. Martin Herrmann, Interviews mit Führungskräften der EADS, Juni 2002.
10. Herrmann Hesse, Die Gedichte, Suhrkamp 1977.
11. Martin Herrmann, Gespräch mit Gerhard Bock, Juni 2002.
12. Ders., Gespräch mit Peter Schwarz, Juni 2002.

Register